Hans Mathias Kepplinger

Journalismus als Beruf

Theorie und Praxis öffentlicher Kommunikation
Band 6

Herausgegeben von
Hans Mathias Kepplinger

In Zusammenarbeit mit Simone Christine Ehmig

Hans Mathias Kepplinger

Journalismus als Beruf

VS VERLAG

Bibliografische Information der Deutschen Nationalbibliothek
Die Deutsche Nationalbibliothek verzeichnet diese Publikation in der
Deutschen Nationalbibliografie; detaillierte bibliografische Daten sind im Internet über
<http://dnb.d-nb.de> abrufbar.

1. Auflage 2011

Alle Rechte vorbehalten
© VS Verlag für Sozialwissenschaften | Springer Fachmedien Wiesbaden GmbH 2011

Lektorat: Dorothee Koch | Monika Mülhausen

VS Verlag für Sozialwissenschaften ist eine Marke von Springer Fachmedien.
Springer Fachmedien ist Teil der Fachverlagsgruppe Springer Science+Business Media.
www.vs-verlag.de

Umschlaggestaltung: KünkelLopka Medienentwicklung, Heidelberg
Druck und buchbinderische Verarbeitung: Ten Brink, Meppel
Gedruckt auf säurefreiem und chlorfrei gebleichtem Papier
Printed in the Netherlands

ISBN 978-3-531-18470-8

Inhalt

Vorwort

Der Journalismus hat sich im 19. Jahrhundert von einer Nebentätigkeit politisch interessierter Bürger zu einem Ganztagsberuf mit einem klaren Profil entwickelt, das im 21. Jahrhundert durch die Aktivitäten von journalistischen Amateuren im Internet wieder unschärfer wird. Sind Blogger Journalisten mit allen Rechten und Pflichten? Sollen sie es werden? Müssen Journalisten bloggen? Und bleiben sie Journalisten, wenn es sich um ihr Privatvergnügen handelt? Derartige Abgrenzungsprobleme sind nicht neu wie die Diskussion um die Verortung der Mitarbeiter von Anzeigenblättern in den neunziger Jahren belegt.[1] Sie haben ihre Ursache darin, dass der Journalismus durch seine Verbindung mit einzelnen Medien definiert wird. Es geht dann z. B. um die Unterscheidungen von Presse-, Hörfunk- und Fernsehjournalisten. Diese Unterscheidungen verlieren durch die Veränderungen der Medienlandschaft ihre frühere Trennschärfe.

Konzentriert man sich auf die Merkmale des Berufs, wird deutlich, dass die Aufgaben und Probleme der Journalisten weitgehend gleich geblieben sind, auch wenn sie heute teilweise in anderer Form auftreten. Hierbei geht es um das Verhältnis der Journalisten zu jenen, über die sie berichten; die Kriterien der Auswahl und die Gewichtung von Nachrichten; die Beziehung zwischen Meinungsbeiträgen und informierenden Stücken; die Verantwortung für die Richtigkeit und Wirkung der Beiträge; das Verhältnis von journalistischen Berufsnormen und Verhalten usw.

Den Analysen dieses Bandes liegt die Überzeugung zugrunde, dass es eine „Theorie des Journalismus" genau so wenig geben kann wie eine „Theorie des Menschen", „der Wirtschaft" oder „des Wetters". Allerdings gibt es zahlreiche Theorien, mit denen man bestimmte Aspekte des Verhaltens von Menschen, der Erfolge von Unternehmen und der Häufung von Stürmen erklären kann. Das trifft in ähnlicher Weise auch auf das Verhalten von Journalisten zu. Die Studien sind thematisch geordnet, können jedoch auch als Teile von theoretischen, themenübergreifenden Argumentationen gelesen werden.

Der ersten Argumentation liegt eine strukturelle Sichtweise zugrunde. Sie beginnt beim Machtanspruch von Journalisten gegenüber Politikern, geht über zu Rollenkonflikten im Journalismus und endet bei Kritik von Journalisten am beruflichen Fehlverhalten von Kollegen.

Der zweiten Argumentation liegt eine individuelle Sichtweise zugrunde. Sie beginnt beim Einfluss der Einstellungen von Journalisten auf ihre politischen Meinungen sowie der politischen Meinungen und apolitischen Nachrichtenwerte auf die Auswahl von Nachrichten und die übertriebene Darstellung von Missständen. Sie mündet in die Abwägung der Vor- und Nachteile einer rein kausalen oder auch finalen Erklärung des Verhaltens von Journalisten.

Der dritten Argumentation liegt eine ethische Sichtweise zugrunde. Sie beginnt beim Rollenselbstverständnis von Journalisten und der Akzeptanz von Berufsnormen; geht über zur Kritik an Kollegen, die wichtige Berufsnormen verletzten und mündet in die Diskussion der Verantwortung für die unbeabsichtigten negativen Folgen der Berichterstattung. Den Abschluss bildet eine Analyse der Professionalisierungsmöglichkeit des Journalismus.

Im Ergebnis kann man feststellen, dass eine rein kausale Erklärung des beruflichen Verhaltens von Journalisten nicht mit der Idee der Pressefreiheit vereinbar ist und auch nicht den empirischen Daten entspricht. Das Verhalten von Journalisten beruht vielmehr zu einem erheblichen Teil auf Intentionen, die man am ehesten durch finale Theorien erklären kann. Ein wesentlicher Grund für diese Feststellung besteht darin, dass die politischen Einstellungen und Meinungen von Journalisten – neben formalen Rollenerwartungen und Entscheidungskriterien – einen signifikanten und in Grenzen legitimen Einfluss auf das berufliche Verhalten von Journalisten besitzen.

Für die erneute Publikation von Beiträgen, die zuerst in Fachzeitschriften und Fachbüchern erschienen sind, habe ich methodische Details und umfangreiche Literaturbelege gestrichen. Sie können in den Erstveröffentlichungen nachgeschlagen werden. Hinweise auf Veränderungen finden sich in den Quellennachweisen am Ende des Bandes. Die Publikation wäre nicht möglich gewesen ohne die Hilfe von mehreren Mitarbeitern. Simone Christine Ehmig hat die Rechte bei Verlagen eingeholt, Stefan Geiß hat Tabellen vereinfacht sowie Grafiken neu gestaltet, Andrea Ohters hat den Band formatiert, Nicole Podschuweit, Senja Post und Philipp Weichselbaum haben Korrektur gelesen. Bei allen bedanke ich mich für ihre Sorgfalt und Geduld. Für Fehler, die dennoch existieren mögen, bin ich selbst verantwortlich.

Hans Mathias Kepplinger
Mainz, im Mai 2011

---

[1] Vgl. Hansjürgen Weiss: Journalismus – Ein sperriges Berufsfeld. In. Sage & Schreibe 2 (1994) S. 46-47. Siehe auch Franz Böckelmann: Journalismus als Beruf. Bilanz der Kommunikatorforschung im deutschsprachigen Raum von 1945 bis 1990. Konstanz 1993.

Herausforderungen der Journalismusforschung

Die Massenkommunikation bildet ein stark differenziertes und hochgradig vernetztes Subsystem des Gesellschaftssystems, das sich von seiner Umwelt deutlich unterscheidet.[1] Andere Subsysteme sind die Politik, die Wirtschaft, die Wissenschaft usw. Der Journalismus ist ein Subsystem der Massenkommunikation. Alle Subsysteme tendieren dazu, ihre Selbstbestimmung auf Kosten des Einflusses anderer Subsysteme und des Gesamtsystems auszuweiten. Ihr Ziel ist völlige Autonomie. Dies trifft auch auf die Massenkommunikation und den Journalismus zu. Eine Grundlage hierfür ist die Feststellung des Bundesverfassungsgerichtes, die Freiheit der Presse sei für die Demokratie konstituierend.[2] In der kommunikationspolitischen Diskussion wird daraus zuweilen unzulässiger Weise geschlossen, dass dies für andere Subsysteme – wie z. B. das Rechtswesen, die Verwaltung, die Wirtschaft und die Wissenschaft – nicht in ähnlichem Maße gelte. Genauer betrachtet ist jedoch auch die Freiheit und Funktionsfähigkeit dieser Subsysteme eine notwendige Voraussetzung für eine funktionsfähige Demokratie. Allerdings stellt sich mit Blick auf alle Subsysteme die Frage, ob und wie sie die Leistungen erbringen, die zur Erfüllung der Funktionen erforderlich sind.[3]

Wie jedes System kann man auch den Journalismus als Akteurs- oder als Regelsystem betrachten. Im ersten Fall bilden Personen (Journalisten, Verleger, Rezipienten usw.) oder Organisationen (Verlage, Zeitungen, Redaktionen usw.) die Grundlage der Analyse, im zweiten Fall sind es Verhaltensnormen (Recht, Standesethik, Rollenerwartungen usw.) oder andere analytische Einheiten (Berufsmotive, Berufsverständnis usw.). Man spricht deshalb auch von personalen und analytischen Systemen. Die Entscheidung für die eine oder andere Betrachtungsweise eröffnet unterschiedliche Einsichten, die sich gegenseitig befruchten können, wirft aber drei theoretisch und praktisch relevante Fragen auf:

- Wie kann man die journalistischen Akteure von jenen abgrenzen, die keine Journalisten im engeren oder weiteren Sinne sind? Diese Frage war schon in der Vergangenheit schwer zu beantworten, weil es z. B. gute Gründe gibt, die Mitarbeiter bei Anzeigenblättern einzubeziehen oder auszuschließen.[4] In Zukunft wird sie noch schwerer zu beantworten sein, weil sich im Internet mit den Bloggern Kommunikatoren etabliert haben, von denen die meisten keine Journalisten im traditionellen Sinn sind, jedoch Privilegien von Journalisten, wie Einladungen zu Pressekonferenzen und das Recht auf Zeugnisverweigerung, für sich beanspruchen.

- Wie kann man die Grenzen zwischen den Massenmedien im traditionellen Sinn und den anderen Subsystemen bestimmen, wenn sie sich immer mehr an den Regeln der Massenmedien orientieren? Dies betrifft vor allem, aber nicht nur, die Mediatisierung der Politik, weil von der generellen Ausweitung des Geltungsbereichs journalistischer Verhaltensregeln u. a. auch die Wirtschaft und das Rechtswesen erfasst sind.[5]

- Wie kann man die traditionellen Massenmedien, die sich an ein großes, disperses Publikum wenden, von inhaltlich gleichen oder ähnlichen Angeboten im Internet abgrenzen, die sich z. B. über Suchmaschinen gezielt an Personen mit genau definierten Interessen wenden? Dies berührt zum einen komplizierte methodische Probleme wie die vergleichende Messung der Nutzung und Wirkung beider Angebote. Zum anderen betrifft es die grundlegende Annahme der Demokratietheorie, dass ein breiteres Angebotsspektrum die Bürger mit unterschiedlicheren Sichtweisen vertraut macht und auch dadurch ihr politisches Interesse fördert.

Differenzierungen

Analytisch kann man die Massenmedien hinsichtlich ihrer Zentralität und Qualität unterscheiden. Der Begriff „Zentralität" bezeichnet ihre quantitative Bedeutung für die Berichterstattung anderer Medien. Ein Indikator hierfür ist die Häufigkeit, mit der sie von anderen Medien erwähnt oder zitiert werden. Der Begriff „Qualität" bezeichnet ihre Wertschätzung durch Berufskollegen bzw. die indikatorgestützte Messung und Beurteilung ihrer Berichterstattung. Mithilfe dieser Unterscheidungen kann man die Massenmedien gattungsübergreifend in eine zweidimensionale Typologie einordnen und Medien mit hoher Zentralität und Qualität als Prestigemedien bezeichnen. Legt man den gegenwärtigen Stand zugrunde, gehören dazu u. a. die *Frankfurter Allgemeine Zeitung* und die *Süddeutsche Zeitung* sowie *Der Spiegel* und *Focus*. Eine differenzierte Befragung zur Mediennutzung von deutschen Journalisten spezifiziert diese generellen Befunde. Danach orientieren sich Journalisten bei der Themensuche, Themenauswahl und Recherche vorwiegend „vertikal" an Prestigemedien, bei der Evaluierung ihrer Berichterstattung jedoch überwiegend „horizontal" an Konkurrenzmedien der gleichen Gattung.[6]

Prestigemedien besitzen im Unterschied zur Masse der Medien drei sehr unterschiedliche Teilpublika: die Kollegen innerhalb des Journalismus, die Ent-

scheider in Politik, Wirtschaft, Kultur und Verwaltung sowie die Masse der Rezipienten, die keiner dieser Funktionseliten angehören. Prestigemedien erzielen
ihre wichtigsten Wirkungen durch reziproke Effekte – direkte Einflüsse auf Ent-
scheider in Politik, Wirtschaft, Kultur usw., über die sie berichten.[7] Den Gegenpol bilden Publikationen, die weder von Journalisten noch von Entscheidern
sonderlich ernst genommen werden. Hierzu gehören u. a. die meisten Illustrier-
ten und die Anzeigenblätter. Damit verbunden sind zwei zentrale Fragen:

- Welche Aussagekraft besitzen repräsentative Journalistenumfragen, die
  auch die Masse jener erfassen, die allenfalls nebenbei zur politischen Meinungsbildung beitragen?[8]
- Welche Aussagekraft haben gezielte Befragungen jener Journalisten, die bei
  politisch relevanten Medien tätig sind und darüber hinaus Schlüsselstellun-
  gen innerhalb des Mediensystems einnehmen?[9]

Ausdruck der Vernetzung der Massenmedien ist ihre permanente, wechselseitige
Beobachtung und die Nutzung gleicher Quellen, darunter einige bedeutende
Nachrichtenagenturen. Die Agenturen kontrollieren fallweise die Akzeptanz
ihrer Meldungen zu einzelnen Themen und passen ihr Nachrichtenangebot entsprechend an.[10] Die Agenturen und ihre Kunden bilden folglich ein rückgekop-
peltes System, das sich an seiner Umwelt, der aktuellen Ereignislage und den
Rezipienten, jedoch in Krisen verstärkt an sich selbst orientiert.[11] Dadurch
schwächen und verstärken sich publizistische Trends. Dies kann dazu führen,
dass die Berichterstattung über ein Thema dramatisch zunimmt, obwohl sich die
relevanten Ereignisse nicht häufen,[12] oder abbricht, obwohl die berichteten
Sachverhalte, wie z. B. das Waldsterben,[13] nicht verschwunden sind. Die erwähnte Praxis führt zu mehreren zusammenhängenden Fragen:

- Wie kann man diese rückgekoppelten Prozesse in generellen Modellen
  darstellen?
- Kann man hinreichende Bedingungen angeben, aus denen Prognosen für
  Verläufe ableitbar sind?
- Wie kann man hinreichend viele Daten ermitteln, mit denen solche Progno-
  sen getestet und die Annahmen überprüft werden können?

Grenzverschiebungen

Die traditionellen Massenmedien, die neuen Internetplattformen und mit ihnen
der traditionelle und der neue Journalismus sind im Laufe des vergangenen Jahr-

hunderts von der Peripherie der Gesellschaft in ihr Zentrum gerückt. Ihre Berichterstattung hat sich im Laufe der Jahrzehnte von einer marginalen Begleiterscheinung von Politik, Wirtschaft, Kultur usw., die früher ohne Rücksicht auf die Massenmedien weitgehend ihrer Eigengesetzlichkeit folgten, zu einer funktionalen Voraussetzung für Politik, Wirtschaft und Kultur entwickelt: Ohne ein Mindestmaß an Resonanz in den Medien ist vielfach ein Erfolg in anderen Subsystemen der Gesellschaft nicht mehr möglich. Damit ist ein erheblicher Zuwachs an Einfluss verbunden, der durch die Ausweitung plebiszitärer Verfahren weiter zunehmen würde.[14]

Die Akteure in den anderen Subsystemen müssen heute ihr Verhalten den Erfolgsbedingungen der Medien anpassen. Eine Folge ist die Mediatisierung der Politik und anderer Bereiche, z. B. des Sports und der Kultur. Damit stellen sich drei Fragen nach dem Verhältnis zwischen der Rationalität des Handelns im Journalismus und in jenen gesellschaftlichen Bereichen, über die Journalisten berichten:

- Wie unterscheidet sich die Rationalität des Handelns im Journalismus von der Rationalität des Handelns z. B. in der Politik und in der Wirtschaft?[15]
- Führt die Mediatisierung der gesellschaftlichen Subsysteme zu einem Funktionsverlust?
- Handelt es sich bei der Mediatisierung der Subsysteme um einen einseitig gerichteten Prozess oder gibt es auch eine Anpassung der Medien an die Rationalität anderer gesellschaftlicher Subsysteme – z. B. an die Politik oder an die Wirtschaft?

Die meisten Journalisten erklären, dass sie ähnliche politische Ansichten vertreten wie ihre Kollegen, zugleich sehen sie sich deutlich links von ihrem Publikum.[16] Deshalb handelt es sich bei Journalisten um „angepasste Außenseiter"[17] – sie sind angepasst an ihre Kollegen und Außenseiter im Vergleich zur Gesellschaft. Die Übereinstimmungen in der Beurteilung konkreter Kontroversen durch Journalisten sind aber nicht eine Folge der Übereinstimmung in allen Fragen, sondern die Folge wechselnder „Koalitionen".[18] Die meisten Journalisten haben sich schon in ihrer frühen Jugend links von ihren Bezugspersonen gesehen. Je näher sie im Laufe der Zeit ihrer jetzigen Berufsposition gekommen sind, desto eher sehen sie sich mit ihren politischen Ansichten als Teil ihrer sozialen Umgebung. Dies deutet darauf hin, dass ihre ursprünglichen politischen Ansichten ein Motiv für die Entscheidung waren, Journalist zu werden. Zugespitzt kann man formulieren: Sie sind nicht links, weil sie Journalisten sind. Sie wurden vielmehr u. a. deshalb Journalisten, weil sie bereits früh links waren und sich als Kritiker der Gesellschaft gesehen haben. Dies führt zu mehreren Fragen:

- Wie gehen Journalisten mit der Spannung zwischen ihren persönlichen politischen Ansichten und der Orientierung an den Sichtweisen ihres Publikums um?
- Können sie die Sichtweisen aller relevanten gesellschaftlichen Gruppen objektiv darstellen, wenn sich ihre eigenen Sichtweisen davon deutlich unterscheiden?
- Werden die Sichtweisen der Bevölkerung besser durch außenpluralistisch oder besser durch binnenpluralistisch strukturierte Medienangebote vertreten?

Im Journalismus sind im Unterschied zur Medizin oder zum Handwerk die Ziele des beruflichen Handelns nicht durch allgemein anerkannte Normen oder die Wünsche von Auftraggebern relativ genau vorgegeben. Folglich beschränkt sich das berufliche Handeln von Journalisten nicht auf den richtigen Einsatz angemessener Mittel und Verfahrensweisen. Es betrifft auch die Zielsetzungen. Zudem sind die unbeabsichtigten Folgen ihres Handelns weniger genau kalkulierbar, u. a. weil sie erst durch die Reaktionen Dritter eintreten (z. B. der Gesprächspartner von Rezipienten). Journalisten verhalten sich aus den genannten Gründen eher wertrational als z. B. Ärzte und Handwerker, d. h. sie stellen die möglichen Folgen ihrer Tätigkeit seltener in Rechnung und richten ihr Verhalten weniger danach aus. Außerdem lehnen sie eine Verantwortung für die unbeabsichtigten negativen Folgen ihres beruflichen Handelns ab. Damit stellen sich zwei Fragen:

- Bis zu welchem Grade können gesellschaftliche Subsysteme die spezifische Rationalität ihres eigenen Handelns zugunsten der Rationalität eines anderen Subsystems zurückstellen, ohne ihre eigene Effektivität zu gefährden?
- Wo verläuft die Grenze zwischen den Professionen und dem Journalismus und wie weit kann man sie im Interesse der Qualitätssteigerung verschieben, ohne die Unabhängigkeit des Journalismus zu gefährden?[19]

Entscheidungsverhalten

Wie gehen Journalisten mit der unvermeidbaren Ungewissheit bei der Berichterstattung über aktuelle Ereignisse um, deren Charakter – z. B. direkt nach einem schweren Unglück – nicht oder noch nicht hinreichend erkennbar ist? Vermitteln sie den Eindruck, dass eine bestimmte Sichtweise richtig ist oder machen sie deutlich, dass für eine definitive Darstellung die Fakten fehlen? Dies ist zum Teil der Fall. So bestanden zwischen der Darstellung der möglichen ökologischen

Schäden des Golfkrieges 1991 durch den *Spiegel* und die *Frankfurter Allgemeine Zeitung* Unterschiede, die man als Kriterien für journalistische Qualität betrachten kann.[20] Dies führt zu drei Fragen:

- Instrumentalisieren die Medien Experten mit bestimmten Sichtweisen entsprechend der redaktionellen Linie, oder lassen sie Experten mit unterschiedlichen Sichtweisen entsprechend ihrer ausgewiesenen Expertise zu Wort kommen?[21]
- Wie charakterisieren die Medien die Motive der handelnden Akteure, die oft nicht bekannt sind und nur erschlossen oder vermutet werden können?[22]
- Legen die Medien die Unsicherheit von Informationen ausdrücklich offen oder verschleiern sie sie gezielt?

Bei der Suche nach den Ursachen der Fehlentscheidungen von Journalisten kann man intrinsische, d. h. rein sachgemäße und folglich legitime, sowie extrinsische, d. h. sachfremde und folglich illegitime Faktoren unterscheiden.[23] Zu den intrinsischen Faktoren gehört u. a. das normgerechte berufliche Selbstverständnis von Journalisten, zu den extrinsischen u. a. der Einfluss subjektiver und kollektiver Sichtweisen auf die Auswahl und Interpretation von Sachinformationen. Erstere werden von den meisten Journalisten zugegeben, letztere bestritten, obwohl sie nachweisbar sind.[24] Damit stellen sich vier Fragen:

- Kann man die weit verbreitete Billigung der instrumentellen Aktualisierung von Informationen, die die eigene Sichtweise stützen, als normgerecht betrachten oder handelt es sich um einen Verstoß gegen die Forderung nach Objektivität?
- Welchen Einfluss besitzen Meinungsverteilungen innerhalb von Redaktionen auf die Neutralität der Berichterstattung?
- Nimmt die Selbstgewissheit der Anhänger bestimmter Sichtweisen linear mit ihrem Anteil unter den Kollegen zu oder steigt sie ab einem bestimmten Punkt sprunghaft an?
- Wie wirkt sich der Grad der Selbstgewissheit der Mehrheit auf die Minderheit aus und wie schlägt sich dies in der Auswahl und Gewichtung von Informationen nieder?

Die zuletzt genannten Fragen kann man nicht mehr durch die Addition der Sichtweisen von einzelnen, isoliert befragten Journalisten klären, die in Repräsentativumfragen befragt wurden. Dies ist nur durch die Analyse von Kollektiven möglich, z. B. von allen Mitarbeitern einer Redaktion, und erfordert deshalb andere methodische Vorgehensweisen.

Journalisten und Protagonisten

Das Verhältnis von Journalisten zu den Protagonisten ihrer Berichterstattung wird in den wenigen quantitativen Studien, die es hierzu gibt, entweder aus der Perspektive der Journalisten[25] oder aus der Perspektive der Protagonisten betrachtet.[26] Daneben gibt es einige empirische Untersuchungen, die das Selbst- und Fremdbild beider Seiten mit gleichen oder ähnlichen Testfragen untersuchen.[27] Zu erwähnen ist schließlich eine Reihe von qualitativen Studien, die die unterschiedlichen Sichtweisen und Erfahrungen anhand der Stellungnahmen von prominenten Journalisten und Politikern dokumentieren.[28] Die Ergebnisse der Studien führen, wenn man von allgemeinen Respektbekundungen absieht, zu drei Fragen:

- Verstehen die Journalisten / Politiker wirklich nicht, worum es in der Politik / im Journalismus geht?
- Beschränkt sich ihr Verständnis auf die Kenntnis einiger oberflächlicher Aspekte und dringt nicht zum Kern der Sache vor?
- Gefährden die Aktivitäten der jeweils anderen Seite, wie viele Politiker und Journalisten meinen, im Konfliktfall die Handlungsfreiheit und den Erfolg der eigenen beruflichen Tätigkeit?

Journalisten sind berufsmäßige Beobachter, die wie alle Beobachter die Ursachen von negativ bewerteten Verhaltensweisen vor allem in der Persönlichkeit der Handelnden lokalisieren. Die Handelnden selbst neigen dagegen dazu, die Ursachen ihres Verhaltens in den Umständen zu sehen, unter denen sie handeln mussten. In den meisten Fällen treffen beide Erklärungen zu, sodass beide Seiten Recht haben, obwohl sie Unterschiedliches behaupten. Allerdings unterscheidet sich das Gewicht, das sie den jeweiligen Ursachen beimessen. Weil die Journalisten das Geschehen aus ihrer Perspektive darstellen, werden die Handelnden mit Darstellungen konfrontiert, die ihrer Sichtweise und ihren Insiderkenntnissen widersprechen. Dies zeigt sich u. a. daran, dass sie sich darüber beklagen, wesentliche Gründe ihres Handelns seien gar nicht oder unzureichend dargestellt worden.[29] Die Folge sind in Krisenfällen häufig aggressive Abwehrhaltungen der Handelnden, weil sie die Darstellungen nicht auf die spezifische Sichtweise von Journalisten, sondern auf negative Motive zurückführen. Damit stellen sich zwei Fragen:

- Handelt es sich bei den Sichtweisen der Akteure und Beobachter um automatische Reaktionen, die man nicht beeinflussen kann, oder sind die Sichtweisen beider Seiten durch ein entsprechendes Training veränderbar?

- Kann man durch entsprechende Aufklärung die Eskalation von Krisen und Konflikten vermeiden?

Methoden und Theorien

In der Journalismusforschung sind Feldexperimente kaum möglich, weil man die experimentellen Faktoren nicht manipulieren kann. Dagegen kann man Laborexperimente im engeren[30] und im weiteren Sinn[31] durchführen. Realitätsnäher als Laborexperimente sind Quasi-Feldexperimente, mit denen man den Einfluss eines Faktors auf das Verhalten von Journalisten anhand der tatsächlichen Berufstätigkeit prüfen kann, wozu (soweit wie möglich) alle anderen Einflüsse konstant gehalten werden.[32] Sie sind jedoch weniger beweiskräftig als Experimente, weil der Einfluss der anderen Faktoren nicht mit letzter Gewissheit ausgeschaltet werden kann. Als Quasi-Feldexperimente kann man auch kultur- und berufsvergleichende Untersuchungen betrachten.[33]

Bei den weitaus meisten Journalismusstudien handelt es sich um Befragungen ohne experimentelle oder quasi-experimentelle Elemente. Sie liefern auf breiter Basis Auskunft über die politischen Einstellungen, die Berufsmotive und das Berufsverständnis von Journalisten sowie Hinweise auf Zusammenhänge zwischen einzelnen Sachverhalten, deren Wirkungsrichtung jedoch nicht entschieden werden kann.[34] In solchen Fällen kompensiert die Kumulation von Evidenzen unvermeidbare Zweifel an Einzelbefunden. Zudem kann man durch wiederholte Befragungen Veränderungen z. B. der journalistischen Berufsauffassungen ermitteln. Eine entscheidende Voraussetzung hierfür besteht darin, dass die Grundgesamtheiten gleich definiert sowie die Fragemodelle und die Befragungsmodi gleich gehalten werden. Falls diese Voraussetzungen nicht gegeben sind oder geschaffen werden können (z. B. durch Angleichung der Analysegruppen), müssen die Einflüsse der Verfahrensweisen auf die Befunde reflektiert werden. Dies führt zu zwei Fragen:

- Wie kann man die verschiedenen Forschungsdesigns optimal kombinieren?
- Wie kann man das Internet zu Feldexperimenten mit Journalisten nutzen?

Eine Theorie des Journalismus gibt es nicht und kann es genauso wenig geben wie eine Theorie des Menschen, der Wirtschaft oder des Wetters. Derartige Charakterisierungen beruhen auf einer saloppen und ungenauen Verwendung des Theoriebegriffs. Der Journalismus wird durch ein heterogenes Bündel von Personen (Journalisten, Verleger usw.), Organisationen (Medien, Agenturen usw.) und Institutionen (Presserecht, Berufsnormen usw.) konstituiert, deren Funkti-

16

onsweisen, Ursachen und Wirkungen nur mit einer Vielzahl unterschiedlicher Theorien erklärt werden können. Hierzu gehören u. a.:

- die vergleichende Staats- und Rechtstheorie,[35]
- die Entwicklungs- und Dependenztheorie,[36]
- die Systemtheorie,[37]
- die Theorie der öffentlichen Meinung,[38]
- die Wettbewerbstheorie,[39]
- die Organisationstheorie,[40]
- die Bezugsgruppentheorie,[41]
- die Rollentheorie,[42]
- der Attributionstheorie,[43]
- die Konsistenztheorie,[44] und die
- Nachrichtenwerttheorie.[45]

Keine dieser Theorien erfasst alle Bereiche des Journalismus, und bei einigen kann man fragen, ob es sich um Theorien im engeren Sinn oder um Taxonomien handelt, komplexe Begriffssysteme, die ihre Gegenstände eher ordnen als erklären und die einen eher heuristischen als prognostischen Gehalt besitzen. Dies führt zu zwei Fragen:

- Wie kann man die Theorien systematisch für die Journalismusforschung fruchtbar machen?
- Wie kann man einzelne Theorien sinnvoll zu komplexeren Ansätzen kombinieren?

Ein großer Teil der Journalismusforschung ist nicht theoriegetrieben, sondern eine Reaktion auf Veränderungen im Berufsfeld von Journalisten – der Konzentration in Presse, Hörfunk und Fernsehen, der Veränderung der Berufszugänge und der Ausbildung von Journalisten, der zunehmenden eigenen Präsenz im Internet und der wachsenden Konkurrenz durch Blogger usw. Diese Schwerpunktsetzungen sind verständlich, vermitteln jedoch den irreführenden Eindruck, die jeweils neuen Entwicklungen würden völlig neue Fragen aufwerfen. Tatsächlich handelt es sich jedoch vielfach um alte Fragen, die nur in neuer Form auftreten. Dies führt zu der zentralen Frage:

- Wäre dem Kenntnisstand mehr gedient, wenn die Forschung intensiver theoriegeleitet einige Kernfragen untersuchen würde, statt sich aktuellen Themen zuzuwenden, bevor die alten und weiterhin offenen Fragen hinreichend geklärt sind?

[1] Vgl. Hans Mathias Kepplinger: Systemtheoretische Aspekte politischer Kommunikation. In: Derselbe: Politikvermittlung. Wiesbaden 2009, S. 9-26. Siehe auch John W. Riley / Matilda W. Riley: Mass Communication and the Social System. In: Robert K. Merton / Leonard Broom / Leonard S. Cottrell: (Hrsg.): Sociology Today Problems and Prospects. New York 1959, S. 537-578; Niklas Luhmann: Die Realität der Massenmedien (1995). Wiesbaden ^{4}2009.

[2] Vgl. BVerfGE 12, S. 125; BVerfGE 5, S. 205; BVerfGE 7, S. 208.

[3] Vgl. Hans Mathias Kepplinger: Empirische Grundlagen von Theorien der politischen Kommunikation. In: Carsten Reinemann / Rudolf Stöber (Hrsg.): Wer die Vergangenheit kennt, hat eine Zukunft. Festschrift für Jürgen Wilke. Köln 2010, S. 79-103.

[4] Vgl. Hans-Jürgen Weiss: Journalismus – Ein sperriges Berufsfeld. Wie lässt sich Repräsentativität herstellen? In: Sage & Schreibe 2 (1994) S. 46 f.

[5] Vgl. dazu Hans Mathias Kepplinger: Was unterscheidet die Mediatisierungsforschung von der Medienwirkungsforschung? In: Derselbe: Politikvermittlung. Wiesbaden 2009, S. 99-128 sowie Hans Mathias Kepplinger: Reziproke Effekte. In: Derselbe: Medieneffekte. Wiesbaden 2010, S. 135-153 sowie die dort referierte Literatur. Siehe hierzu auch Christoph Neuberger: Journalismus als Problembearbeitung. Objektivität und Relevanz in der öffentlichen Kommunikation. Konstanz 1996, S. 285-386.

[6] Vgl. Carsten Reinemann: Medienmacher als Mediennutzer. Einfluss und Kommunikationsstrukturen im politischen Journalismus. Köln/Weimar/Wien 2003.

[7] Vgl. Hans Mathias Kepplinger: Reziproke Effekte. In: Derselbe: Medieneffekte. Wiesbaden 2010, S. 135-153.

[8] Vgl. Siegfried Weischenberg / Maja Malik / Armin Scholl: Die Souffleure der Mediengesellschaft. Report über die Journalisten in Deutschland. Konstanz 2006; David Weaver / G. Cleveland Wilhoit: The American Journalist in the 1990s. U.S. News People at the End of an Era. Mahwah, NJ 1996.

[9] Vgl. Renate Köcher: Spürhund oder Missionar? Eine vergleichende Untersuchung über Berufsethik und Aufgabenverständnis britischer und deutscher Journalisten. Diss. phil., München 1985. Robert Lichter / Stanley Rothman / Linda Lichter: The Media Elite. Bethesda 1986.

[10] Vgl. Jürgen Wilke: Nachrichtenagenturen im Wettbewerb. Ursachen, Faktoren, Perspektiven. Konstanz 1997; Carsten Reinemann, a. a. O.; Bernhard Rosenberger / Sigrun Schmid: Nachrichtenagenturen im Wettbewerb. Angebots- und Kundenstrukturen auf dem deutschen Nachrichtenmarkt. In: Media Perspektiven 5 (1997) S. 276-285.

[11] Vgl. Martin Löffelholz: Krisenkommunikation. Probleme, Konzepte, Perspektiven. In: Derselbe (Hrsg.): Krieg als Medienereignis. Grundlagen und Perspektiven der Krisenkommunikation. Opladen 1993, S. 11-32.

[12] Vgl. Hans Mathias Kepplinger: Die Konstruktion von Ereignisserien nach Schlüsselereignissen. In: Derselbe: Realitätskonstruktionen. Wiesbaden 2011, S. 85-98.

[13] Vgl. Hans Mathias Kepplinger: Künstliche Horizonte. Folgen, Darstellung und Akzeptanz von Technik in der Bundesrepublik. Frankfurt 1989, S. 119-122.

[14] Vgl. Hans Mathias Kepplinger / Peter Eps / Holger Pankowski: Die Rolle der Medien bei Direktwahlen. In: Axel Görlitz / Hans-Peter Barth (Hrsg.): Informale Verfassung. Schriften zur Rechtspolitologie. Baden-Baden 1998, S. 125-160; Hanspeter Kriesi: Akteure, Medien, Publikum. Die Herausforderungen direkter Demokratie durch die Transformation der Öffentlichkeit. In: Friedhelm Neidhardt (Hrsg.): Öffentlichkeit, öffentliche Meinung, soziale Bewegungen. Opladen 1994, S. 234-260.

[15] Vgl. Hans Mathias Kepplinger: Die Rationalität von Politik und Medien. In: Derselbe: Politikvermittlung. Wiesbaden 2009, S. 27-50.

[16] Vgl. den Beitrag „Entwicklung und Messung politischer Einstellungen von Journalisten". In diesem Band, S. 131-150.

[17] Vgl. Hans Mathias Kepplinger: Angepaßte Außenseiter. In: Derselbe (Hrsg.): Angepaßte Außenseiter. Was Journalisten denken und wie sie arbeiten. Freiburg i. Br. 1979, S. 7-28.

[18] Vgl. den Beitrag „Der Einfluss politischer Einstellungen auf die Nachrichtenauswahl". In diesem Band, S. 101-129.

[19] Vgl. dazu den Beitrag „Professionalisierung des Journalismus?" In diesem Band, S. 229-254.

[20] Vgl. Hans Mathias Kepplinger: Der Umgang mit Ungewissheit. In: Derselbe: Realitätskonstruktionen. Wiesbaden 2011, S. 100-115.

[21] Vgl. Hans Mathias Kepplinger: Künstliche Horizonte, a. a. O., S. 148. Siehe hierzu auch Hans Mathias Kepplinger: Die Konstruktion der Kernenergiegegnerschaft. In: Derselbe: Realitätskonstruktionen. Wiesbaden 2011, S. 205-232; Derselbe: Individual and Institutional Impacts Upon Press Coverage of Sciences: The Case of Nuclear Power and Genetic Engineering in Germany. In: Martin Bauer (Hrsg.): Resistance to new technology. Nuclear Power, Information Technology and Biology. Cambridge ²1997, S. 357-377.

[22] Vgl. Simone C. Ehmig: Parteilichkeit oder Politikverdrossenheit? Die Darstellung von Motiven und Emotionen deutscher Politiker im ‚Spiegel'. In: Publizistik 36 (1991) S. 183-200.

[23] Vgl. Ruth C. Flegel / Steven H. Chaffee: Influences of Editors, Readers, and Personal Opinions on Reporters. In: Journalism Quarterly 48 (1971) S. 645-651.

[24] Vgl. Ebenda. Siehe hierzu auch den Beitrag „Der Einfluss politischer Einstellungen auf die Nachrichtenauswahl". In diesem Band, S. 101-129.

[25] Vgl. Michael Meyen / Claudia Riesmeyer: Diktatur des Publikums. Journalisten in Deutschland. Konstanz 2009.

[26] Vgl. Dorothea Marx: Landtagsabgeordnete im Fokus der Medien. Ihre Sicht auf Entstehung, Wirkung und Qualität landespolitischer Berichterstattung. Baden-Baden 2009; Hans Mathias Kepplinger: Erfahrungen von Bundestagsabgeordneten mit Journalisten. In: Derselbe: Politikvermittlung. Wiesbaden 2009, S. 67-82; Senja Post: Klimakatastrophe oder Katastrophenklima. Die Berichterstattung über den Klimawandel aus Sicht der Klimaforscher. Baden-Baden 2008.

[27] Siehe hierzu auch den Beitrag „Rivalen um Macht und Moral". In diesem Band, S. 21-40 und die dort referierte Literatur.

[28] Vgl. Herbert Riehl-Heyse: Bestellte Wahrheiten. Anmerkungen zur Freiheit eines Journalistenmenschen. München 1989; Rolf Henkel: Wie frei sind Journalisten? Beispiele und Bewertungen aus der Redaktionsarbeit. In: Hans Wagner (Hrsg.): Idee und Wirklichkeit des Journalismus. Beiträge aus Wissenschaft und Praxis. München 1988, S. 321-326. Vgl. Astrid Zipfel: Der Macher und die Medien: Helmut Schmidts politische Öffentlichkeitsarbeit. Tübingen 2005; Kurt Beck: Ein Sozialdemokrat. München 2008.

[29] Vgl. hierzu die Befragungen von u. a. Politikern, Juristen, Unternehmenssprechern in Hans Mathias Kepplinger: Medieneffekte. Wiesbaden 2010, S. 155 ff. Journalisten argumentierten genauso, wenn sie anderen ihr eigenes, negativ bewertetes Verhalten erklären. Vgl. Hans Mathias Kepplinger: Die Mechanismen der Skandalisierung. München 2011 (im Druck).

[30] Vgl. James K. Buckalew: A Q-Analysis of Television News Editors' Decisions. In: Journalism Quarterly 46 (1969) 135-137; Jean S. Kerrick / Thomas E. Anderson / Luita B. Swales: Balance and the Writer's Attitude in News Stories and Editorials. In: Journalism Quarterly 41 (1964) S. 207-215.

[31] Vgl. die Beiträge „Rationalität und Ethik im Journalismus" und „Kollegenkritik in Journalismus und Wissenschaft". In diesem Band, S. 179-205 bzw. S. 207-227; siehe auch Jens Wolling: Wunsch versus Wirklichkeit. Normative und realistische Erwartungen an journalistisches Entscheidungsverhalten. In: Claudia Mast (Hrsg.): Markt – Macht – Medien. Publizistik im Spannungsfeld zwischen gesellschaftlicher Verantwortung und ökonomischen Zielen. Konstanz 1996, S. 231-247.

[32] Vgl. Hans Mathias Kepplinger: Die Konstruktion von Ereignisserien nach Schlüsselereignissen. In: Derselbe: Realitätskonstruktionen. Wiesbaden 2011, S. 85-98; siehe auch Henrike Barth / Wolfgang Donsbach: Aktivität und Passivität von Journalisten gegenüber Public Relations. In: Publizistik 37 (1992) S. 151-165.

[33] Vgl. Thomas Hanitzsch / Josef Seethaler: Journalismuswelten. Ein Vergleich von Journalismuskulturen in 17 Ländern. In: Medien & Kommunikationswissenschaft 57 (2009) S. 464-483; Wolfgang Donsbach / Jens Wolling: Redaktionelle Kontrolle in der regionalen und überregionalen Tagespresse. Ein internationaler Vergleich. In: Beate Schneider / Kurt Reumann / Peter Schiwy (Hrsg): Publizistik. Beiträge zur Medienentwicklung. Konstanz 1995, S. 421-433.

[34] Vgl. Siegfried Weischenberg / Maja Malik / Armin Scholl, a. a. O.; Beate Schneider / Klaus Schönbach / Dieter Stürzebecher: Westdeutsche Journalisten im Vergleich: jung, professionell und mit Spaß an der Arbeit. In: Publizistik 38 (1993) S. 5-30; Renate Köcher, a. a. O.

[35] Vgl. Fred S. Siebert / Theodore Peterson / Wilbur Schramm: Four Theories of the Press: The Authoritarian, Libertarian, Social Responsibility and Soviet Communist Concepts of What the Press Should Be and Do. Illinois 1956.

[36] Vgl. Herbert Schiller: Communication and cultural domination. White Plains, NY 1976; Daniel Lerner: The Passing of Traditional Society. Modernizing the Middle East. Glencoe 1958.

[37] Vgl. Fußnote 1.

[38] Vgl. Elisabeth Noelle-Neumann: Öffentliche Meinung. Die Entdeckung der Schweigespirale (1980). Berlin [4]1996; Wilhelm Hennis: Der Begriff der öffentlichen Meinung bei Rousseau. In: Archiv für Recht und Sozialphilosophie, Bd. XLIII 1957, S. 111-115.

[39] Vgl. Gerd G. Kopper: Anzeigenblätter als Wettbewerbsmedien. Eine Studie zu Typologie, publizistischem Leistungsbeitrag, Entwicklung von Wettbewerbsrecht und Wettbewerbsstrukturen auf der Grundlage einer Gesamterhebung im Werbemarkt Nielsen II, Nordrhein-Westfalen. München 1991; derselbe: Massenmedien: Wirtschaftliche Grundlagen und Strukturen. Analytische Bestandsaufnahme der Forschung 1968-1981. Konstanz 1982.

[40] Vgl. Volker Wolff: ABC des Zeitungs- und Zeitschriftenjournalismus. Konstanz 2006; Sieglinde Neumann: Redaktionsmanagement in den USA. Fallbeispiel ‚Seattle Times'. München 1997; Stephan Ruß-Mohl: Der I-Faktor. Qualitätssicherung im amerikanischen Journalismus – Modell für Europa? Zürich/Osnabrück 1994.

[41] Vgl. Carsten Reinemann, a. a. O.; Warren Breed: Social Control in the Newsroom: A Functional Analysis. In: Social Forces 33 (1955), S. 326-335.

[42] Vgl. den Beitrag „Rollenkonflikte im Journalismus". In diesem Band, S. 41-59; siehe auch Bruce Westley / Malcolm McLean: A conceptual model for mass communication research. In: Journalism Quarterly 34 (1957) S. 31-38.

[43] Vgl. Edward E. Jones / Richard E. Nisbett: The Actor and the Observer: Divergent Perceptions of the Causes of Behavior. In: Edward E. Jones et al.: Attribution: Percieving the Causes of Behavior. Morristown 1972, S. 79-94.

[44] Vgl. den Beitrag „Der Einfluss politischer Einstellungen auf die Nachrichtenauswahl". In diesem Band, S. 101-129; siehe auch Jean S. Kerrick / Thomas E. Anderson / Luita B. Swales, a. a. O.

[45] Vgl. die Beiträge „Der Nachrichtenwert der Nachrichtenfaktoren" und „Der prognostische Gehalt der Nachrichtenwerttheorie". In diesem Band, S. 61-75 bzw. S. 77-99.

Rivalen um Macht und Moral

Politiker und Journalisten sind als Quellen und Vermittler von Informationen und Meinungen aufeinander angewiesen. Zugleich bestehen zwischen ihnen zahlreiche Spannungen. In diesem Spannungsfeld bewegen sich mehr oder weniger elegant Experten und Zeitzeugen, über die hier nichts weiter gesagt werden soll. Die Spannungen zwischen Politikern und Journalisten resultieren aus ihrem Anspruch auf Unabhängigkeit von den Anderen sowie dem Verlangen nach Einfluss auf sie. Ihren Ursprung haben sie in unterschiedlichen Vorstellungen davon, welche Verhaltensweisen im eigenen und jeweils anderen Bereich notwendig und akzeptabel sind[1] sowie in Konflikten um die Deutungshoheit über das aktuelle Geschehen und um die praktischen Folgerungen daraus. Dies belegen Äußerungen von führenden Politikern über ihre Erfahrungen im Umgang mit Journalisten und Medien[2] und Darstellungen des Verhaltens von Politikern aus Sicht angesehener Journalisten.[3] Hierbei handelt es sich um erfahrungsgesättigte Berichte herausragender Akteure, die auch einen Einblick in ihr Innenleben erlauben. Allerdings sind sie wegen der besonderen Rolle der Berichterstatter und der ungewöhnlichen Ereignisse, die sie schildern, nicht verallgemeinerbar. Diesem Anspruch werden systematische Befragungen von Politikern über ihre Erfahrungen mit Journalisten[4] und von Journalisten über ihre Erfahrungen mit Politikern eher gerecht.[5] Sie besitzen jedoch, von wenigen Ausnahmen abgesehen,[6] den Nachteil, dass sie nur die Sichtweise einer Seite darstellen – der Politiker oder der Journalisten.

Besonders bemerkenswert ist im vorliegenden Zusammenhang eine Sekundäranalyse einer Befragung der Inhaber von u. a. Führungspositionen in der Politik und in den Medien aus dem Jahr 1972 durch Ursula Hoffmann-Lange und Klaus Schönbach.[7] Die Politiker schrieben dem Fernsehen und der Presse einen gleich großen oder sogar größeren Einfluss auf die Politik zu als der Verwaltung im Allgemeinen, den Gewerkschaften und der Wirtschaft. Aus Sicht der Politiker war der große Einfluss der Medien auf die Politik nicht wünschenswert. Über die Hälfte waren der Meinung, das Fernsehen sollte weniger Einfluss auf die Politik haben, mehr als ein Viertel wünschte dies auch von der Presse. Die Rundfunk- und Pressejournalisten sahen dies deutlich anders. Sie schrieben der Presse und dem Fernsehen einen vergleichsweise geringen Einfluss auf die Politik zu. Allerdings waren nur relativ wenige der Meinung, die Parteien allgemein sollten weniger Einfluss auf die Politik haben. Vierzig Jahre später, im Sommer 2003, hatten sich die Machtverhältnisse aus Sicht der Politiker noch mehr zugunsten der Medien verschoben.[8] Allerdings wurde nun nach dem Einfluss auf die Gesellschaft gefragt, zudem fehlen für einen umfassenden Vergleich die Sichtweisen der Journalisten. Nach Ansicht der Politiker besitzen die Medien erheblich mehr Einfluss auf die Gesellschaft als die Parteien, der DGB und der BDA. Die Frage danach, wie groß der Einfluss der Genannten sein sollte, offenbart mit Blick auf die Macht der Medien eine extreme Kluft zwischen Sein und Sollen: In keinem anderen Fall war aus Sicht der Politiker der Unterschied zwischen der wahrgenommenen und der gewünschten Macht auch nur annähernd so groß wie bei den Medien.

Begrifflich-theoretische Annahmen

Das vermutete und erwünschte Machtverhältnis zwischen der Politik und den Medien aus Sicht der Politiker und Journalisten stellt nur eine von zahlreichen Facetten ihrer wechselseitigen Wahrnehmung dar. Weitere Facetten sind die vermutete Effektivität der politischen Einrichtungen und der journalistischen Publikationsorgane sowie die vermutete Moralität des beruflichen Handelns der Politiker und Journalisten. Der Begriff „Effektivität" bezeichnet hier den Grad, zu dem politische Institutionen und Mediengattungen aus Sicht der Beobachter ihre Aufgabe wahrnehmen. Der Begriff „Moralität" erstreckt sich auf drei Bereiche – den vermuteten Beitrag der Politiker und der Journalisten zum Gemeinwohl, das vermutete Ausmaß der Vertretung von Eigeninteressen im Rahmen ihrer beruflichen Tätigkeit sowie die vermutete Skrupellosigkeit bei der Wahl ihrer Mittel. In der folgenden Studie sollen vier Fragen untersucht werden:

1. Wie schätzen Politiker und Journalisten das tatsächliche Machtverhältnis zwischen Politik und Medien ein und welches Machtverhältnis halten sie für wünschenswert?
2. Wie beurteilen sie die Effektivität der politischen Institutionen und der Mediengattungen?
3. Wie beurteilen sie die Moralität des beruflichen Handelns der Politiker und der Journalisten?
4. Welchen Einfluss besitzen die individuellen Vorstellungen von der Effektivität der Politik, bzw. der Medien sowie von der Moralität der Politiker, bzw. der Journalisten auf die Meinungen über die tatsächlichen und erwünschten Machtverhältnisse zwischen Politik und Medien?

Vorgehensweise

Grundlage der folgenden Analyse ist eine schriftliche Befragung der Abgeordneten des Deutschen Bundestages und der ständigen Mitglieder der Bundespressekonferenz, die für traditionelle Medien (Presse, Hörfunk, Fernsehen, Nachrichtenagenturen) arbeiten. Dadurch ist weitgehend sichergestellt, dass sich die Befragten beruflich mit der gleichen Thematik, der Bundespolitik, befassen und dass sich ihre Urteile auf diesen Bereich beziehen. Die 611 Abgeordneten und die 623 ständigen Mitglieder der Bundespressekonferenz erhielten im Frühjahr 2008 einen Fragebogen, den sie selbst ausfüllen sollten.[9] Nach zweimaligem Erinnern haben 187 der 611 Abgeordneten und 235 der 623 Journalisten die Fragebögen ausgefüllt.[10] Jeweils die Hälfte der Politiker und Journalisten wurden nur nach ihrer eigenen Tätigkeit befragt, jeweils die andere Hälfte nach der Tätigkeit der Anderen – die Politiker zu den Journalisten und umgekehrt.[11] Aufgrund der Anlage der Befragung kann man die Selbstbilder der Politiker und Journalisten – die Urteile der Politiker über die Politik (99 Befragte) und die Urteile der Journalisten über die Medien (112 Befragte) – miteinander vergleichen. Zudem kann man die Fremdbilder der Politiker und Journalisten – die Vorstellungen der Politiker von den Medien und Journalisten (88 Befragte) und die Vorstellungen der Journalisten von der Politik und den Politikern (123 Befragte) – gegenüberstellen. Schließlich kann man die Selbstbilder der Politiker und Journalisten mit den entsprechenden Fremdbildern der Journalisten und Politiker kontrastieren – z. B. die Vorstellungen der Politiker von der Politik mit den Vorstellungen der Journalisten von der Politik.

Ergebnisse

Machtverhältnisse

Die Bundestagsabgeordneten und die Hauptstadtjournalisten sollten den Einfluss der Medien auf die Politik und der Politik auf die Medien anhand einer elfstufigen Skala einschätzen. Dabei sollten Sie sich zuerst über den tatsächlichen Einfluss der Medien auf die Politik, bzw. der Politik auf die Medien äußern und dann angeben, wie groß deren Einfluss sein sollte. Die Frage nach der augenblicklichen Macht lautete: „Wie groß ist Ihrer Einschätzung nach der Einfluss der Medien auf die Politik (bzw. der Politik auf die Medien)?". Vorgegeben war eine Skala, deren Enden mit „überhaupt keinen Einfluss" (0) bzw. „sehr großen Einfluss" (10) beschriftet war. Die Journalisten und Politiker stimmten darin überein, dass ein Machtgefälle von den Medien zur Politik bestand und vermutlich besteht: Die Medien besaßen nach Einschätzung der Journalisten (7,04) und der Politiker (8,18) mehr Einfluss auf die Politik, als die Politik auf die Medien (6,2 bzw. 5,32). Die übereinstimmende Beurteilung des Machtgefälles durch beide Seiten deutet darauf hin, dass es sich bei ihren Urteilen um mehr handelte als um subjektive Sichtweisen. Ein zweites Ergebnis ist bemerkenswert: Die Objekte des Einflusses anderer sahen sich einem stärkeren Einfluss ausgesetzt, als sie an Einfluss auf die anderen konstatierten. Die Politiker (8,18) sahen sich einem stärkeren Einfluss der Medien ausgesetzt als die Journalisten (7,04) den Medien zusprachen; und die Journalisten (6,20) sahen sich einem stärkeren Einfluss der Politik ausgesetzt, als die Politiker (5,32) der Politik einräumten. Das deutet darauf hin, dass sich die Beeinflussten als Opfer, die Beeinflussenden aber nicht als Täter betrachteten (Abbildung 1).

Abbildung 1: Machtgefälle zwischen Medien und der Politik

Frage: „Wie groß ist Ihrer Einschätzung nach der Einfluss der Medien auf die Politik / der Politik auf die Medien?"

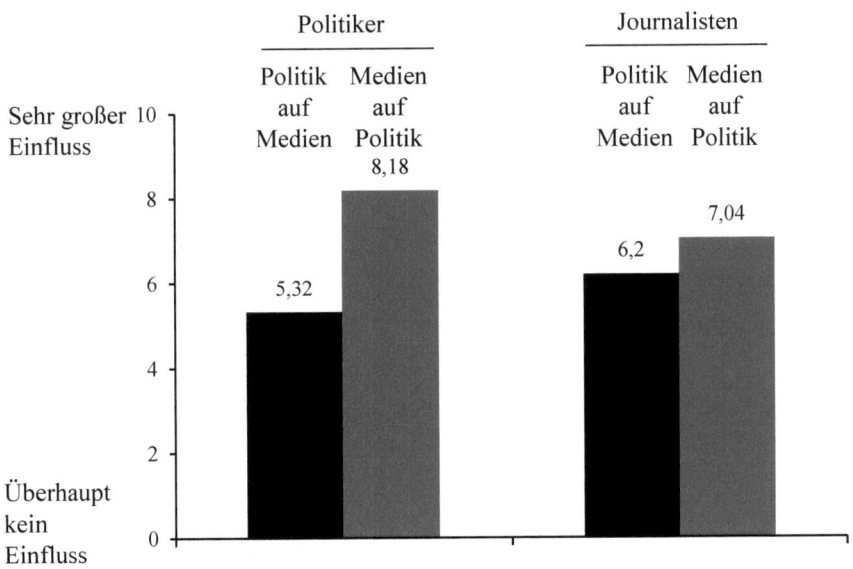

Die Frage nach dem gewünschten Einfluss lautete: „Und wie groß sollte der Einfluss der Medien auf die Politik (bzw. der Politik auf die Medien) sein?" Vorgegeben war die gleiche Skala wie oben. Die Journalisten und Politiker stimmten

24

darin überein, dass sie weniger Macht über die jeweils andere Seite haben sollten, als sie gegenwärtig haben (Journalisten: 5,47 statt 7,04; Politiker: 4,08 statt 5,32). Sie stimmten auch darin überein, dass die jeweils andere Seite weniger Einfluss auf ihren Tätigkeitsbereich haben sollte, als sie gegenwärtig besitzt. Allerdings hatten die Journalisten dabei deutlich andere Vorstellungen als die Politiker. Während die Politiker damit zufrieden gewesen wären, wenn das Machtgefälle zwischen Medien und Politik verschwinden würde und beide gleich viel Macht über die jeweils andere Seite besäßen, wollten die Journalisten das bestehende Machtgefälle zwischen den Medien und der Politik von 0,84 Skalenpunkten auf 2,93 Skalenpunkte noch erheblich vergrößern. Dies deutet darauf hin, dass Journalisten ihre Machtansprüche offensiver vertreten als Politiker. Entweder sind Journalisten machtbewusster als Politiker oder Politiker sind genau so machtbewusst wie sie, zugleich aber realistisch genug, um nicht mehr zu verlangen (Abbildung 2).

Abbildung 2:   Machtanspruch von Journalisten und Politikern

Frage: „Und wie groß sollte der Einfluss der Medien auf die Politik / der Politik auf die Medien sein?"

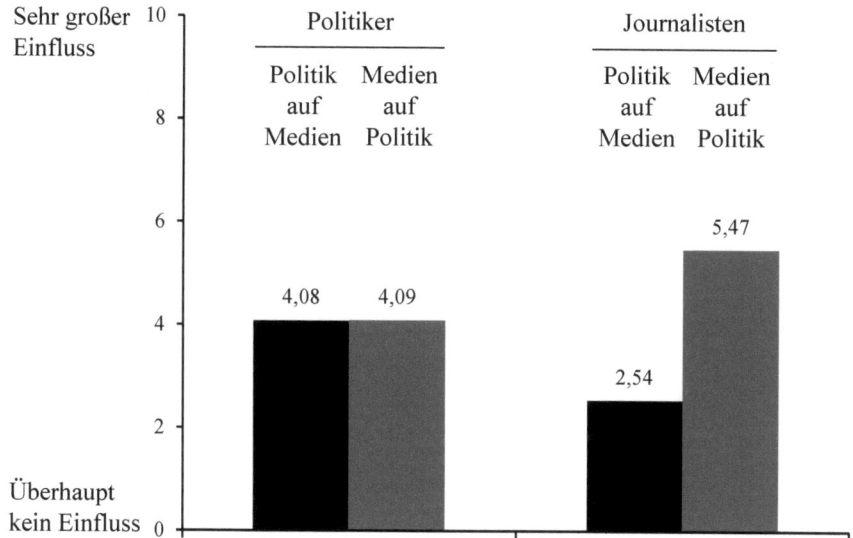

Effektivität

Die Bundestagsabgeordneten und die Hauptstadtjournalisten sollten die Effektivität von drei politischen Institutionen und drei Mediengattungen beurteilen, indem sie angaben, wie gut sie ihre Aufgabe erfüllen. Die Frage lautete: „Politik und Medien haben jeweils eigene Aufgaben, die sie mehr oder weniger gut erfüllen. Bitte tragen Sie ein, wie gut sie nach Ihrer Einschätzung diese Aufgaben erfüllen. Es geht so: 0 Prozent bedeutet: Sie erfüllen die Aufgabe überhaupt nicht. 100 Prozent bedeutet: Sie erfüllen sie voll und ganz." Bei den drei politischen Institutionen handelte es sich um den Bundestag, die Bundesregierung und die Opposition im Bundestag; bei den drei Mediengattungen um die überregionalen Abonnementzeitungen, die Regionalzeitungen und die öffentlich-rechtlichen Fernsehsender. Aus den Prozentangaben der Befragten wurden Mittelwerte gebildet. Sie liegen den folgenden Aussagen zugrunde.

Die Einschätzungen der Journalisten und Politiker kann man zu drei Feststellungen zusammenfassen. Erstens: Die Journalisten und Politiker hielten die Einrichtungen in ihrem eigenen Bereich im Durchschnitt für etwas effektiver als die Einrichtungen im jeweils anderen Bereich. Zweitens: Die Journalisten und Politiker beurteilten die Effektivität des Bundestags, der Bundesregierung und der Opposition sehr ähnlich. Sie waren übereinstimmend der Ansicht, dass sie zwei Drittel dessen leisten, was sie leisten sollten. Die Werte für den Bundestag liegen etwas darüber, die Werte für die Opposition etwas darunter. Letzteres ist darauf zurückzuführen, dass die Angehörigen aller Fraktionen die Effektivität ihrer Fraktionen besonders hoch einschätzten, die Oppositionspolitiker aber in der Minderheit sind, was sich entsprechend in den Ergebnissen niederschlägt. Drittens: Die Urteile der Politiker und der Journalisten über die Effektivität der Medien unterschieden sich deutlich. Die Journalisten schätzten die Effektivität der überregionalen Abonnementzeitungen, der Regionalzeitungen und der öffentlich-rechtlichen Fernsehanstalten höher ein als die Politiker. Darüber hinaus differenzierten sie stärker zwischen den Mediengattungen. Übereinstimmung bestand jedoch darin, dass die überregionalen Abonnementzeitungen ihre Aufgabe am besten, die öffentlich-rechtlichen Fernsehanstalten ihre am schlechtesten erfüllen (Tabelle 1).

Gemeinwohlbeitrag

Die Medien und die Politik können dem Gemeinwohl auf verschiedene Weise dienen. Sie sind deshalb nicht direkt vergleichbar. Allerdings dürfte Einigkeit darin bestehen, dass die Politik dem Gemeinwohl dient, wenn sie den Interessen-

Tabelle 1: Effektivität der Medien und der Politik

Frage: „Politik und Medien haben jeweils eigene Aufgaben, die sie mehr oder weniger gut erfüllen. Bitte tragen Sie ein, wie gut sie nach Ihrer Einschätzung diese Aufgaben erfüllen. Es geht so: 0 Prozent bedeutet: Sie erfüllen die Aufgabe überhaupt nicht. 100 Prozent bedeutet: Sie erfüllen sie voll und ganz."
– Arithmetisches Mittel der Prozentwerte –

	Politiker (n=187) $\overline{x}$	Journalisten (n=235) $\overline{x}$
„Der Bundestag erfüllt seine Aufgabe zu ..."	74	70
„Die Bundesregierung erfüllt ihre Aufgabe zu..."	66	64
„Die Opposition im Bundestag erfüllt ihre Aufgabe zu ..."	63	64
Politik (Durchschnitt)	68	66
„Die überregionalen Abonnementzeitungen erfüllen ihre Aufgabe zu ..."	65	78
„Die Regionalzeitungen erfüllen ihre Aufgabe zu ..."	59	70
„Das öffentlich-rechtliche Fernsehen erfüllt seine Aufgabe zu ..."	58	65
Medien (Durchschnitt)	61	71

ausgleich innerhalb der Bevölkerung fördert. Es dürfte auch Einigkeit darin bestehen, dass die Medien dem Gemeinwohl dienen, wenn sie die Information der Bevölkerung verbessert. Deshalb wurde jeweils die Hälfte der Bundestagsabgeordneten und der Hauptstadtjournalisten gefragt, wie viele ihrer jeweiligen Kollegen einen wesentlichen Beitrag zum Interessenausgleich der Gesellschaft (Politiker) bzw. zur Information der Bevölkerung (Journalisten) leisten. Ihre Antworten geben Auskunft über das Selbstbild der Politiker und Journalisten. Die andere Hälfte der Bundestagsabgeordneten wurde gefragt, wie viele Journalisten einen wesentlichen Beitrag zur Information der Bevölkerung leisten, die andere Hälfte der Hauptstadtjournalisten, wie viele der Politiker einen wesentlichen Beitrag zum Interessenausgleich der Gesellschaft. Ihre Antworten geben Auskunft darüber, was sie von dem Beitrag der jeweils Anderen zum Gemeinwohl halten.

„Generelle Urteile über Menschen sind kaum möglich. Auf wie viele Politiker (Journalisten) trifft nach Ihrer Erfahrung die folgende Aussage zu?" Vorgegeben war die Aussage: „Politiker (Journalisten) leisten einen wesentlichen Beitrag zum Interessenausgleich (zur Information) der Bevölkerung."

Die Antworten der Bundestagsabgeordneten und Hauptstadtjournalisten lassen erhebliche Unterschiede in ihren Selbst- und Fremdbildern erkennen. Die meisten Politiker und Journalisten (69 Prozent bzw. 79 Prozent) waren der Ansicht, dass die Mehrheit oder alle ihrer Kollegen einen Beitrag zum Gemeinwohl leisten. Dagegen waren sie nicht im gleichen Maße davon überzeugt, dass dies auch auf die jeweils andere Seite zutrifft. So glaubte deutlich weniger als die Hälfte der Journalisten (45 Prozent), dass die Mehrheit der Politiker oder alle Politiker einen Beitrag zum Gemeinwohl leisten. Von den Politikern urteilte aber die klare Mehrheit so über die Journalisten. Vor allem bei den Journalisten bestand folglich eine erhebliche Diskrepanz zwischen ihrem positiven Selbstbild und ihrem negativen Fremdbild: Die Differenz zwischen Selbst- und Fremdbild betrug bei ihnen 34 Prozentpunkte, bei den Politikern dagegen nur 10 Prozentpunkte. Eine Erklärung für diesen Befund könnte darin liegen, dass ein wesentlicher Beitrag der Politik zum Interessenausgleich der Gesellschaft deutlich schwieriger zu erreichen ist als ein wesentlicher Beitrag der Medien zur Information der Bevölkerung. Die Ursache der erwähnten Differenz wäre dann sozusagen eine Folge der Natur der Sache. Ob diese Interpretation zutrifft, kann mit den vorliegenden Daten nicht geklärt werde (Tabelle 2).

Eigeninteresse

Alle Organisationen vertreten in Grenzen auch legitime Eigeninteressen, weil sie nur so ihren Bestand und Erfolg sichern können. Dies gilt analog auch für die einzelnen Akteure. Wo die Grenzen liegen, kann nicht pauschal beurteilt werden, sondern muss anhand von Einzelfällen diskutiert werden. Hinweise darauf, ob sich die Vertretung der Eigeninteressen im akzeptablen Rahmen bewegt, kann die Frage geben, wie viele Angehörige eines Berufes vor allem ihre Eigeninteressen oder die Interessen ihrer Organisation vertreten – hier ihrer Parteien bzw. ihrer Medien: Je mehr Politiker bzw. Journalisten so handeln, desto begründeter ist der Zweifel daran, dass sie andere Interessen als ihre eigenen vertreten – die Interessen ihrer Partei, ihres Blattes oder ihres Senders; je weniger Politiker und Journalisten im Eigeninteresse handeln, desto eher kann man vermuten, dass sie auch die Interessen anderer vertreten. Das tatsächliche Ausmaß der Vertretung des Eigeninteresses von Organisationen muss von dem Image unterschieden werden, das sie besitzen – den Vorstellungen Anderer von ihrer Selbstsüchtig-

Tabelle 2: Gemeinwohlbeitrag der Politiker und Journalisten

Frage: „Auf wie viele Politiker trifft nach Ihrer Erfahrung die folgende Aussage zu?"
– Auszug aus den Antwortvorgaben –

	Politiker über		Journalisten über	
„Politiker (Journalisten) leisten einen wesentlichen Beitrag zum Interessenausgleich (zur Information) der Bevölkerung. Trifft zu auf	Journalisten (n=88) %	Politiker (n=99) %	Journalisten (n=112) %	Politiker (n=123) %
… alle, fast alle"	3	6	11	4
… die Mehrheit"	56	63	68	41
… etwa die Hälfte"	25	17	18	34
… eine Minderheit"	15	10	3	20
… keinen, fast keinen"	0	0	0	0
keine konkrete Antwort	1	4	1	1
Summe*	100	100	101	100

*Abweichungen von 100 sind rundungsbedingt.

keit. Das gilt für das Selbstbild der Politiker und Journalisten – ihrer Vorstellung von ihrem eigenen Tätigkeitsbereich – und für ihr Fremdbild – ihrer Vorstellung von den Angehörigen des jeweils anderen Berufs. Inwieweit Journalisten und Politiker Eigeninteressen vertreten, wurde mit folgender Frage ermittelt: „Generelle Urteile über Menschen sind kaum möglich. Auf wie viele Politiker treffen nach Ihrer Erfahrung die folgenden Aussagen zu?" Vorgegeben war die Aussage: „Politiker (Journalisten) vertreten vor allem ihre Eigeninteressen und die Interessen ihrer Partei (Medien)".

Jeweils die Hälfte der Abgeordneten und der Journalisten wurden nach ihrem Selbstbild gefragt. Sie sollten angeben, wie viele Politiker bzw. Journalisten vor allem ihre Eigeninteressen und die Interessen ihrer Parteien bzw. Medien vertreten. Die jeweils andere Hälfte wurde nach ihrem Fremdbild befragt. Sie sollten angeben, wie viele Angehörige des jeweils anderen Berufs vor allem ihre Eigeninteressen und die Interessen ihrer Organisationen vertreten. Die Aussagen der Befragten kann man zu folgender Feststellung verdichten: Das Selbstbild der Politiker und der Journalisten war wesentlich positiver als ihr Fremdbild. Nur knapp die Hälfte der Politiker (45 Prozent) vermutete, dass die Mehrheit oder alle Politiker vor allem im Eigeninteresse und im Interesse ihrer Partei handeln. Dagegen meinten fast vier Fünftel (78 Prozent), dass die Mehrheit oder sogar alle Journalisten vor allem ihre Eigeninteressen und die Interessen ihrer Medien vertreten. Die Journalisten sahen das spiegelbildlich ähnlich: Nur ein gutes Drittel (38 Prozent) vermutete, dass die meisten oder alle Journalisten vor allem ihre Eigeninteressen und die Interessen ihrer Medien vertreten. Dagegen meinten auch von ihnen fast drei Viertel (76 Prozent), dass die Mehrheit oder sogar alle Politiker vor allem im Eigeninteresse und im Interesse ihrer Parteien handeln. Aufgrund der krassen Asymmetrien zwischen den Selbst- und Fremdbildern kann man feststellen, dass sich in Berlin die Angehörigen von zwei Berufen gegenüberstehen, die aufeinander angewiesen sind, sich selbst überwiegend für Altruisten halten, in ihren Gegenübern aber überwiegend Egoisten sehen (Tabelle 3).

Tabelle 3:   Eigeninteresse der Politik und der Medien

Frage: Vgl. Tabelle 2

„Politiker (Journalisten) vertreten vor allem ihre Eigeninteressen und die Interessen ihrer Partei (Medien). Trifft zu auf	Politiker über		Journalisten über	
	Journalisten (n=88) %	Politiker (n=99) %	Journalisten (n=112) %	Politiker (n=123) %
… alle, fast alle"	13	2	5	21
… die Mehrheit"	65	43	33	55
… etwa die Hälfte"	14	26	25	17
… eine Minderheit"	6	25	34	7
… keinen, fast keinen"	0	0	1	0
keine konkrete Antwort	3	3	3	0
Summe*	101	99	101	100

*Abweichungen von 100 sind rundungsbedingt.

Skrupellosigkeit

Die Vertretung von Eigeninteressen ist in Grenzen notwendig und legitim. Eine der möglichen Grenzen, der Anteil der Personen, die so handeln, wurde bereits angesprochen. Eine weitere bildet die Skrupellosigkeit bei der Wahl der Mittel. Inwieweit Journalisten und Politiker Eigeninteressen vertreten, wurde mit folgender Frage ermittelt: „Generelle Urteile über Menschen sind kaum möglich. Auf wie viele Politiker treffen nach Ihrer Erfahrung die folgenden Aussagen zu?" Vorgegeben war die Aussage: „Politikern (Journalisten) ist jedes Mittel recht, wenn es um Wählerstimmen (Auflage / Quote) geht". Die Befragten sollten angeben, auf wie viel Prozent der Politiker und Journalisten diese Behauptung zutrifft. Der Anteil der Politiker und der Journalisten, die ihre eigenen Kollegen und die Angehörigen des jeweils anderen Berufes für Machtmenschen hielten, denen alle Mittel Recht sind, war deutlich geringer als der Anteil derer, die sie für Egoisten hielten, die vor allem ihre Eigeninteressen verfolgen. Positiv ausgedrückt kann man damit feststellen: Ein Großteil der Politiker und Journalisten war davon überzeugt, dass sich Politiker und Journalisten an die Regeln halten.

Allerdings zeigt sich auf niedrigerem Niveau erneut, dass das Selbstbild der Politiker und Journalisten wesentlich positiver ist als ihr Fremdbild. Zugleich werden die Unterschiede zwischen den Sichtweisen der Politiker und jenen der Journalisten klarer. So vermutete ein Fünftel der Politiker (21 Prozent), jedoch nur ein Zehntel der Journalisten (10 Prozent), der Mehrheit ihrer Kollegen oder sogar fast allen sei jedes Mittel recht, wenn es um die Wählerstimmen bzw. um die Auflagen und um die Quoten gehe. Zugleich glaubte aber fast die Hälfte der Politiker (48 Prozent) und etwas mehr als die Hälfte der Journalisten (52 Prozent), den meisten Angehörigen des jeweils anderen Berufs sei jedes Mittel Recht, um ihre Ziele zu erreichen. Die Differenz zwischen dem positiven Selbstbild und dem negativen Fremdbild der Journalisten war folglich wesentlich größer (42 Prozentpunkte) als die Differenz zwischen dem positiven Selbstbild und negativen Fremdbild der Politiker (27 Prozentpunkte). Diese Differenzen ergänzen das bereits erwähnte Bild: Ein Großteil der Politiker und Journalisten in Berlin weisen den Verdacht zurück, ihre Kollegen seien skrupellos in der Wahl ihrer Mittel, hält aber zugleich einen Großteil der Akteure auf der jeweils anderen Seite für skrupellos (Tabelle 4).

Tabelle 4: Skrupellosigkeit von Politikern und Journalisten
Frage: Vgl. Tabelle 2

"Politikern (Journalisten) ist jedes Mittel recht, wenn es um Wählerstimmen (Auflage/ Quote) geht. Trifft zu auf ...	Politiker über		Journalisten über	
	Journalisten (n=88) %	Politiker (n=99) %	Journalisten (n=112) %	Politiker (n=123) %
... alle, fast alle"	14	1	0	12
... die Mehrheit"	34	20	10	40
... etwa die Hälfte"	28	19	22	16
... eine Minderheit"	21	53	66	28
... keinen, fast keinen"	0	5	1	3
keine konkrete Antwort	3	2	0	1
Summe*	100	100	99	100

*Abweichungen von 100 sind rundungsbedingt.

Zusammenhänge zwischen Effektivität und Moral

Die Vorstellungen der Politiker und der Journalisten von der Effektivität, dem Eigeninteresse, dem Gemeinwohlbeitrag und der Skrupellosigkeit der jeweils anderen Seite hängen vermutlich mehr oder weniger eng zusammen.[12] Dies gilt naturgemäß vor allem für die Vorstellungen von der Effektivität der exemplarisch genannten Einrichtungen.[13] In die folgenden Analysen gehen deshalb nicht mehr die einzelnen Urteile der Befragten über die Effektivität jeder einzelnen Einrichtung ein, sondern die durchschnittlichen Urteile über alle medialen bzw. alle politischen Einrichtungen. Erwartungsgemäß bestand eine relativ enge Beziehung zwischen den Vorstellungen der Politiker und Journalisten von der Verfolgung von Eigeninteressen und vom Ausmaß der Skrupellosigkeit ihrer Gegenüber (r=0,43; r=0,34): Je mehr sie davon überzeugt waren, dass die jeweils Anderen vor allem Eigeninteressen verfolgen, desto eher glaubten sie, dass sie bei der Wahl ihrer Mittel keine Skrupel kennen. Den Erwartungen entsprechend hingen auch ihre Vorstellungen von der Effektivität der jeweils anderen Seite und ihrem Beitrag zum Gemeinwohl zusammen (r=-0,31; r=-0.40): Je mehr sie an der Effektivität der jeweils anderen Seite zweifelten, desto geringer schätzten sie ihren Beitrag zum Gemeinwohl ein.

Bemerkenswerter als die Existenz solcher Zusammenhänge ist das Fehlen anderer. So bestand aus der Sicht der Politiker nur ein relativ schwacher Zusammenhang zwischen der Effektivität der Medien einerseits und der Verfolgung von Eigeninteressen durch Journalisten sowie ihrer Skrupellosigkeit bei der Wahl ihrer Mittel (r=0,23; r=0,27). Aus Sicht der Journalisten bestand überhaupt kein signifikanter Zusammenhang zwischen der Effektivität politischer Einrichtungen einerseits und der Verfolgung von Eigeninteressen durch Politiker sowie ihrer Skrupellosigkeit bei der Wahl ihrer Mittel (r=0,10; r=0,11). Die Effektivität der Politik leidet aus ihrer Sicht offensichtlich nicht unter den Eigeninteressen und der Skrupellosigkeit der Politiker. Dagegen leidet der Beitrag der Politik zum Gemeinwohl unter einem Mangel an Effektivität. Dies gilt aus Sicht der Politiker in abgeschwächter Form auch für die Medien.

Ergänzt wird dieses Bild durch einen weiteren Befund: Aus Sicht der Politiker leidet der Beitrag der Medien zum Gemeinwohl deutlich unter der Skrupellosigkeit von Journalisten (r=-0,46). Dagegen leidet aus Sicht der Journalisten der Beitrag der Politik zum Gemeinwohl kaum unter der Skrupellosigkeit der Politiker bei der Wahl ihrer Mittel (r=-0,20). Damit kann man pointierend feststellen: Aus Sicht der Journalisten gehört die Skrupellosigkeit von Politikern bei der Wahl ihrer Mittel in Grenzen zu einer Politik, die den Interessenausgleich der Gesellschaft fördert; aus Sicht der Politiker verträgt sich dagegen die Skrupellosigkeit von Journalisten bei der Wahl ihrer Mittel nicht mit einem Journalismus, der die Information der Gesellschaft verbessert (Tabelle 5).

Ursachen der Akzeptanz der Machtverhältnisse

Die Bundestagsabgeordneten und die Hauptstadtjournalisten waren übereinstimmend der Meinung, dass die jeweils andere Seite mehr Einfluss auf ihren Tätigkeitsbereich hat, als sie haben sollte. Dabei nahmen sie übereinstimmend ein klares Machtgefälle von den Medien zur Politik wahr. Beide schrieben den Medien mehr Macht zu als der Politik. Die Journalisten argumentierten zudem deutlich offensiver als die Politiker: Sie forderten für die Medien mehr Einfluss auf die Politik und lehnten Einflüsse der Politik auf die Medien entschiedener ab.

Nach Meinung der meisten Journalisten und Politiker leisten nur relativ wenige Akteure der jeweils anderen Seite einen wesentlichen Beitrag zum Gemeinwohl. Zugleich vermuten relativ viele, dass zahlreiche Akteure der jeweils anderen Seite Eigeninteressen verfolgen und in der Wahl ihrer Mittel skrupellos sind. Dies legt die Vermutung nahe, dass die Ansichten der Politiker und Journalisten zum tatsächlichen und gewünschten Einfluss der Medien auf die Politik, bzw. der Politik auf die Medien von ihren individuellen Meinungen über die Mo-

Tabelle 5: Zusammenhänge zwischen den Vorstellungen von Effektivität und Moral
– Produkt-Moment-Korrelationen –
Die Korrelationen oberhalb der Diagonalen repräsentieren die Sicht der Politiker auf die Medien, die Korrelationen darunter die Sicht der Journalisten auf die Politik

Journalisten \ Politiker	Effektivität[1]	Eigeninteresse[2]	Gemeinwohlbeitrag[3]	Skrupellosigkeit[4]
Effektivität[1]		0,23*	-0,31**	0,27 **
Eigeninteresse[2]	0,10		-0,17	0,43 ***
Gemeinwohlbeitrag[3]	-0,40***	-0,24**		-0,46 ***
Skrupellosigkeit[4]	0,11	0,34***	-0,20*	

$* p<0,05$; $** p<0,01$; $*** p<0,001$.
[1] Die befragten Journalisten und Politiker sollten beurteilen, zu wie viel Prozent die überregionalen Abonnementzeitungen und die Regionalzeitungen jeweils ihre Aufgabe erfüllen und zu wie viel Prozent das öffentlich-rechtliche Fernsehen seine Aufgabe erfüllt (bzw. inwiefern Bundestag, Bundesregierung und Opposition ihre Aufgabe erfüllen). Die Angaben wurden gemittelt; [2] Vorgabe: „Journalisten (Politiker) vertreten vor allem ihre Eigeninteressen und die Interessen ihrer Medien (Parteien)." Verrechnung: „Trifft zu auf alle, fast alle" = 1; „... die Mehrheit" = 2; „... etwa die Hälfte" = 3; „... eine Minderheit" = 4; „... keinen, fast keinen" = 5; [3] Vorgabe: „Politiker (Journalisten) leisten einen wesentlichen Beitrag zum Interessenausgleich (zur Information) der Bevölkerung". Verrechnung wie bei [2]; [4] Vorgabe: „Politikern (Journalisten) ist jedes Mittel recht, wenn es um die Wählerstimmen (Auflage/Quote) geht." Verrechnung wie bei [2].

ralität der jeweils anderen Seite geprägt sind. Dabei können auch ihre Urteile über die Effektivität der anderen Seite eine Rolle spielen. So werden Politiker, die den Medien einen großen Beitrag zum Gemeinwohl zuschreiben und die die meisten Journalisten für selbstlos und skrupulös halten, einen relativ großen Einfluss der Medien auf die Politik akzeptabel finden. Andererseits werden Politiker, die den Medien einen substanziellen Beitrag zum Gemeinwohl absprechen und die die meisten Journalisten für skrupellose Egoisten halten, einen großen Einfluss der Medien auf die Politik entschieden ablehnen.

Der Einfluss der Vorstellungen der Bundestagsabgeordneten von der Effektivität der Medien und der Moralität der Journalisten auf ihre Urteile über das Machtverhältnis zwischen Politik und Medien wurde mithilfe einer multiplen Regression untersucht.[14] Die abhängige Variable bildet das wahrgenommene Machtverhältnis, ermittelt über die Differenz zwischen dem vermuteten und dem erwünschten Einfluss der Medien auf die Politik. Falls die Annahme zutrifft, muss diese Differenz umso größer sein, je negativer die Politiker die Effektivität der Medien einschätzten und je mehr sie an der Moralität der Journalisten zweifelten. Diese Annahme ist falsch.

Die Vermutungen der Politiker über die Effektivität der Medien und die Moralität der Journalisten besaß keinen Einfluss auf ihre Beurteilung des Machtverhältnisses von Politik und Medien. Dieser Befund bleibt auch dann erhalten, wenn man den Einfluss der genannten Vorstellungen auf den tatsächlichen und den erwünschten Einfluss der Medien auf die Politik jeweils getrennt berechnet. Daraus folgt bis zum Beweis des Gegenteils im Umkehrschluss: Die Meinungen der Bundestagsabgeordneten zu dem Machtverhältnis Politik und Medien sind unabhängig von ihren individuellen Vorstellungen von der Effektivität der Medien und der Moralität der Journalisten (Tabelle 6).

Tabelle 6: Einfluss der Vorstellungen der Politiker von den Medien auf die Beurteilung des Machtverhältnisses von Politik und Medien
– Multiple Regression –

	beta	
Effektivität[1]	.058	n.s.
Gemeinwohlbeitrag[2]	-.032	n.s.
Eigeninteressen[3]	.104	n.s.
Skrupellosigkeit[4]	.021	n.s.
Korrigiertes R^2	-.030	n.s.
n	88	

Abhängige Variable: Differenz zwischen wahrgenommenem und erwünschtem Einfluss der Medien auf die Politik.
[1] Die befragten Politiker sollten beurteilen, zu wie viel Prozent die überregionalen Abonnementzeitungen und die Regionalzeitungen jeweils ihre Aufgabe erfüllen und zu wie viel Prozent das öffentlich-rechtliche Fernsehen seine Aufgabe erfüllt. Die Angaben wurden gemittelt; [2] Vorgabe: „Journalisten leisten einen wesentlichen Beitrag zur Information der Bevölkerung". Verrechnung: „Trifft zu auf alle, fast alle" = 1; „... die Mehrheit" = 2; „... etwa die Hälfte" = 3; „... eine Minderheit = 4; „... keinen, fast keinen" = 5; [3] Vorgabe: „Journalisten vertreten vor allem ihre Eigeninteressen und die Interessen ihrer Medien." Verrechnung wie bei [2]; [4] Vorgabe: „Journalisten ist jedes Mittel recht, wenn es um die Auflage/Quote geht." Verrechnung wie bei [2].

Die gleiche Überlegung kann man mit Blick auf die Journalisten anstellen. So werden Journalisten, die der Politik einen großen Beitrag zum Gemeinwohl zuschreiben und die die meisten Politiker für selbstlos und skrupulös halten, einen relativ großen Einfluss der Politik auf die Medien akzeptabel finden. Andererseits werden Journalisten, die der Politik einen substanziellen Beitrag zum Gemeinwohl absprechen und die die meisten Politiker für skrupellose Egoisten halten, einen großen Einfluss der Politik auf die Medien entschieden ablehnen. Der Einfluss der Vorstellungen der Hauptstadtjournalisten von der Effektivität der Politik und der Moralität der Politiker auf die Beurteilung des Machtverhältnisses von Medien und Politik wurde ebenfalls mit einer multiplen Regression berechnet.

Die erwähnte Annahme erweist sich hier als teilweise richtig: Je positiver die Journalisten den Beitrag der Politik zum Gemeinwohl einschätzten, desto eher akzeptierten sie einen Einfluss der Politik auf die Medien – und umgekehrt. Allerdings besaßen die Vorstellungen der Journalisten von der Politik und den Politikern nur einen sehr beschränkten und insgesamt geringen Einfluss auf ihre Beurteilung des Machtverhältnisses von Medien und Politik, sodass man auch hier die Vermutung insgesamt eher zurückweisen muss als annehmen kann (Tabelle 7).

Tabelle 7: Einfluss der Vorstellungen der Journalisten von der Politik auf die Beurteilung des Machtverhältnisses von Medien und Politik – Multiple Regression –

	beta	
Effektivität[1]	-.085	n.s.
Gemeinwohlbeitrag[2]	.198	$p < 0{,}05$
Eigeninteressen[3]	-.146	n.s.
Skrupellosigkeit[4]	-.135	n.s.
Korrigiertes R^2	.112	n.s.
n	123	

Abhängige Variable: Differenz zwischen wahrgenommenem und erwünschten Einfluss der Politik auf die Medien.
[1] Die befragten Journalisten sollten beurteilen, zu wie viel Prozent die Bundestag, die Bundesregierung, bzw. die Opposition im Bundestag ihre Aufgabe erfüllen. Die Angaben wurden gemittelt;
[2] Vorgabe: „Politiker leisten einen wesentlichen Beitrag zum Interessenausgleich der Bevölkerung." Verrechnung: „Trifft zu auf alle, fast alle" = 1; „... die Mehrheit" = 2; „... etwa die Hälfte" = 3; „... eine Minderheit" = 4; „... keinen, fast keinen" = 5; [3] Vorgabe: „Politiker vertreten vor allem ihre Eigeninteressen und die Interessen ihrer Partei." Verrechnung wie bei [2]; [4] Vorgabe: „Politikern ist jedes Mittel recht, wenn es um Wählerstimmen geht." Verrechnung wie bei [2].

Zusammenfassung und Folgerungen

Die wichtigsten Ergebnisse kann man in zehn Feststellungen zusammenfassen:

1. Die Journalisten und die Abgeordneten schrieben den Medien mehr Einfluss auf die Politik zu als der Politik auf die Medien.
2. Die Journalisten und Abgeordneten waren der Ansicht, die Macht der Medien über die Politik und die Macht der Politik über die Medien sollte geringer sein als sie ist.
3. Die Journalisten wollten das von beiden Seiten konstatierte Machtgefälle zwischen den Medien und der Politik noch vergrößern während die Abgeordneten eine Machtbalance zwischen den Medien und der Politik anstrebten.
4. Die Journalisten und Abgeordneten waren überwiegend der Überzeugung, dass die erwähnten Organe der Politik und den Medien ihre Aufgaben effektiv erfüllen.
5. Die Journalisten und Abgeordneten waren überwiegend der Meinung, dass die weitaus meisten Journalisten und Politiker einen Beitrag zum Gemeinwohl leisten.
6. Die weitaus meisten Journalisten und Abgeordneten waren der Meinung, dass die meisten Angehörigen des jeweils anderen Berufs vor allem aus Eigeninteressen handeln.
7. Ein Großteil der Journalisten und Abgeordneten waren der Meinung, dass den meisten Angehörigen des jeweils anderen Berufs jedes Mittel Recht ist, um ihre Ziele zu verfolgen.
8. Das positive Selbstbild der Journalisten und ihr negatives Fremdbild von Politikern und Politik klaffte erheblich weiter auseinander als das Selbstbild der Abgeordneten und ihr Fremdbild von Journalismus und Journalisten.
9. Zwischen der Einschätzung der Effektivität, des Eigeninteresses, des Gemeinwohlbeitrags und der Skrupellosigkeit durch die Journalisten und Abgeordneten bestanden die erwartbaren, meist signifikanten Zusammenhänge.
10. Die Vorstellungen der Journalisten von der Effektivität, dem Gemeinwohlbeitrag, den Eigeninteressen und der Skrupellosigkeit der Politik bzw. der Politiker besaß nahezu keinen signifikanten Einfluss auf ihre Beurteilung der Machtverhältnisse zwischen Medien und Politik – erfasst über das Verhältnis zwischen der vermuteten und der erwünschten Macht der Medien: Weitgehend unabhängig von ihren Ansichten zu den erwähnten Aspekten der Politik waren sie der Ansicht, die Macht der Medien über die Politik sollte größer werden, als sie nach ihrer Einschätzung bereits war. Dies trifft

analog auch auf die Urteile der Abgeordneten über die Machtverhältnisse zwischen Politik und Medien zu – allerdings verfolgten sie ein anderes Ziel – keinen Ausbau der Macht der Politik über die Medien, sondern eine Machtbalance zwischen ihnen.

Die Ergebnisse deuten darauf hin, dass zwischen den Berliner Journalisten und den Bundestagsabgeordneten eine teilweise manifeste und teilweise latente Rivalität um Macht und Moral besteht. Die Journalisten treten dabei wesentlich offensiver auf als die Politiker.[15] Dies ist vermutlich auf mehrere Ursachen zurückzuführen. Eine erste Ursache dürften die Funktionen sein, die den Medien in den Theorien der liberalen Demokratie zugewiesen wird. Sie sollen zur Meinungsbildung der Bevölkerung beitragen und die Regierenden kontrollieren. Der Einfluss der Medien auf die Politik gehört folglich zum Auftrag der Medien, was sich im offensiven Selbstbild der Journalisten niederschlägt. Eine zweite Ursache dürften die historischen Erfahrungen sein. So belegt nicht nur die deutsche Geschichte, dass ein bestimmender Einfluss der Politik auf die Medien die Grundlagen liberaler Demokratien untergräbt und in der Folge die bürgerlichen Freiheiten gefährdet.[16] Dies trägt zu der eher defensiven Sicht der Politiker bei. Eine dritte Ursache dürften das Grundgesetz und die Rechtsprechung des Bundesverfassungsgerichtes sein, die einen Abwehranspruch der Medien gegen die Politik begründen und konkretisieren. Auch dadurch ist eine Asymmetrie vorgegeben, die sich in den wechselseitigen Machtansprüchen von Politikern und Journalisten niederschlägt.

Bestärkt werden die Journalisten vermutlich in ihrer Haltung, auch wenn das keinen nennenswerten Einfluss auf ihre Machtansprüche besitzt, durch das Gefühl ihrer moralischen Überlegenheit: Sie sehen nicht nur das Recht, sondern auch die Moral auf ihrer Seite. Eine Ursache des Gefühls der moralischen Überlegenheit der Journalisten dürfte die weitgehende Ausblendung der Rolle der Medien bei der Festigung der Macht der Nationalsozialisten ab 1933 sein. Während die Medien die Verstrickung anderer Institutionen – des Militärs, der Industrie, der Kirche, der Wissenschaft usw. – in das Dritte Reich intensiv thematisiert haben, hat sich ihre Berichterstattung über die Rolle der Medien auf die Beschuldigung einzelner Journalisten beschränkt. Deshalb erscheint der Journalismus im Gegensatz zu den historischen Fakten als einzige Institution als historisch unbelastet. Diese Asymmetrie in der Wahrnehmung der Geschichte dürfte ihrem Machtanspruch zusätzliche Dynamik verleihen. Daraus kann man die Folgerung ableiten, dass sich – andere Faktoren wie z. B. die Entwicklung des Medienrechts und der Medienmärkte konstant gedacht – das Machtgefälle zwischen Medien und Politik in Zukunft weiter zugunsten der Medien verschieben wird.

[1] Vgl. Hans Mathias Kepplinger: Die Rationalität der Politik und der Medien. In: Derselbe: Politik-vermittlung. Wiesbaden 2009, S. 23-47.

[2] Vgl. Astrid Zipfel: Der Macher und die Medien. Helmut Schmidts politische Öffentlichkeitsarbeit. Tübingen 2005; Kurt Beck: Ein Sozialdemokrat. München 2008.

[3] Vgl. Herbert Riehl-Heyse: Bestellte Wahrheiten. Anmerkungen zur Freiheit eines Journalistenmen-schen. München 1989; Jürgen Leinemann: Höhenrausch. Die wirklichkeitsleere Welt der Politiker. München 2004.

[4] Vgl. Hans Mathias Kepplinger / Jürgen Fritsch: Unter Ausschluss der Öffentlichkeit. Abgeordnete des 8. Deutschen Bundestages berichten über ihre Erfahrungen im Umgang mit Journalisten. In: Pub-lizistik 26 (1981) S. 33-55. Wieder abgedruckt in Hans Mathias Kepplinger: Politikvermittlung, a. a. O., S. 67-82; Martin Linsky: Impact. How the Press Affects Federal Policy Making. New York/London 1986; Hans Mathias Kepplinger: Kleine Anfragen. Funktionale Analyse einer parla-mentarischen Praxis. In: Werner J. Patzelt / Martin Sebaldt / Uwe Kranenpohl (Hrsg.): Res publica semper reformanda. Wiesbaden 2007, S. 304-319. Unter dem Titel „Politische und publizistische Funktion von Kleinen Anfragen" wieder abgedruckt in Hans Mathias Kepplinger: Politikvermittlung, a. a. O., S. 99-115; Hans Mathias Kepplinger / Dorothea Marx: Wirkungen und Rückwirkungen poli-tischer Kommunikation. Reziproke Effekte auf Landtagsabgeordnete. In: Ulrich Sarcinelli / Jens Tenscher (Hrsg.): Entscheidungspolitik und Darstellungspolitik. Beiträge zur politischen Kommuni-kation. Köln 2008, S. 185-205.

[5] Vgl. Hans Mathias Kepplinger / Marcus Maurer: Das fragmentierte Selbst. Rollenkonflikte im Journalismus – das Beispiel der Berliner Korrespondenten. In: Bernhard Pörksen / Wiebke Loosen / Armin Scholl (Hrsg.): Paradoxien des Journalismus. Theorie – Empirie – Praxis. Wiesbaden 2008, S. 165-182.

[6] Zu diesen Ausnahmen gehören die Studien von Ursula Hoffmann-Lange / Klaus Schönbach: Ge-schlossene Gesellschaft. Berufliche Mobilität und politisches Bewusstsein der Medienelite. In: Hans Mathias Kepplinger (Hrsg.): Angepasste Außenseiter. Was Journalisten denken und wie sie arbeiten. Freiburg i. Br. 1979, S. 49-75; Jochen Hoffmann: Inszenierung und Interpenetration. Das Zusammen-spiel von Eliten aus Politik und Journalismus. Wiesbaden 2003; Peter Maurer: Explaining Perceived Media Influences in Politics. An Analysis of the Interplay of Context and Attitudes in Four European Democracies. In: Publizistik 56 (2011) S. 27-50.

[7] Vgl. Ursula Hoffmann-Lange / Klaus Schönbach: Geschlossene Gesellschaft, a. a. O., S. 71 ff.

[8] Vgl. zum Folgenden auch Bernhard Weßels: Members of the German Bundestag in Perspective: Recruitment, Representation, and European Integration Across Time and Countries. In: Zdenka Mansfeldová / David M. Olson / Petra Rakusanová (Hrsg.): Central European Parliaments – First Decade of Democratic Experience and the Future Prospective. Prag 2005, S. 10-26.

[9] Nicht befragt wurden Mitarbeiter von Pressebüros, Verbandszeitschriften und Fotografen.

[10] Der Rücklauf beträgt um stichprobenneutrale Ausfälle bereinigt für die Politiker 31 Prozent, für die Journalisten 40 Prozent. Anteil Männer in Politik 66 Prozent, im Journalismus 72 Prozent. Frakti-onszugehörigkeit Politiker: 39 Prozent CDU/CSU; 29 Prozent SPD; 12 Prozent FDP; 11 Prozent DIE GRÜNEN; 5 Prozent DIE LINKE; Tätigkeitsbereiche Journalisten: 28 Prozent Fernsehen; 27 Prozent Tageszeitungen; 17 Prozent Hörfunk; 8 Prozent Wochenblätter; 19 Prozent andere, u. a. Magazine, Agenturen. Die Abgeordneten der FDP und der LINKEN sind in der Stichprobe leicht überrepräsen-tiert, die der SPD leicht unterrepräsentiert. Der Rücklauf vor allem der Politiker liegt erheblich unter dem Rücklauf meiner ersten Befragung der Bundestagsabgeordneten (vgl. Fußnote 4), jedoch etwas über dem Rücklauf einer Befragung der Bundestagsabgeordneten durch die Universität Jena im Jahr 2007 (28 Prozent) (vgl. www.sfb580.uni-jena.de).

[11] Der Rücklauf in den jeweiligen Teilgruppen unterscheidet sich nicht nennenswert. Auch Merkmale wie Geschlecht, Fraktionszugehörigkeit (Politiker) und Tätigkeit für verschiedene Mediengattungen

(Journalisten) unterscheiden sich nicht bemerkenswert. Die Gruppen sind deshalb direkt vergleichbar.

[12] Vgl. hierzu auch Kees Brants / Claes de Vreese / Judith Möller / Philip van Praag: The Real Spiral of Cynicism? Symbiosis and Mistrust between Politicians and Journalists. In: International Journal of Press/Politics 15 (2010) S. 25-40.

[13] Die Korrelationen zwischen den Vorstellungen von der Effektivität betragen 0,48 bis 0,67. Sie sind ausnahmslos hoch signifikant ($p < 0,001$).

[14] Dazu werden aus dem oben genannten Grund die Durchschnittswerte aus den Urteilen über die Effektivität der jeweils anderen Seite herangezogen. In die Berechnungen gehen nur die Teilstichproben ein, in denen alle relevanten Fragen gestellt wurden.

[15] Dies trifft nicht zu auf Vorstellungen der Politiker von der richtigen Strategie der Journalisten bei ihrer beruflichen Tätigkeit. Hier vertreten die Politiker eher die Meinung, die Journalisten sollten ihre Vorgehensweisen derjenigen der Politiker angleichen, als die Journalisten die Meinung, die Politiker sollten ihre Vorgehensweisen denen der Journalisten annähern. Vgl. Hans Mathias Kepplinger: Die Rationalität von Politik und Medien, a. a. O.

[16] Vgl. Jürgen Wilke (Hrsg.): Unter Druck gesetzt. Vier Kapitel deutscher Pressegeschichte. Köln 2002.

Rollenkonflikte im Journalismus

Journalisten nehmen wie die Angehörigen aller Berufe verschiedene soziale Positionen ein.[1] Sie sind freie oder angestellte Journalisten, Schatzmeister von Vereinen, Väter, Mütter usw. Jede dieser Positionen ist unabhängig von den Individuen denkbar, wird aber von konkreten Individuen eingenommen. So gibt es die Positionen der Chefredakteure, Schatzmeister und Eltern auch ohne Herrn Maier und Frau Müller, aber Herr Maier und Frau Müller können die Positionen einnehmen. Als Inhaber von Positionen sind Journalisten wie die Angehörigen aller Berufe formellen und informellen Verhaltenserwartungen ausgesetzt.[2] Zu den formellen Verhaltenserwartungen gehören berufsspezifische Standards, etwa die Vorschriften des Presserechtes und des Pressekodex sowie der Programmrichtlinien der öffentlich-rechtlichen Sender. Zu den informellen Verhaltenserwartungen gehören von den Erwartungen an den Kleidungsstil und das Auftreten von Journalisten bis zur Präsentation bestimmter Sichtweisen bei der Berichterstattung über aktuelle Themen unzählige unausgesprochene Vorgaben. Verstöße gegen die Verhaltenserwartungen werden geahndet, wobei sich die Reaktionen von einer unausgesprochenen Missbilligung über die explizite Kritik bis zur schriftlichen Rüge und gerichtlichen Verurteilung erstrecken können.

Der Reiz einer rollentheoretischen Analyse des Journalismus besteht darin, dass man im Unterschied zu typologischen Betrachtungen aus plausiblen theoretischen Annahmen empirisch prüfbare Hypothesen ableiten kann. Eine wichtige Grundlage der Rollentheorie ist die Unterscheidung zwischen konsistenten, d. h. in sich stimmigen, sowie inkonsistenten, d. h. widersprüchlichen Rollenerwartungen. Von besonderem Interesse sind im vorliegenden Fall inkonsistente Rollenerwartungen und deren Folgen. An dieser Stelle ist eine umfassende Darstellung der theoretischen Annahmen nicht möglich. Die Daten zu den Beispielen wurden nicht im Kontext von Rollentheorien ermittelt. Die Befunde werden hier jedoch in diesem Kontext interpretiert. Zu beachten ist, dass es jeweils um drei Sachverhalte geht – um die Feststellung von Inkonsistenzen zwischen Verhaltenserwartungen, um die Rollenkonflikte als Folge von Inkonsistenzen sowie um die Auswirkungen solcher Rollenkonflikte u. a. auf die Berichterstattung. Inkonsistente Verhaltenserwartungen besitzen zahlreiche psychische und soziale Folgen. Die Betroffenen sind unsicher, ob und wie sie den widersprüchlichen Erwartungen gerecht werden können; welchen Erwartungen sie im Zweifelsfall eher folgen sollen; wie sie bei der Befolgung einer bestimmten Erwartung die Verletzung einer anderen Erwartung vor sich und anderen rechtfertigen können usw. Generell gilt für die vorliegenden Überlegungen folgende Annahme: Je bedeutsamer eine von mehreren inkonsistenten Erwartungen ist, desto eher werden die Betroffenen im Interesse der bedeutenden Erwartungen die weniger bedeutenden Erwartungen vernachlässigen.

Begrifflich-theoretische Grundlagen

Konsistente Erwartungen an das berufliche Verhalten von Journalisten können gemeinsam relativ einfach erfüllt werden. Ein Beispiel sind Forderungen nach der Neutralität und der Objektivität der Berichterstattung. Beides passt nach allgemeinem Verständnis zusammen. Ob diese Annahme zutrifft, ist eine empirische Frage, die von Land zu Land unterschiedlich beantwortet werden muss.[3] Inkonsistente Verhaltenserwartungen können gleichzeitig nur teilweise oder überhaupt nicht erfüllt werden. Journalisten sind in ihrem Beruf einer Vielzahl von inkonsistenten Verhaltenserwartungen ausgesetzt. Zu ihnen gehören die Forderungen nach einer schnellen Berichterstattung vs. einer sorgfältigen Prüfung der Fakten; nach einer umfassenden Information der Öffentlichkeit vs. der Wahrung der Privatsphäre von Protagonisten ihrer Berichte; nach einer rein sachlichen Darstellung von Gefahren vs. einer Warnung der Öffentlichkeit vor negativen Entwicklungen; nach einer an der Relevanz des Geschehens orientierten Berichterstattung vs. einer am Interesse der Rezipienten orientierten Gewichtung des Geschehens; nach einer Berichterstattung ausschließlich anhand von journalistischen Kriterien vs. einer Berichterstattung, die die wirtschaftlichen Bedingungen der Medien berücksichtigt. Die Folgen von inkonsistenten Erwartungen an das berufliche Verhalten von Journalisten sind Intra-Rollenkonflikte.

Arten und Folgen von Intra-Rollenkonflikten

- Inkonsistenz von Aktualität und Sorgfaltspflicht: Journalisten im Bereich der aktuellen Berichterstattung vernachlässigen bei der Berichterstattung über Missstände ihre Sorgfaltspflicht eher als Journalisten, die nicht unter diesem Aktualitätsdruck stehen.[4]
- Inkonsistenz zwischen Informationsaufgabe und Neutralität der Nachrichtenauswahl: Journalisten sind eher bereit, Nachrichten entsprechend ihren subjektiven Sichtweisen auszuwählen, wenn dies mit ihrer Informationsauf-

gabe vereinbar ist (Hochspielen) als wenn es dagegen verstößt (Herunter-spielen).[5]

- Inkonsistenz zwischen Engagement und Objektivität: Journalisten, die eine Kritik an Missständen ohne Rücksicht auf die absehbaren Folgen als eine wichtige Aufgabe sehen, halten eine überspitzte Darstellung von Missständen eher für vertretbar als Journalisten, die die genannte Kritik nicht als wichtige Aufgabe sehen.[6]
- Inkonsistenz zwischen Fehlverhalten und Kollegensicht: Journalisten, deren individuelles Fehlverhalten von den Kollegen missbilligt wird, werden für unbeabsichtigte negative Folgen des Fehlverhaltens eher moralisch verant-wortlich gemacht als Journalisten, deren Fehlverhalten gebilligt wird.[7]

Die Erwartungen an das berufliche Verhalten von Journalisten beziehen sich auf eine Position, z. B. die Position als Mitglied einer Redaktion. Sie können sich jedoch auch auf mehrere Positionen beziehen, z. B. die Position als Mitglied einer Redaktion sowie die Position als Vater, als Vereinsmitglied usw. Die Er-wartungen an ihr Verhalten in den verschiedenen Positionen sind nicht kategorial verschieden, jedoch auch nicht identisch. Folglich spielen sie verschiedene Rol-len bei ihrer Berufstätigkeit als Journalist, in ihrer Familie als Vater, Mutter, in ihrem Verein als Kumpel usw. So befragen Journalisten ihre Kinder vermutlich anders als ihre Informanten in Politik und Wirtschaft. Sie diskutieren mit ihren Vereinskollegen das aktuelle Geschehen anders als mit ihren Berufskollegen. Sie loben ihre Freunde anders als die freien Mitarbeiter usw.

Die Erwartungen an das Verhalten von Journalisten in ihren verschiedenen Rollen können ebenfalls konsistent oder inkonsistent sein. Ein Beispiel für kon-sistente Verhaltenserwartungen ist die Forderung nach Wahrhaftigkeit im beruf-lichen und im privaten Alltag. Auch hier ist es eine empirische Frage, ob sie dieser Erwartung in beiden Bereichen in gleichem Maße gerecht oder durch inkonsistente Erwartungen daran mehr oder weniger gehindert werden. Ein Bei-spiel für inkonsistente Verhaltenserwartungen ist die Forderung von Berufskol-legen zu äußerstem Engagement bei der Berichterstattung über einen aktuellen Fall und der Wunsch der Familienangehörigen nach mehr Aufmerksamkeit für die Angehörigen. Ein weiteres Beispiel ist die Forderung von Berufskollegen nach einer objektiven und kritischen Berichterstattung über Politiker und die Erwartung von Politikern, mit denen die Journalisten mehr oder weniger eng befreundet sind, nach einer insgesamt eher wohlwollenden Berichterstattung über sie und ihre Partei. Dies gilt analog im Verhältnis von Journalisten zu den Vertretern von kulturellen Einrichtungen (Theatern, Verlagen), Sportvereinen und Sportmannschaften (Fußball, Radsport), Wirtschaftsunternehmen (Automo-bilfirmen, Reiseveranstaltern) usw. Eine Folge von inkonsistenten Verhaltenser-

wartungen an Journalisten in verschiedenen Rollen sind Inter-Rollenkonflikte –
Spannungen, die sich aus der Einnahme von verschiedenen Positionen und Rollen ergeben, ihre Rolle als Journalist, Familienmitglied, Freund, Vereinsmitglied
usw. Sie sind vor allem Ausdruck der nur partiell möglichen Einbindung von
Individuen in komplexe Gesellschaften.

Arten und Folgen von Inter-Rollenkonflikten

▪ Inkonsistenz zwischen sozialer Nähe zu Akteuren und Kontrollfunktion:
Journalisten, die in kleinen Städten arbeiten, wo sie zu den lokalen Honoratioren gehören, können ihre Kontrollfunktion weniger wahrnehmen als
Journalisten in größeren Städten mit entsprechend größerer Distanz zu den
Honoratioren.[8]

▪ Inkonsistenz zwischen Eigeninteresse und Informationsaufgabe: Journalisten lehnen die Offenlegung ihrer persönlichen Beziehung zu Politikern auch
dann ab, wenn die Kenntnis dieser Beziehung erforderlich ist, um ihre Berichterstattung richtig einschätzen zu können. Hier besteht eine Inkonsistenz
zwischen den Interessen der Rezipienten und den Eigeninteressen der Journalisten.[9]

Journalisten sind nicht nur den Verhaltenserwartungen ihrer Berufskollegen und
anderer Personen ausgesetzt. Sie stehen auch unter dem Einfluss von mehr oder
weniger entwickelten Rollenselbstbildern. Hierbei handelt es sich um relativ
dauerhafte, individuelle Vorstellungen davon, wie sie ihren Beruf ausüben sollen. Ihren Ursprung haben sie in persönlichen Grundüberzeugungen, in realen
Erlebnissen und fiktionalen Darstellungen, in beruflichen und außerberuflichen
Erfahrungen, wobei im Einzelfall ganz verschiedene Gründe prägend sein können. Beispiele für Rollenselbstbilder sind normative Selbstwahrnehmungen als
investigativer Journalist, als Kritiker an Missständen, als neutraler Berichterstatter usw. Im Unterschied zu den formellen und informellen Verhaltenserwartungen an Journalisten wirken die Rollenselbstbilder nicht von außen, sondern von
innen auf sie ein. Die Rollenselbstbilder von Journalisten, bzw. die daraus folgenden Erwartungen an das eigene Verhalten, können in Konflikt geraten mit
den praktischen Einschränkungen (finanzielle, personelle, technische Ressourcen), mit den Rollenerwartungen von Angehörigen anderer Berufe (Politiker,
Manager, Sportler usw.) sowie den Rollenerwartungen der Berufskollegen. Konflikte als Folge von praktischen Einschränkungen und externen Erwartungen
können hier außer Betracht bleiben. Relevant sind Konflikte zwischen den Rollenselbstbildern einzelner Journalisten und den Verhaltenserwartungen der Kol-

legen. Im Unterschied zu den oben genannten Rollenkonflikten werden sie nicht von der sozialen Umgebung ausgelöst, sondern beruhen im Wesentlichen auf Inkonsistenzen zwischen individuellen inneren Dispositionen und generellen äußeren Erwartungen. Es handelt sich eher um individuelle als um soziale Phänomene. Man kann sie deshalb als interne Rollenkonflikte bezeichnen. Sie sind vor allem Ausdruck eines individuellen psychologischen Problems, das allerdings viele betreffen kann.

Arten und Folgen von internen Rollenkonflikten

- Inkonsistenz zwischen Rollenselbstbild und Medienwirkungen: Je wichtiger Journalisten die Aufdeckung von Ungerechtigkeiten finden, desto weniger sind sie bereit, die moralische Verantwortung für die Publikation von Beiträgen zu übernehmen, die absehbar negative Folgen besitzen.[10]
- Inkonsistenz zwischen professioneller Einstellung und privater Erwartung: Journalisten reagieren auch dann betroffen auf die Unzugänglichkeit eines erfolgreichen Politikers, der ihnen Dank schuldet, wenn sie das Verhältnis zwischen Journalisten und Politikern als Zweckbündnis betrachten, in dem jeder seine eigenen Ziele verfolgt.[11]

Journalisten sind nicht nur den vielfältigen Verhaltenserwartungen anderer ausgesetzt.[12] Sie haben selbst auch Erwartungen an das Verhalten anderer – das Verhalten von Politikern, Managern, Sportlern usw. Mit diesen Erwartungen, die sie bei persönlichen Kontakten oder durch ihre Publikationen äußern, üben sie einen Einfluss auf das Verhalten anderer Akteure aus. Dadurch können sie zur Ursache vor allem der Inter-Rollenkonflikte anderer Akteure werden, z. B. von Sportlern, die sich inkonsistenten Erwartungen von Journalisten einerseits und Mannschaftskollegen andererseits ausgesetzt sehen. Dieser Aspekt kann hier vernachlässigt werden. Die Erwartungen von Journalisten an das Verhalten von anderen üben jedoch auch einen Einfluss auf ihr eigenes Verhalten gegenüber den anderen Akteuren aus. Entspricht das Verhalten der anderen Akteure nicht den Erwartungen der Journalisten, bilden ihre eigenen Erwartungen die Grundlage ihrer Urteile über die Akteure. Im Zweifelsfall legen sie nicht die Maßstäbe innerhalb des Kollektivs der Akteure zugrunde, sondern ihre eigenen Maßstäbe. In diesen Fällen resultieren die Inkonsistenzen nicht wie bei den Intra- und Inter-Rollenkonflikten aus Divergenzen zwischen den Erwartungen von Kollektiven und Einzelnen, oder wie bei den internen Rollenkonflikten zwischen den Selbstbildern von Einzelnen und den Erwartungen von Kollektiven. Sie resultieren vielmehr aus Divergenzen zwischen den Erwartungen von verschiedenen Kollektiven, den Journalisten und den Angehörigen anderer Berufe oder Gruppen. Man kann sie deshalb als externe Rollenkonflikte bezeichnen. Sie sind vor allem Ausdruck des Gestaltungs- und Machtanspruchs von gesellschaftlichen Gruppierungen.

Arten und Folgen von externen Rollenkonflikten

- Inkonsistenz zwischen dem Selbstbild und Fremdbild: Journalisten nehmen Missstände in anderen Bereichen (Politik, Wirtschaft, Infrastruktur usw.) eher wahr als Missstände in den Medien. Deshalb berichten sie eher über Missstände in anderen Bereichen als über Missstände in den Medien.[13]
- Inkonsistenz zwischen der Problemwahrnehmung von Beobachtern und Akteuren: Journalisten vermuten ihrer Position als Beobachter entsprechend die Ursachen von Missständen eher in den Motiven der Akteure (Eigennutz, sittenwidriges Verhalten), die Akteure sehen sie eher in den Umständen ihres Handelns (Fehlentwicklungen). Deshalb berichten Journalisten eher über Missstände, die nach ihrer Überzeugung von den Akteuren verursacht wurden (Eigennutz, sittenwidriges Verhalten), als über Missstände, die nach ihrer Überzeugung eine Folge der Umstände (Fehlentwicklungen) waren.[14]
- Inkonsistenz zwischen der Forderung nach Kollegenkritik im eigenen und in anderen Berufen: Journalisten erwarten von den Angehörigen anderer Berufe mehr Kollegenkritik als sie selbst bereit sind auszuüben.[15] Deshalb kritisieren Journalisten vor allem einen Mangel an Kollegenkritik in anderen Berufen.
- Inkonsistenz zwischen den Urteilen von Journalisten über Experten und der Selbsteinschätzung der Experten: Journalisten lehnen es ab, die von Experten in Anspruch genommene Autorität anzuerkennen.[16] Deshalb lassen sie vor allem Experten zu Wort kommen, die ihre eigene Sichtweise bzw. die Sichtweise ihrer Redaktion vertreten.[17]

Empirische Daten

Grundlage der folgenden Darstellung ist eine schriftliche Befragung der Berliner Korrespondenten im Frühjahr 2006. Die Grundgesamtheit bilden die damals 628 ständigen Mitglieder der Bundespressekonferenz, von denen 51 aus beruflichen Gründen nicht erreichbar waren. Die bereinigte Grundgesamtheit bilden demnach 577 Berliner Korrespondenten. Von ihnen haben 231 die Fragen beantwortet. Das entspricht einem Rücklauf von 40 Prozent. Weil die bekannten Merkmale der Mitglieder sich nicht wesentlich von den Merkmalen der Befragten unterscheiden, können ihre Antworten als repräsentativ für alle Mitglieder der Bundespressekonferenz gelten.[18]

Vertrauensverhältnisse zwischen Journalisten und Politikern

Vertrauen gehört aus zwei Gründen zu jeder dauerhaften normalen sozialen Beziehung: Vertrauen in Personen macht erstens die Beziehung zu ihnen selbstverständlich und verhindert dadurch die Notwendigkeit zur Vergewisserung ihrer Grundlagen. Offensichtliches Misstrauen unterminiert dagegen jede normale soziale Beziehung, weil das Bewusstsein des einen, dass der andere ihm misstraut, als psychische Belastung erlebt wird. Vertrauen in Personen erübrigt zweitens Zweifel an den Aussagen der Vertrauensperson. Man muss die Aussagen nicht aufwendig prüfen, um sie für wahr oder richtig halten zu können. Vertrauen erleichtert drittens die Kommunikation mit anderen Menschen, denen man die Informationen der Vertrauensperson – sofern keine Vertraulichkeit vereinbart wurde – mitteilen kann.

Vertrauen beruht immer auf Gegenseitigkeit – die Vertrauensperson kann darauf vertrauen, dass man ihr Vertrauen nicht missbraucht und sie z. B. bloßstellt. Dies trifft aller Wahrscheinlichkeit nach auch auf Journalisten und ihr Verhältnis zu Politikern zu. Muss man aber nicht von einem Journalisten ein gewisses Misstrauen gegenüber Politikern und ihren Informationen erwarten, weil man sich sonst auf seine Berichte kaum verlassen kann? Wird ein Journalist, wenn er kein Mindestmaß an Misstrauen hat, nicht zum Sprachrohr von Politikern? Auch dies trifft aller Wahrscheinlichkeit nach zu.

Journalisten, die ein Vertrauensverhältnis zu Politikern besitzen, sind inkonsistenten Erwartungen ausgesetzt: Zum einen sollen sie Politikern vertrauen können, und Politiker ihnen. In diesem Sinn brauchen sie ein Vertrauensverhältnis. Zum anderen sollen sie ihnen bis zu einem gewissen Grade misstrauen und sie gegebenenfalls auch bloßstellen. In diesem Sinn brauchen sie kritische Distanz. Die Folge ist ein Inter-Rollenkonflikt, ausgelöst von der Inkonsistenz von privaten und beruflichen Erwartungen, die sich mit einem Vertrauensverhältnis verbinden. Wie gehen die Berliner Korrespondenten mit diesen inkonsistenten Erwartungen um? Besitzen sie Vertrauensverhältnisse zu Politikern? Warum ist das so – und was folgt daraus für ihr Verhältnis zu ihnen? Die Existenz von Vertrauensverhältnissen der Journalisten zu Politikern wurde mit folgender Frage ermittelt: „Haben oder hatten Sie zu einem oder mehreren Politiker(n) eine Art Vertrauensverhältnis?" Mehr als zwei Drittel (70 Prozent) bejahten diese Frage. Auf die Frage: „Was bedeutet das für Ihre Berichterstattung" erklärten die weitaus meisten, sie erführen „manches, was andere nicht erfahren", sie kämen „schneller an Informationen" und wenn sie ein Interview möchten, kämen sie „in der Regel schneller zum Zug". Dies entspricht den Erwartungen an „normale" Vertrauensverhältnisse. Andererseits erklärte fast die Hälfte, es sei „manchmal schwierig, objektiv über Politiker zu berichten, zu denen man ein Vertrauensverhältnis hat". Dies deutet darauf hin, dass sie in einer Konfliktsituation waren, in der sie sich nicht entscheiden wollten oder konnten. Sie waren sich vermutlich der Tatsache bewusst, dass sie inkonsistenten Erwartungen ausgesetzt waren – der Erwartung an einen distanzierten Beobachter, der einem Politiker nicht vertraut und ihn gegebenenfalls auch bloßstellt, und der Erwartung an einen nahe stehenden Vertrauten, der von einem Politiker Insiderinformationen erhält und ihm dafür in schwierigen Lagen mit Verschwiegenheit dankt. Dies dürfte auch auf einen Teil derer zutreffen, die hierzu keine klare Meinung äußern (Tabelle 1).

Tabelle 1: Bedeutung eines Vertrauensverhältnisses zu einem Politiker

Frage: „Haben oder hatten Sie zu einem oder mehreren Politiker(n) eine Art Vertrauensverhältnis?"
Nachfrage: „Was bedeutet das für Ihre Berichterstattung?"

	trifft zu %	weder noch %	trifft nicht zu %
„Ich erfahre manches, was andere nicht erfahren."	86	11	2
„Ich komme schneller an Informationen."	85	11	3
„Wenn ich ein Interview möchte, komme ich in der Regel schneller zum Zug."	76	17	7
„Es ist manchmal schwierig, objektiv über Politiker zu berichten, zu denen man ein solches Vertrauensverhältnis hat."	47	24	29

Basis: 162 Befragte, die ein Vertrauensverhältnis haben oder hatten. Vorgegeben war eine fünfstufige Skala, deren Enden beschriftet waren mit „trifft voll und ganz zu" bzw. „trifft überhaupt nicht zu". Die beiden äußeren Antwortvorgaben werden für Tabelle 1 zusammengefasst ausgewiesen.

Auswirkung eines Vertrauensverhältnisses auf die Objektivität

Ein bemerkenswerter Teil der Berliner Korrespondenten, die ein Vertrauensverhältnis zu einem Politiker haben oder hatten, war sich bewusst, dass dies ihre objektive Berichterstattung erschweren könnte. Ob und inwieweit dies der Fall ist, kann anhand der Antworten auf folgende Frage überprüft werden: „Welche Veränderungen beobachten Sie in ihrer eigenen Arbeit?" Eine der Antwortvorgaben lautete: „Die Gefahr, vor den ‚Karren' einer Partei gespannt zu werden, ohne dass man es merkt, ist größer geworden." Hier ging es im Unterschied zur Schwierigkeit einer objektiven Berichterstattung, die sich vor allem auf die Informationsmöglichkeiten der Rezipienten auswirkt, um die Folgen eines Vertrauensverhältnisses für die Journalisten selbst – die Gefahr, Opfer ihrer Nähe zu einem Politiker zu werden. Weniger als ein Drittel (28 Prozent) stimmte dieser These zu. Nach ihrer Ansicht hat sich die Gefahr vergrößert. Die Mehrheit (51 Prozent) war jedoch nicht dieser Ansicht. Der Rest (21 Prozent) war unentschieden.

Theoretisch wird man davon ausgehen können, dass diejenigen, die sich des Rollenkonfliktes bewusst sind und sich dazu bekennen, die damit verbundenen Gefahren eher sehen als diejenigen, die sich des Rollenkonfliktes nicht bewusst sind oder ihn leugnen. Diese Annahme trifft zu: Journalisten, die in einem Vertrauensverhältnis zu einem Politiker eine Gefahr für die objektive Berichterstattung sahen (und ein solches bekannten), waren signifikant (p<0,05) häufiger der Ansicht, ein Vertrauensverhältnis berge die Gefahr, dass sie vor den „Karren" einer Partei gespannt würden, wie Journalisten, die in einem Vertrauensverhältnis keine derartige Gefahr sahen (29 Prozent bzw. 15 Prozent). Noch problembewusster waren allerdings ihre Kollegen, die keine klare Antwort auf die Frage gaben, ob ein Vertrauensverhältnis die Objektivität ihrer Berichterstattung gefährden könnte (40 Prozent). Dies dürfte darauf zurückzuführen sein, dass sie die Problematik durchaus sahen, jedoch nicht so offensiv damit umgingen wie einige ihrer Kollegen und deshalb noch eher fürchteten, ein Opfer ihrer geringen Distanz zu Politikern zu werden.

Auswirkungen von Vertrauensverhältnissen auf Vorwürfe

In normalen sozialen Beziehungen verhindern Vertrauensverhältnisse Konflikte eher als dass sie sie hervorrufen. In Vertrauensverhältnissen von Journalisten zu Politikern könnte das Gegenteil der Fall sein, weil sie Erwartungen wecken, die sich an normalen sozialen Beziehungen orientieren, von Journalisten jedoch schon deshalb nicht erfüllt werden können, weil sie dem oben skizzierten Rollenkonflikt ausgesetzt sind und im Zweifelsfall auch ihrer Rolle als objektiver Berichterstatter gerecht werden müssen: Sie werden gelegentlich auch vertrauliche Informationen weitergeben, und sie werden über ihre Gesprächspartner gelegentlich auch in einer Weise berichten, die nicht den üblichen Erwartungen an Menschen entspricht, zu denen man ein Vertrauensverhältnis besitzt. Deshalb wird man annehmen können, dass Journalisten, die ein Vertrauensverhältnis zu einem Politiker haben oder hatten, eher Konflikte mit Politikern haben als ihre Kollegen, die keine solchen Beziehungen haben oder hatten. Ob diese Annahme zutrifft, kann anhand einer gezielten Frage zu Vorwürfen gegen Journalisten in solchen Konflikten geprüft werden. Sie lautete: „Berufliche Kontakte verlaufen nicht immer konfliktfrei. Das ist zwischen Politikern und Journalisten nicht anders. Wenn Sie einmal zurückdenken: Was waren in der Vergangenheit Gründe dafür, dass es Unstimmigkeiten zwischen Ihnen und einem Politiker gab?" Vorgegeben waren vier Vorwürfe und vier Maßnahmen von Politikern gegenüber den befragten Journalisten. Geprüft wird, ob Vertrauensverhältnisse einen Einfluss auf die Erfahrungen besitzen, die Journalisten bei Konflikten mit Politikern machen.

Die Vorwürfe, die Berliner Korrespondenten mit und ohne Vertrauensverhältnissen zu Politikern von Politikern gemacht wurden, unterschieden sich nach Angabe der Journalisten kaum. Meist ging es um den Vorwurf, der Journalist habe „falsche Informationen" verbreitet. Auch dem Vorwurf, die Journalisten hätten Informationen veröffentlicht, die „eigentlich" geheim bleiben sollten, sah sich eine bemerkenswerte Minderheit ausgesetzt, wobei kein nennenswerter Unterschied zwischen den Journalisten mit und ohne Vertrauensverhältnis zu Politikern bestand. Der Bruch eines Vertrauensverhältnisses zwischen Journalisten und Politikern oder seine Beschädigung schlugen sich folglich nicht in einer Massierung von Vorwürfen nieder. Damit müssen viele Journalisten leben – und zwar unabhängig von ihrem Verhältnis zu Politikern. Sie wirkten sich jedoch deutlich auf ihre sozialen Beziehungen aus. Journalisten, die ein Vertrauensverhältnis zu Politikern haben oder hatten, berichteten deutlich häufiger als andere, Politiker hätten sie „gezielt von Informationen abgeschnitten" und sie hätten „versucht, Druck auf (sie) auszuüben" (Tabelle 2).[19]

Charakter von Freundschaften zwischen Journalisten und Politikern

Rein private Freundschaften sind zweckfreie soziale Beziehungen. Sie beruhen auf gegenseitiger Zuneigung, Verständnis füreinander und gemeinsamen Interessen. Eine ihrer Folgen ist Hilfsbereitschaft ohne Erwartung von Gegenleistungen, eine andere ist Dank auch für erfolglose Bemühungen um den anderen. Freund-

Tabelle 2: Auswirkungen eines Vertrauensverhältnisses zu Politikern auf die Beziehungen zu Politikern

Frage: „Haben oder hatten Sie zu einem oder mehreren Politiker(n) eine Art Vertrauensverhältnis?"
Nachfrage: „Berufliche Kontakte verlaufen nicht immer konfliktfrei. Das ist zwischen Politikern und Journalisten nicht anders. Wenn Sie einmal zurückdenken: Was waren in der Vergangenheit Gründe dafür, dass es Unstimmigkeiten zwischen Ihnen und einem Politiker gab?"

	Vertrauensverhältnis zu einem Politiker	
	Ja (n=162) %	Nein (n=65) %
„Mir wurde vorgeworfen, ...		
... falsche Informationen über einen Politiker / ein politisches Ereignis berichtet zu haben."	50	42
... Informationen veröffentlich zu haben, die eigentlich geheim bleiben sollten."	23	20
.... wichtige Informationen zurückgehalten zu haben."	5	5
... die Privatsphäre eines Politikers verletzt zu haben."	6	5
„Ein Politiker hat ...		
... mich gezielt von Informationen abgeschnitten." *	31	11
... mich ganz bewusst hinters Licht geführt."	24	17
...versucht, Druck auf mich auszuüben." **	32	19
... versucht, mich bei meinen Kollegen zu diskreditieren."	12	8

* p<0,01; ** p< 0,05 (Chi^2-Tests).

schaften sind theoretisch unabhängig vom Alter, Geschlecht, sozialen Status usw. Es gibt Freundschaften zwischen Alten und Jungen, Männern und Frauen, Reichen und Armen, allerdings werden die meisten Freundschaften vermutlich zwischen Menschen in ähnlichen Lebensumständen geschlossen – gleichaltrigen Männern bzw. Frauen, Familien mit ähnlichem Einkommen usw. Berufliche

Freundschaften zwischen Vorgesetzten und Untergebenen, Konkurrenten im Beruf und Mitarbeitern in konkurrierenden Unternehmen sind keine zweckfreien Beziehungen. Sie zielen, auch wenn Zuneigung und Verständnis vorhanden sind, auf die Verwirklichung von Eigeninteressen, die mit den Interessen der Freunde keineswegs deckungsgleich sein müssen und im Extremfall auch gegen die Interessen dieser Freunde verwirklicht werden. Berufliche Freundschaften sind Zweckgemeinschaften, und Hilfe ist mit der Erwartung von Gegenleistungen verbunden. Deshalb findet die berufliche Freundschaft eindeutig dort ihre Grenze, wo die Eigeninteressen gefährdet sind. Ein Beispiel für berufliche Freundschaften ist das Verhältnis zwischen Journalisten und Politikern.

Der spezifische Charakter von Freundschaften zwischen Journalisten und Politikern wurde mit folgender Frage ermittelt: „Freundschaftliche Verhältnisse zwischen Journalisten und Politikern unterscheiden sich von privaten Bekanntschaften. Sie finden unten fünf Behauptungen. Bitte geben Sie an, inwieweit sie Ihrer Erfahrung nach zutreffen." Zwar behauptete fast die Hälfte der Berliner Korrespondenten, es gäbe „viel mehr Freundschaften zwischen Politikern und Journalisten als die Öffentlichkeit ahnt", noch mehr stellten jedoch relativierend fest, befreundete Politiker und Journalisten würden ihre jeweils „eigene Karriere" verfolgen und könnten sich „deshalb auf den anderen nie hundertprozentig verlassen". So müssten Journalisten und Politiker beispielsweise damit rechnen, „dass Informationen aus vertraulichen Gesprächen nach außen dringen" (Tabelle 3).

Die Berliner Korrespondenten kann man anhand ihrer Ansichten zur Bedeutung des Eigennutzes von Freundschaften in drei Kategorien unterteilen: Die erste Kategorie bilden Journalisten, die die Ansicht vertreten, Politiker und Journalisten würden bei Freundschaften „ihre eigene Karriere" verfolgen. Sie haben ein instrumentelles Verständnis von Freundschaften mit Politikern, mit denen sie ein Zweckbündnis eingehen. Dies entspricht dem Typ der beruflichen Freundschaft. Die Erwartungen dieser Journalisten (129 Befragte) an das Verhalten ihrer politischen Freunde sind ebenso gering wie das, was ihre politischen Freunde von ihnen erwarten dürfen. Mit den Erwartungen an Freunde im privaten Sinn hat das wenig zu tun. Diese Journalisten sind theoretisch keinen oder allenfalls schwachen inkonsistenten Erwartungen ausgesetzt und erleben keine nennenswerten Rollenkonflikte. Folglich werden sie von Politikern, die sich nicht so uneigennützig verhalten, wie man das von echten Freunden erwarten kann, nicht enttäuscht sein. Für sie gehört das zum Geschäft. Mit dem Charakter der Politiker hat das für sie nichts zu tun.

Die zweite Kategorie bilden Journalisten, die die instrumentelle Sichtweise ihrer Kollegen nicht teilen und deshalb die Vorstellung ablehnen, dass befreundete Journalisten (nur) ihre Karriere verfolgen. Ihre Vorstellung von der Freund-

Tabelle 3: Charakter von Freundschaften mit Politikern

Frage: „Freundschaftliche Verhältnisse zwischen Journalisten und Politikern unterscheiden sich von privaten Bekanntschaften. Sie finden unten fünf Behauptungen. Bitte geben Sie an, inwieweit sie Ihrer Erfahrung nach zutreffen."
– Auszug aus den Antwortvorgaben –

| | Die Aussage ... | | |
	trifft zu (%)	unent-schieden (%)	trifft nicht zu (%)
„Es gibt viel mehr Freundschaften zwischen Politikern und Journalisten als die Öffentlichkeit ahnt."	44	25	29
„Bei Freundschaften zwischen Politikern und Journalisten verfolgen letztlich beide ihre eigene Karriere. Sie können sich deshalb auf den anderen nie hundertprozentig verlassen."	56	24	18
„Journalisten und Politiker müssen beide damit rechnen, dass Informationen aus vertraulichen Gesprächen nach außen dringen."	70	12	16

Vorgegeben waren fünfstufige Skalen, deren Enden beschriftet waren mit „Trifft voll und ganz zu" bzw. „Trifft überhaupt nicht zu". Für die Tabelle wurden die beiden äußeren Werte jeweils zusammengefasst.

schaft zwischen Journalisten und Politikern entspricht eher dem Typ der privaten Freundschaft. Diese Journalisten (37 Befragte) haben weiter gespannte Erwartungen an das Verhalten von Politikern und werden auch entsprechende Erwartungen der Politiker an sie selbst eher akzeptieren. Diese Journalisten sind theoretisch externen Rollenkonflikten ausgesetzt. Sie resultieren aus den weitgehenden Erwartungen an die Freundschaft zu Politikern und den möglicherweise andersartigen Sichtweisen der mit ihnen befreundeten Politiker, die ihr Verhältnis als Zweckbündnis begreifen, in dem jeder seine eigene Karriere verfolgt. Folglich werden sie von Politikern, die nicht ihren weitgespannten Erwartungen gerecht werden, enttäuscht sein. Für sie offenbart das Verhalten dieser Politiker ihren Charakter. Die dritte Kategorie bilden Journalisten (55 Befragte), die zwischen den genannten Kategorien stehen und hier nicht weiter beschrieben werden.

Der Charakter der Freundschaften zwischen Journalisten und Politikern wurde mit folgender Frage präzisiert: „Manche Politiker, die Karriere gemacht haben, sind auch für die Journalisten kaum mehr zugänglich, die zuvor oft über sie berichtet haben. Wie finden Sie das?" Vorgegeben waren vier Thesen, von denen zwei hier relevant sind. Für die relative Mehrheit der Journalisten, die ein berufliches Verständnis von der Freundschaft zu Politikern hatten, lag ein karrierebezogenes Verhalten von Politikern erwartungsgemäß „in der Natur der Sache". Sie erwarteten nichts anderes und brauchten für das Verhalten der Politiker keine andere Erklärung. Für die Journalisten, die ein privates Verständnis von der Freundschaft zu Politikern hatten, lag das geschilderte Verhalten keineswegs in der Natur der Sache. Für sie fiel das Verhalten der Politiker auf den jeweiligen Politiker zurück und wurde dementsprechend mit seinem Charakter erklärt. Die Reaktionen der beiden Kategorien von Journalisten auf die Antwortvorgaben unterschieden sich nicht signifikant voneinander, belegen jedoch in ihrer Tendenz die Annahme, dass die Befragten wegen ihres Verständnisses von Freundschaften mit Politikern auf enttäuschte Erwartungen unterschiedlich reagieren (Tabelle 4).[20]

Verhalten im Konflikt zwischen Eigeninteresse und Informationsbedürfnis

Berufliche Freundschaften zwischen Journalisten und Politikern bieten beiden Seiten Chancen: Die Journalisten erhalten leichter exklusive Informationen, die Politiker finden leichter Eingang in die Berichterstattung. Sie sind jedoch auch für beide Seiten mit Risiken verbunden: Berufliche Freundschaften gefährden die Objektivität der Berichterstattung der Journalisten und vergrößern die Gefahr einer Bloßstellung der Politiker durch die Kenntnis von Interna. Genau genommen geht es aber nicht nur darum, ob Journalisten, die mit einem Politiker befreundet sind, objektiv über ihn berichten können. Dies ist aus Sicht der Journalisten eine zentrale, aus Sicht ihrer Rezipienten jedoch keineswegs die einzige Frage. Aus Sicht der Rezipienten geht es vor allem darum, ob sie davon ausgehen können, dass ihre Berichterstattung objektiv ist. Ihr Urteil darüber hängt davon ab, ob die Journalisten mit den Politikern, über die sie berichten, befreundet oder verfeindet sind. Sind sie befreundet, werden die Rezipienten positive Berichte für geschönt halten. Sind sie verfeindet, werden sie negative Berichte als unfair einschätzen.

Tabelle 4: Auswirkung der Art von Freundschaftsverständnissen auf Urteile über das Verhalten von Politikern

Frage: „Freundschaftliche Verhältnisse zwischen Journalisten und Politikern unterscheiden sich von rein privaten Bekanntschaften. Sie finden unten fünf Behauptungen. Bitte geben Sie an, inwieweit diese Ihrer Erfahrung nach zutreffen."

Frage: „Manche Politiker, die Karriere gemacht haben, sind auch für die Journalisten kaum mehr zugänglich, die zuvor oft über sie berichtet haben. Wie finden Sie das?"

– Auszug aus den Antwortvorgaben –

Urteile über Politiker, die nach einem Karrieresprung nicht mehr zugänglich sind	Verständnis der Freundschaft mit Politikern		
	beruflich (n=129) %	unentschieden (n=55) %	privat (n=37) %
„Das liegt in der Natur der Sache."	42	31	27
„Das fällt letztlich auf den jeweiligen Politiker zurück."	23	26	35

n. s. (Chi^2-Test).

Aus Sicht der Rezipienten müssten, damit sie sich ein Urteil über die Art der Berichterstattung bilden können, Freundschaften und Feindschaften zwischen Journalisten und Politikern offengelegt werden. Aus Sicht der Journalisten sieht dies jedoch aus zwei Gründen anders aus. Zum einen würde die Offenlegung der Freundschaft zu einem Politiker eine derart herausgehobene Beziehung für beide Seiten entwerten, weil jeder wüsste oder vermuten könnte, woher eine Information stammt. Dies würde früher oder später den Informationsfluss austrocknen. Zum anderen würde die Glaubwürdigkeit der positiven und negativen Beiträge von Journalisten auch dann unter dem Verdacht subjektiver Parteinahmen leiden, wenn er unberechtigt wäre. Aus Sicht der Journalisten (und Politiker) sind berufliche Freundschaften deshalb nur nützlich, wenn nicht jeder davon weiß.

Die Entscheidung der Berliner Korrespondenten zwischen ihren Eigeninteressen an der Geheimhaltung von Freund- und Feindschaften sowie dem Informationsbedürfnis ihrer Leser, Hörer und Zuschauer wurde mit der bereits zitierten Frage nach dem Charakter freundschaftlicher Verhältnisse zwischen Journalisten und Politikern ermittelt. Relevant sind im vorliegenden Zusammenhang zwei Antwortvorgaben, die in Tabelle 4 aus sachlichen Gründen noch nicht aufgeführt waren. Erstens: „Man kann Berichte über Politiker nur richtig einschätzen, wenn man weiß, ob der Verfasser mit dem Politiker befreundet oder verfeindet ist." Dieser These stimmten 42 Prozent zu, 25 Prozent waren unentschieden und 31 Prozent wiesen sie zurück. Zweitens: „Freundschaften zwischen Politikern und Journalisten gehen die Öffentlichkeit nichts an. Das ist deren Privatsache." Diese These hielten 24 Prozent für richtig, 22 Prozent waren unentschieden, aber die Mehrheit lehnte sie ab.

Die erwähnten Antwortvorgaben waren bewusst in der gleichen Frage enthalten. So konnte jeder Befragte leicht erkennen: Wer der Überzeugung war, das Publikum könne Beiträge nur richtig einschätzen, wenn es über die Beziehung der Journalisten zu den behandelten Politikern Bescheid weiß, müsste eigentlich für eine Offenlegung der Beziehung sein. Dies war aber keineswegs immer der Fall. Über zwei Drittel, die der Ansicht waren, die Rezipienten könnten Berichte über Politiker nur dann richtig einschätzen, wenn sie wüssten, ob die Verfasser mit ihnen befreundet sind, zogen zwar die logisch richtige Folgerung und sprachen sich für eine Offenlegung derartiger Beziehungen aus. Immerhin ein knappes Drittel war jedoch dagegen oder wich einer klaren Entscheidung aus. Die Journalisten, die eine Kenntnis der Beziehungen nicht als notwendige Voraussetzung für die Beurteilung der Berichte betrachteten, sprachen sich folgerichtig überwiegend gegen eine Offenlegung der Beziehungen aus. Allerdings blieben auch sie damit in der Minderheit (Tabelle 5).

Eine Ursache des widersprüchlichen Antwortverhaltens eines bemerkenswerten Teils der Berliner Korrespondenten wird man in den Rollenkonflikten sehen müssen, denen sie ausgesetzt sind: In ihrem Eigeninteresse an exklusiven Informationen dürfen sie Freundschaften mit Politikern nicht publik machen. Dies ist vor allem dann der Fall, wenn sie der Überzeugung sind, dass die Rezipienten solche Informationen brauchen, um sich ein Urteil über die Berichte zu bilden. Genau dann gefährdet aber die Kenntnis der Beziehung zu Politikern die Glaubwürdigkeit der journalistischen Berichte über sie. Die Folge davon ist ein Inter-Rollenkonflikt, dem vor allem die Journalisten ausgesetzt sind, die eine Information der Rezipienten im Interesse ihrer Kritikfähigkeit für notwendig halten. In diesem Rollenkonflikt entscheiden sich relativ viele für ihre Eigeninteressen als Journalisten und gegen das erkennbare und erkannte Informationsbedürfnis ihrer Rezipienten.

Tabelle 5: Verhalten im Konflikt zwischen Eigeninteresse der Journalisten und Informationsbedürfnis des Publikums

Frage: Vgl. Tabelle 3

Vorgaben: „Man kann Berichte über Politiker nur richtig einschätzen, wenn man weiß, ob der Verfasser mit dem Politiker befreundet oder verfeindet ist." / „Freundschaften zwischen Politikern und Journalisten gehen die Öffentlichkeit nichts an. Das ist deren Privatsache."

Ansichten zur Offenlegung von Freundschaften	Ansichten zur Notwendigkeit der Kenntnis der Beziehung		
	notwendig (n=96) %	unentschieden (n=57) %	nicht notwendig (n=71) %
Für Offenlegung der Beziehung	70	51	32
Unentschieden	17	28	25
Gegen Offenlegung der Beziehung	14	21	42
Summe	101	100	99

$p < 0,001$ (Chi^2-Test).

Zusammenfassung und Folgerungen

Die wichtigsten Ergebnisse kann man in elf Feststellungen zusammenfassen:

1. Die weitaus meisten Berliner Korrespondenten hatten ein besonderes Vertrauensverhältnis zu einem Politiker.
2. Ein Vertrauensverhältnis zu Politikern erleichtert nach Angabe der weitaus meisten Journalisten die Informationsbeschaffung.
3. Nach Ansicht der meisten Berliner Korrespondenten erschwert ein Vertrauensverhältnis zu Politikern die objektive Berichterstattung nicht.
4. Berliner Korrespondenten, die der Ansicht waren, ein Vertrauensverhältnis würde die objektive Berichterstattung erschweren, befürchteten vor allem, dass sie instrumentalisiert würden.
5. Ein Vertrauensverhältnis zu Politikern schützt Journalisten nicht vor Vorwürfen aller Art von Politikern. Sie sind ähnlichen Vorwürfen ausgesetzt

wie Journalisten, die kein Vertrauensverhältnis zu Politikern haben oder hatten.

6. Wenn ein Vertrauensverhältnis zu Politikern besteht und es zu Unstimmigkeiten kommt, versuchen Politiker die Journalisten von Informationen abzuschneiden und direkt Druck auszuüben.

7. Freundschaften zwischen Journalisten und Politikern sind nach Ansicht der Berliner Korrespondenten viel häufiger als die Öffentlichkeit ahnt.

8. Freundschaften zwischen Journalisten und Politikern unterscheiden sich nach Darstellung der meisten Berliner Korrespondenten deutlich von privaten Freundschaften.

9. Berliner Korrespondenten, die ein berufliches Verständnis von Freundschaften zu Politikern haben, reagieren auf Enttäuschungen gelassener als Journalisten, die ein privates Verständnis von solchen Freundschaften haben.

10. Die relative Mehrheit der Berliner Korrespondenten war der Ansicht, ihre Leser, Hörer oder Zuschauer könnten Berichte über Politiker nur dann richtig einschätzen, wenn sie wüssten, ob die Journalisten mit diesen Politikern befreundet oder verfeindet sind.

11. Die meisten Berliner Korrespondenten, die mit Politikern befreundet waren, entschieden sich im Konfliktfall eher für ihre eigenen Interessen – die Verschleierung der Beziehung – als für das Informationsbedürfnis ihrer Leser, Hörer und Zuschauer.

Die Aussagen eines erheblichen Teils der Berliner Korrespondenten stehen im Widerspruch zu den üblichen bürgerlichen Vorstellungen. Dies betrifft vor allem ihre Angst vor der Instrumentalisierung durch Politiker, zu denen sie ein Vertrauensverhältnis haben; ihre Angst vor den Sanktionen von Politikern im Konfliktfall, denen sie sich gerade dann ausgesetzt sehen, wenn sie ein Vertrauensverhältnis zu ihnen besitzen; den spezifischen Charakter der Freundschaften zwischen Journalisten und Politikern sowie das Verhalten im Konflikt zwischen dem berechtigten Interesse ihrer Leser, Hörer und Zuschauer an Informationen über ihr Verhältnis zu Politikern einerseits und ihrem Eigeninteresse, dass diese Beziehungen nicht in der Öffentlichkeit bekannt werden. Derartige Sachverhalte kann man moralisch verurteilen oder rechtfertigen. Dies dürfte jedoch nichts an ihrer Existenz ändern, weil es sich um die Konsequenzen von beruflich bedingten Rollenkonflikten handelt, denen sich Journalisten nicht entziehen können.

---

[1] Vgl. Ralf Dahrendorf: Homo Sociologicus. Ein Versuch zur Geschichte, Bedeutung und Kritik der Kategorie der sozialen Rolle. Wiesbaden [17]2010; Heinrich Popitz: Der Begriff der sozialen Rolle als Element der soziologischen Theorie. Tübingen [4]1975.

[2] Vgl. Siegfried Weischenberg / Maja Malik/ Armin Scholl: Die Souffleure der Mediengesellschaft. Report über Journalisten in Deutschland. Konstanz 2006, S. 141 ff.

[3] Vgl. den Beitrag „Erlaubte Übertreibungen im Journalismus". In diesem Band, S. 165-178. Siehe auch Wolfgang Donsbach / Bettina Klett: Subjective Objectivity. How Journalists in Four Countries Define a Key Term of their Profession. In: Gazette 51 (1993) S. 53-83.

[4] Vgl. den Beitrag „Professionalisierung der Journalismus?" In diesem Band, S. 229-254.

[5] Vgl. den Beitrag „Instrumentelle Aktualisierung". In diesem Band, S. 151-164. Siehe auch Kerstin Knirsch: Zweck und Mittel im Journalismus. Warum Journalisten die Wirklichkeit gelegentlich anders darstellen als sie sehen und wie sie mit den Folgen umgehen. Diss. phil., Mainz 2005, S. 85 ff.

[6] Vgl. den Beitrag „Erlaubte Übertreibungen im Journalismus". In diesem Band, S. 165-178.

[7] Vgl. Kerstin Knirsch, a. a. O.

[8] Vgl. Holger Mühlberger: Stille Teilhaber. Zur gesellschaftlichen Integration von Lokaljournalisten. In: Hans Mathias Kepplinger (Hrsg.): Angepaßte Außenseiter. Was Journalisten denken und wie sie arbeiten. Freiburg i. Br. 1979, S. 110.

[9] Vgl. die folgenden Ergebnisse

[10] Vgl. Kerstin Knirsch, a. a. O., S. 236 ff.

[11] Vgl. die folgenden Ergebnisse.

[12] Vgl. z. B. Jens Wolling: Wunsch versus Wirklichkeit. Normative und realistische Erwartungen an journalistisches Entscheidungsverhalten. In: Claudia Mast (Hrsg.): Markt – Macht – Medien. Publizistik zwischen gesellschaftlicher Verantwortung und ökonomischen Zielen. Konstanz 1996, S. 231-247.

[13] Vgl. Hans Mathias Kepplinger / Simone Christine Ehmig / Uwe Hartung: Alltägliche Skandale. Eine repräsentative Analyse regionaler Fälle. Konstanz 2002, S. 47, 68.

[14] Ebd. S. 51 ff., 79.

[15] Vgl. den Beitrag „Kollegenkritik in Journalismus und Wissenschaft". In diesem Band, S. 207-227.

[16] Vgl. Projektgruppe Risikokommunikation: Kontakte zwischen Experten und Journalisten bei der Risikoberichterstattung. Ergebnisse einer empirischen Studie, Münster (unveröffentlichter Forschungsbericht) 1994, S. 32.

[17] Vgl. Hans Mathias Kepplinger: Die Konstruktion der Ablehnung von Kernenergie. In: derselbe: Realitätskonstruktionen. Wiesbaden 2011, S. 205-232; Hans Mathias Kepplinger / Simone Christine Ehmig: Press Coverage of Genetic Engineering in Germany: Facts, Faults and Causes. In: Hans-Jürgen Rehm / Gerald Reed (Hrsg.): Biotechnology, Vol. XII: Legal, Economic and Ethical Dimensions. Weinheim 1995, S. 495-504.

[18] Die Anteile der befragten Männer (78 Prozent vs. 73 Prozent BPK) und Frauen (20 Prozent vs. 27 Prozent BPK) sowie der Anteil der bei verschiedenen Medien Tätigen (überregionale Tageszeitungen (24 Prozent vs. 18 Prozent BPK), regionale Tageszeitungen (15 Prozent vs. 16 Prozent BPK), öffentlich-rechtliche Medien (34 Prozent vs. 27 Prozent BPK), privates Fernsehen (9 Prozent vs. 6 Prozent BPK) entsprechen weitgehend ihren Anteilen an den Mitgliedern der BPK. Deutlich unterrepräsentiert sind die Mitarbeiter sonstiger Medien, vor allem von Zeitschriften (17 Prozent vs. 32 Prozent BPK).

[19] Eine Störung des Vertrauensverhältnisses führte nicht nur zu gravierenderen sozialen Sanktionen, sondern erhöhte auch ihre Wahrscheinlichkeit: Von den Journalisten, die ein Vertrauensverhältnis zu einem Politiker haben oder hatten, berichteten 62 Prozent mindestens zwei „Unstimmigkeiten", von ihren Kollegen, die kein solches Verhältnis haben oder hatten, waren es nur 40 Prozent.

[20] Die Reaktionen auf die beiden Vorgaben wurden unabhängig voneinander ermittelt. Die Prozentwerte addieren sich deshalb nicht auf 100. Ob die Unterschiede bei einer alternativen Vorgabe der Antwortmöglichkeiten signifikant wären, müsste eigens geprüft werden.

Der Nachrichtenwert der Nachrichtenfaktoren

„Die Konstruktion von Realität in den Nachrichtenmedien" von Winfried Schulz[1] hat wie kaum eine andere Veröffentlichung Spuren in der deutschen Publizistikwissenschaft hinterlassen. Der von Schulz überarbeitete Nachrichtenfaktoren-Katalog von Johan Galtung und Marie Holmboe Ruge[2] wurde zu einem Standardinstrument der Nachrichtenforschung. Mit nur geringen Modifikationen bildet er bis heute die Grundlage einer praktisch nicht mehr überschaubaren Zahl von empirischen Analysen. Herausragende Beispiele hierfür sind die historischen Untersuchungen von Jürgen Wilke,[3] die Konfliktstudien von Joachim Friedrich Staab[4] und die Rezeptionsanalysen von Christiane Eilders.[5] Sie enthalten auch Belege für den Ursprung der Nachrichtenwert-Theorie im Werk von Walter Lippmann,[6] detaillierte Beschreibungen methodischer Modifikationen sowie zahlreiche Verweise auf die neuere Literatur.[7]

Schulz leitet seine Studie mit einer knappen Begründung der Notwendigkeit zur Selektion von Nachrichten ein, stellt dann die begrifflich-theoretischen Ansätze der nordischen Schule dar und entwickelt danach seinen eigenen theoretischen Ansatz. Dies mündet in eine später nur wenig beachtete Hypothese, was zu Missverständnissen geführt und die Entwicklung der Nachrichtenwert-Theorie erheblich behindert hat. Sie lautet: „Je mehr eine Meldung dem entspricht, was Journalisten für wichtige und mithin berichtenswerte Eigenschaften der Realität halten, desto größer ist ihr Nachrichtenwert."[8] Ursache der Nachrichtenauswahl sind danach nicht allein die Eigenschaften der Realität – erfasst mit den Nachrichtenfaktoren. Hinzukommen müssen die Vorstellungen der Journalisten von ihrer Berichtenswürdigkeit. Wegen seiner späteren Vernachlässigung verdient dieser Aspekt besondere Beachtung.

Ein Ereignis ist nicht schon deshalb berichtenswert, weil es eine Eigenschaft aufweist – z. B. in der näheren Umgebung geschehen ist. Eine Meldung ist nicht schon deshalb publikationswürdig, weil sie den entsprechenden Nachrichtenfaktor besitzt – in diesem Fall den Faktor „räumliche Nähe". Berichtenswert ist das Ereignis und publikationswürdig ist die Meldung darüber nur deshalb, weil Journalisten die Tatsache, dass ein Ereignis in der näheren Umgebung stattgefunden hat, für ein bedeutsames Selektionskriterium halten. Falls Journalisten nicht dieser Überzeugung wären, besäßen Ereignisse in der näheren Umgebung keinen großen Nachrichtenwert, obwohl die Meldungen darüber den Nachrichtenfaktor „räumliche Nähe" aufweisen. Zu den Nachrichtenfaktoren gehören notwendigerweise die journalistischen Selektionskriterien. Sie erst verleihen den Nachrichtenfaktoren ihren Nachrichtenwert. An sich besitzen die Nachrichtenfaktoren keinen Nachrichtenwert.

Was hier als Spitzfindigkeit erscheinen mag, betrifft in Wirklichkeit den Kern der Nachrichtenwerttheorie. Alle Selektionstheorien müssen Informationen über zwei Komponenten enthalten – die Kriterien der Selektion und die Merkmale der zu selegierenden Objekte: Beim Sortieren von Äpfeln sind das z. B. als Selektionskriterium die Größenklassen und als relevante Objektmerkmale (Nachrichtenfaktoren) die Umfänge. Wird als Selektionskriterium der Reifegrad vorgegeben, spielen die Umfänge keine Rolle, obwohl sie natürlich vorhanden sind. Was auf das Sortieren von Äpfeln zutrifft, gilt nicht weniger für die Auswahl und Gewichtung von Nachrichten. Jede Theorie der Nachrichtenauswahl beruht aus den genannten Gründen notwendigerweise auf einem *Zweikomponenten-Modell*.[9]

Die Tatsache, dass jede Theorie der Nachrichtenauswahl notwendigerweise auf einem Zweikomponenten-Modell beruht, besitzt erhebliche Bedeutung u.a. für historische Analysen, die die Ursachen der Nachrichtenauswahl erforschen bzw. die Nachrichten als Indikatoren für das aktuelle Geschehen benutzen. Hierzu ein Beispiel: Meldungen über Ereignisse mit einem Toten können zunehmen, weil – bei gleichbleibenden Selektionskriterien – die Zahl der Ereignisse zunimmt oder – bei gleichbleibender Ereignishäufigkeit – die Ereignisse berichtswürdiger erscheinen. Selbstverständlich können sich beide Faktoren auch gegenseitig verstärken oder nivellieren. Entscheidend ist jedoch, dass jede Veränderung der Berichterstattung potenziell zwei Ursachen besitzt – die Veränderung der Selektionskriterien und der Ereignishäufigkeit. Folglich ist ein Schluss von der Berichterstattung auf das berichtete Geschehen nur dann zulässig, wenn die Selektionskriterien gleich bleiben. Daraus wiederum folgt für zeitgeschichtliche Studien, dass man die aktuellen Berichte der Massenmedien nur dann als Indikator für die Entwicklung eines Geschehens betrachten kann, wenn man unterstellen kann, dass sich die Selektionskriterien alles in allem nicht verändert haben.

Die wichtigsten Neuerungen, die Schulz in die Nachrichtenwerttheorie einbrachte, betreffen ihre begrifflichen Grundlagen und ihre methodische Anwendung. Auf Schulz geht die klare Unterscheidung zwischen Nachrichtenfaktoren und Nachrichtenwert zurück. Er hat den wuchernden Nachrichtenfaktoren-Katalog von Galtung und Ruge differenziert und systematisiert, einzelne Faktoren umbenannt und einen Faktor – „Konsonanz" – eliminiert. Damit hat er die Faktoren operational definiert und die Voraussetzung für zuverlässige Inhaltsanalysen geschaffen. Er hat das Skalenniveau der inhaltsanalytischen Messungen erhöht und damit die Grundlagen für angemessene statistische Analysen der Daten geschaffen. Schließlich hat er einen vorbildlichen Analyseweg aufgezeigt.

62

Er beginnt bei der Darstellung des Anteils der Meldungen, die die einzelnen Nachrichtenfaktoren aufweisen, schreitet über Korrelationen zwischen den Nachrichtenfaktoren und dem Beachtungsgrad der Meldungen fort und führt über die Dokumentation der mittleren Intensitätsstufen der Nachrichtenfaktoren zu schrittweisen multiplen Regressionen. Sie weisen den relativen Einfluss einzelner Nachrichtenfaktoren auf die Platzierung und den Umfang der Beiträge aus.

Durch seine begrifflich-methodischen Innovationen hat Schulz aus einer guten theoretischen Idee eine prüfbare Theorie gemacht. Dies allein erklärt jedoch kaum den Erfolg der Nachrichtenwerttheorie, zumal bei jenen, die keine eigenen empirischen Analysen durchgeführt haben. Auch die Tatsache, dass Schulz die Nachrichtenwerttheorie, die bei Galtung und Ruge – wie auch bei Lippmann – noch völlig dem Realismus verpflichtet war, in den aufkommenden Konstruktivismus eingebettet hat, kann man nicht als Ursache ihrer schnellen Verbreitung betrachten. Sie war wissenschaftlich längst etabliert, bevor sich der Konstruktivismus durch den beflissenen Radikalismus einiger Nachzügler auch hierzulande ausgebreitet hatte. Die Erklärungskraft der Nachrichtenwerttheorie dürfte ebenfalls nicht der entscheidende Grund für ihre schnelle Akzeptanz sein.

Zwar bestehen, wie Schulz[10] gezeigt und Staab[11] bestätigt hat, bemerkenswerte Zusammenhänge zwischen einzelnen Nachrichtenfaktoren sowie der Platzierung und dem Umfang der Beiträge. Ihre Studien lassen jedoch, weil sie dort ansetzen, wo die Auswahlentscheidungen schon gefallen sind, keine Aussagen über die Nachrichtenselektion zu. Hierfür sind Input-Output-Analysen erforderlich, wie sie Jürgen Wilke und Bernhard Rosenberger[12] für die Nachrichtenauswahl in Agenturen sowie Christian Kolmer[13] für die Nachrichtenauswahl von Zeitungen und Zeitschriften durchgeführt haben. Sie zeigen, dass die Nachrichtenfaktoren einen geringen Einfluss auf die Selektionsentscheidungen besitzen. Dies deutet darauf hin, dass die Nachrichtenfaktoren zwar eine Conditio sine qua non für positive Selektionsentscheidungen sind, sie aber nicht erklären, weil es hinreichend viele Meldungen gibt, die nicht publiziert werden, obwohl sie die gleichen Eigenschaften besitzen.

Der wichtigste Grund für die große Attraktivität der Nachrichtenwerttheorie dürfte in ihrem formalen Charakter liegen. Die Nachrichtenwerttheorie führt die Nachrichtenauswahl auf allgemeingültige und damit (fast) überall geltende, dauerhafte und damit frei vom Zeitgeist wirkende, stabile und damit situationsunabhängig greifende sowie überindividuelle und damit Professionalität dokumentierende Ursachen zurück. Sie sind zudem keinen Nebenbedingungen unterworfen wie z. B. der Ereignislage und den Themen der Berichterstattung. Die Nachrichtenwerttheorie entspricht damit nahezu perfekt dem Ideal einer sozialwissenschaftlichen Theorie mittlerer Reichweite, die ein komplexes Geschehen (relativ) unabhängig von Raum und Zeit erklärt. Zudem kommt sie dem verbreiteten Bedürfnis entgegen, den Journalismus als einen Beruf zu begreifen, dessen Angehörige sich an fachspezifischen Kriterien orientieren und deren Tätigkeit folglich weitgehende Autonomie beanspruchen kann. Dies wirft die Frage auf, ob und inwieweit die Nachrichtenwerttheorie diesen Ansprüchen gerecht wird.

Kein Vertreter der Nachrichtenwerttheorie behauptet explizit, dass sich die Selektionskriterien im Laufe der Zeit nicht ändern und die Bedeutung einzelner Nachrichtenfaktoren folglich gleich bleibt. Das ist vor allem darauf zurückzuführen, dass diese Frage nicht aufgeworfen wird. Stattdessen wird die Diskussion weithin so geführt, als spiele die Zeitdimension keine Rolle. An dieser unausgesprochenen Annahme muss jedoch, wie die Langzeitstudien von Jürgen Wilke,[14] von Jörgen Westerståhl und Folke Johansson[15] sowie vom Verfasser und Helga Weißbecker[16] belegen, gezweifelt werden. Sie deuten darauf hin, dass die Nachrichtenauswahl durchaus einem historischen bzw. zeitgeschichtlichen Wandel unterworfen ist: Die Selektionskriterien ändern sich vermutlich, und mit ihnen vergrößern oder verringern sich die Publizitätschancen von Meldungen, die die entsprechenden Nachrichtenfaktoren aufweisen. Ein markantes Beispiel hierfür sind die Nachrichtenwerte von Ereignissen, die für die jeweilige Bundesregierung sprechen. Sie gingen themenübergreifend – weitgehend unabhängig von den jeweiligen Regierungen – seit Beginn der fünfziger Jahre nahezu linear zurück.[17]

Mit keiner der genannten Untersuchungen kann man die Vermutung eines generellen Wandels der Selektionskriterien schlüssig beweisen, weil nicht ausgeschlossen werden kann, dass sich im Wandel der Berichterstattung der Wandel der Ereignislage niedergeschlagen hat. Dies wäre theoretisch am ehesten mit historischen Input-Output-Studien oder durch Vergleiche der Berichterstattung mit medienunabhängigen Realitätsindikatoren möglich. Beide Verfahren sind jedoch nicht anwendbar, weil sich der Nachrichten-Input z. B. von den Agenturen nicht mehr rekonstruieren lässt und weil für die Gegenstände der Gesamtberichterstattung keine medienunabhängigen Realitätsindikatoren vorliegen. Außerdem wäre selbst mit historischen Input-Output-Studien kein zwingender Beweis möglich, weil sich der Nachrichten-Input an den Bedürfnissen der Redaktionen orientiert, wodurch die Argumentation zumindest partiell zirkulär würde. Deshalb wird man die Frage, ob sich die Kriterien der Nachrichtenauswahl im Laufe der Jahrzehnte themenübergreifend geändert haben, wahrscheinlich nie zweifelsfrei beantworten können. Dies schließt eine schrittweise Annäherung an eine empirisch fundierte Antwort jedoch nicht aus, sondern fordert sie im Gegenteil geradezu heraus.

Galtung und Ruge unterscheiden zwischen kulturfreien und kulturabhängigen Nachrichtenfaktoren. Zu den kulturabhängigen Nachrichtenfaktoren rechnen sie die Faktoren „Elite-Nation", „Elite-Personen", „Personalisierung" und „Negativismus". Damit verweisen sie zwar auf einige mögliche Unterschiede der Nachrichtenauswahl in Industriestaaten und Entwicklungsländern, werden den Spezifika einzelner Industriestaaten jedoch kaum gerecht. Schon ein oberflächlicher Vergleich der Berichterstattung überregionaler Zeitungen in den USA und Europa zeigt, dass dort die eigene Nation und damit die entsprechenden Nachrichtenfaktoren eine wesentlich größere Rolle spielen als hier. Differenziertere Analysen belegen, dass in den USA die Kommentarlinie von Zeitungen kaum einen Einfluss auf die Nachrichtenauswahl besitzt,[18] während in Deutschland die Nachrichtenlinie eindeutig der Kommentarlinie folgt.[19] Dies schlägt sich auch in der Auswahl der Personen nieder, die in der Berichterstattung zu Wort kommen. Derartige Unterschiede zwischen der Berichterstattung in verschiedenen Ländern beruhen, wie Wolfgang Donsbach und Thomas E. Patterson[20] sowie Sieglinde Neumann[21] und Frank Esser[22] gezeigt haben, z. T. auf einem unterschiedlichen Berufsverständnis, überwiegend jedoch auf unterschiedlichen Arbeitsabläufen in den Redaktionen.[23]

Trotz dieser offenkundigen Unterschiede liegen keine vergleichenden Untersuchungen zum Nachrichtenwert der Nachrichtenfaktoren in verschiedenen Kulturen oder Ländern vor. In der groß angelegten Analyse der „Images of Foreign Countries", die wesentlich durch die Kritik an der Dominanz der westlichen Nachrichtenagenturen und den dort gültigen Nachrichtenwerten stimuliert worden war, wurden die Nachrichtenfaktoren der untersuchten Meldungen nicht erhoben. Folglich bleiben alle Analysen auf Vergleiche der Themen der Beiträge sowie der Orte des berichteten Geschehens beschränkt.[24] Die einzige Teilstudie, die die Nachrichtenwerttheorie aufgreift, ist nicht vergleichend angelegt.[25] Eine theoretisch weit ausgreifende Analyse der Berichterstattung und ihrer sozialen Funktionen in den USA, Deutschland und Japan verweist zwar auf die Publikation von Galtung und Ruge, verwendet jedoch andere Kategorien für die Analyse der Medieninhalte.[26] Eine mehrere Medien und Genres erfassende Studie über den Einfluss kultureller Faktoren auf Medieninhalte, Mediennutzung und Rezeptionsweisen[27] enthält überhaupt keine Bezüge zur Nachrichtenwerttheorie. In einer theoretisch angelegten Vergleichsstudie finden sich zwar Verweise auf die Bedeutung der Nachrichtenwerte. Sie besitzen jedoch einen rein illustrativen Charakter.[28] Diese Aufzählung ließe sich mit dem gleichen Ergebnis durch Verweise auf zahlreiche Publikationen in wissenschaftlichen Zeitschriften ergänzen.

Die Nachrichtenwerttheorie löst die ansonsten übliche Erklärung der Nachrichtenauswahl durch Verweise auf spezifische Themen oder einzelne Ereignisse ab und liefert eine Erklärung für die Berichterstattung über alle Themen und Ereignisse. Alle Themen und Ereignisse, an denen z. B. Prominente beteiligt sind und bei denen Erfolge oder Schäden eintreten, besitzen danach einen hohen

Nachrichtenwert, weil sie die Nachrichtenfaktoren „Prominenz" und „Erfolg" oder „Schaden" aufweisen. Das gilt für politische Konferenzen und für Tarifverhandlungen, für Gerichtsverfahren und für Unfälle, in die bekannte Persönlichkeiten involviert sind. Die Annahme ist allerdings so generell nicht richtig, weil z. B. Unfallberichte in der Regel eher auf der Größe des Sachschadens beruhen als Berichte über politische Konferenzen. Der Faktor „Schaden" leistet folglich einen unterschiedlichen Beitrag zur Erklärung der Berichterstattung über verschiedene Themen. Diese thematische Einschränkung trifft analog auch auf andere Faktoren zu: Familienkonflikte besitzen im Unterschied zu Tarifkonflikten keinen hohen Nachrichtenwert – es sei denn, sie werden kriminell oder sie geschehen in hohen Häusern – aber dann beruht ihr Nachrichtenwert auf anderen Gründen. Allgemein formuliert kann man feststellen: Nachrichtenfaktoren gelten zwar generell, die Selektionskriterien, die ihnen einen Nachrichtenwert zuweisen, sind dagegen themenspezifisch.

Je mehr man die Themen differenziert, desto stärker tritt der Einfluss der Themen auf den Nachrichtenwert der Nachrichtenfaktoren hervor. Die Vernachlässigung dieses Sachverhaltes und die damit verbundene Nivellierung spezifischer Stärken und Schwächen dürfte einer der Gründe dafür sein, dass die Nachrichtenwerttheorie insgesamt nur einen geringen Beitrag zur Erklärung der Nachrichtenauswahl leistet. Deshalb wäre es sinnvoll, die Analysen themenspezifisch durchzuführen. Zudem sollten ihnen nicht nur einzelne Nachrichtenfaktoren, sondern themenspezifische Faktorenkombinationen zugrunde gelegt werden. Solche Kombinationen könnten z. B. für Berichte über politische Beziehungen die Faktoren „Nationale Zentralität" plus „Konflikt" plus „Erfolg" sein. Bei Berichten über Sportereignisse könnte dagegen z. B. der Faktor „Nationale Zentralität" entfallen, weil er hier aufgrund seiner operationalen Definition irrelevant ist. Dies würde der Realität der Nachrichtenauswahl gerechter werden und zudem aller Wahrscheinlichkeit nach die Erklärungskraft der Nachrichtenwerttheorie deutlich erhöhen.

Die Existenz themenabhängiger Selektionskriterien, die den Nachrichtenfaktoren eine themenspezifische Relevanz verleihen, mindert zwar den Allgemeinheitsanspruch der Nachrichtenwerttheorie, stellt ihre Erklärungskraft jedoch nicht in Frage, solange es sich bei den themenabhängigen Besonderheiten um Konstanten handelt. Problematisch wird eine themenspezifische Relevanz von Nachrichtenfaktoren jedoch, wenn sich ihre Relevanz im Laufe der Zeit ändert. Denn dann erklären nicht mehr die Nachrichtenfaktoren in Verbindung mit den Selektionskriterien die Nachrichtenauswahl, sondern die Selektionskriterien in Verbindung mit den Themen. Die Nachrichtenfaktoren sind in diesem Fall nur noch mehr oder weniger irrelevante Nebenaspekte. Hinweise darauf liefert die Umweltberichterstattung in Deutschland und den USA. Als die Belastung der

Luft und der Gewässer in Deutschland Ende der sechziger Jahre schwer und allgemein erkennbar war – der Faktor „Schaden" also einen Maximalwert erreicht hatte – war er für die Nachrichtenauswahl praktisch belanglos: Berichte über die Schaumkronen auf dem Main, die jährlichen Fischsterben im Rhein, die Rauchschwaden über der Ruhr und den Gestank im Revier blieben Seltenheiten. Erst nachdem die allgemein erkennbaren Belastungen drastisch zurückgegangen waren, nahm die Berichterstattung dramatisch zu – nicht weil der Schaden größer geworden oder die Bedeutung des Nachrichtenfaktors „Schaden" generell gestiegen wäre, sondern weil ein thematisch bestimmter Schaden – die Schädigung der Umwelt – ernster genommen wurde als zuvor.[29]

Die zunehmende Berichterstattung über Umweltschäden lässt sich durch eine allgemein gestiegene Relevanz des Nachrichtenfaktors „Schaden" nicht erklären, weil die Berichterstattung über andere Schäden – z. B. Konkurse – nicht in gleichem Maße zunahm. Ihre Ursachen sind themenspezifisch. Das gleiche gilt, wie Eleanor Singer und Phyllis M. Endreny[30] gezeigt haben, für die Berichterstattung über die Ansichten von Experten zur Umweltbelastung in den USA. Zwar handelt es sich bei der überwiegenden Mehrheit der Zitierten um bekannte Personen, auf die die Nachrichtenfaktoren „Prominenz" und „Status" zutreffen. Insofern scheinen diese beiden Nachrichtenfaktoren einen stabilen Einfluss auf die Nachrichtenauswahl besessen zu haben. Dies trifft jedoch – entgegen den Interpretationen der beiden Autorinnen – wahrscheinlich nicht zu. Vielmehr wurden 1984 Universitätsangehörige und Regierungsvertreter erheblich seltener, Sprecher der Industrie dagegen erheblich häufiger zitiert als 1960.[31] Wer dies für unerheblich hält, verkennt die journalistische Realität und die gesellschaftliche Bedeutung der verschiedenen Quellen. Die alleinige Orientierung an den Faktoren „Prominenz" und „Status" verdeckt eine gravierende Veränderung der Nachrichtenauswahl – es sei denn man unterstellt, die zuerst genannten Personen hätten sich im Laufe der Zeit weniger, die zuletzt genannten dagegen häufiger zu Wort gemeldet, wofür es jedoch keine Belege gibt.

Nicht nur ein anderer Typ von Prominenten mit hohem Status kam in den USA 1984 eher zu Wort als 1960. Häufiger wurde auch über Personen berichtet, die weder prominent waren noch einen bemerkenswerten Status besaßen. Gemeint sind Opfer von Umweltschäden, die es zwar auch vorher schon gab, die aber keine Publizität gefunden hatten.[32] Dies ist zweifellos nicht auf eine Relativierung der Nachrichtenfaktoren „Prominenz" und „Status" zurückzuführen – sie behielten ihren Nachrichtenwert. Es kann auch kaum als Folge der Etablierung des neuen Nachrichtenfaktors „Opferrolle" betrachtet werden. Einen hohen Nachrichtenwert bekamen nur bestimmte Opfer, in diesem Fall die Opfer von Umweltschäden. Den gleichen Sachverhalt belegen Edward S. Herman und Noam Chomsky[33] mit ihrer Studie über berichtswürdige und nicht berichtswürdige Opfer politischer Gewalt in Zentralamerika.

Sowohl die Verlagerung der Publizität auf einen anderen Personenkreis mit ähnlichen Merkmalen (Prominenz und Status) als auch die wachsende Publizität von Personen ohne diese Merkmale deuten darauf hin, dass sich die Selektionskriterien geändert haben. Diese Veränderungen beruhen nach allem, was man sehen kann, nicht auf professionellen Kriterien. Vielmehr handelt es sich um die Folge des Wandels politischer Sichtweisen in den Redaktionen bzw. in Teilen der Gesellschaft, der langfristig auf beide zurückwirkt. Die Nachrichtenwerttheorie kann man demnach nicht als eine apolitische Theorie der Nachrichtenauswahl betrachten, in der sich ausschließlich berufsspezifische Kriterien niederschlagen. Hinzu treten zwangsläufig politische Aspekte, die sich bewusst oder unbewusst in den Selektionskriterien niederschlagen, die einzelnen Nachrichtenfaktoren oder spezifischen Kombinationen von Nachrichtenfaktoren bzw. von Nachrichtenfaktoren mit Themen einen geringeren oder größeren Nachrichtenwert verleihen.

Die Nachrichtenwerttheorie enthält keine Unterscheidung zwischen der Berichterstattung über das Normalgeschehen und über Ausnahmesituationen wie z. B. schwere Katastrophen, Todesfälle von Prominenten, herausragende Sportereignisse usw. Dadurch wird implizit unterstellt, dass die Berichterstattung in Krisen und Konflikten sowie über Katastrophen und Skandale auf den gleichen Selektionskriterien beruht wie die Berichterstattung über das Alltagsgeschehen. Das ist jedoch offensichtlich nicht der Fall. So ändern z. B. Schlüsselereignisse wie schwere Verbrechen, Unfälle oder Erdbeben die Selektionskriterien. Dies besitzt im Wesentlichen zwei Konsequenzen. Erstens wachsen die Publizitäts-Chancen von ähnlichen und thematisch verwandten Ereignissen und mit ihnen die Häufigkeit von Berichten darüber. Dies führt zu Beitragswellen, die den Eindruck hervorrufen, dass sich die Ereignisse gehäuft haben, obwohl es hierfür keine Belege gibt.[34] Hierbei handelt es sich nicht um ein Charakteristikum des modernen Journalismus, vielmehr lassen sich die gleichen Prozesse bereits im 18. Jahrhundert nachweisen.[35]

Zweitens schwinden die Publizitätschancen von Personen, Organisationen und Institutionen, die als Urheber von Schäden oder Normbrüchen gelten und entsprechend skandalisiert werden. Dies zeigt sich u. a. daran, dass ihre Argumente nicht oder nur umbewertet veröffentlicht werden. Parallel dazu steigen die Publizitätschancen von Personen, Organisationen und Institutionen, die die tatsächlichen oder vermeintlichen Urheber der Schäden oder Normbrüche anklagen. Beide Veränderungen – das Steigen und das Schwinden der Publizitäts-chancen – beruhen auf Veränderungen der Selektionskriterien innerhalb des Journalismus. Sie geschehen deshalb weitgehend unabhängig von den Wahrheitskriterien in den Bereichen, über die berichtet wird: Entscheidend für die Publikation ist z. B. nicht die fachliche Richtigkeit von Aussagen, sondern ihr schemakonformer oder schemadiskrepanter Charakter.[36]

Schlüsselereignisse verändern die Selektionskriterien in der Regel nicht langfristig. Nach dem Abklingen der Erregung und des Interesses, die das Schlüsselereignis hervorgerufen hat, kehrt die Berichterstattung vielmehr meist in die üblichen Bahnen zurück, und über die Ereignisse und Themen wird – von Ausnahmen abgesehen – so berichtet, als habe es die Phase dazwischen nie gegeben. Die durch Schlüsselereignisse bedingten Veränderungen der Selektionskriterien müssen deshalb von den themenabhängigen und entsprechend langfristigen Veränderungen der Selektionskriterien unterschieden werden. Letzteren liegen vermutlich überwiegend gesellschaftlich-politische Gründe zugrunde, ersteren dagegen beruflich-psychologische Mechanismen. Allerdings gibt es Schlüsselereignisse, die themenspezifische Änderungen der Selektionskriterien einleiten. Ein derartiges Schlüsselereignis war z. B. der Reaktorunfall bei Tschernobyl, der die gesamte Aufmerksamkeit von den Kohlekraftwerken auf die Kernkraftwerke lenkte und wesentlich dazu beitrug, dass das Waldsterben, das bis dahin die Umweltberichterstattung beherrscht hatte, mit einem Schlag kein Thema mehr war, obwohl die Waldschäden weiter zunahmen.[37]

Die Nachrichtenwerttheorie wird, wie diese sicherlich unvollständigen Anmerkungen gezeigt haben, dem Anspruch einer raum-, zeit- und kontextunabhängigen Theorie mittlerer Reichweite kaum gerecht. Ihre Geltung und ihre prognostische Leistung hängen vielmehr in erheblichem Maße von zeitgeschichtlichen, kulturellen und situativen Faktoren ab. Die Tatsache, dass diese Sachverhalte weitgehend vernachlässigt wurden, hat zwar den intellektuellen Charme der Theorie erhöht, ihren wissenschaftlichen Wert jedoch auf dreifache Weise vermindert. Erstens blieb die grundlegende Differenz von Nachrichtenfaktoren und Selektionskriterien verdeckt, was zu der irrtümlichen Annahme verleitete, der Nachrichtenwert stecke in den Nachrichtenfaktoren. Dadurch wurde die Nachrichtenauswahl unausgesprochen auf ein Reiz-Reaktions-Verhalten reduziert. Dies ist erstaunlich, weil Bekenntnisse gegen derartige Vereinfachungen zur rituellen Selbstdarstellung von Publizistikwissenschaftlern gehören. Zweitens wurde das Potenzial der Theorie nicht entfaltet. Statt mit den Ergebnissen etwa von Korrelationsanalysen die Strukturen der Selektionskriterien in verschiedenen Gesellschaften und zu verschiedenen Zeiten zu charakterisieren, wurden die Befunde als Belege für den Einfluss der „unabhängigen" (Nachrichtenfaktoren) auf die „abhängigen" (Platzierung, Umfang, positive Selektionsentscheidung) präsentiert. Auf diese Möglichkeit hatte Schulz bereits 1976 hingewiesen. Dennoch liegen bis heute z. B. keine kulturvergleichenden Studien vor. Selbst eine Zusammenführung mit der Berufs- und Redaktionsforschung ist nicht in Sicht.

Drittens blieb durch den Verzicht auf eine Differenzierung und Spezifizierung der Theorie ihr Erklärungsgehalt weit hinter ihren Möglichkeiten zurück. Statt durch eine Spezifikation der Bedingungen, unter denen die Selektionskriterien den Nachrichtenfaktoren einen geringeren oder höheren Nachrichtenwert zuweisen, die Erklärungskraft bzw. Prognoseleistung der Theorie zu vergrößern, wurde in Kauf genommen, dass sich in den statistischen Analysen ihre situativen und thematischen Unterschiede gegenseitig nivellieren.

Der entscheidende Grund für diese Mängel, die die Bedeutung der eingangs genannten Fortentwicklungen der Theorie nicht schmälern sollen, besteht in der Verkennung des Zweikomponenten-Charakters der Nachrichtenwerttheorie: Wo es nur eine Komponente zu geben scheint – die Nachrichtenfaktoren –, wird die zweite Komponente – die Selektionskriterien – zwangsläufig vernachlässigt. Wie konnte es zu dieser Fehlentwicklung kommen? Ein Grund dürfte darin liegen, dass sich sowohl Galtung und Ruge als auch Schulz in ihrer Argumentation verständlicherweise auf die neuen Elemente ihrer Theorie, die Nachrichtenfaktoren, konzentriert haben, was den irrtümlichen Eindruck vermittelt hat, dass allein sie die Nachrichtenauswahl steuern würden. Ein anderer Grund dürfte darin bestehen, dass die Theoriediskussion von Beginn an unter der Vermischung von zwei Aspekten gelitten hat – der Bedeutung von Realitätsindikatoren für die Erklärung der Nachrichtenauswahl und der Beurteilung der Qualität der Berichterstattung anhand von Realitätsindikatoren. Ob die Medien die Realität „richtig" darstellen, ist für die Analyse der Selektionskriterien irrelevant. Wichtig sind dagegen Antworten auf zwei Fragen: Bleibt im Zeitverlauf der „Abstand" zwischen den Realitätsindikatoren und der Berichterstattung konstant oder ändert er sich – was auf konstante oder veränderliche Selektionskriterien deutet? Und ist beim Vergleich der Berichterstattung über verschiedene Themen – wie z. B. Todesfälle unterschiedlicher Art – der Abstand zwischen den Realitätsindikatoren und der Berichterstattung gleich oder verschieden – was die Nachrichtenauswahl als themenunabhängig ausweist oder auf themenspezifische Einflüsse deutet?[38]

Die erwähnten Gründe haben wahrscheinlich erheblich zur Stagnation in der Entwicklung der Nachrichtenwerttheorie beigetragen, ihre wichtigste Ursache waren sie jedoch vermutlich nicht. Sie liegt paradoxerweise in der Eleganz und der Überzeugungskraft der von Schulz entwickelten Analysestrategie. Schulz konzipierte viel klarer als Galtung und Ruge die Nachrichtenwerttheorie als eine Theorie mit zwei wesentlichen Komponenten: Selektionskriterien, die er bekanntlich als „journalistische Hypothesen von Realität" bezeichnet, und Nachrichtenfaktoren. Sie bilden die unabhängigen Variablen. Die abhängige Variable ist die Publikationsentscheidung bzw. ersatzweise die Platzierung und der Umfang der Meldungen. Hätte er die Selektionskriterien gekannt, dann hätte er z. B. argumentieren können: Weil Journalisten Schadensfällen der Schwere X einen

Nachrichtenwert X_n zusprechen und weil in der Meldung Y ein derartiger Schadensfall berichtet wird, werden sie die Meldung auf Seite Z publizieren. Da er die Selektionskriterien nicht kannte, hat er sie aus der Platzierung bzw. dem Umfang erschlossen: Je größer der Umfang einer Meldung ist bzw. je besser sie platziert wird, desto größer ist der Nachrichtenwert der Nachrichtenfaktoren, die sie enthält.

In der Theorie bilden die Selektionskriterien – und das heißt der Nachrichtenwert der Nachrichtenfaktoren – eine der beiden unabhängigen Variablen. In der Datenanalyse werden sie dagegen notwendigerweise zur abhängigen Variable. Die Umkehrung der theoretisch-analytischen Stellung des Nachrichtenwertes verleitet zu der naheliegenden, aber irrigen Annahme, die Nachrichtenfaktoren wären die unabhängige und der Nachrichtenwert die abhängige Variable. Dies wiederum führt zu der irrigen Annahme, die Nachrichtenfaktoren wären die alleinige Ursache der Selektionsentscheidungen bzw. der Platzierung und des Umfangs der Meldungen. Bei einer theoriegeleiteten Interpretation der Analyseergebnisse bilden die Nachrichtenwerte jedoch keine abhängige, sondern eine der beiden unabhängigen Variablen. Die Korrelationen und Regressionen sind mit anderen Worten nichts anderes als Indikatoren für den Nachrichtenwert der Nachrichtenfaktoren.

Mit den Korrelationen und Regressionen kann man in der Terminologie von Schulz die „journalistischen Hypothesen von Realität" inhaltlich charakterisieren, die die Nachrichtenauswahl steuern. Im Anschluss daran kann geklärt werden, wie sie mit den Berufsauffassungen und Weltbildern der Journalisten zusammenhängen, ob sie von organisatorischen Kräften modifiziert werden, welchen zeitgeschichtlichen Einflüssen sie unterliegen. Schulz hat die Umkehrung der Stellung der Variablen vermutlich selbst nicht bemerkt, denn er kommt am Ende seiner Studie zwar auf die eingangs getroffene Unterscheidung kurz zurück, geht jedoch vornehmlich der Frage nach, was die Befunde für die Realitätsorientierung der Gesellschaft bedeuten.[39] Damit weitet er seine Theorie der Nachrichtenauswahl zu einer Theorie der öffentlichen Kommunikation aus, lässt jedoch die Frage nach den Ursachen der Nachrichtenauswahl, die er am Beginn seiner Studie klarer als alle Vorgänger formuliert hat, am Ende ohne Antwort.

Die weitgehende Stagnation der Theorieentwicklung und die Etablierung von Forschungsergebnissen, die z. T. im Widerspruch zur Nachrichtenwerttheorie stehen, zum größeren Teil jedoch in die Theorie integriert werden können, erfordert mehr als 30 Jahre nach der wegweisenden Publikation von Schulz einen beherzten Neuanfang. Auf der theoretischen Ebene sind die erforderlichen Entwicklungen durch die Vorgaben von Schulz weitgehend vorgezeichnet. Die erforderlichen Schritte sind deshalb theoretisch einfach, praktisch jedoch schwierig, weil sie ein radikales Umdenken erfordern: Die Nachrichtenwerte dürfen nicht mehr als abhängige Variable betrachtet, sondern müssen als unabhängige Variable angesehen werden.[40] Dementsprechend dürfen die Korrelationen zwischen den Nachrichtenfaktoren und den Nachrichtenwerten nicht als Hinweise auf die Ursachen z. B. des Umfangs und der Platzierung von Beiträgen verstanden werden. Sie sind vielmehr als Indikatoren für den Nachrichtenwert der Nachrichtenfaktoren zu betrachten. Erst wenn der Nachrichtenwert der Nachrichtenfaktoren bekannt ist, sind theoriegeleitete Hypothesen über die Publizitätschancen von Ereignissen mit bestimmten Eigenschaften (Nachrichtenfaktoren) sowie wissenschaftliche Erklärungen und Prognosen möglich. Darauf aufbauend kann der Wandel des Nachrichtenwertes der Nachrichtenfaktoren sowie ihr Themenbezug präzisiert und ihre Beziehungen zu anderen Variablen wie kulturellen Bedingungen, Konkurrenzverhältnissen und organisatorischen Einflüssen geklärt werden. Auch dabei kann an Vorarbeiten von Schulz angeknüpft werden, der bereits 1976 auf die Bedeutung der Themen für die Nachrichtenwerte bestimmter Nachrichtenfaktoren hingewiesen hat.

Auf der methodischen Ebene erscheinen ebenfalls einige tiefgreifende Einschnitte erforderlich. Zum einen spricht der zuerst von Schönbach[41] dokumentierte Einfluss redaktionsspezifischer Sichtweisen dafür, den von Schulz aus methodischen Gründen eliminierten Faktor „Konsonanz" wieder einzuführen. Dies betrifft vor allem die von Galtung und Ruge vorgeschlagene Definition als Übereinstimmung mit dem Erhofften/Befürchteten. In Anlehnung an die Befunde von Schönbach kann man die Stärke der Übereinstimmung zwischen Kommentar- und Nachrichtenlinie als Indikator für die Konsonanz der Meldungen betrachten und als Nachrichtenfaktor einsetzen. Er besitzt aller Wahrscheinlichkeit nach bei den überregionalen Qualitätszeitungen einen höheren Nachrichtenwert als z. B. bei den regionalen Abonnementzeitungen, was sich entsprechend in der aktuellen Berichterstattung niederschlägt.[42]

Der Einfluss von Schlüsselereignissen auf die Berichterstattung lässt sich in die Nachrichtenwert-Theorie methodisch durch eine Erweiterung oder Ergänzung des Nachrichtenfaktors „Thematisierung" integrieren. Er kann entweder anders operationalisiert werden, damit er dem außerordentlichen Einfluss von herausragenden Ereignissen gerecht wird. Als Alternative dazu bietet sich die Einführung eines eigenen Faktors an, wobei jedoch, um eine zirkuläre Argumentation zu vermeiden, eine methodisch saubere Definition von Schlüsselereignissen gefunden werden muss. Ein Kriterium hierfür bildet die Zahl der Meldungen über ein wohl definiertes Ereignis innerhalb eines ebenso festgelegten Zeitraumes, wobei die Berichte über dieses Ereignis aus den folgenden Analysen ausgeklammert werden müssen.[43] Eine weitere Möglichkeit zur Erfassung des Einflusses von Schlüsselereignissen auf die Folgeberichterstattung bietet der bereits erwähnte Faktor „Konsonanz", den man im Sinne der Schema-Theorie um die Ausprägung „schemakonform" vs. „schemadiskrepant" ergänzen kann.

Auf die skizzierte Weise kann die im Kern statische Nachrichtenwert-theorie durch dynamische Elemente anderer Ansätze ergänzt, ihre Realitätsnähe vergrößert und – aller Wahrscheinlichkeit nach – auch ihr Erklärungsgehalt gesteigert werden. Der Einfluss des Nachrichtenwertes der Nachrichtenfaktoren auf die Nachrichtenauswahl wäre jedoch auch damit nicht prüfbar, falls es bei den bisher üblichen Untersuchungsanlagen bliebe. Nach allem, was man heute weiß, sind der Umfang und die Platzierung von Meldungen ein unzureichender Indikator für jene Faktoren, die die davor liegenden Selektionsentscheidungen prägen. Um sie zu analysieren, sind in Anlehnung an David Manning White[44] Input-Output-Studien und – sofern es sich um zeitgeschichtliche Analysen handelt – themenspezifische Kontrastierungen von medieninternen und medienexternen Daten erforderlich.[45] Sie beantworten nicht die Frage, ob die Medien die Realität „richtig" darstellen, sondern klären, ob ihrer Realitätsdarstellung konstante Selektionskriterien zugrunde liegen bzw. wie und warum sie sich ändern.

---

[1] Winfried Schulz: Die Konstruktion von Realität in den Nachrichtenmedien. Analyse der aktuellen Berichterstattung (1976) Freiburg i. Br. [2]1990.

[2] Johan Galtung / Mari Holmboe Ruge: The Structure of Foreign News. The Presentation of the Congo, Cuba and Cyprus Crises in Four Norwegian Newspapers. In: Journal of Peace Research 2 (1965) S. 64-91.

[3] Jürgen Wilke: Nachrichtenauswahl und Medienrealität in vier Jahrhunderten. Eine Modellstudie zur Verbindung von historischer und empirischer Publizistikwissenschaft. Berlin 1984.

[4] Joachim F. Staab: Nachrichtenwert-Theorie. Formale Struktur und empirischer Gehalt. Freiburg i. Br. 1990.

[5] Christiane Eilders: Nachrichtenfaktoren und Rezeption: Eine empirische Analyse zur Auswahl und Verarbeitung politischer Information. Opladen 1997.

[6] Walter Lippmann: Public Opinion. New York 1922.

[7] Vgl. hierzu auch Michela Maier / Karin Stengel / Joachim Marschall: Nachrichtenwerttheorie. Baden-Baden 2010; Marcus Maurer / Carsten Reinemann: Medieninhalte. Eine Einführung. Wiesbaden 2006.

[8] Winfried Schulz, a. a. O., S. 30.

[9] Vgl. Hans Mathias Kepplinger / Helga Weißbecker: Negativität als Nachrichtenideologie. In: Publizistik 36 (1991) S. 330-342. Der Begriff „Zweikomponenten-Modell" wird hier statt des früher verwendeten Begriffs „Zwei-Faktoren-Modell" benutzt, um Verwechslungen mit den Nachrichten-faktoren zu vermeiden.

[10] Vgl. Winfried Schulz, a. a. O., S. 81, 86.

[11] Vgl. Joachim F. Staab, a. a. O., S. 146-167.

[12] Vgl. Jürgen Wilke / Bernhard Rosenberger: Die Nachrichtenmacher. Eine Untersuchung zu Strukturen und Arbeitsweisen von Nachrichtenagenturen am Beispiel von AP und dpa. Köln 1991.

[13] Vgl. Christian Kolmer: Theorien der Nachrichtenauswahl. Eine Input-Output-Analyse. Diss. Phil. Mainz 1999. Als Buch unter dem Titel: Die Treuhandanstalt. Eine Input-Output-Analyse zu Theorien der Nachrichtenauswahl. Fribourg 2000.

[14] Vgl. Jürgen Wilke, a. a. O.

[15] Vgl. Jörgen Westerståhl / Folke Johansson: News Ideologies as Moulders of Domestic News. In: European Journal of Communication 1 (1986) S. 133-149.

[16] Vgl. Hans Mathias Kepplinger / Helga Weissbecker, a. a. O. Siehe hierzu auch die umfangreichen Daten in Hans Mathias Kepplinger / Rouwen Bastian: Der prognostische Gehalt der Nachrichten-wert-Theorie. In: Publizistik 45 (2000) S. 462-475.

[17] Vgl. Hans Mathias Kepplinger: Politikverdrossenheit. Die Demontage der Politik in der Informationsgesellschaft. Freiburg i. Br. 1998.

[18] Vgl. Claude Muller: Die Strategische Verteidigungsinitiative (SDI) in der deutschen und amerikanischen Presse. Unveröffentlichte Magisterarbeit. Mainz 1988.

[19] Vgl. Klaus Schönbach: Trennung von Nachricht und Meinung. Empirische Untersuchung eines journalistischen Qualitätskriteriums. Freiburg i. Br./München 1977; Hans Mathias Kepplinger / Hans-Bernd Brosius / Joachim F. Staab / Günter Linke: Instrumentelle Aktualisierung. Grundlagen einer Theorie publizistischer Konflikte. In: Max Kaase / Winfried Schulz (Hrsg.): Massenkommunikation. Theorien, Methoden, Befunde. Sonderheft 30 der Kölner Zeitschrift für Soziologie und Sozialpsychologie. Opladen, S. 199-220.

[20] Wolfgang Donsbach / Thomas E. Patterson: Journalisten in der politischen Kommunikation: Professionelle Orientierungen von Nachrichtenredakteuren im internationalen Vergleich. In: Frank Esser / Barbara Pfetsch (Hrsg.): Politische Kommunikation im internationalen Vergleich. Wiesbaden 2003, S. 281-304.

[21] Sieglinde Neumann: Redaktionsmanagement in den USA: Fallbeispiel „Seattle Times". München 1997.

[22] Frank Esser: Die Kräfte hinter den Schlagzeilen. Englischer und deutscher Journalismus im Vergleich. Freiburg i. Br. 1998.

[23] Vgl. hierzu Claus-Erich Boetzkes: Organisation als Nachrichtenfaktor. Wie das Organisatorische den Content von Fernsehnachrichten beeinflusst. Wiesbaden 2008.

[24] Vgl. Winfried Schulz: Nachrichtengeographie. Untersuchungen über die Struktur der internationalen Berichterstattung. In: Manfred Rühl / Heinz-Werner Stuiber (Hrsg.): Kommunikationspolitik in Forschung und Anwendung. Festschrift für Franz Ronneberger. Düsseldorf 1983, S. 281-291; Robert L. Stevenson / Donald L. Shaw: Foreign News and the New World Information Order. Ames, Iowa 1984.

[25] Thomas J. Ahern, Jr.: Determinants of Foreign Coverage in U.S. Newspapers. In: Robert L. Stevenson / Donald L. Shaw (Hrsg.): Foreign News and the New World Information Order. Ames, Iowa 1984, S. 217-236.

[26] Alex Edelstein / Youichi Ito / Hans Mathias Kepplinger: Communication & Culture. A Comparative Approach. New York 1989, S. 107-125.

[27] Jay G. Blumler / Jack M. McLeod / Karl E. Rosengren: Comparatively Speaking: Communication and Culture Across Space and Time. Newbury Park, Cal. 1992.

[28] Robert L. Stevenson: Global Communication in the Twenty-first Century. New York 1994, S. 301-303.

[29] Hans Mathias Kepplinger: Künstliche Horizonte. Folgen, Darstellung und Akzeptanz von Technik in der Bundesrepublik. Frankfurt a. M. 1989, S. 111-171.

[30] Eleanor Singer / Phyllis M. Endreny: Reporting on Risk: How the Mass Media Portray Accidents, Diseases, Disasters, and Other Hazards. New York 1993.

[31] Ebenda S. 127-138.

[32] Ebenda S. 130.

[33] Edward S. Herman / Noam Chomsky: Manufacturing Consent. The Political Economy of the Mass Media. New York 1988, S. 37-86.

[34] Vgl. Mark Fishman: Crime Waves as Ideology. In: Social Problems 25 (1978) S. 531-543. Siehe dazu auch Hans Mathias Kepplinger: Die Konstruktion von Ereignisserien nach Schlüsselereignissen. In: derselbe: Realitätskonstruktionen. Wiesbaden 2011, S. 85-98.

[35] Vgl. Jürgen Wilke: „Daß der Jammer und das Elend mit keiner Feder zu beschreiben sey." Das Erdbeben von Lissabon 1755 als Schlüsselereignis in der Presseberichterstattung. In: Relation 3 (1996) S. 59-71.

[36] Vgl. Henrike Barth / Wolfgang Donsbach: Aktivität und Passivität von Journalisten gegenüber Public Relations. Fallstudie am Beispiel von Pressekonferenzen zu Umweltthemen. In: Publizistik 37 (1992) S. 151-165.

[37] Hans Mathias Kepplinger: Künstliche Horizonte, a. a. O., S. 119-121.

[38] Vgl. Barbara Combs / Paul Slovic: Newspaper Coverage of Causes of Death. In: Journalism Quarterly 56 (1979) S. 837-843, 849.

[39] Vgl. Winfried Schulz, a. a. O., S. 117-121.

[40] Vgl. hierzu den Beitrag „Der prognostische Gehalt der Nachrichtenwerttheorie". In diesem Band, S. 77-99.

[41] Vgl. Klaus Schönbach, a. a. O.

[42] Vgl. Hans Mathias Kepplinger / Hans-Bernd Brosius / Joachim F. Staab / Günter Linke, a. a. O.

[43] Vgl. Hans Mathias Kepplinger: Die Konstruktion von Ereignisserien nach Schlüsselereignissen. In: derselbe: Realitätskonstruktionen. Wiesbaden 2011, S. 85-98.

[44] Vgl. David M. White: The Gatekeeper: A Case Study in the Selection of News. In: Journalism Quarterly 27 (1950) S. 383-390.

[45] Vgl. Karl E. Rosengren: International News: Intra and Extra Media Data. In: Acta Sociologica 13 (1970) S. 96-109; derselbe: International News: Methods, Data and Theory. In: Journal of Peace Research 11 (1974) S. 145-156.

Der prognostische Gehalt der Nachrichtenwerttheorie

Die Ziele jeder Theorie sind Erklärungen und Prognosen. Dies gilt auch für die Nachrichtenwerttheorie. Die Nachrichtenwerttheorie soll drei Sachverhalte erklären und prognostizieren – die Auswahl, die Platzierung und den Umfang von Nachrichten. Ihre generelle Grundannahme lautet: Je größer die Summe der Nachrichtenwerte der Nachrichtenfaktoren, desto größer ist die Wahrscheinlichkeit, dass eine Meldung publiziert wird, desto prominenter wird sie platziert und desto umfangreicher wird sie aufgemacht. Dabei wird implizit unterstellt, dass alle drei Sachverhalte – Auswahl, Platzierung und Umfang – in ähnlicher Weise durch den Nachrichtenwert der Nachrichtenfaktoren erklärt und prognostiziert werden. Der Einfluss des Nachrichtenwertes der Nachrichtenfaktoren auf die Berichterstattung wird mithilfe von drei Forschungsdesigns untersucht, die unterschiedliche Vor- und Nachteile besitzen – Input-Output-Analysen,[1] Intra-Extra-Medien-Daten[2] und Output-Analysen.[3] In allen drei Fällen werden die Nachrichtenfaktoren der publizierten Beiträge mithilfe von Inhaltsanalysen ermittelt. Dabei wird ein Nachrichtenfaktorenkatalog zugrunde gelegt, der von Johan Galtung und Mari Holmboe Ruge[4] vorgelegt, von Winfried Schulz[5] weiterentwickelt, von einer Forschergruppe unter Leitung des Verfassers[6] überarbeitet und von Joachim Friedrich Staab[7] veröffentlicht wurde. Alle späteren Nachrichtenfaktorenkataloge stellen Aktualisierungen bzw. Vereinfachungen dieser Ansätze dar.

Bei den meisten Studien zur Nachrichtenwerttheorie handelt es sich um Output-Analysen, d. h. um Analysen von publizierten Meldungen. Der Input, also die in den Redaktionen vorhandenen Meldungen, bleibt unberücksichtigt. Erklärt werden sollen die Platzierung und der Umfang der Nachrichten. Ob die Befunde dieser Studien Rückschlüsse auf die Nachrichtenauswahl zulassen, ist fragwürdig,[8] für die vorliegende Thematik jedoch unerheblich. Der Einfluss der Nachrichtenfaktoren auf die Platzierung und den Umfang wird mit Hilfe von multiplen Regressionen ermittelt. Als Indikator für die erklärte Varianz wird das multiple R betrachtet. Nach Staab liegt es für den Umfang bei Nachrichten zur nationalen Politik zwischen .41 und .63.[9] Diese Werte erklären zwischen 16 und 40 Prozent der Varianz. Das sind relativ hohe Werte. Dennoch werfen sie die Frage auf: Was erklären sie? Erklärungen sind Prognosen in der Vergangenheitsform und umgekehrt. Offensichtlich lassen die erwähnten „Erklärungen" keine

Prognosen darüber zu, welchen Umfang Nachrichten besitzen werden, die bestimmte Nachrichtenfaktoren aufweisen. Folglich handelt es sich bei solchen „Erklärungen" auch nicht um wissenschaftliche Erklärungen im engeren Sinn.

Theorien werden geprüft, indem man aus den theoretischen Annahmen konkrete Prognosen (Hypothesen) ableitet und mit empirischen Daten vergleicht. Die Theorie gilt als bestätigt, wenn die empirisch gemessenen den theoretisch vorhergesagten Daten entsprechen. Ein prominentes Beispiel hierfür ist in den Sozialwissenschaften die Theorie der Kognitiven Konsistenz.[10] Sie wird geprüft, indem man die Ansichten der Versuchspersonen zu einer Quelle und einem Sachverhalt misst. Mithilfe von zwei Gleichungen wird errechnet, wie sich die Ansichten zu der Quelle und dem Sachverhalt ändern, wenn die Quelle positiv oder negativ zu dem Sachverhalt Stellung nimmt. Nachdem dies geschehen ist, werden die Ansichten erneut gemessen und mit den theoretischen Werten verglichen, wobei die Höhe der Übereinstimmung als Maß für die Güte der Theorie betrachtet wird. Die Nachrichtenwerttheorie wurde in diesem Sinn bisher nicht überprüft.[11]

Als Zwischenergebnis kann man zwei Feststellungen treffen. Die Nachrichtenwerttheorie wurde in den vergangenen Jahrzehnten mehrfach zur Grundlage von empirischen Analysen der Berichterstattung, wobei mehr oder weniger starke Zusammenhänge zwischen u. a. den Nachrichtenfaktoren und dem Umfang der Meldungen ermittelt wurden. Sie wurde aber bisher keinem Test unterworfen, der den Anforderungen an die wissenschaftliche Prüfung einer Theorie gerecht wird. Statt Hypothesen zu testen, wurden Untersuchungsanlagen repliziert. Die zweite Feststellung hängt eng damit zusammen, ist jedoch sachlich damit nicht identisch. Aus der Nachrichtenwerttheorie wurden bisher keine empirisch gehaltvollen Prognosen abgeleitet. Der prognostische Gehalt und damit der praktische Wert der Nachrichtenwerttheorie sind deshalb unbekannt. Dies muss vor allem darum überraschen, weil die meisten Anhänger der Nachrichtenwerttheorie davon überzeugt sind, dass sie für den Journalismus eine praktische Relevanz besitzt. Damit stellt sich die Frage, weshalb ihre praktische Relevanz im Sinne eines prognostischen Instruments nie nachgewiesen wurde bzw. ob dies in der Form, in der die Theorie vorliegt, überhaupt möglich ist.

Reformulierung der Nachrichtenwerttheorie

Generelle Annahme

Alle Selektionstheorien enthalten Informationen über mindestens zwei Komponenten – die Kriterien der Selektion und die Merkmale der auszuwählenden

Objekte: Beim Sortieren von Äpfeln sind das z. B. als Selektionskriterium die Größenklassen und als relevante Objektmerkmale die Umfänge. Ohne Selektionskriterien kann man ebenso wenig eine gezielte Auswahl treffen wie ohne Objektmerkmale. Wird ein anderes Selektionskriterium vorgegeben, z. B. der Reifegrad, spielen die alten Objektmerkmale, der Umfang, keine Rolle mehr. Ist der Umfang, aus welchen Gründen auch immer, nicht feststellbar, sind die entsprechenden Selektionskriterien unbrauchbar. Theoretisch können auch mehrere Objektmerkmale mit unterschiedlichem Gewicht in die Selektionsentscheidung eingehen – die Größe, die Farbe, der Geruch usw. Verschiedene Käufer werden die Objektmerkmale unterschiedlich gewichten. Wer die Obstschale schmücken will, hat andere Kriterien als der Liebhaber von Apfelkuchen. Gleiche Objektmerkmale gehen folglich mit unterschiedlichem Gewicht in ihre Entscheidung ein.

Was auf die Selektion von Äpfeln zutrifft, gilt auch für die Auswahl von Nachrichten. Die Objektmerkmale sind hier die Nachrichtenfaktoren. Sie charakterisieren die relevanten Merkmale jeder einzelnen Meldung. Die Selektionskriterien sind die Nachrichtenwerte der Nachrichtenfaktoren. Sie definieren die relative Bedeutung der einzelnen Objektmerkmale. Zwar dürfte den Nachrichtenredakteuren dieser Sachverhalt genau so wenig bewusst sein wie den Apfelkäufern. Dies ändert jedoch nichts daran, dass eine überzufällige Auswahl nur auf der Grundlage von zwei Urteilskomponenten möglich ist. Sie kann deshalb auch nur mithilfe von beiden Komponenten logisch erklärt und prognostiziert werden. Das trifft analog auch auf die Platzierung von Meldungen und auf die Gestaltung ihres Umfangs zu. Auch diese Vorgänge beruhen auf dem Zusammenwirken von zwei Komponenten – den objektiven Eigenschaften der Meldungen bzw. den darin berichteten Sachverhalten sowie der Bedeutung, die diesen Sachverhalten individuell oder kollektiv zugeschrieben wird. Jede Theorie der Auswahl, Gestaltung und Platzierung von Nachrichten beruht deshalb notwendigerweise auf einem *Zweikomponenten-Modell der Nachrichtenwerttheorie*. Bei den beiden Komponenten des Zweikomponenten-Modells handelt es sich um die Nachrichtenfaktoren von Meldungen und um ihren Nachrichtenwert (Abbildung 1).[12]

Formalisierung der Annahme

Sowohl die Nachrichtenfaktoren als auch ihre Nachrichtenwerte können in unterschiedlichen Ausprägungen vorliegen. Der Nachrichtenfaktor „Schaden" kann z. B. entsprechend dem Ausmaß eines konkreten Schadens klein oder groß sein. Zudem kann der Nachrichtenwert von Schäden für verschiedene Medien mehr oder weniger groß sein – einige stellen Schäden besonders heraus, andere nicht.

Abbildung 1:   Zweikomponenten-Modell der Nachrichtenwerttheorie

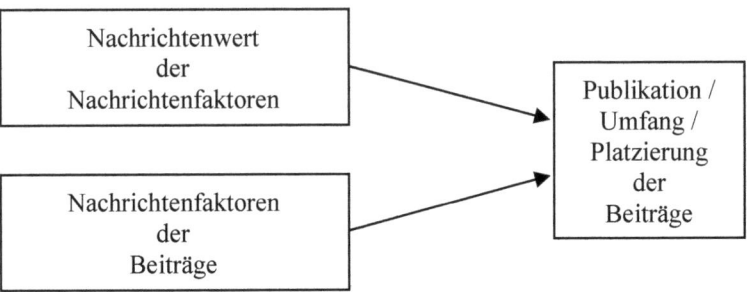

Der Nachrichtenwert, den verschiedene Medien gleichen Schadensmeldungen zusprechen, kann sich folglich unterscheiden. Der Nachrichtenwert einer Meldung insgesamt besteht theoretisch in der Summe der mit ihren Nachrichtenwerten gewichteten Nachrichtenfaktoren. Zur Vermeidung von Missverständnissen wird stattdessen der Begriff der „Publikationswürdigkeit" einer Meldung eingeführt. Die Publikationswürdigkeit einer Meldung ist definitionsgemäß gleich der Summe der mit ihren Nachrichtenfaktoren gewichteten Nachrichtenwerte einer Meldung. Mit der Publikationswürdigkeit wird, abhängig von der Untersuchungsanlage und Fragestellung, die Grundlage der Entscheidung über (a) die Publikation / Nichtpublikation eines Beitrags, (b) seine Platzierung und (c) seinen Umfang bezeichnet. Den begrifflich-theoretischen Festlegungen folgend, kann man die Publikationswürdigkeit einer Meldung mit folgender Formel angeben:

$$Pw = b + a_1x_1 + a_2x_2 + a_3x_3 + \ldots + a_nx_n$$

Dabei steht Pw für die Publikationswürdigkeit einer Meldung, b für eine Konstante, $x_1 - x_n$ für die (Ausprägungen der) Nachrichtenfaktoren und $a_1 - a_n$ für die (Ausprägungen) ihrer Nachrichtenwerte.

Spezifizierungen der Annahme

Der Nachrichtenwert eines Nachrichtenfaktors ist wahrscheinlich keine allgemein gültige Größe. Dieselben Meldungen, d. h. Meldungen mit den gleichen Nachrichtenfaktoren, haben vielmehr für unterschiedliche Mediengattungen eine unterschiedliche Relevanz. Dies ist vermutlich ein Grund, weshalb z. B. Straßenverkaufszeitungen bestimmte Meldungen größer oder kleiner aufmachen als Abonnementzeitungen. Die Nachrichtenfaktoren besitzen demnach vermutlich einen gattungsspezifisch unterschiedlichen Nachrichtenwert. Darauf verweisen bereits die Befunde von Schulz und Staab.[13] Auch einzelne Blätter einer Gattung und einzelne Sendungen eines Formats gewichten gleiche Meldungen z. T. unterschiedlich, ohne dass dies auf ihre politische Grundhaltung zurückzuführen ist. Schließlich dürften auch einzelne Mitarbeiter solcher Redaktionen z. T. unterschiedliche Vorstellungen vom Nachrichtenwert der verschiedenen Nachrichtenfaktoren haben.

Alle Formulierungen der Nachrichtenwerttheorie beruhen auf der impliziten Annahme, dass Nachrichtenfaktoren die redaktionellen Entscheidungen unabhängig vom Thema der Meldungen beeinflussen. Es handelt sich demnach um allgemeingültige Entscheidungsgründe „hinter" der Thematik der Berichterstattung. Diese Vorstellung dürfte eine Ursache der Beliebtheit der Erklärung der Berichterstattung durch Verweise auf die Nachrichtenfaktoren sein. Allerdings zeigen auch hier die bereits angesprochenen Untersuchungen von Schulz und Staab, dass die verschiedenen Nachrichtenfaktoren in den Meldungen zur Innen- und Außenpolitik eine z. T. unterschiedliche Bedeutungen besitzen. Dies legt die Folgerung nahe, dass die Nachrichtenfaktoren und ihr Nachrichtenwert von der Thematik der Meldungen nicht völlig unabhängig sind. Man muss deshalb damit rechnen, dass auch die Themen von Meldungen einen Einfluss auf die Relevanz der Nachrichtenfaktoren sowie ihrer Nachrichtenwerte besitzen.

Ziele der Studien

Das Ziel der folgenden empirischen Studien besteht nicht in einer Erklärung der Nachrichtenauswahl von Redaktionen, auf die neben den Nachrichtenwerten und ihren Nachrichtenfaktoren zahlreiche andere Größen einwirken – die individuellen Werthaltungen von Journalisten, die redaktionelle Linien der Medien, für die sie arbeiten, die aktuelle Nachrichtenlage, die Rücksichtnahme auf externe Interessen (Inserenten, Parteien, Personen usw.). Ihr Ziel ist vielmehr der Test der Annahmen des Zweikomponenten-Modells der Nachrichtenwerttheorie. Dies geschieht zunächst unter kontrollierten Bedingungen in einem Laborexperiment und anschließend zur Validierung der Ergebnisse in einer breit angelegten Feldstudie. In beiden Studien wird die Publikationswürdigkeit von mehreren Meldungen anhand der Nachrichtenfaktoren der Meldungen sowie des Nachrichtenwertes dieser Nachrichtenfaktoren berechnet und dadurch prognostiziert. Anschließend wird die Güte der Prognosen anhand von konkreten Publikationsentscheidungen überprüft. Hierfür müssen zwei Voraussetzungen gegeben sein – die

Nachrichtenfaktoren der Meldungen und ihre Nachrichtenwerte müssen bekannt sein. Die Nachrichtenfaktoren können mit Hilfe der bekannten Codebücher für Inhaltsanalysen bestimmt werden. Ihre Nachrichtenwerte müssen dagegen durch neue Verfahren ermittelt werden. Dies geschieht in einem der Laborexperimente durch die systematische Variation der Nachrichtenfaktoren, in der Feldstudie durch eine spezielle Auswertung einer Inhaltsanalyse der aktuellen Berichterstattung.

Ermittlung der Nachrichtenwerte im Laborexperiment

Untersuchungsanlage

Für die vorliegende Studie sollen die Nachrichtenwerte von fünf Nachrichtenfaktoren untersucht werden, die sich in früheren Untersuchungen als besonders bedeutsam herausgestellt haben.[14] Hierbei handelt es sich um die Faktoren „räumliche Nähe", „Kontroverse", „persönlicher Einfluss", „Reichweite" und „tatsächlicher Schaden".[15] Vermutlich ist der Nachrichtenwert eines Nachrichtenfaktors umso höher, je stärker der Nachrichtenfaktor ausgeprägt ist. Dabei wird man der Einfachheit halber eine lineare Beziehung zwischen beiden Größen annehmen. Deshalb soll der Nachrichtenwert der fünf Nachrichtenfaktoren in fünf Stufen von ganz schwach (0) bis sehr stark (4) ermittelt werden. Der Nachrichtenwert der Nachrichtenfaktoren hängt vermutlich auch vom Thema der Meldungen ab. Deshalb sollen die bereits erwähnten Sachverhalte anhand von Meldungen über fünf thematisch unterschiedliche Ereignisse in Deutschland und Nachbarstaaten festgestellt werden. Hierbei handelt es sich um folgende Ereignisse: eine „Werkschließung" (Wirtschaftsprobleme), um „Korruptionsverdacht" (Wirtschaftskriminalität), um „Allergien durch Medikamente" (Medikamenten-Nebenwirkungen), ein „Zugunglück" (Verkehrsunfall) und eine „Entführung" (Gewaltkriminalität). Im Idealfall würde man alle fünf Nachrichtenfaktoren in allen fünf Ausprägungen mit allen fünf Themen unabhängig voneinander kombinieren und ihren Einfluss auf die Publikationswürdigkeit der Meldungen testen. Abbildung 2 zeigt diese Grundkonstellation.

Für die Durchführung des vollständigen experimentellen Designs bräuchte man $5 \times 5 \times 5 = 125$ Versuchsgruppen.[16] Ein solches Experiment ist unter normalen Bedingungen nicht durchführbar. Deshalb muss man das Vorhaben aufgeben oder die Komplexität des Designs reduzieren. Eine Möglichkeit hierzu bietet ein „Lateinische Quadrat", für dessen Umsetzung 25 Versuchsgruppen erforderlich sind.[17] Grundlage sind 25 Testartikel über die fünf Themen, in denen die Ausprägungen der fünf Nachrichtenfaktoren von 0 bis 4 systematisch variiert

Abbildung 2: Vollständiges experimentelles Design

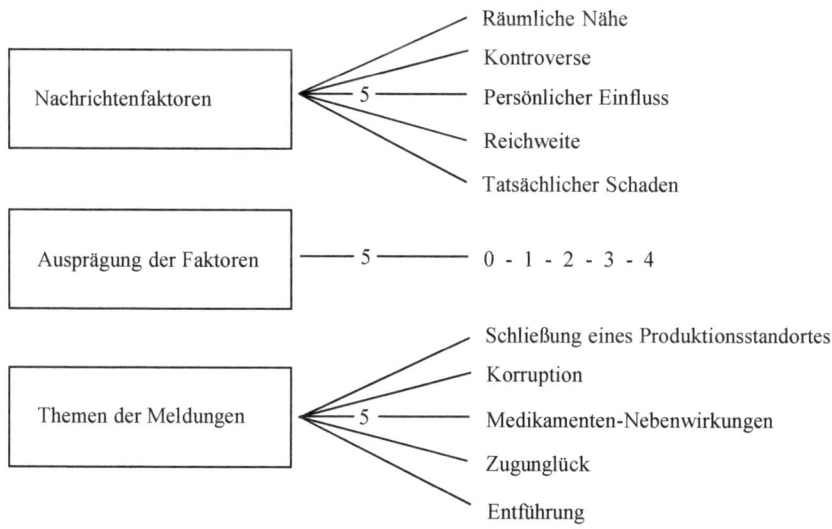

wurden. Getestet wurden fünf Versuchsgruppen. Jede Versuchsperson erhielt nacheinander fünf Artikel, z. B. Gruppe I einen Beitrag über die Werkschließung mit dem Nachrichtenfaktor „räumliche Nähe" in Ausprägung 0; einen Beitrag über die Medikamenten-Nebenwirkungen mit dem Nachrichtenfaktor „Kontroverse" in der Ausprägung 1; einen Beitrag über die Entführung mit dem Nachrichtenfaktor „persönlicher Einfluss" in der Ausprägung 2; einen Beitrag über den Korruptionsfall mit dem Nachrichtenfaktor „Reichweite" in der Ausprägung 3 und einen Beitrag über das Zugunglück mit dem Nachrichtenfaktor „tatsächlicher Schaden" in der Ausprägung 4. Aufgrund der Versuchsanordnung las jede Versuchsperson einen Artikel über jedes Thema, in dem jeder der Nachrichtenfaktoren in einer seiner fünf Ausprägungen vorkam. Die Reihenfolge der Meldungen wurde rotiert, um Reihenfolgeeffekte auszuschalten (Abbildung 3).

Testpersonen waren 73 Studierende der Publizistikwissenschaft, die Anzahl der Testpersonen in den fünf Testgruppen betrug zwischen 13 und 16. Jede Testperson erhielt fünf Karten mit jeweils einem Artikel. Folglich liegen insgesamt 365 Urteile über die Meldungen vor. Ein Beispiel ist die folgende Meldung über einen Korruptionsverdacht, in dem der Nachrichtenfaktor „persönlicher Einfluss" variiert wurde: „Korruptionsvorwürfe gegen *Beamten.* Salzburg – Gegen *einen*

Abbildung 3: Anlage des Experimentes
– Lateinisches Quadrat –

Themen	Räuml. Nähe	Kontroverse	Persönli-cher Ein-fluss	Reichweite	Tatsächlicher Schaden
Schließung Produktions-standort	Auspr.: 0 Gruppe I	Auspr.: 4 Gruppe IV	Auspr.: 3 Gruppe II	Auspr.: 2 Gruppe V	Auspr.: 1 Gruppe III
Korruption	Auspr.: 1 Gruppe II	Auspr.: 0 Gruppe V	Auspr.: 4 Gruppe III	Auspr.: 3 Gruppe I	Auspr.: 2 Gruppe IV
Medikamen-ten-Neben-wirkungen	Auspr.: 2 Gruppe III	Auspr.: 1 Gruppe I	Auspr.: 0 Gruppe IV	Auspr.: 4 Gruppe II	Auspr.: 3 Gruppe V
Zugunglück	Auspr.: 3 Gruppe IV	Auspr.: 2 Gruppe II	Auspr.: 1 Gruppe V	Auspr.: 0 Gruppe III	Auspr.: 4 Gruppe I
Entführung	Auspr.: 4 Gruppe V	Auspr.: 3 Gruppe III	Auspr.: 2 Gruppe I	Auspr.: 1 Gruppe IV	Auspr.: 0 Gruppe II

Jeder Experimentalgruppe wurden fünf Nachrichten zu fünf verschiedenen Themen vorgelegt, in denen fünf Nachrichtenfaktoren in fünf Stufen variiert wurden. Die Befragten wurden gebeten, die fünf Nachrichten dreimal in eine Rangfolge zu bringen: für eine nationale Abonnementzeitung, eine Regionalzeitung und eine regionale Boulevardzeitung.
Gruppe I: n = 13; Gruppe II: n = 15; Gruppe III: n = 14; Gruppe IV: n = 15; Gruppe V: n = 16.

Beamten der Landesbaubehörde wurden von der Staatsanwaltschaft Ermittlungen wegen des Verdachts der Bestechlichkeit aufgenommen. Der Mitarbeiter soll bei der Vergabe eines 100-Millionen-Euro Bauprojektes ein wesentlich teureres Unternehmen vorgezogen haben. Dadurch entstand ein Schaden in Höhe von ca. 250.000 Euro. *Dem Beamten* wird vorgeworfen, er habe sich durch das begünstigte Bauunternehmen bestechen lassen. Die Vorwürfe lösten in der Öffentlichkeit eine heftige Diskussion aus. *Die Behörde* hat noch keine Stellungnahme abgegeben." Die erwähnte Variation bestand darin, dass in den kursiv gesetzten Passagen statt des Beamten (niedriger persönlicher Einfluss) als Beschuldigter u. a. der damalige österreichische Bundeskanzler Schüssel (hoher persönlicher Einfluss) genannt wurde. Weitere Variationen ergaben sich durch die Nennung verschiedener Schadenssummen, Ereignisorte, öffentlichen Reaktionen usw.

Die Testfrage lautete: „Stellen Sie sich bitte vor, Sie arbeiten als Nachrichtenredakteur für die *Frankfurter Allgemeine Zeitung* (überregionale Qualitätszeitung), die *Allgemeine Zeitung Mainz* (regionale Tageszeitung), eine neue Boulevardzeitung im Rhein-Main-Gebiet und sollen den Politikteil der nächsten Ausgabe gestalten. Bitte lesen Sie die Artikel auf den beigefügten Karten und ordnen Sie sie zügig nach ihrer Wichtigkeit. Notieren Sie in der folgenden Liste die Kennbuchstaben der Meldungen hinter ihren Rangplätzen. Ordnen Sie die 1 dem Beitrag zu, der auf jeden Fall im Politikteil der ... erscheinen sollte, die 5 der Meldung, die nicht unbedingt erscheinen müsste. Bitte vergeben Sie jeden Rangplatz nur einmal."[18] Jede Versuchsperson sollte folglich mit den fünf Artikeln nacheinander drei Rangreihen entsprechend ihrer Publikationswürdigkeit in den genannten Blättern bilden.

Ergebnisse

Die Ergebnisse können hier nicht alle im Einzelnen vorgestellt werden. Die drei wichtigsten Befunde werden deshalb exemplarisch anhand des Nachrichtenfaktors „persönlicher Einfluss" erläutert. Erstens: Mit der Ausprägung des Nachrichtenfaktors steigt die Publikationswürdigkeit der Meldungen. Dies zeigt sich daran, dass die Meldungen auf der Rangordnung der Publikationswürdigkeit höhere Plätze einnehmen. Konkreter formuliert: Je größer der persönliche Einfluss einer Person ist, die in einer Meldung erwähnt wird, desto größer ist – wenn man alle anderen Faktoren konstant hält – ihre Publikationswürdigkeit. Zweitens: Die steigende Ausprägung des Nachrichtenfaktors „persönlicher Einfluss" wirkt sich auf die Publikationswürdigkeit der Meldungen in einer nationalen Qualitätszeitungen stärker aus als auf ihre Publikationswürdigkeit in einer regionalen Tageszeitung. Dies deutet darauf hin, dass der Nachrichtenfaktor „persönlicher Einfluss" bei den nationalen Qualitätszeitungen einen höheren Nachrichtenwert besitzt als bei den anderen Blättern. Konkreter formuliert: Wenn es in den Meldungen um Personen mit großem Einfluss geht, berichten sie mit besonders großer Wahrscheinlichkeit darüber. Drittens: Einen signifikant unterschiedlichen Einfluss auf die Publikationswürdigkeit von Meldungen durch die verschiedenen Blätter besitzt der Nachrichtenfaktor „persönlicher Einfluss" nur, wenn er relativ stark ausgeprägt ist (Werte 3 und 4; $p < 0{,}05$). Abbildung 4 illustriert diese Befunde.

Die Korrelationen zwischen der Ausprägung der Nachrichtenfaktoren und der Publikationswürdigkeit der Meldungen – ermittelt über den durchschnittlichen Publikationsrang – kann man als Indikator für den Nachrichtenwert der Nachrichtenfaktoren betrachten: Je höher die Korrelationen sind, desto mehr

Abbildung 4: Einfluss der Ausprägung des Nachrichtenfaktors „persönlicher Einfluss" auf den Rangplatz der Meldungen

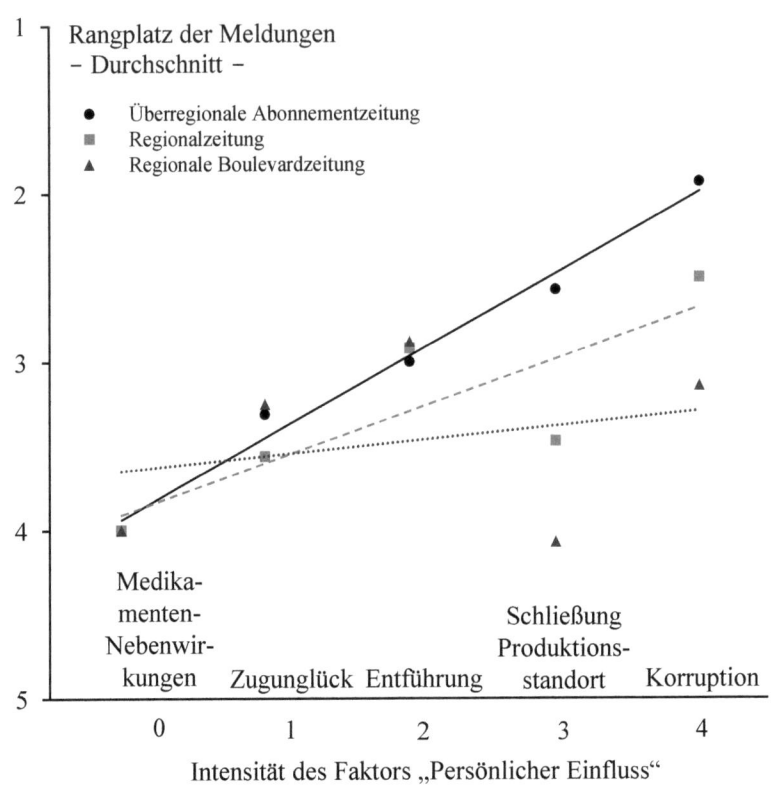

steigt die Publikationswürdigkeit einer Meldung mit der Ausprägung der Nachrichtenfaktoren.[19] Die wichtigsten Ergebnisse der Berechnungen kann man in fünf Feststellungen zusammenfassen. Erstens: Der Nachrichtenfaktor „räumliche Nähe" besitzt bei der Berichterstattung über Ereignisse in Deutschland und Nachbarstaaten keinen Nachrichtenwert für eine nationale Qualitätszeitung; er hat jedoch einen Nachrichtenwert für eine Regionalzeitung und eine regionale Boulevardzeitung. Bei diesen beiden Blättern steigt die Publikationswürdigkeit von Meldungen mit der Nähe zum Ereignisort. Zweitens: Der Nachrichtenfaktor „persönlicher Einfluss" besitzt keinen Nachrichtenwert für eine regionale Boulevardzeitung; er hat jedoch einen geringen Nachrichtenwert für eine Regionalzeitung und einen großen Nachrichtenwert für eine nationale Qualitätszeitung. Drittens: Der Nachrichtenfaktor „Reichweite" hat keinen Nachrichtenwert für eine nationale Qualitätszeitung und für eine Regionalzeitung; er hat jedoch einen geringen Nachrichtenwert für eine regionale Boulevardzeitung. Viertens: Die Nachrichtenfaktoren „Kontroverse" und „tatsächlicher Schaden" haben keinen signifikanten Nachrichtenwert. Tabelle 1 weist die Korrelationen zwischen den Ausprägungen der Nachrichtenfaktoren von 0 bis 4 und ihren durchschnittlichen Rangplätze von 1 bis 5 aus.

Tabelle 1: Die Nachrichtenwerte von fünf Nachrichtenfaktoren für die drei Zeitungsgattungen

	Räuml. Nähe	Kontro- verse	Persönli- cher Einfluss	Reich- weite	Tatsäch- licher Schaden
Nationale Abonnementzeitung	-0,03	0,01	0,22*	0,06*	0,05
Regionalzeitung	0,29*	-0,01	0,14*	-0,05	-0,03
Regionale Boulevardzeitung	0,26*	0,10	0,04	-0,15*	0,04
Alle Zeitungen (Ø)	0,23*	0,05	0,18	-0,07	0,03

* $p < 0,01$.

Das Fehlen eines statistisch signifikanten Nachrichtenwertes der zuletzt genannten Nachrichtenfaktoren hat zwei Ursachen. Diese Nachrichtenfaktoren erhöhen die Publikationswürdigkeit von Meldungen schon dann erheblich, wenn sie nur gering ausgeprägt sind. Folglich liegen vielfach Deckeneffekte vor. Dies könnte man vermutlich verhindern, wenn man die Nachrichtenfaktoren und die Publikationswürdigkeit der Meldungen wesentlich abgestufter erfassen würde, was das experimentelle Design jedoch noch komplexer machen würde. Bestimmte Meldungen enthalten zudem wahrscheinlich themenspezifische Nachrichtenfaktoren, die hier nicht erfasst wurden. Ein Beispiel ist die Testmeldung über ein Eisenbahnunglück ohne Personenschäden. Der Nachrichtenfaktor „tatsächlicher Schaden" hat hier die niedrigste Ausprägung 0; daneben besitzen diese und ähnlichen Meldungen über Ereignisse mit Katastrophenpotenzial aber thematisch bedingt den Nachrichtenfaktor „möglicher Schaden" in der höchsten Ausprägung 4. Folglich ist ihre Publikationswürdigkeit auch dann hoch, wenn andere Nachrichtenfaktoren nur gering ausgeprägt sind. Aus den genannten Gründen sind die

Werte für die Nachrichtenfaktoren „Kontroverse" und „Tatsächlicher Schaden" nicht aussagekräftig.

Experimenteller Test des prognostischen Gehalts

Die experimentell ermittelten Nachrichtenwerte der Nachrichtenfaktoren sind nur dann eine verlässliche Grundlage für Prognosen der Publikationswürdigkeit von Meldungen, wenn es sich um überindividuelle Entscheidungskriterien handelt. Unterschiedliche Testpersonen müssen folglich ähnliche Vorstellungen vom Nachrichtenwert der Nachrichtenfaktoren haben. Das Zweikomponenten-Modell der Nachrichtenwerttheorie wurde deshalb drei Monate nach dem oben beschriebenen Experiment mit Studenten der Publizistikwissenschaft getestet, die an dem ersten Experiment nicht teilgenommen hatten. Für das neue Experiment wurden drei Testgruppen mit 14 bzw. 15 Studierenden gebildet. Jeweils eine Gruppe sollte fünf Meldungen entsprechend ihrer Publikationswürdigkeit für eine der drei oben genannten Zeitungen ordnen. Die Aufgabe lautete: „Hier sind fünf Artikel von einer Nachrichtenagentur. Stellen Sie sich vor, Sie sind verantwortlich für die Nachrichtenseite der ... Bitte lesen Sie die fünf Artikel und ordnen Sie sie nach ihrer Wichtigkeit. Dem Artikel, der auf jeden Fall veröffentlicht werden sollte, ordnen Sie den Wert 1 zu, dem Artikel, der nicht unbedingt veröffentlicht werden sollte, den Wert 5." Die fünf Artikel waren zuvor aus den 25 Artikeln ausgewählt worden, die im oben beschriebenen Experiment als Stimulus verwandt worden waren. In den Artikeln wurden alle fünf Nachrichtenfaktoren so variiert, dass ein Faktor mit der geringsten Intensität, ein anderer Faktor mit der nächst höheren Intensität usw. vertreten waren. Als Indikator für die Publikationswürdigkeit aus Sicht der Probanden wurde der durchschnittliche Rang der Meldungen berechnet.

Unabhängig von der skizzierten Ermittlung der Publikationswürdigkeit der Meldungen wurde ihre theoretische Publikationswürdigkeit berechnet. Die Grundlagen für die Berechnungen bildete die oben präsentierte Gleichung. In die Gleichung wurden die Ausprägungen der Nachrichtenfaktoren eingetragen und mit ihren jeweiligen Nachrichtenfaktoren multipliziert. Im Anschluss daran wurden die theoretisch berechneten mit den empirisch ermittelten Werten verglichen. Dies geschah zweimal. Im ersten Schritt wurden die Unterschiede zwischen den Nachrichtenwerten der Nachrichtenfaktoren bei den einzelnen Zeitungen vernachlässigt und stattdessen die Durchschnittswerte für alle drei Blätter genutzt. Diese Daten wurden mit den Selektionsentscheidungen aller Versuchspersonen unabhängig von ihren spezifischen Aufgaben verglichen. Im zweiten Schritt wurden den Vergleichen die Nachrichtenwerte für die drei Zeitungstypen und die

Selektionsentscheidungen der Gruppen miteinander verglichen, die die Meldungen für diese Zeitungstypen auswählen sollten.

Ergebnisse

Vernachlässigt man die unterschiedlichen Nachrichtenwerte der Nachrichtenfaktoren für verschiedene Zeitungen, kann man feststellen: Die empirisch ermittelten Selektionsentscheidungen der Versuchspersonen stimmen sehr gut mit den prognostizierten Selektionsentscheidungen überein ($r=0,80$; $p<0,01$). Zur Vereinfachung der Vergleiche und ihrer optischen Darstellung wurden die theoretischen und empirischen Werte in Rangreihen transformiert und korreliert. Dies führt erwartungsgemäß zu einem etwas höheren Wert ($r=0,90$; $p<0,01$), was jedoch sachlich irrelevant ist. Legt man den Vergleichen zwischen der prognostizierten und der gemessenen Publikationswürdigkeit die spezifischen Nachrichtenfaktoren der drei Zeitungen zugrunde, stimmen die empirischen Selektionsentscheidungen auf der Grundlage der transformierten Werte ähnlich gut mit den errechneten überein (nationale Qualitätszeitung $r=0,82$; $p<0,01$; Regionalzeitung $r=0,87$; $p<0,01$; Boulevardzeitung $r=0,85$; $p<0,01$). Allerdings lassen sich die empirischen Selektionsentscheidungen auf der Grundlage der spezifischen Nachrichtenfaktoren der drei Zeitungstypen nicht besser prognostizieren als auf der Grundlage der zuvor erwähnten Durchschnittswerte für alle drei Zeitungen. Abbildung 5 zeigt die Ergebnisse für die drei Zeitungstypen getrennt. Zur Vereinfachung der Darstellung wurden die errechneten Werte in Rangplätze transformiert.

Die Ergebnisse bestätigen die Annahmen zu den Einflüssen der Nachrichtenfaktoren und Nachrichtenwerte auf die Publikationswürdigkeit von Meldungen mit Ausnahme der differenziellen Effekte auf ihre Publikationswürdigkeit bei unterschiedlichen Zeitungen. Dieser Mangel ist darauf zurückzuführen, dass im ersten Experiment (anders als im zweiten) die Versuchspersonen die Meldungen nacheinander für drei Zeitungen ordnen sollten, was vermutlich Konsistenzeffekte hervorgerufen hat. Folglich unterscheiden sich die ermittelten Nachrichtenfaktoren nicht hinreichend, um differenzielle Prognosen zu ermöglichen. Die Konsistenzeffekte sind vermutlich vor allem bei den Meldungen aufgetreten, in denen die Nachrichtenfaktoren nur gering ausgeprägt waren, weil die Unterschiede zwischen den Blättern erst bei stärkeren Ausprägungen beachtet wurden.

Eine Reihe von Nebenbefunden deutet darauf hin, dass die Nachrichtenwerte der Nachrichtenfaktoren von den Themen nicht völlig unabhängig sind. Dabei muss man vermutlich mit zwei Fällen rechnen. Zum einen können Meldungen über besondere Ereignisse nicht berücksichtigte Nachrichtenfaktoren enthalten.

Abbildung 5: Vorhersage der Publikationswürdigkeit von fünf Nachrichten für drei Zeitungsgattungen

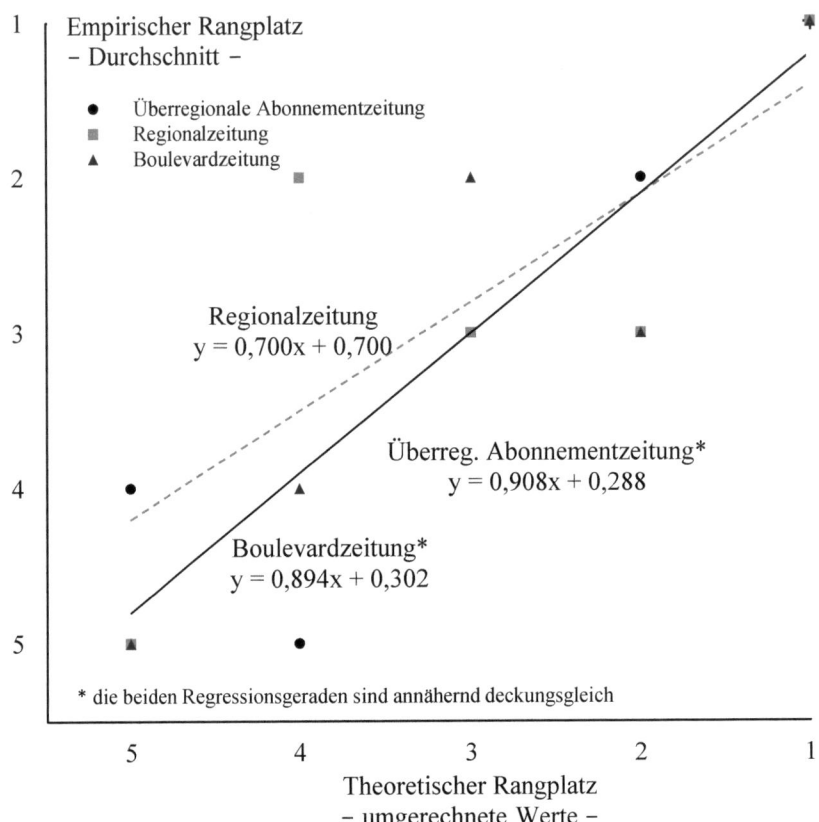

Zu erinnern ist an den Nachrichtenfaktor „möglicher Schaden", der in der vorliegenden Studie nicht verwendet wurde, aber bei der Meldung über Ereignisse mit Katastrophenpotenzial eine Rolle spielt. Zum anderen sind einige Ereignisse so extrem, dass diese Sachverhalte mit den bisher verwandten Skalierungen nicht hinreichend erfasst werden. Ein Beispiel hierfür ist eine Meldung über einen katastrophalen Unfall mit vielen Toten. Die Ursachen der vermuteten Abhängigkeiten der Nachrichtenfaktoren von den Themen könnten bei einem vollständigen Design mit Varianzanalysen untersucht werden, was jedoch hier nicht möglich ist (Lateinisches Quadrat).

Mit Laborexperimenten können theoretische Annahmen unter optimalen Bedingungen überprüft werden. Allerdings kann man ihre Ergebnisse nur mit Vorbehalten auf die soziale Wirklichkeit übertragen, weil dort zahlreiche Faktoren auf das Verhalten einwirken, die die getesteten Zusammenhänge überlagern können. Dies trifft auch auf den vorliegenden Fall zu. Beispiele für die angesprochenen Faktoren sind die redaktionellen Linien der Medien, die persönlichen Sichtweisen der Redakteure, die Orientierung der Redakteure an der Berichterstattung anderer Publikationen, das aktuelle Nachrichtenangebot usw. Aus den genannten Gründen soll in der folgenden Feldstudie geprüft werden, ob man mit dem Zweikomponenten-Modell der Nachrichtenwerttheorie die Publikationswürdigkeit von Meldungen auch unter realistischen Bedingungen prognostizieren kann.

Validierung der Ergebnisse

Die Ergebnisse der beiden Laborexperimente werden anhand einer breit angelegten Feldstudie überprüft. Grundlage ist eine quantitative Inhaltsanalyse der Deutschlandberichterstattung der *Frankfurter Allgemeinen Zeitung*, der *Welt* und der *Süddeutschen Zeitung* von 1980 bis 1995.[20] Erfasst wurden in einer Stichprobe alle Beiträge über Themen und Ereignisse in der Bundesrepublik Deutschland. In die vorliegende Analyse einbezogen werden ausschließlich Nachrichten und Berichte. Nicht einbezogen werden Kommentare, Glossen, Interviews u. a., weil die Nachrichtenwerttheorie darüber keine Aussagen macht. Analysiert wurden insgesamt 9.283 relevante Meldungen. Sie bilden die Grundlage der folgenden Analyse. Der Umfang der Beiträge wurde in der Inhaltsanalyse in Zeilen gemessen. Die Ausprägungen von elf Nachrichtenfaktoren wurden mit 4-stufigen Schätz-Skalen ermittelt. Dafür wurden die Indikatoren der von Staab angeführten Nachrichtenfaktoren aktualisiert. Bei den Nachrichtenfaktoren handelt es sich um:

x_1 = Status der Ereignisregion

x_2 = institutioneller Einfluss

x_3 = persönlicher Einfluss

x_4 = Personalisierung

x_5 = Kontroverse

x_6 = Aggression

x_7 = Reichweite

x_8 = tatsächlicher Nutzen/Erfolg

x_9 = möglicher Nutzen/Erfolg

x_{10} = tatsächlicher Schaden/Misserfolg

x_{11} = möglicher Schaden/Misserfolg

Die zu den jeweiligen Nachrichtenfaktoren x_i gehörigen Nachrichtenwerte der Nachrichtenfaktoren werden mit a_i bezeichnet. Die Publikationswürdigkeit einer Meldung errechnet sich aus einer Konstanten und den addierten elf Produkten aus den Nachrichtenwerten der Nachrichtenfaktoren bzw. ihren Ausprägungen: a_i × x_i. Zur Vereinfachung der Darstellung wird in der folgenden Analyse die Berichterstattung der drei genannten Blätter zusammen betrachtet.

Ermittlung der Nachrichtenwerte

Im ersten Schritt wurden anhand der Berichterstattung in den ungeraden Jahren die Nachrichtenwerte der Nachrichtenfaktoren ermittelt. Dazu wurden die Ausprägungen der Nachrichtenfaktoren in die oben aufgeführte Gleichung eingesetzt und ihr Einfluss auf die Publikationswürdigkeit der Meldungen berechnet. Als Indikator für die Publikationswürdigkeit wurde der Umfang der Meldungen in Zeilen herangezogen. Sechs der elf Nachrichtenfaktoren hatten in den untersuchten Jahren einen signifikanten Einfluss auf die Publikationswürdigkeit der Meldungen. Dabei handelt es sich um die Faktoren „Kontroverse" (a_5=8,979) „persönlicher Einfluss" (a_3=7,660), „Reichweite" (a_7=6,161), „Personalisierung" (a_4=4,702) „möglicher Schaden/Misserfolg" (a_{11}=3,992) und „institutioneller Einfluss" (a_2=3,912). Die Nachrichtenfaktoren „Status der Ereignisregion" (a_1=1,430), „Aggression" (a_6=-2,167), „tatsächlicher Nutzen/Erfolg" (a_8=1,344), „möglicher Nutzen/Erfolg" (a_9= -0,658) und „tatsächlicher Schaden/Misserfolg" (a_{10}=1,846) hatten keinen signifikanten Einfluss.[21] Die ermittelten Werte wurden in die Gleichung der Publikationswürdigkeit eingesetzt. Dies gilt auch für die Nachrichtenfaktoren, die in den ungeraden Jahren keinen signifikanten Einfluss auf die Publikationswürdigkeit besaßen. Das Ergebnis ist folgende Gleichung:

$$Pw = 8,100 + 1,430x_1 + 3,912x_2 + 7,660x_3 + 4,702x_4 + 8,979x_5 - 2,167x_6 + 6,161x_7 + 1,344x_8 - 0,658x_9 + 1,846x_{10} + 3,992x_{11}$$

Die Variablen x_1, x_2...x_{11} stehen für die oben aufgeführten Nachrichtenfaktoren. Die ihnen zugeordneten Zahlen stehen für den Nachrichtenwert der jeweiligen Nachrichtenfaktoren. Der Wert 8,979 vor x_5 zeigt z. B. den besonders hohen Nachrichtenwert des Nachrichtenfaktors „Kontroverse" an. Die Konstante 8,100 verweist auf den Umfang, den die Beiträge ohne die hier erfassten Nachrichtenfaktoren besaßen und folglich mit den Nachrichtenfaktoren nicht erklärt werden kann.

Test der Prognosen

Für einen ersten Test des Zweikomponenten-Modells der Nachrichtenwerttheorie wurden zehn Nachrichten und Berichte aus den Jahren 1980-1995 zufällig ausgewählt. Die Umfänge der Beiträge in Zeilen sowie die Ausprägungen der in ihnen enthaltenen Nachrichtenfaktoren sind aufgrund der vorliegenden Codierungen bekannt. Der Beitrag Nr. 1 stammt z. B. aus dem Jahr 1982. Der Nachrichtenfaktor „Status der Ereignisregion" hatte den Wert 3, der Nachrichtenfaktor „Personalisierung" den Wert 1 usw. Gemessen wurde bei der Inhaltsanalyse ein Umfang von 41 Zeilen. Die Ausprägungen der Nachrichtenfaktoren wurden in die oben ausgewiesene Gleichung eingetragen und berechnet. Prognostiziert bzw. berechnet wurde z. B. für den Beitrag Nr. 1 ein Umfang von 56 Zeilen. Die berechneten Umfänge finden sich in der letzten Spalte von Tabelle 2 neben den empirisch gemessenen Umfängen.

Tabelle 2: Vergleich zwischen gemessenem und berechnetem Umfang

Nr.	Jahr	Status der Ereignisregion	institutioneller Einfluss	persönlicher Einfluss	Personalisierung	Kontroverse	Aggression	Reichweite	tatsächlicher Nutzen/Erfolg	möglicher Nutzen/Erfolg	tatsächlicher Schaden/Misserfolg	möglicher Schaden/Misserfolg	gemessener Umfang	berechneter Umfang
1	1982	3	3	2	1	0	0	2	0	0	0	0	41	56
2	1992	3	3	2	2	0	0	1	0	0	0	0	27	55
3	1984	3	2	2	2	3	0	1	0	0	1	0	106	80
4	1992	3	3	3	2	2	0	2	0	0	0	1	66	91
5	1986	3	3	2	3	3	0	2	0	1	0	1	62	96
6	1982	3	3	1	1	0	0	1	0	0	0	0	20	43
7	1992	1	0	0	1	0	1	1	0	0	1	0	14	20
8	1986	3	0	0	1	0	0	2	0	0	3	0	85	35
9	1984	3	2	1	1	2	0	2	0	1	0	1	105	66
10	1988	2	2	0	0	0	0	2	0	1	0	2	18	38

Die berechneten und gemessenen Umfänge wurden in ein zweidimensionales Diagramm eingetragen, das einen optischen Eindruck vom prognostischen Gehalt des Zweikomponenten-Modells der Nachrichtenwerttheorie vermittelt. Zwischen den berechneten und gemessenen Umfängen der Beiträge besteht eine Korrelation von r=0,55 (Abbildung 6).

Abbildung 6: Vorhersage der Publikationswürdigkeit von 10 Nachrichten

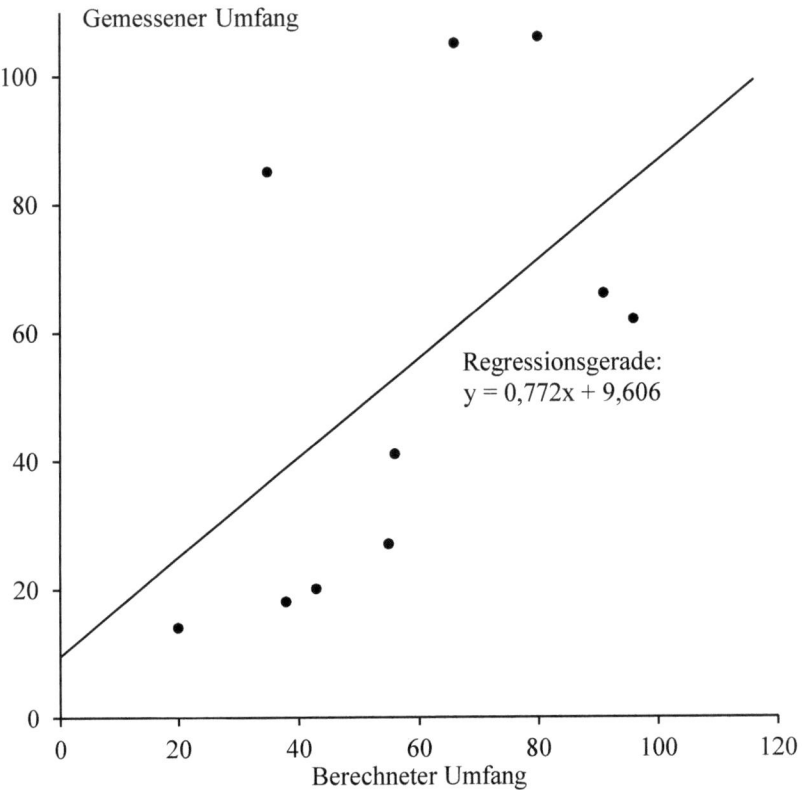

Der Test anhand von 10 Meldungen stellt eine Illustration der Vorgehensweise dar und legt die Folgerung nahe, dass man den Umfang von Nachrichten und Berichten auch unter realistischen Bedingungen auf die vorgeschlagene Weise prognostizieren kann. Er liefert wegen der geringen Fallzahl für diese Folgerung allerdings keine sichere Grundlage. Deshalb wurde die gleiche Kalkulation für

94

alle relevanten Meldungen in den ungeraden Jahren zwischen 1980 und 1995 wiederholt.[22] Hierbei handelt es sich um insgesamt 4.289 Beiträge. In die Berechnung gingen die gleichen Nachrichtenwerte der gleichen Nachrichtenfaktoren ein wie bei dem ersten Test. Zwischen den berechneten und gemessenen Umfängen der Beiträge besteht eine signifikante Korrelation von $r=0,37$ ($p<0,001$). Dies ist kein hoher Wert, belegt jedoch auf breiter Basis, dass man auch unter realistischen Bedingungen mit der Nachrichtenwerttheorie auf der Grundlage von bekannten Nachrichtenfaktoren und Nachrichtenwerten den Umfang von Beiträgen in Grenzen vorhersagen kann. Dies ist auch deshalb bemerkenswert, weil mit der *Süddeutschen Zeitung*, der *Frankfurter Allgemeinen Zeitung* und der *Welt* drei Blätter mit klar unterschiedlichen redaktionellen Linien zusammen betrachtet wurden. Dies deutet darauf hin, dass die Nachrichtenfaktoren und ihre Nachrichtenwerte einen relativ robusten Einfluss auf den Umfang der Berichterstattung besitzen.

Zusammenfassung und Folgerungen

Die Ergebnisse der beiden Experimente kann man in fünf Feststellungen zusammenfassen:

1. Im ersten Experiment wurden die Nachrichtenwerte der Nachrichtenfaktoren ermittelt. Dazu brachten Testpersonen fünf thematisch verschiedene Meldungen, in denen die Ausprägungen von Nachrichtenfaktoren in fünf Abstufungen variiert waren, entsprechend ihrer Publikationswürdigkeit in Rangfolgen (Lateinisches Quadrat). Dies geschah nacheinander für drei verschiedene Zeitungen.
2. Die Nachrichtenfaktoren „räumliche Nähe", „persönlicher Einfluss" und „Relevanz" besaßen einen klar erkennbaren Nachrichtenwert bei mindestens einer der drei Zeitungen. Auf die Nachrichtenfaktoren „Kontroverse" und „tatsächlicher Schaden" traf das nicht zu. Dies ist auf Deckeneffekte und auf thematische Besonderheiten der Meldungen zurückzuführen.
3. Die Korrelationen zwischen der Ausprägung der Nachrichtenfaktoren und der Publikationswürdigkeit der Meldungen wurde als Nachrichtenwert der Nachrichtenfaktoren interpretiert und in die Gleichung eingesetzt, mit der man die Publikationswürdigkeit von Meldungen prognostizieren kann.
4. Im zweiten Experiment wurde die Publikationswürdigkeit von fünf Meldungen auf der Grundlage der erwähnten Gleichung sowie der Ausprägungen der bekannten Nachrichtenfaktoren und ihrer Nachrichtenwerte prognostiziert. Die Prognosen wurden mit der empirisch gemessenen Publikati-

onswürdigkeit der Meldungen verglichen. Dazu hatten andere Testpersonen fünf der 25 Testmeldungen des ersten Experimentes in Reihenfolgen gebracht. Auch dies geschah für drei unterschiedliche Zeitungen.

5. Vernachlässigt man die Unterschiede zwischen den Zeitungen und betrachtet alle zusammen, kann man feststellen: Die empirisch ermittelte Publikationswürdigkeit der Meldungen stimmt sehr gut mit der theoretisch prognostizierten überein. Dies trifft auch zu, wenn die Prognosen für die drei Zeitungen auf der Grundlage der speziell für sie ermittelten Nachrichtenfaktoren gemacht werden. Beide Ergebnisse bestätigen die Annahme. Allerdings verbessern die spezifischen Werte für die drei Zeitungen die Prognosen nicht. Dies widerspricht der Annahme.

Die Ergebnisse der Validierungsstudie kann man in drei Feststellungen zusammenfassen:

1. Die Nachrichtenwerte von elf Nachrichtenfaktoren wurden durch Neuauswertung einer Inhaltsanalyse der Deutschlandberichterstattung in den ungeraden Jahren von 1981 bis 1995 ermittelt. Dabei wurden die Umfänge der Meldungen als abhängige Variable und die Ausprägungen der Nachrichtenfaktoren als unabhängige Variablen betrachtet. Die nichtstandardisierten Regressionskoeffizienten wurden als Nachrichtenwerte der entsprechenden Nachrichtenfaktoren betrachtet und in die Gleichung der Publikationswürdigkeit eingesetzt.

2. Aus den Meldungen in den geraden Jahren des 15-jährigen Untersuchungszeitraums wurden zehn Meldungen zufällig ausgewählt. Es gibt folglich keine Überscheidungen zwischen den Meldungen, an denen die Nachrichtenfaktoren festgestellt wurden und den Meldungen, deren Umfang prognostiziert werden sollte. Der Umfang der zehn Meldungen wurde mit der bekannten Gleichung auf der Grundlage der Ausprägungen der Nachrichtenfaktoren sowie ihrer entsprechenden Nachrichtenwerte prognostiziert. Zudem wurde er anhand des Datensatzes der vorliegenden Inhaltsanalyse identifiziert. Anschließend wurde der Zusammenhang zwischen den prognostizierten und gemessenen Umfängen ermittelt. Die Korrelation zwischen beiden Datenreihen beträgt r=0,54.

3. Der Einfluss der Nachrichtenfaktoren auf den Umfang der Meldungen wurde abschließend für insgesamt 4.289 Meldungen aus 15 Jahren berechnet. Die Korrelation zwischen den berechneten und gemessenen Umfängen beträgt r=0,37 und ist signifikant. Das Ergebnis belegt, dass die theoretische Annahme auch unter realistischen Bedingungen zutrifft: Mit den Nachrichtenfaktoren und ihren Nachrichtenwerten kann man die Publikationswür-

digkeit von Nachrichten und Berichten vorhersagen. Allerdings ist die erklärte Varianz gering.

Die hier dargestellten Laborexperimente und die Feldstudie weisen erhebliche Unterschiede auf, die bei der Interpretation der Befunde berücksichtigt werden müssen. Erstens: In den Laborexperimenten wurden fünf Nachrichtenfaktoren in Meldungen über fünf Themen untersucht – in der Feldstudie wurden elf Nachrichtenfaktoren in Meldungen über ein extrem breites Spektrum von Themen erfasst. Zweitens: In den Laborexperimenten bildete die Selektion von Meldungen für die Publikation – ermittelt über die Rangordnung ihrer Wichtigkeit – den Indikator für ihre Publikationswürdigkeit, in der Feldstudie war es der Umfang von Meldungen, die bereits für die Publikation ausgewählt worden waren. Drittens: Die Prognosen anhand der Daten der beiden Laborexperimente sind deutlich besser als die Prognosen anhand der Daten der Feldstudie, obwohl in letztere mehr als doppelt so viele Nachrichtenfaktoren eingingen. Dies ist vor allem darauf zurückzuführen, dass in den Laborexperimenten Störfaktoren ausgeschaltet wurden. Die Annahme wurde sozusagen unter idealen aber unrealistischen Bedingungen getestet. Umso bemerkenswerter ist die Feststellung, dass sie auch unter realistischen Bedingungen, also auch unter Berücksichtigung möglicher Störfaktoren, Bestand haben.

Die theoretisch notwendige Behandlung des Nachrichtenwertes der Nachrichtenfaktoren als eigenständige Variable eröffnet ein breites Forschungsfeld. So kann man anhand von Inhaltsanalysen der Berichterstattung unterschiedlicher Mediengattungen auf breiter Basis ihre – trotz des Fehlschlags in den Experimenten – vermutlich vorhandenen gattungsspezifischen Nachrichtenwerte ermitteln.[23] Zudem kann man durch quasi-experimentelle Befragungen von Journalisten bei verschiedenen Mediengattungen die Nachrichtenwerte der Nachrichtenfaktoren für ihre Berichterstattung identifizieren und dadurch die Ergebnisse der Inhaltsanalysen validieren. Darüber hinaus kann man bei einer eigenständigen Behandlung des Nachrichtenwertes der Nachrichtenfaktoren gezielt prüfen, ob der Nachrichtenwert der Nachrichtenfaktoren zeit- und themenabhängig ist. Schließlich kann man prüfen, ob man durch die Nachrichtenfaktoren und Nachrichtenwerte den Umfang von Meldungen über bestimmte Themen besser prognostizieren kann als über andere. Dadurch kann man die Nachrichtenwerttheorie auf breiter Basis testen und praktisch nutzbar machen.

[1] Vgl. Jürgen Wilke / Bernhard Rosenberger: Die Nachrichten-Macher. Zu Strukturen und Arbeitsweisen von Nachrichtenagenturen am Beispiel von AP und dpa. Köln 1991, S. 193-196; Christian Kolmer: Theorien der Nachrichtenauswahl. Eine Input-Output-Analyse. Phil. Diss. Univ. Mainz 1998.

[2] Vgl. Karl Erik Rosengren: International News: Methods, Data and Theory. In: Journal of Peace Research 11 (1974) S. 145-156. Siehe hierzu auch Stefanie Best: Der Intra-Extra-Media-Vergleich – ein wenig genutztes Analyseinstrument und seine methodischen Anforderungen. Ein Beitrag zur Nachrichtenwert-Theorie. In: Publizistik 45 (2000) S. 51-69.

[3] Vgl. Johan Galtung / Mari Holmboe Ruge: The Structure of Foreign News. The Presentation of the Congo, Cuba and Cyprus Crisis in Four Norwegian Newspapers. In: Journal of Peace Research 2 (1965) S. 64-91. Siehe hierzu auch Karl Erik Rosengren: International News: Intra and Extra Media Data. In. Acta Sociologica 13 (1970) S. 96-109.

[4] Vgl. Johan Galtung / Mari Holmboe Ruge, The Structure of Foreign News, a .a. O.

[5] Vgl. Winfried Schulz: Die Konstruktion von Realität in den Nachrichtenmedien. Analyse der aktuellen Berichterstattung (1976). Freiburg [2]1990.

[6] Zu der Forschergruppe gehörten neben dem Verfasser Hans-Bernd Brosius und Günter Linke.

[7] Vgl. Joachim Friedrich Staab: Nachrichtenwert-Theorie. Formale Struktur und empirischer Gehalt. Freiburg i. Br. 1990.

[8] Vgl. hierzu die methodische Kritik von Karl Erik Rosengren: International News, a. a. O. und Stefanie Best: Der Intra-Extra-Media-Vergleich, a. a. O. (vgl. Endnote 3).

[9] Vgl. Joachim Friedrich Staab, Nachrichtenwert-Theorie, a. a. O., S. 153.

[10] Percy H. Tannenbaum: Attitudes Toward Source and Concept as Factors in Attitude Change. In: Public Opinion Quarterly 44 (1956) S. 241-248.

[11] Ein neueres Beispiel hierfür liefert die Appraisal-Theorie. Siehe hierzu Josef Nerb: Die Bewertung von Umweltschäden. Kognitive und emotionale Folgen von Medienmeldungen. Bern 2000.

[12] Vgl. Hans Mathias Kepplinger / Helga Weissbecker: Negativität als Nachrichtenideologie. In: Publizistik 36 (1991) S. 330-342.

[13] Das geht aus folgenden Daten hervor: In der Berichterstattung verschiedener Medien tauchen einzelne Nachrichtenfaktoren unterschiedlich häufig auf. Zudem unterscheidet sich die Höhe der Korrelationen zwischen den einzelnen Nachrichtenfaktoren, bzw. dem Nachrichtenfaktoren-Gesamtindex einerseits sowie dem Umfang der Berichte andererseits z. T. erheblich. Weil die untersuchten Medien über die gleichen Ereignislagen berichteten, kann man Unterschiede nicht durch die Verfügbarkeit der Meldungen mit bestimmten Nachrichtenfaktoren erklären. Vielmehr wird man annehmen müssen, dass die Nachrichtenfaktoren einen unterschiedlichen Einfluss auf die Gewichtung der Meldungen durch die verschiedenen Medien besaßen. Vgl. Winfried Schulz: Die Konstruktion von Realität in den Nachrichtenmedien, a. a. O., S.66, 68, 84f.; Joachim Friedrich Staab: Nachrichtenwert-Theorie, a. a. O., S. 150, 153, 155.

[14] Schulz und Staab legten ihren Analysen 28 bzw. 27 Nachrichtenfaktoren zugrunde. Theoretisch müsste man, um optimale Prognosen abgeben zu können, den Nachrichtenwert aller oder fast aller Nachrichtenfaktoren feststellen. Dies ist, wie die weiteren Ausführungen zeigen, im Rahmen der vorliegenden Studie praktisch unmöglich, muss jedoch bei der Interpretation der Ergebnisse berücksichtigt werden.

[15] Die hier verwandten Definitionen der Nachrichtenfaktoren entsprechen den Definitionen in Joachim-Friedrich Staab: Nachrichtenwert-Theorie, a. a. O., S. 216-228.

[16] Falls auch noch die Vorgabe, die Meldungen nacheinander für drei unterschiedliche Zeitungen zu sortieren, unabhängig voneinander variiert worden wäre, wären $5 \times 5 \times 5 \times 3 = 375$ Versuchsgruppen erforderlich gewesen.

[17] Zum Lateinischen Quadrat vgl. Hans-Bernd Brosius / Friederike Koschel / Alexander Haas: Methoden der empirischen Kommunikationsforschung. Eine Einführung. Wiesbaden [5]2009, S. 232-233.

[18] Auf eine „neue Boulevardzeitung im Rhein-Main-Gebiet" wurde verwiesen um mögliche Vorurteile gegen existierende Boulevardzeitungen auszuschließen.

[19] Eine Alternative zu dieser Vorgehensweise besteht in der Berechnung der durchschnittlichen Publikationswürdigkeit aller Meldungen zu einem Thema bei einer konstanten Ausprägung der Nachrichtenfaktoren von z. B. 2. Je besser die Meldungen platziert sind, desto stärker wirkt sich der Nachrichtenfaktor auf die Publikationswürdigkeit aus – wenn man alle anderen Faktoren konstant hält.

[20] Zu den methodischen Details siehe Hans Mathias Kepplinger: Die Demontage der Politik in der Informationsgesellschaft. Freiburg i. Br. 1998, S. 243-250.

[21] Zur Kontrolle wurden die Berechnungen auch für die geraden Jahre durchgeführt. Drei Nachrichtenfaktoren besaßen in den ungeraden und geraden Jahren einen gegenläufigen Nachrichtenwert. Dies traf auf den institutionellen Einfluss der Akteure, den Aggressionsgrad des Geschehens und seinen möglichen Erfolg/Nutzen zu. Allerdings waren diese Werte nicht signifikant. Fünf der elf Nachrichtenfaktoren hatten in den geraden und ungeraden Jahren einen signifikant positiven Nachrichtenwert. Hierbei handelt es sich um die gleichen Nachrichtenfaktoren, den persönlichen Einfluss, die Personalisierung, den Grad der Kontroverse, die Reichweite des Geschehens und seinen möglichen Schaden/Misserfolg.

[22] Die neuen Berechnungen hat Stefan Geiß vorgeschlagen und durchgeführt.

[23] Dazu könnte man die vorhandenen Inhaltsanalysen, in denen Nachrichtenfaktoren ermittelt wurden, erneut zielgerichtet analysieren.

Der Einfluss von politischen Einstellungen auf die Nachrichtenauswahl

Die Nachrichtenwerttheorie erklärt die Auswahl und Gewichtung von Nachrichten mit der Orientierung der Journalisten an überindividuellen Kriterien – der intersubjektiv prüfbaren Existenz von Nachrichtenfaktoren sowie ihren allgemeingültigen oder redaktionsspezifischen Nachrichtenwerten. Die individuellen Einstellungen der Journalisten und ihre Meinungen zum aktuellen Geschehen spielen dabei keine Rolle. Dies dürfte auf viele der täglichen Routineentscheidungen zutreffen, die die Einstellungen und Meinungen der Journalisten kaum berühren. Auswahl und Gewichtung von Nachrichten und Berichten folgen rein sachlichen Erwägungen der Journalisten – wenn man den Einfluss externer Faktoren wie der Inserenten und Parteien vernachlässigt. Die Nachrichtenauswahl der Journalisten wäre dann vergleichbar mit der Verordnung von Medikamenten durch Mediziner und mit den Urteilen von Strafrichtern. Ob dies auch auf die Berichterstattung über kontroverse Themen, Ereignisse und Personen zutrifft, die die Einstellungen und Meinungen der Journalisten tangieren, ist jedoch zweifelhaft.

Zwar bekennen sich fast alle Journalisten zur Forderung nach objektiver Berichterstattung,[1] zugleich sehen sich jedoch viele in der Rolle der Kritiker von Missständen, der Anwälte von Benachteiligten, der Kontrolleure von Politik, Wirtschaft und Gesellschaft.[2] Die Absichten, die in diesen Rollenselbstbildern zum Ausdruck kommen, lassen sich durch die strikte Orientierung an Nachrichtenfaktoren und Nachrichtenwerten kaum verwirklichen. Sie dürften sich also zumindest unbewusst im Verhalten niederschlagen. In die gleiche Richtung weisen die Ansichten zur Geltungskraft journalistischer Berufsnomen. Fast die Hälfte der deutschen Journalisten hält es für vertretbar, wenn Kollegen bei der Berichterstattung über kontroverse Themen Informationen, die für ihre eigene Sichtweise sprechen, bewusst in den Vordergrund rücken,[3] mehr als vier Fünftel finden eine übertriebene Darstellung von Missständen akzeptabel, wenn dies ihrer Beseitigung dient.[4]

Einen Beleg für die praktische Bedeutung der Rollenselbstbilder und Meinungen liefert die Kombination einer Befragung von amerikanischen Journalisten zu mehreren kontroversen Themen mit einer Inhaltsanalyse ihrer Berichterstattung über diese Themen.[5] Allerdings wurde nur das Verhalten von wenigen Journalisten bei zwei Zeitungen untersucht. In die gleiche Richtung weisen Analysen des Zusammenhangs zwischen der Tendenz von Kommentaren und Nachrichten in der Berichterstattung von mehreren deutschen Medien.[6] Für einen Einfluss der Meinungen von Journalisten auf ihre aktuelle Berichterstattung gibt es weitere Belege,[7] in keiner dieser Studien wurden jedoch die Einstellungen von Journalisten, d. h. ihre langfristigen Meinungs- und Verhaltensdispositionen berücksichtigt. Als Zwischenergebnis kann man festhalten, dass neben den Nachrichtenfaktoren und ihren Nachrichtenwerten wahrscheinlich auch die individuellen Meinungen der Journalisten die Auswahl und Gewichtung von Meldungen über das aktuelle Geschehen beeinflussen. Dies dürfte vor allem bei der Berichterstattung über Konflikte und Kontroversen der Fall sein, die in einem erkennbaren Zusammenhang mit ihren Einstellungen und Meinungen stehen.

Theoretische Annahmen und Untersuchungsanlage

Der folgenden Analyse liegen sechs Annahmen zugrunde:

1. Journalisten besitzen grundlegende, relativ dauerhafte Überzeugungen, zu denen ihre politischen Einstellungen gehören.
2. Die politischen Einstellungen von Journalisten beeinflussen ihre persönlichen Meinungen zu aktuellen Konflikten.
3. Ihre Meinungen zu aktuellen Konflikten beeinflussen ihre Einschätzung der Publikationswürdigkeit von Meldungen: Journalisten halten Meldungen, die ihre Konfliktsicht bestätigen für publikationswürdiger als Meldungen, die ihr widersprechen.
4. Die Einschätzung der Publikationswürdigkeit von Meldungen durch Journalisten schlägt sich in ihrer Berichterstattung über Konflikte nieder: Sie berichten vornehmlich über jene werthaltigen Ereignisse, die ihre eigene Konfliktsicht stützen.
5. Die Meinungsbeiträge der Medien repräsentieren ihre redaktionelle Linie, die in der Regel auch die Sichtweise der Mehrheit der Redakteure der jeweiligen Ressorts reflektiert.
6. Die Medien veröffentlichen in ihrer Berichterstattung über Konflikte vor allem Nachrichten und Berichte entsprechend ihrer redaktionellen Linie: Sie berichten vorwiegend über aktuelle Ereignisse, die für die Konfliktlösung sprechen, die sie für richtig halten bzw. die gegen die Konfliktlösung sprechen, die sie für falsch halten.

Die Annahmen eins bis drei werden in einem Quasi-Experiment überprüft. Dabei geht es um die generelle Klärung der angenommenen Zusammenhänge zwischen den Einstellungen von Journalisten, ihren Meinungen zu Konflikten und ihren Einschätzungen der Publikationswürdigkeit von aktuellen Meldungen. Andere Faktoren wie die redaktionelle Linie der Medien, für die sie arbeiten und die aktuelle Nachrichtenlage werden hierbei vernachlässigt. Die Annahmen vier bis sechs werden im Anschluss daran mit einer quantitativen Inhaltsanalyse der aktuellen Berichterstattung überprüft. In diesen Ergebnissen schlagen sich auch die erwähnten Faktoren nieder. Gegenstand beider Analysen sind die Konflikte um die Einführung der 35-Stunden-Woche, die Ausländerpolitik der Bundesregierung und das politisch-militärische Engagement der USA in Mittelamerika. Weil man die Ergebnisse der empirischen Analysen ohne Kenntnis des aktuellen Geschehens nur schwer interpretieren kann, wird kurz der jeweilige Ereignishintergrund beschrieben.

Ereignishintergrund

Streik um 35-Stunden-Woche

Die IG-Metall forderte im Frühjahr 1984 die Einführung der 35-Stunden-Woche mit vollem Lohnausgleich und kündigte Warnstreiks an, die vom Arbeitgeberverband Gesamtmetall als rechtswidrig bezeichnet wurden. Nachdem vier Verhandlungen über einen Tarifvertrag für die 940.000 Beschäftigten in Nordrhein-Westfalen ergebnislos geblieben waren, kündigte die IG-Metall am 8. März Warnstreiks an, die einige Tage später begannen. Am 19. März begannen Warnstreiks in Baden-Württemberg, drei Tage darauf in weiteren Bundesländern. Im gleichen Zeitraum wurden die Tarifverhandlungen in mehreren Bundesländern ergebnislos beendet, bzw. für gescheitert erklärt. Anfang Mai wurden in mehreren Bundesländern Urabstimmungen durchgeführt, ab dem 14. Mai wurden, um mit möglichst geringem Aufwand möglichst große Wirkung zu erzielen („Mini-Max-Strategie"), vor allem Zulieferbetriebe bestreikt. Einen Tag später kündigten mehrere Automobilhersteller wegen des Mangels an Material die Schließung von Werken an („kalte Aussperrung"). Am 18. Mai erklärte der Präsident der Bundesanstalt für Arbeit, Heinrich Franke, dass mittelbar, durch die Werkschließungen betroffene Arbeitnehmer kein Arbeitslosengeld erhalten.

In den folgenden Tagen und Wochen streikten zehntausende Arbeiter und zehntausende wurden ausgesperrt. Begleitet wurden die Streiks und Aussperrungen von rechtlichen Auseinandersetzungen zwischen der IG-Metall und den Arbeitgebern u. a. wegen der Aufforderung des Arbeitgeberverbandes zur

Schließung von Werken, des „Franke-Erlasses" und der Behinderung von Arbeitswilligen durch Streikpost, von gegenseitigen Vorwürfen der Bundesregierung und Bundestagsopposition und Solidaritätsausrufen von Prominenten. Am 20. Juni begann ein Schlichtungsverfahren unter Leitung von Georg Leber. Der Vorschlag der Kommission zur Verkürzung der Arbeitszeit auf 38,5 Stunden und Zahlung von Kurzarbeitergeld an indirekt Betroffene wurde am Ende Juni zur Grundlage der Einigung in den Tarifbezirken. Am 5. Juli war damit der längste und härteste Arbeitskampf seit Kriegsende beigelegt.

Ausländerpolitik

Am 13. Oktober 1983 hatten die GRÜNEN einen Gesetzentwurf vorgelegt, der ein Auslieferungsverbot für Asylsuchende und Asylanten vorsah. Am 13. April 1984 forderte die SPD ein gesetzliches Auslieferungsverbot für rechtskräftig anerkannte Asylanten. Vorangegangen waren kritische Stellungnahmen aus dem In- und Ausland an der Abschiebepraxis der Bundesrepublik und der Selbstmord eines türkischen Regimekritikers während der Verhandlung über seine Abschiebung in Berlin. Am 10. November 1983 hatte der Bundestag gegen die Stimmen der Opposition das Gesetz zur Förderung der Rückkehrbereitschaft von Ausländern beschlossen, das arbeitslosen Ausländern eine Rückkehrhilfe von DM 10.500 zuzüglich DM 1.500 für jedes Kind in Aussicht stellte, wenn der Empfänger mit allen Familienangehörigen für immer in sein Heimatland zurückkehrt.

Am 29. Februar 1984 beging ein syrischer Asylbewerber Selbstmord. In den folgenden Monaten fanden auf der juristischen und politischen Ebene eine Vielzahl von Auseinandersetzungen statt um die Legalität und Legitimität der Abschiebung von Asylsuchenden und Asylanten, um das Nachzugsalter ausländischer Kinder, den Nachzug von Ehegatten sowie um den Erfolg oder Misserfolg des Gesetzes zur Förderung der Rückkehr. Am 8. Juni beschloss die Bundesregierung gegen die Stimmen der Opposition die Verlängerung des 1982 in Kraft getretenen Gesetzes, das Asylanträge erschwerte. Am 16. August erhängte sich ein jugoslawischer Asylbewerber aus Angst vor seiner bevorstehenden Abschiebung. Gegen Ende des Jahres forderten das Institut für Wirtschafts- und Gesellschaftspolitik, der Hamburger Innensenator Rudolf Lang (SPD) und das Zentralkomitee der deutschen Katholiken Maßnahmen zur Integration von Ausländern. Zuvor hatten sich Regierung und Opposition gegenseitig vorgeworfen, die Integration von Ausländern zu behindern.

Nicaragua wurde nach der Vertreibung des Diktators Anastasio Somoza im Juli 1979 von den marxistischen Sandinisten regiert. Seither standen sich im Mittelamerikakonflikt zwei Lager gegenüber – die USA, El Salvador, Honduras und die antimarxistische Guerilla in Nicaragua auf der einen Seite sowie die UdSSR, Nicaragua, Kuba und die marxistische Guerilla in El Salvador auf der anderen Seite. Zunehmende Wirtschaftsprobleme in Nicaragua führten zu wachsenden Konflikten mit den Gewerkschaften, Unternehmern und der Kirche. Ursachen der Wirtschaftsprobleme waren u. a. der Verlust der USA als Absatzmarkt und das Machtmonopol der Sandinisten, die vor der Revolution eine demokratische Regierung versprochen hatten. Die Durchführung der ursprünglich für 1985 geplanten Wahlen lehnten die Sandinisten ab. Verschärft wurden die Konflikte durch massive Eingriffe der Sandinisten in die traditionellen Lebensformen der Ureinwohner (Miskito-Indianer). Als Folge dieser Entwicklung entstanden mehrere bewaffnete Widerstandsgruppen, die zusammenfassend als „Contras" bezeichnet wurden. Im November 1984 wurden in Nicaragua eine verfassunggebende Versammlung und ein Präsident gewählt. Die Wahlen wurden von der größten Oppositionspartei (CDN) boykottiert, weil nach ihrer Einschätzung unter den Sandinisten keine freien Wahlen möglich waren. Die Sandinisten erhielten rund zwei Drittel der abgegebenen Stimmen und stellten den Präsidenten.

In El Salvador gab es bereits vor dem Sieg der Sandinisten in Nicaragua eine bewaffnete Opposition, die zunächst vor allem von Christdemokraten und Sozialdemokraten getragen wurde. Sie waren in den Untergrund gegangen, nachdem das Militär durch Wahlfälschung und Putsch das Zustandekommen einer zivilen Reformregierung verhindert hatte. Nach dem Sieg der Sandinisten im Nachbarland entwickelte sich die bewaffnete Opposition in El Salvador zunehmend zu einer marxistisch ausgerichteten Guerilla (FPL), der neben den regulären Truppen illegale Todeskommandos gegenüberstanden. Die gewalttätigen Auseinandersetzungen kosteten unzähligen Zivilisten das Leben und ruinierten die Wirtschaft des Landes. Im Frühjahr 1984 fand mit Unterstützung der USA eine Wahl statt, die eine zivile Regierung unter José Napoleón Duarte an die Macht brachte. Seine Machtübernahme leitete die Beendigung der gewaltsamen Auseinandersetzungen ein. Ihre politische Bedeutung erhielten die Konflikte in Nicaragua und El Salvador durch das Engagement der Großmächte. Die USA wollten ihren Einfluss in Zentralamerika verteidigen, während Kuba und die UdSSR ihren Einfluss auf Zentralamerika ausweiten wollten. Im Zentrum der folgenden Analyse steht die Berichterstattung über den Konflikt in Nicaragua. Die Auseinandersetzungen in El Salvador werden nur dann einbezogen, wenn sie in einem erkennbaren Zusammenhang damit standen.[8]

Quasi-Experiment

Die theoretischen Annahmen wurden 1984 mithilfe von Tests überprüft, die in eine persönlich-mündliche Befragung von Journalisten eingebaut waren. An der Befragung nahmen 214 Redakteure[9] bei vier überregionalen (n=38)[10] und vier regionalen Abonnementzeitungen (n=29),[11] zwei Straßenverkaufszeitungen (n=7),[12] vier Wochenblättern (n=29),[13] fünf Hörfunksendern (n=51)[14] und zwei Fernsehanstalten (n=59)[15] teil. Ermittelt wurden die politischen Einstellungen der Befragten mit 14 Skalen, die Meinungen zu aktuellen Konflikten anhand von drei Fällen, die Einschätzung der Instrumentalität (Tendenz) von jeweils acht Meldungen zu den drei Konflikten sowie die Ansichten zur Publikationswürdigkeit dieser Meldungen. Um eine bewusste Orientierung der Einschätzung der Publikationswürdigkeit der Meldungen an den Meinungen zu den Konflikten zu verhindern, wurde zuerst nach der Publikationswürdigkeit der Meldungen und danach im späteren Verlauf des Interviews nach den Meinungen zu den Konflikten gefragt. Die genauen Fragetexte und Antwortvorgaben werden an den relevanten Textstellen präsentiert.

Politische Einstellungen

Die politischen Einstellungen der Journalisten wurden mit 14 fünfstufigen Skalen erfasst.[16] Die Skalen waren an ihren Enden mit entgegengesetzten Meinungen zu aktuellen und relativ dauerhaften politischen Kontroversen beschriftet. Durch Ankreuzen der fünf Skalenpunkte sollten die Befragten den Grad ihrer Zustimmung zu der einen oder der anderen Meinung angeben. Dazu wurde den Befragten ein Blatt mit den Skalen übergeben. Die entsprechende Frage lautete: „Hier auf diesem Blatt stehen jeweils zwei gegensätzliche Meinungen zu einem Thema. Dazwischen sind Felder zum Ankreuzen. Es ist so gedacht, dass Sie bitte ankreuzen, welcher Meinung Sie eher zustimmen. Das geht so: Wenn Sie der Meinung ganz links zustimmen, kreuzen Sie bitte ganz links das große Kästchen an, wenn Sie der Meinung nur teilweise zustimmen, das nächst kleinere. Wenn Sie keiner der beiden Meinungen zustimmen, wählen Sie das kleine Kästchen in der Mitte." Die Ergebnisse werden im Folgenden inhaltlich kurz charakterisiert.

Ein wesentliches Merkmal des Parlamentarismus ist das Recht des Parlamentes, auch gegen den aktuellen Mehrheitswillen der Bevölkerung entscheiden zu können. Trotz der Bedeutung dieses Rechtes fand es bei den Journalisten keine eindeutige Unterstützung. Sie standen der repräsentativen Komponente des Parlamentarismus relativ distanziert gegenüber. Allerdings war dies nicht mit der Forderung nach einem Widerstandsrecht gegen politische Entscheidungen verbunden. Die Mehrheit hielt auch bei wichtigen Streitfragen Gewalt gegen Sachen nicht für zulässig. Zu Fragen der inneren und äußeren Sicherung ließen die Journalisten eine ambivalente Haltung erkennen. Eine schwache Mehrheit vertrat die Ansicht, die Demokratie könne nach außen nur durch eine starke Verteidigung gesichert werden. Allerdings waren die Urteile so zurückhaltend, dass man eher von einer unentschlossenen Haltung sprechen kann. Im Konflikt zwischen innerer Sicherheit und individueller Freiheit entschieden sich die Befragten eindeutig für die individuelle Freiheit.

Relativ eindeutige Positionen vertraten die Journalisten zu aktuellen Fragen der Innenpolitik. Im Konflikt zwischen wirtschaftlichen Interessen und Umweltschutz votierten sie eindeutig für den Umweltschutz als vorrangiges Ziel. Vor die Wahl gestellt, die staatlichen Sozialleistungen zu erhöhen oder zu verringern bzw. die Ausländer zur Rückkehr zu bewegen oder in der Bundesrepublik aufzunehmen, entschieden sie sich dafür, dass die Ausländer in der Bundesrepublik bleiben können sollten und dass der Staat die Sozialleistungen für die Bedürftigen vergrößern sollte. Weniger eindeutig waren die außenpolitischen Vorstellungen der Journalisten. Sie sprachen sich eindeutig gegen Waffenlieferungen in Krisengebiete aus wirtschaftlichen Gründen aus und waren der Ansicht, internationale Konflikte seien so gefährlich, dass man von eigenen Interessen Abstriche machen sollte. Sie meinten ferner, arme Staaten sollten auch dann Entwicklungshilfe bekommen, wenn sie nicht unseren politischen Vorstellungen entsprechen; auch wenn in einem Entwicklungsland eine kommunistische Diktatur entstehe, sollten andere Länder das respektieren. Zu den Grundfragen der deutschen Bündnispolitik gehörten 1984 die Beurteilung der politischen Ziele der USA und der UdSSR sowie der militärischen Zusammenarbeit mit den USA. Vor die Frage gestellt, ob die USA oder die UdSSR höherwertige politische Ziele verfolgen, entschieden sich die meisten Journalisten für die USA. Vor die Frage gestellt, ob die Bundesrepublik in der Verteidigungspolitik möglichst eng mit den USA zusammenarbeiten oder ihren eigenen Weg gehen sollte, wählten relativ viele eine mittlere Position.

Abbildung 1 zeigt die Ansichten der Mitarbeiter verschiedener Mediengattungen.[17] Fast alle Alternativen lassen sich einer eher sozial-liberalen oder liberal-konservativen Grundhaltung zuordnen. Sie wurden bei der Befragung in wechselnder Reihenfolge präsentiert, werden zum leichteren Verständnis hier jedoch geordnet dargestellt. Die Ergebnisse kann man zu drei Feststellungen verdichten. Erstens: Die Ansichten der Journalisten zu politischen Grundwerten und Grundüberzeugungen (Parlamentsrechte, Widerstandsrecht, Verteidigungsbereitschaft, Nationalbewusstsein, Politik der USA, Zusammenarbeit mit den USA) waren überwiegend im liberal-konservativen Spektrum, ihre Ansichten zur kontroversen Tagespolitik (Umweltschutz, Ausländer, Sozialleistungen, Waffenexporte, Entwicklungshilfe) waren dagegen überwiegend im sozial-liberalen Spektrum angesiedelt. Zweitens: Die Ansichten der Mitarbeiter verschiedener Mediengattungen unterschieden sich nur wenig. Die Mehrheit der Journalisten bei allen Mediengattungen beurteilte die 14 kontroversen Themen ähnlich. Insofern gab es zu allen Themen klar vorherrschende Meinungen. Drittens: Die Ansichten der Mitarbeiter der Wochenblätter waren meist etwas weiter links, die Ansichten der Mitarbeiter der regionalen Abonnementzeitungen etwas weiter rechts im politischen Spektrum angesiedelt als die der Mitarbeiter der anderen Mediengattungen. Insofern gab es trotz der erwähnten Gemeinsamkeiten geringe Unterschiede (Abbildung 1).

Die Ähnlichkeit zwischen den Sichtweisen der Mitarbeiter verschiedener Mediengattungen legt die Vermutung nahe, dass die einzelnen Journalisten im Wesentlichen dieselben politischen Einstellungen hatten. Mit dem Begriff „politische Einstellungen" werden hierbei nicht die Ansichten zu den einzelnen Kontroversen bezeichnet, sondern die Kombination der Ansichten zu einer fallübergreifenden Struktur von Überzeugungen. Die erwähnte Vermutung trifft trotz der in Abbildung 1 erkennbaren Übereinstimmungen nur bedingt zu. Grundlage dieser Feststellung ist eine Faktorenanalyse. Sie ergab eine Drei-Faktoren-Lösung, die jedoch nur 48,3 Prozent der Varianz erklärt. Dabei entfielen allein 32,1 Prozent auf den ersten Faktor. Die beiden anderen Faktoren erklären nur sehr wenig Varianz (8,4 bzw. 7,8 Prozent) und besitzen sachlich kaum Bedeutung. Der erste Faktor repräsentiert die Zustimmung zu (bzw. Ablehnung von) Entwicklungshilfe an Staaten, die nicht unsere politischen Vorstellungen entsprechen; zur Ausweitung der Sozialleistungen; zum Verbleib der Ausländer in Deutschland und zum Vorrang der Freiheit vor der inneren Sicherheit. Die erwähnten Ansichten kann man eindeutig auf dem politischen Links-Rechts-Spektrum lokalisieren.

Die Ergebnisse deuten darauf hin, dass die politischen Einstellungen der Journalisten zwar einen allen gemeinsamen Kern besitzen, der jedoch relativ klein ist. Ihre über diesen Kern hinausgehenden Ansichten sind dagegen eher heterogen. Dies besitzt zwei Konsequenzen. Zum einen kann man die politischen Grundhaltungen von Journalisten zu Recht durch zwei scheinbar widersprüchliche Feststellungen charakterisieren. Sie lauten: Die meisten Journalisten haben ähnliche Meinungen zu politisch kontroversen Themen aber sie haben individuell unterschiedliche politische Einstellungen. Die ähnlichen Meinungen der meisten Journalisten zu kontroversen Themen könnten eine Folge ihrer starken Kollegenorientierung und des damit verbundenen Gruppendrucks sein. Allerdings gibt es hierfür keine empirischen Belege. Zum anderen kann man von den ähnlichen Meinungen der Journalisten zu einzelnen Konflikten nur sehr begrenzt auf ihre individuellen Wertstrukturen schließen. Solche Folgerungen beruhen offen-

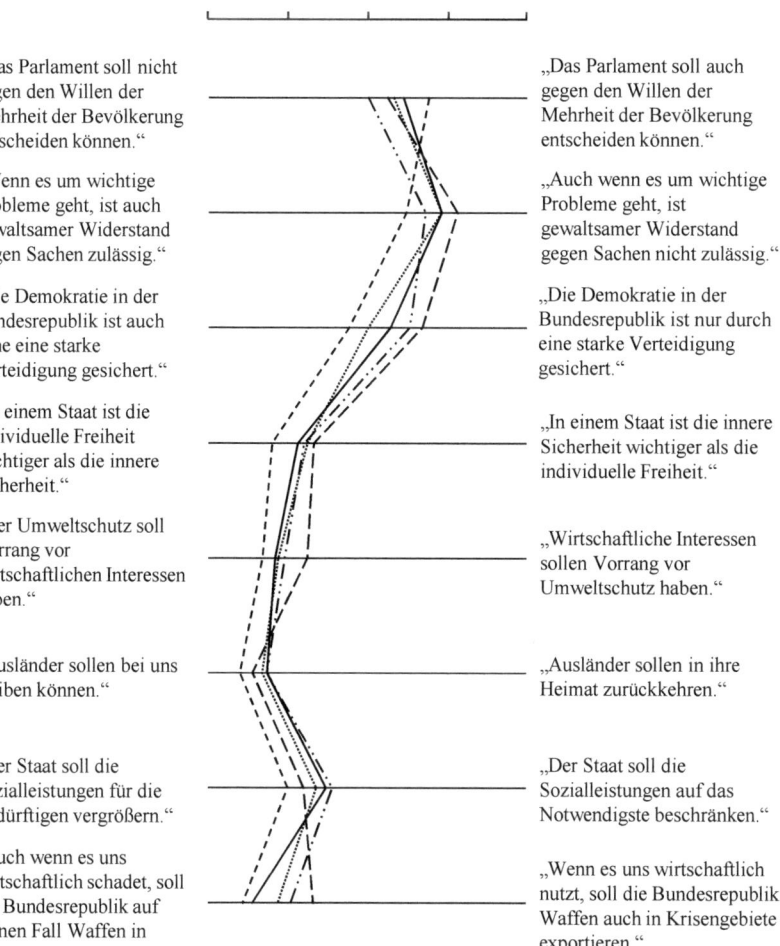

"Das Parlament soll nicht gegen den Willen der Mehrheit der Bevölkerung entscheiden können."

"Wenn es um wichtige Probleme geht, ist auch gewaltsamer Widerstand gegen Sachen zulässig."

"Die Demokratie in der Bundesrepublik ist auch ohne eine starke Verteidigung gesichert."

"In einem Staat ist die individuelle Freiheit wichtiger als die innere Sicherheit."

"Der Umweltschutz soll Vorrang vor wirtschaftlichen Interessen haben."

"Ausländer sollen bei uns bleiben können."

"Der Staat soll die Sozialleistungen für die Bedürftigen vergrößern."

"Auch wenn es uns wirtschaftlich schadet, soll die Bundesrepublik auf keinen Fall Waffen in Krisengebiete exportieren."

"Das Parlament soll auch gegen den Willen der Mehrheit der Bevölkerung entscheiden können."

"Auch wenn es um wichtige Probleme geht, ist gewaltsamer Widerstand gegen Sachen nicht zulässig."

"Die Demokratie in der Bundesrepublik ist nur durch eine starke Verteidigung gesichert."

"In einem Staat ist die innere Sicherheit wichtiger als die individuelle Freiheit."

"Wirtschaftliche Interessen sollen Vorrang vor Umweltschutz haben."

"Ausländer sollen in ihre Heimat zurückkehren."

"Der Staat soll die Sozialleistungen auf das Notwendigste beschränken."

"Wenn es uns wirtschaftlich nutzt, soll die Bundesrepublik Waffen auch in Krisengebiete exportieren."

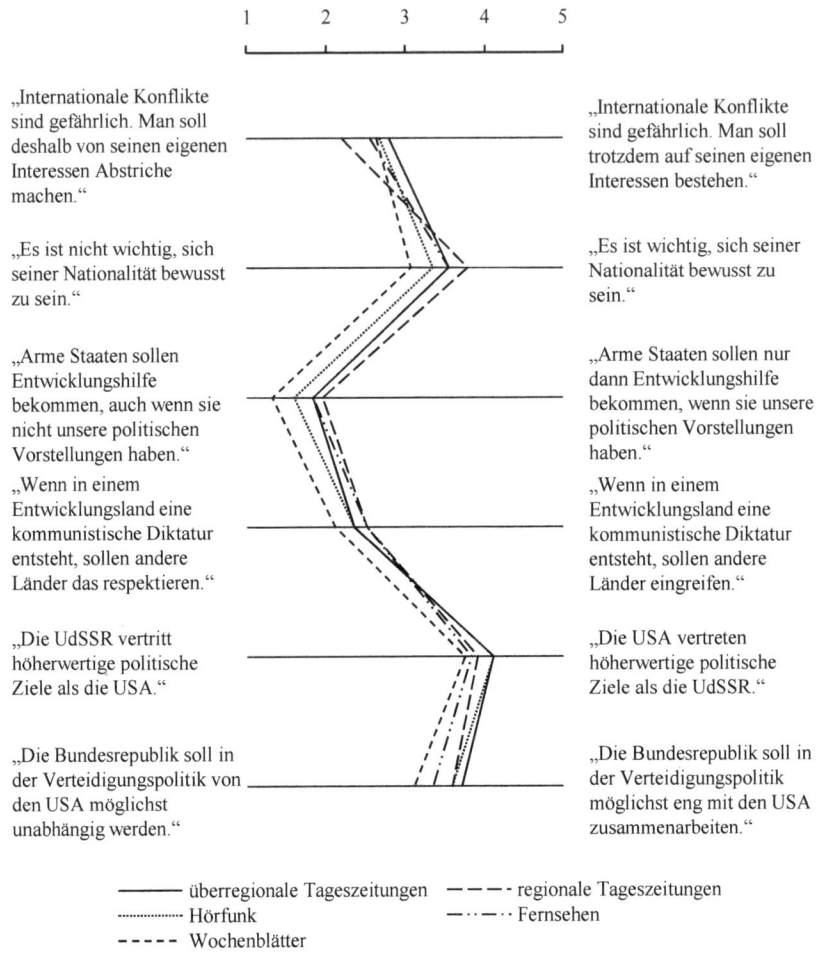

	1	2	3	4	5

„Internationale Konflikte sind gefährlich. Man soll deshalb von seinen eigenen Interessen Abstriche machen."

„Es ist nicht wichtig, sich seiner Nationalität bewusst zu sein."

„Arme Staaten sollen Entwicklungshilfe bekommen, auch wenn sie nicht unsere politischen Vorstellungen haben."

„Wenn in einem Entwicklungsland eine kommunistische Diktatur entsteht, sollen andere Länder das respektieren."

„Die UdSSR vertritt höherwertige politische Ziele als die USA."

„Die Bundesrepublik soll in der Verteidigungspolitik von den USA möglichst unabhängig werden."

„Internationale Konflikte sind gefährlich. Man soll trotzdem auf seinen eigenen Interessen bestehen."

„Es ist wichtig, sich seiner Nationalität bewusst zu sein."

„Arme Staaten sollen nur dann Entwicklungshilfe bekommen, wenn sie unsere politischen Vorstellungen haben."

„Wenn in einem Entwicklungsland eine kommunistische Diktatur entsteht, sollen andere Länder eingreifen."

„Die USA vertreten höherwertige politische Ziele als die UdSSR."

„Die Bundesrepublik soll in der Verteidigungspolitik möglichst eng mit den USA zusammenarbeiten."

——— überregionale Tageszeitungen   — — — - regionale Tageszeitungen
·············· Hörfunk   — ·· — ·· Fernsehen
- - - - - Wochenblätter

sichtlich auf einem ökologischen Fehlschluss. Unabhängig davon deutet jedoch die Tatsache, dass man die meisten Mehrheitsmeinungen von Journalisten recht klar auf dem Links-Rechts-Spektrum lokalisieren kann, darauf hin, dass hinter den individuell unterschiedlich kombinierten Meinungen zu kontroversen Themen eine generelle politische Einstellung steht, die mithilfe der erfragten Meinungen jedoch nicht hinreichend erfasst wurde.[18]

Politische Meinungen

Die Streiks um die Einführung der 35-Stunden-Woche, die Auseinandersetzungen um Pläne zur Verringerung der Zahl der Ausländer in Deutschland sowie die Unterstützung der Rebellen gegen die prokommunistische Regierung in Nicaragua waren 1984 die drei herausragenden politischen Kontroversen. Die Meinungen der Journalisten zu den drei Kontroversen wurden mit folgenden Fragen ermittelt: „Darf ich Sie jetzt noch um Ihre eigene Meinung zu einigen aktuellen Themen bitten. Vielleicht zunächst zur 35-Stunden-Woche: Sind Sie alles in allem dafür oder dagegen, dass die 35-Stunden-Woche bei vollem Lohnausgleich eingeführt wird?" Vorgegeben waren vier Antwortmöglichkeiten – „entschieden dafür" (+2), „eher dafür" (+1), „eher dagegen" (-1) und „entschieden dagegen" (-2). Wollte oder konnte sich der Befragte nicht entscheiden, wurde das gesondert festgehalten und entsprechend verrechnet (0). Auf die gleiche Weise wurden die Meinungen zur Ausländerpolitik der Bundesregierung und zur Mittelamerikapolitik der USA ermittelt. Die Fragen lauteten: „Wie ist es damit, dass die Zahl der Ausländer in der Bundesrepublik verringert wird: Sind Sie dafür oder dagegen?" bzw. „Sind Sie dafür, dass die USA Soldaten in Mittelamerika stationiert haben, um unter Umständen militärisch eingreifen zu können, oder sind Sie dagegen?"

Die befragten Journalisten waren im Mai/Juni 1983 überwiegend gegen die Einführung der 35-Stunden-Woche. Besonders ausgeprägt war die Ablehnung bei den Redakteuren der regionalen Abonnementzeitungen, der überregionalen Qualitätszeitungen und des Fernsehens. Die Mehrheit der Journalisten war gegen eine Verringerung der Zahl der Ausländer in Deutschland durch Rückkehr in ihre Herkunftsländer. Allerdings war diese Meinung nur unter den Redakteuren der Wochenblätter deutlich ausgeprägt. Die meisten Journalisten lehnten eine militärische Präsenz der USA in Mittelamerika ab. Am entschiedensten war die ablehnende Haltung der Redakteure der Wochenblätter.[19] Tabelle 1 weist die Meinungen der Redakteure aus.

Einfluss der politischen Einstellungen auf die politischen Meinungen

Der Einfluss der politischen Einstellungen auf die Konfliktsicht der Journalisten wurde mit multiplen Regressionen ermittelt. Dabei bildeten die 14 Wertvorstellungen die unabhängigen Variablen, die Meinung zu den drei Konflikten die abhängige Variable. Weil die politischen Einstellungen einen ähnlichen Einfluss auf die Konfliktsicht der Mitarbeiter verschiedener Mediengattungen besaßen, werden hier nur die Ergebnisse für alle Journalisten zusammen erwähnt. Die po-

Tabelle 1: Konfliktsicht der Journalisten
– Mittelwerte –

	Mediengattungen					
	Überreg. Qualitäts- zeitungen (n=38)	Regionale Abonne- mentzei- tungen (n=29)	Wochen- blätter (n=29)	Hörfunk (n=52)	Fern- sehen (n=59)	Alle (n=207)
Einführung der 35- Stunden-Woche	-0,95	-1,17	-0,04	-0,25	-0,80	-0,63
Rückkehr der Ausländer	-0,08	0,00	-0,72	-0,02	-0,34	-0,22
Militärische Präsenz der USA in Mittel- amerika	-1,00	-0,52	-1,62	-1,02	-0,51	-0,88

Negative Vorzeichen verweisen auf die Ablehnung der verkürzt dargestellten Positionen.

litischen Einstellungen hatten einen signifikanten Einfluss auf die Meinungen zur Einführung der 35-Stunden-Woche (R=0,65; F=9,46; p<0,0001),[20] zur Verringe- rung der Zahl der Ausländer in Deutschland (R=0,71; F=8,50; p<0,0001)[21] und zur militärischen Präsenz der USA in Mittelamerika (R=0,63; F=8,50; p<0,0001). Damit kann man in Kenntnis der Wertvorstellungen der Journalisten etwa 40 bis 50 Prozent ihrer Meinungen zu den drei Konflikten vorhersagen. Die Gründe hierfür unterschieden sich von Fall zu Fall, allerdings handelte es sich in fast allen Fällen um generelle Überzeugungen, die man als Indikatoren für die politischen Einstellungen der Journalisten betrachten kann.

Orientiert man die Interpretation an den ermittelten Mehrheitsmeinungen, kann man folgende Feststellungen treffen: Gegen die Einführung der 35-Stunden-Woche waren vor allem Journalisten, die eine starke Verteidigung für notwendig, aber einen Ausbau der staatlichen Sozialleistungen für fragwürdig hielten. Gegen eine Verringerung der Zahl der Ausländer waren vor allem Jour- nalisten, die gegen ihre Rückkehr in ihre Herkunftsländer waren und nicht davon überzeugt waren, dass die USA höherwertige politische Ziele verfolgten als die UdSSR. Gegen eine militärische Präsenz der USA in Mittelamerika waren vor allem Journalisten, die Waffenlieferungen in Krisengebiete missbilligten, die Entwicklungshilfe nicht an Bedingungen knüpfen wollten, eine enge Zusammenarbeit mit den USA in der Verteidigung nicht für notwendig hielten und eine Rückkehr von Ausländern ablehnten. Die anderen Wertvorstellungen besaßen für sich alleine betrachtet keinen signifikanten Einfluss auf die Meinungen zu den Konflikten.

Publikationswürdigkeit von Meldungen

Die Einschätzung der Publikationswürdigkeit von jeweils acht Meldungen zu den drei Kontroversen durch die Journalisten wurden am Beginn der Befragung – also vor den Fragen nach den generellen Einstellungen und konkreten Meinungen – durch die Simulation von Selektionsentscheidungen ermittelt. Dazu wurden den Journalisten die Meldungen auf Karten vorgelegt, die sie entsprechend ihrer Publikationswürdigkeit in eine Rangfolge bringen sollten.[22] Die Frage hierzu lautete: „Könnten Sie diese Karten einmal danach untereinanderlegen, wie wichtig es Ihnen ist, dass diese Meldungen veröffentlicht werden. Das geht so: Obenhin legen Sie die Meldung, die Ihnen ganz besonders wichtig ist, gang untenhin diejenige, die Ihnen am unwichtigsten ist. Die anderen Meldungen ordnen Sie bitte nach ihrer Wichtigkeit einfach dazwischen ein."

Die acht Meldungen zu den drei Konflikten waren in einem mehrstufigen Verfahren aus einer weit größeren Zahl von Meldungen ausgewählt worden. Dies geschah unter zwei Gesichtspunkten. Die Meldungen sollten möglichst realistisch sein. Um dies zu erreichen, wurden Meldungen über ähnliche Sachverhalte gekürzt und verfremdet. Zudem sollten jeweils vier Meldungen für bzw. gegen die Konfliktgegner und ihre Ziele sprechen – also für oder gegen die Einführung der 35-Stunden-Woche, die Rückkehr der Ausländer in ihre Herkunftsländer, das Eingreifen der USA in die Konflikte in Mittelamerika. Die Tendenz der Meldungen war durch die Befragung von mehreren Experten ermittelt worden und wird als „objektive Instrumentalität" bezeichnet. Bei fast allen Meldungen ist ihre Tendenz bzw. objektive Instrumentalität nicht die Folge von explizit wertenden Aussagen, sondern muss aus dem Inhalt gefolgert werden. Beispiele liefern die folgenden Meldungen zum Mittelamerikakonflikt. Die ursprünglichen Überschriften stehen unterstrichen am Beginn der Meldungen.

„Sowjetische Militärhilfe für Nicaragua verstärkt? Nach Ansicht einer Kommission der honduranischen Regierung wird das Nachbarland Nicaragua in zunehmendem Maße von der Sowjetunion unterstützt. Beanstandet werden vor allem die Entsendung von Waffen und Militärberatern sowie die Gewährung von Hilfszahlung zu militärischen Zwecken."

„Kubanische Militärs in Nicaragua. Kuba verstärkt nach Angaben des US-Außenministeriums seinen militärischen Einfluss auf Nicaragua. Staatssekretär

Motley teilte Montag mit, neben 2.000 Instrukteuren aus verschiedenen Ostblockländern seien derzeit auch 2.000 kubanische Militärberater in Nicaragua. Gegenwärtig halte sich zudem der hohe kubanische General Ochoa in der nicaraguanischen Hauptstadt Managua auf".

„8.000 politische Gefangene. In Nicaragua befinden sich nach Angaben der ‚Ständigen Kommission für die Menschenrechte in Nicaragua' (CPHD) derzeit etwa 8.000 Menschen aus politischen Gründen in Haft. In ihrem letzten Monatsbericht machte die Organisation auch auf sich häufende Berichte von Folterungen aufmerksam. Auch wurden Bedenken gegen die Zwangsumsiedlung von bisher etwa 40.000 Miskito-Indianern erhoben."

„Miskito-Indianer ermordet? 200 zum Auswandern aus Nicaragua entschlossene Miskito-Indianer werden seit einer Woche vermisst. Der Führer der Indianischen Rebellenorganisation „Misura", Fagoth, gab gestern in Tegucigalpa bekannt, seinen sicheren Informationen zufolge sei die Gruppe einem Massaker der sandinistischen Armee zum Opfer gefallen."

„USA rüsten rechte Rebellen aus. In Managua hat der nicaraguanische Sicherheitschef Cerna dem US-Geheimdienst CIA vorgeworfen, die antisandinistischen Rebellen mit Waffen zu versorgen. Immer wieder drängten von den USA ausgerüstete Rebellen auf das Gebiet von Nicaragua vor und bedrohten das Leben der Zivilbevölkerung, sagte Cerna."

„Mindestens 4.000 Terroropfer. Im letzten Jahr sind nach Angaben von „Amnesty International" in El Salvador mindestens 4.000 Personen Opfer politisch motivierter Gewalttaten geworden. Dabei werden den rechtsgerichteten Todesschwadronen, denen Verbindungen zu den höchsten Regierungskreisen nachgesagt werden, die meisten Terrorakte zugeschrieben."

„Nicaragua legt Friedensplan vor. Nicaragua bietet seinem Nachbarland Honduras einen Nichtangriffspakt an. Außerdem schlägt die Regierung in Managua vor, dass kein Land die Konfliktparteien in El Salvador mehr mit Waffen versorgt. Dies sind Bestandteile eines Friedensvorschlags, den Nicaragua der Organisation Amerikanischer Staaten (AS) vorgelegt hat."

„Dankert lobt Nicaragua. Der Präsident des Europäischen Parlaments, Dankert, hat die politische Entwicklung Nicaraguas nach Abschluss seiner Mittelamerikareise ausdrücklich begrüßt. Das Land habe unter Führung der Regierung Ortega echte Fortschritte zu verzeichnen. Nicaragua stehe am Anfang einer demokratischen Entwicklung, sagte Dankert."

Die ersten vier Meldungen sprechen eher für (Pro-Meldungen), die letzten vier eher gegen die Konfliktsicht der USA (Kontra-Meldungen). Von der *objektiven Instrumentalität* der Meldungen – ihre Klassifikation durch Experten – muss man ihre *subjektive Instrumentalität* unterscheiden – die Einschätzung ihrer Tendenz durch die einzelnen Journalisten.[23] Die subjektive Instrumentalität der

Meldungen wurde im späteren Verlauf der Befragung durch folgende Frage ermittelt: „Ich habe hier noch einmal die Karten mit den Meldungen zur 35-Stunden-Woche, die Sie ja schon kennen. Bitte verteilen Sie die Karten diesmal auf dieses Blatt hier, je nachdem, ob die jeweilige Meldung Ihrer Meinung nach für oder gegen die Einführung der 35-Stunden-Woche spricht." Das erwähnte Blatt enthielt fünf Spalten, die folgende Überschriften hatten: „eindeutig dafür", „eher dafür" „weder noch, hat nichts damit zu tun", „eher dagegen", „eindeutig dagegen". Die subjektive Instrumentalität der Meldungen zu den beiden anderen Themen, also der Ausländerpolitik und der Mittelamerikapolitik, wurde direkt im Anschluss daran entsprechend ermittelt.

Einfluss der Konfliktsichten auf die Publikationswürdigkeit von Meldungen

Im folgenden Analyseschritt wird geprüft, ob die individuellen Konfliktsichten der Journalisten ihre Einschätzung der Publikationswürdigkeit von Meldungen über die Konflikte beeinflussen. Konkret geht es darum, ob sie Meldungen über Sachverhalte, die ihre eigene Konfliktsicht stützen, für publikationswürdiger halten als Meldungen über Sachverhalte, die sie infrage stellen. Grundlage der Analyse ist die subjektive Instrumentalität der Meldungen – die individuelle Einschätzung ihrer Tendenz durch die Journalisten. Dazu wurden die Rangplätze der Meldungen mit der Einschätzung ihrer Tendenz gewichtet und die ermittelten Einzelwerte addiert. Dies geschah getrennt für jeden einzelnen Befragten. Die Summe zeigt die Tendenz der Nachrichtenauswahl des Journalisten an. Die ermittelten Werte bewegen sich zwischen +4 (alle Meldungen, die subjektiv für die eine Seite sprachen, wurden ganz oben platziert) und -4 (alle Meldungen, die subjektiv gegen sie sprachen, ganz unten).[24] Der Einfluss der individuellen Konfliktsicht auf die Tendenz der Nachrichtenauswahl wurde mit einfachen Regressionen berechnet. Die unabhängige Variable bilden die Konfliktsichten der Journalisten, die abhängige Variable ist die Tendenz der Nachrichtenauswahl. Weil die Konfliktsichten einen ähnlichen Einfluss auf die Nachrichtenauswahl der Mitarbeiter verschiedener Mediengattungen besaßen, werden auch hier nur die Ergebnisse für alle Journalisten zusammen dargestellt.

Die Meinungen der Journalisten besaßen einen signifikanten Einfluss auf die Einschätzung der Publikationswürdigkeit der Meldungen zu allen drei Konflikten. Dies traf vor allem auf Meldungen zur Einführung der 35-Stunden-Woche und über den Konflikt in Mittelamerika zu, galt aber auch für Meldungen zur Lage der Ausländer.[25] Die Journalisten hielten vor allem jene Meldungen für publikationswürdig, die ihre eigenen Meinungen zu den Konflikten bzw. zu ihrer Lösung bestätigten. Daraus folgt, dass die Einschätzung der Publikationswürdigkeit der Meldungen nicht nur von ihren Nachrichtenfaktoren und deren Nachrichtenwerten, sondern auch von den individuellen Meinungen der Journalisten zu den Konflikten abhängt: Je mehr die Journalisten für eine bestimmte Konfliktlösung sind, desto publikationswürdiger erscheinen ihnen Meldungen über Sachverhalte, die ihre Sichtweise stützen.

Gesamtzusammenhang zwischen politischen Einstellungen, Konfliktsichten und Nachrichtenauswahl

Nach den theoretischen Annahmen beeinflussen die relativ dauerhaften politischen Einstellungen von Journalisten ihre Meinungen zu aktuellen politischen Konflikten, die wiederum ihre Vorstellungen von der Publikationswürdigkeit von Meldungen über diese Konflikte beeinflussen. Dieser Gesamtzusammenhang wurde bisher nicht umfassend untersucht. Stattdessen wurde der Einfluss der Einstellungen auf die Meinungen bzw. der Meinungen auf die Nachrichtenauswahl getrennt ermittelt. Dabei wurde auch der direkte Einfluss der Einstellungen auf die Nachrichtenauswahl vernachlässigt, obwohl möglicherweise liberalkonservative bzw. sozial-liberale Journalisten unabhängig von konkreten Konflikten generell Meldungen über Sachverhalte, die ihre politischen Grundhaltungen stützen, für publikationswürdiger halten als andere.

Die vermuteten Einflüsse wurden für jeden der drei aktuellen Konflikte mit Hilfe von Pfadanalysen untersucht. Darin bilden die Wertvorstellungen der Journalisten die unabhängige Variable, ihre Meinungen zu den aktuellen Kontroversen eine intervenierende Variable und ihre Vorstellungen von der Publikationswürdigkeit der Meldungen die abhängige Variable. Weil man die Ansichten der Journalisten zu den 14 kontroversen Themen recht gut auf dem politischen Links-Rechts-Spektrum lokalisieren kann, wurden die ermittelten Ansichten addiert. Je höher die Werte sind, desto stärker vertreten die Befragten liberalkonservative Vorstellungen, je geringer sie sind, desto ausgeprägter sind ihre sozial-liberalen Vorstellungen.[26]

Die Wertvorstellungen der Journalisten besaßen einen signifikanten Einfluss auf ihre Meinungen zu allen drei aktuellen Konflikten: Je liberalkonservativer sie waren, desto entschiedener lehnten sie die Einführung der 35-Stunden-Woche ab; desto eher waren sie für die Rückkehr von Ausländern in ihre Heimat; und desto eher befürworteten sie die militärische Präsenz der USA in Mittelamerika. Je sozial-liberaler sie waren, desto entschiedener befürworteten sie die Einführung der 35-Stunden-Woche; desto eher waren sie gegen eine Rückkehr der Ausländer in ihre Heimat; und desto eher lehnten sie eine militärische Präsenz der USA in Mittelamerika ab. Die Meinungen der Journalisten zu den Konflikten hatten in zwei der drei Fälle einen signifikanten Einfluss auf ihre Vorstellungen von der Publikationswürdigkeit der Meldungen darüber: Je mehr die gemeldeten Sachverhalte ihren Meinungen zur Einführung der 35-Stunden-Woche bzw. zur militärischen Präsenz der USA in Mittelamerika entsprachen, desto publikationswürdiger erschienen sie ihnen. Die Wertvorstellungen der Journalisten besaßen in allen drei Fällen auch einen direkten Einfluss auf ihre Vorstellungen von der Publikationswürdigkeit der Meldungen: Je mehr die gemeldeten Sachverhalte ihren Wertvorstellungen entsprachen, desto publikationswürdiger fanden sie die Meldungen. Dies deutet darauf hin, dass es sich bei den ermittelten Wertvorstellungen tatsächlich um Einstellungen handelt, d. h. um generelle Dispositionen, die sich über den konkreten Einzelfall hinaus auf Meinungen und Verhaltensweisen auswirken (Abbildung 2).

Abbildung 2:   Einfluss des Wertesystems und der Konfliktsichten auf die Platzierung von subjektiv instrumentellen Meldungen
– Pfadanalysen –

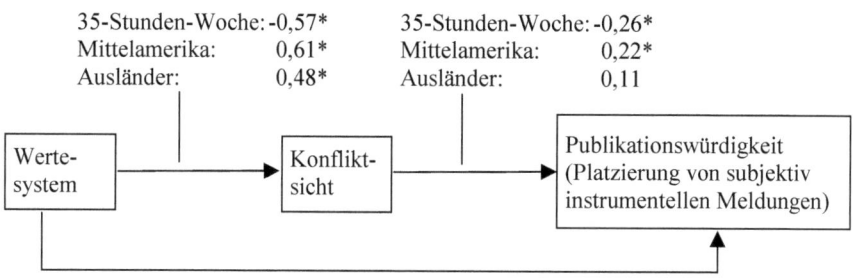

35-Stunden-Woche: -0,57*   35-Stunden-Woche: -0,26*
Mittelamerika: 0,61*   Mittelamerika: 0,22*
Ausländer: 0,48*   Ausländer: 0,11

| Werte-system | | Konflikt-sicht | | Publikationswürdigkeit (Platzierung von subjektiv instrumentellen Meldungen) |

35-Stunden-Woche: -0,24*; Mittelamerika: 0,31*; Ausländer: 0,23*
*$p < 0,05$.

Validierung der Ergebnisse

Das oben beschriebene Quasi-Experiment gibt Auskunft über die generellen Einflüsse der politischen Einstellungen von Journalisten auf ihre Meinungen zu aktuellen Konflikten, die sich auf ihr Urteil über die Publikationswürdigkeit von Meldungen zu diesen Konflikten auswirken. Ob und wie sich diese Einflüsse tatsächlich auf die Berichterstattung auswirken, geht daraus nicht hervor und muss in einer realistischen Feldstudie untersucht werden.[27] Dies kann aus praktischen Gründen nicht mit der gleichen Beweiskraft geschehen wie in dem beschriebenen Quasi-Experiment, weil man nicht hunderte von Meldungen zum aktuellen Geschehen einzelnen Journalisten zuordnen kann. Allerdings kann man die Kommentarlinie der Medien als Indikator für die Sichtweise der Redaktionen betrachten und ihre aktuelle Berichterstattung damit vergleichen. Dabei spielen unterschiedliche Sichtweisen von Mitarbeitern verschiedener Ressorts keine Rolle, weil im Quasi-Experiment nur Redakteure aus dem Politikressort befragt und bei der quantitativen Inhaltsanalyse nur Beiträge aus ihrem Zuständigkeitsbereich (Politikteil, Nachrichten- und Magazinsendungen) untersucht wurden. Die Grundlage der folgenden Analyse bilden jedoch nicht mehr einzelne Journalisten, sondern ihre Medien bzw. die erwähnten Ressorts und deren Beiträge.

Gegenstand der folgenden Analyse ist die Berichterstattung von vier überregionalen[28] und zwei regionalen[29] Abonnementzeitungen, zwei Wochenblättern,[30] zwei Hörfunksendern[31] und zwei Fernsehsendern[32] über den Konflikt um Mittelamerika. Erfasst wurde die gesamte Politikberichterstattung der Zeitungen und Zeitschriften, jeweils eine Nachrichtensendung und ein Magazin der Hörfunksender, jeweils die Hauptnachrichtensendungen der Fernsehsender, 13 Magazinsendungen und alle Sondersendungen. Der Untersuchungszeitraum erstreckt sich über elf Monate. Untersucht wurde die Berichterstattung über den Konflikt um die 35-Stunden-Woche, die Ausländerpolitik der Bundesregierung und die Mittelamerikapolitik der USA.[33] Eine differenzierte Analyse aller drei Teilstudien würde den Rahmen dieses Beitrags sprengen. Die Anlage und die Ergebnisse der Studien werden deshalb exemplarisch anhand der Berichterstattung über den Mittelamerikakonflikt dargestellt.

Die Berichterstattung über den Mittelamerikakonflikt wurde mit einem 58seitigen Codebuch untersucht. Dabei wurden u. a. wertende Aussagen zu 37 Aspekten des Konfliktes differenziert erfasst. Dazu gehörten z. B. Aussagen über den Stand der Presse- und Informationsfreiheit, die Militarisierung der Gesellschaft, die Versorgung mit Waren, die Kompetenz der Regierung usw. Die An- und Abmoderation der Hörfunk- und Fernsehbeiträge wurden als eigene Beiträge betrachtet und den Kommentarformen zugerechnet. Dies ist bei der Interpretation der Ergebnisse zu beachten. Die Tendenz der wertenden Aussagen wurde anhand von expliziten Werturteilen und anhand von neutralen Aussagen über eindeutig positive oder negative Sachverhalte ermittelt. Dies geschah mit fünfstufigen Skalen ohne Mittelpunkt. Ein explizites Werturteil war z. B. die Behauptung, bei den Führern der Guerilla in El Salvador handele es sich um Bolschewisten. Eine neutrale Aussage über einen eindeutig negativen Sachverhalt war z. B. die Feststellung, die Regierung in Nicaragua schränke die Religionsfreiheit ein. Die Tendenz der Berichterstattung wurde auf der Grundlage der Tendenz der einzelnen Aussagen berechnet.[34] Die ermittelten Werte liegen entsprechend den zugrundegelegten Klassifikationen zwischen +2 (sehr positiv für die USA = sehr negativ für Nicaragua) und -2 (sehr negativ für die USA = sehr positiv für Nicaragua).[35]

Gesamtberichterstattung

Zum Konflikt um Mittelamerika veröffentlichten die untersuchten Medien vom
1. Januar bis zum 30. November 1984 insgesamt 1.785 informierende Beiträge
(Nachrichten, Berichte, Reportagen usw.) sowie 142 Meinungsbeiträge (Leitarti-
kel, Kommentare, Glossen). Diese 1.927 Beiträge sind die Grundlage der folgenden Analyse. Die vier überregionalen Abonnementzeitungen berichteten mit
Abstand am intensivsten. Sie publizierten durchschnittlich 322 informierende
Beiträge und 29 Meinungsbeiträge. Die entsprechenden Werte für die anderen
Medien können Tabelle 2 entnommen werden. Bei der Interpretation ist die Zahl
der untersuchten Quellen zu beachten. Betrachtet man die Anzahl der verbalen
Aussagen in den Beiträgen als Indikator für die Informationsleistung, ergibt sich
ein klares Bild: Die Informationsleistung der vier überregionalen Tageszeitungen
war vier- bis fünfmal so groß wie die Informationsleistung der regionalen Tageszeitungen, der Wochenblätter und der Fernsehsender sowie fast achtmal so hoch
wie die der Hörfunksender.[36] Vergleicht man die Zahl der wertenden Aussagen
in den informierenden Beiträgen mit ihrer Zahl in den Meinungsbeiträgen wird
deutlich, dass die informierenden Beiträge zehnmal so viele werthaltige Aussagen enthielten wie die Meinungsbeiträge. Bei diesen wertenden Aussagen handelte es sich meistens um neutrale Hinweise auf eindeutig werthaltige Sachverhalte, z. B. die Armut der Bevölkerung (Tabelle 2).

Tabelle 2:   Intensität der Berichterstattung

	Informierende Beiträge		Meinungsbeiträge	
	Beiträge (n)	Aussagen (n)	Beiträge (n)	Aussagen (n)
Überregionale Tageszeitung (4)	1.287	9.019	114	901
Regionale Tageszeitung (2)	200	997	15	109
Wochenblätter (2)	71	831	6	48
Hörfunksender (2)*	117	569	3	30
Fernsehsender (2)**	110	1.188	4	52
Summe	1.785	12.604	142	1.140

*Jeweils eine Nachrichtensendung und eine Magazinsendung.
** Jeweils eine Nachrichtensendung und ein Nachrichtenmagazin.

Als „Synchronisation von Nachricht und Meinung" wird in Anlehnung an die wegweisende Studie von Klaus Schönbach[37] die Orientierung der Tendenz der informierenden Beiträge an der Tendenz der Meinungsbeiträge bezeichnet. In der folgenden Analyse wird die redaktionelle Linie der Medien, repräsentiert durch die Tendenz der Meinungsbeiträge (Leitartikel, Kommentare, Glossen), als unabhängige Variable und die Tendenz der informierenden Beiträge (Nachrichten, Berichte, Reportagen) als abhängige Variable angesehen. Konzentriert man die Betrachtung zunächst auf die vier überregionalen Tageszeitungen, kann man die Ergebnisse in zwei Feststellungen zusammenfassen. Erstens: Die vier überregionalen Tageszeitungen repräsentierten mit ihrer Gesamtberichterstattung geradezu idealtypisch das publizistische Links-Rechts-Spektrum.[38] Dies gilt auch dann, wenn man, wie in Abbildung 3, die Tendenz ihrer Meinungsbeiträge und ihrer informierenden Beiträge getrennt betrachtet. Zweitens: Die Tendenzen der informierenden Beiträge entsprachen bei allen vier Blättern denen der Meinungsbeiträge. Ähnliche Befunde ergeben sich auch für die anderen Publikationsorgane, die sich nur im Grad ihres Negativismus unterschieden. Eine eindeutige Ausnahme bildete *Die Zeit*. Betrachtet man die Meinungsbeiträge als Indikatoren für die Sichtweisen der Redaktionen, kann man feststellen, dass die meisten Redaktionen die informierenden Beiträge entsprechend ihrer redaktionellen Linie ausgewählt und gewichtet haben. Dies schließt nicht aus, dass daneben andere Selektionskriterien wirksam waren.

Abbildung 3 illustriert nicht nur den Zusammenhang zwischen redaktioneller Linie und Nachrichtenauswahl. Sie vermittelt auch ein anschauliches Bild von der Meinungsverteilung in der Berichterstattung der wichtigsten deutschen Medien. Die *Frankfurter Allgemeine Zeitung* und die *Welt* waren im Vergleich zu allen anderen Zeitungen, Zeitschriften, Hörfunk- und Fernsehsendern Außenseiter: Sie waren die einzigen, die die Politik der USA gegenüber den Sandinisten in Nicaragua und der Guerilla in El Salvador alles in allem positiv darstellten. Die meisten anderen charakterisierten sie dagegen negativ, angeführt von der *Frankfurter Rundschau*, die dabei eine exponierte Position einnahm. Die Berichterstattung aller Hörfunk- und Fernsehsender war neutraler als die Berichterstattung der vier sogenannten Spektrumzeitungen (*Welt*, *FAZ*, *SZ*, *FR*). Allerdings war auch die Tendenz ihrer Berichterstattung über das Engagement der USA in Mittelamerika eindeutig negativ (Abbildung 3).

Abbildung 3: Synchronisation von Nachricht und Meinung in der Berichterstattung über den Mittelamerikakonflikt

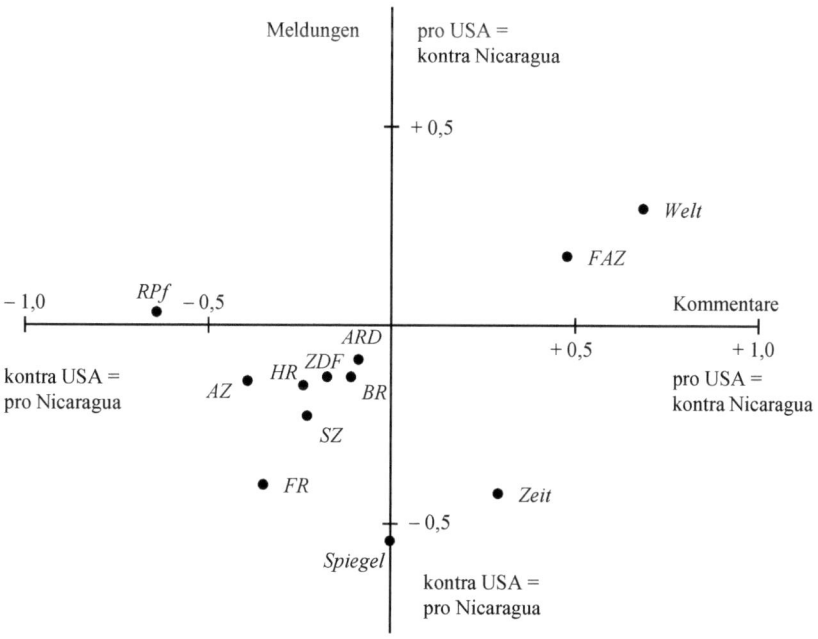

Abkürzungen: *ARD = Arbeitsgemeinschaft der öffentlich-rechtlichen Rundfunkanstalten der Bundesrepublik Deutschland; AZ = Allgemeine Zeitung Mainz; BR = Bayerischer Rundfunk; FAZ = Frankfurter Allgemeine Zeitung; FR = Frankfurter Rundschau; HR = Hessischer Rundfunk; RPf = Rheinpfalz; SZ = Süddeutsche Zeitung; ZDF = Zweites Deutsches Fernsehen.*

Instrumentelle Aktualisierung von Ereignissen und Themen

In jedem Konflikt geschehen zahlreiche Dinge, die für und gegen die Konfliktgegner sprechen und in diesem Sinn einen instrumentellen Charakter besitzen. Beim bewussten Hoch- und Herunterspielen von derartigen Sachverhalten, die den eigenen Sichtweisen ent- bzw. widersprechen, handelt es sich um eine „instrumentelle Aktualisierung".[39] Beides führt dazu, dass eine bestimmte Konfliktsicht unterfüttert wird: Sie erscheint durch die Aktualisierung von instrumentellen Gegebenheiten sachlich gerechtfertigt – das aktuelle Geschehen scheint die Konfliktsicht der Medien zu bestätigen.[40] Bei einer distanzierten Betrachtung erweist sich die Betonung oder Vernachlässigung von bestimmten Ausschnitten des aktuellen Geschehens jedoch als Folge der Konfliktsicht der Redaktionen. Dies schließt nicht aus, dass die aktuelle Berichterstattung auch eine Folge des Nachrichtenwertes des Geschehens ist. Die Einschätzung der Publikationswürdigkeit der Meldungen hängt jedoch auch, wie oben gezeigt wurde, von der Konfliktsicht der Journalisten ab.

Der zentrale Gegenstand des Mittelamerikakonfliktes war die Auseinandersetzung darüber, ob Nicaragua ein kapitalistisches Land unter dem Einfluss der USA bleibt oder ein kommunistisches Land unter dem Einfluss Kubas und der UdSSR wird. Im Hintergrund spielten dabei militärstrategische Aspekte eine Rolle, die hier außer Betracht bleiben können, weil sie in den Beiträgen nahezu nie erwähnt wurden. In Zusammenhang mit dem zentralen Konfliktgegenstand standen zahlreiche Ereignisse und Themen, die für die Konfliktgegner instrumentell nützlich oder schädlich bzw. positiv oder negativ waren, weil sie allgemein so eingeschätzt wurden. Beide Aspekte, die Instrumentalität und die Bewertung der Gegebenheiten, werden hier zusammen betrachtet und als Valenz bezeichnet. Im Folgenden wird die Instrumentalisierung von Ereignissen und Themen exemplarisch anhand der Berichterstattung der vier überregionalen Tageszeitungen untersucht.

Die Analyse erfolgt in drei Schritten. Im ersten Schritt wird die Valenz der Gegebenheiten anhand der wertenden Darstellung der Ereignisse durch die *Frankfurter Rundschau*, *Süddeutsche Zeitung*, *Frankfurter Allgemeine Zeitung* und die *Welt* ermittelt. Einbezogen werden alle Ereignisse, die von mindestens drei der vier Blätter behandelt und gleichgerichtet charakterisiert wurden. Im zweiten Schritt wird für jedes dieser Ereignisse die durchschnittliche Tendenz der Darstellung in den vier Tageszeitungen berechnet. Sie stellt die Valenz der Ereignisse oder Gegebenheiten dar. Im dritten Schritt wird die Gewichtung dieser Ereignisse in der Berichterstattung der vier Blätter festgestellt, wobei die *Frankfurter Allgemeine Zeitung* und die *Welt* (liberal-konservativ) sowie die *Frankfurter Rundschau* und die *Süddeutsche Zeitung* (sozial-liberal) jeweils zusammen betrachtet werden. Als Indikator für die Gewichtung der Berichterstattung über die 26 Ereignisse, die die erwähnten Bedingungen erfüllen, dient der Anteil der Berichterstattung der Blätter über die einzelnen Ereignisse am Gesamtumfang ihrer Berichterstattung über den Mittelamerikakonflikt.[41] Abbildung 4 zeigt die Gewichtung der 26 erfassten Ereignisse sowie die Regressionsgeraden für den Einfluss der Valenz der Ereignisse auf die Gewichtung durch die beiden linksliberalen und rechtsliberalen Blätter. Die Ereignisse sind durch Ziffern gekennzeichnet und entsprechend ihrer Valenz von links nach rechts geordnet. Je weiter rechts sie stehen, desto mehr sprechen sie gegen die Sandinisten bzw. für die USA, je weiter links sie stehen, desto eher sprechen sie gegen die USA und für die Sandinisten. Die Höhe der Punkte verweist auf die Gewichtung der Ereignisse in der Berichterstattung der rechtskonservativen und der linksliberalen Zeitungen.

Die beiden rechtsliberalen Blätter gaben in ihrer Berichterstattung Ereignissen, die gegen die Sandinisten und für die Mittelamerikapolitik der USA sprachen, ein deutlich größeres Gewicht als die beiden linksliberalen Blätter, die die Ereignisse umgekehrt gewichteten. Hierbei handelte es sich, wie die beiden Regressionsgeraden in Abbildung 4 belegen, um eine generelle Praxis. Besonders deutlich wird sie an einigen extremen Beispielen wie der Berichterstattung über Konflikte zwischen der Amtskirche und den Sandinisten in Nicaragua (Nr. 3) und über Oppositionelle, die die Wahl in Nicaragua für undemokratisch hielten (Nr. 6). Während die *Frankfurter Allgemeine Zeitung* und die *Welt* beiden Themen viel Beachtung schenkten, wurden sie von der *Süddeutschen Zeitung* und *Frankfurter Rundschau* nur am Rande erwähnt. Andererseits gaben die linksliberalen Blätter Ereignissen, die für die Sandinisten und gegen die Mittelamerikapolitik der USA sprachen, mehr Gewicht als die beiden rechtsliberalen Blätter. Besonders deutlich wird das an der Berichterstattung über die Unterstützung der Contras durch die CIA (Nr. 13) und über die Kritik an der Mittelamerikapolitik Präsident Reagans in den USA (Nr. 26). Beide Themen besaßen in der Berichterstattung der *Süddeutschen Zeitung* und der *Frankfurter Rundschau* ein viel größeres Gewicht als in der Berichterstattung der *Welt* und der *Frankfurter Allgemeinen Zeitung* (Abbildung 4).[42]

Zusammenfassung und Interpretation

Die Ergebnisse der empirischen Analysen können in sieben Feststellungen zusammengefasst werden:

1. Die politischen Einstellungen der Journalisten besaßen einen Einfluss auf ihre Meinungen zu den drei aktuellen Konflikten.
2. Die Meinungen der Journalisten zu den aktuellen Konflikten besaßen einen Einfluss auf ihr Urteil über die Publikationswürdigkeit von Meldungen darüber: Meldungen über Ereignisse, die ihre Meinungen bestätigten, hielten sie für publikationswürdiger als Meldungen über Ereignisse, die ihnen widersprachen.
3. Die politischen Einstellungen der Journalisten hatten auch unabhängig von ihren Meinungen zu den aktuellen Konflikten einen Einfluss auf ihre Urteile über die Publikationswürdigkeit von Meldungen: Meldungen über Ereignisse, die ihren politischen Einstellungen entsprachen, hielten sie für publikationswürdiger als Meldungen über Ereignisse, die ihnen widersprachen.

Abbildung 4: Instrumentelle Aktualisierung von Ereignissen

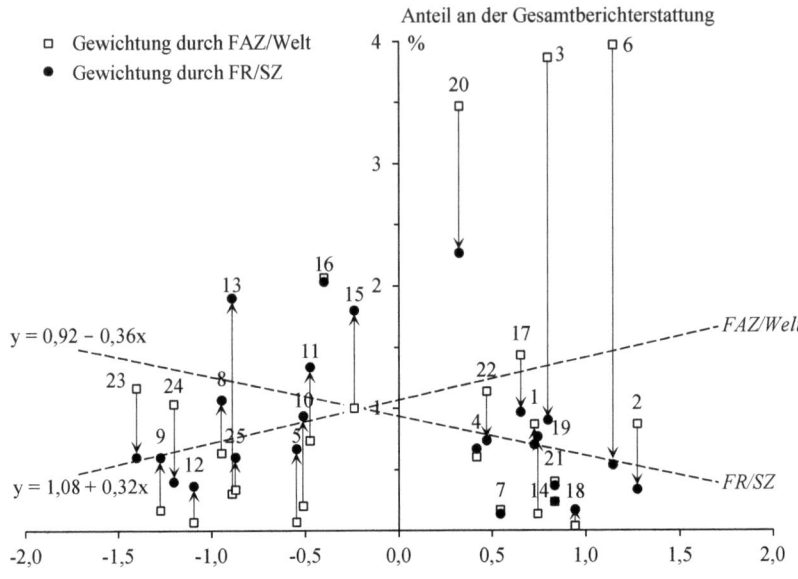

Anteil an der Gesamtberichterstattung

□ Gewichtung durch FAZ/Welt
● Gewichtung durch FR/SZ

Pro Nicaragua oder kontra USA

Valenz der Ereignisse

Kontra Nicaragua oder pro USA

4. Die Berichterstattung von *Frankfurter Rundschau, Süddeutscher Zeitung, Frankfurter Allgemeiner Zeitung* und der *Welt* entsprachen ihrer bekannten Position im publizistischen Spektrum. Dies gilt für Nachrichten und Berichte sowie für ihre Leitartikel, Kommentare und Glossen.

5. Die *Frankfurter Allgemeine Zeitung* und die *Welt* waren aufgrund ihrer Berichterstattung über den Mittelamerikakonflikt Außenseiter: Alle anderen untersuchten Medien konzentrierten sich in ihrer Berichterstattung mehr oder weniger eindeutig auf Aspekte, die die Mittelamerikapolitik der USA als sachlich und moralisch ungerechtfertigt erscheinen ließen.

6. Bei fast allen Medien bestand ein Zusammenhang zwischen der Tendenz der Meinungsbeiträge und der Tendenz der aktuellen Berichte: Je intensiver die Medien einen der Konfliktgegner in ihren Meinungsbeiträgen kritisierten, desto negativer war die Tendenz ihrer aktuellen Berichte über ihn.

7. Die Zeitungen verliehen in der Regel vor allem jenen aktuellen Ereignissen Publizität, die ihre redaktionelle Linie sachlich gerechtfertigt erscheinen ließen: Die linksliberalen Blätter befassten sich intensiver mit negativen Er-

eignissen, die in Zusammenhang mit der amerikanischen Mittelamerikapolitik standen, die rechtsliberalen Blätter intensiver mit negativen Ereignissen, die in Zusammenhang mit der Politik der Sandinisten standen.

Aus den vorliegenden Ergebnissen kann man sechs Folgerungen ableiten. Erstens: Die Auswahl und Gewichtung von Nachrichten und Berichten über Konflikte ist nicht nur eine Folge ihrer Nachrichtenfaktoren und deren Nachrichtenwerte. Sie ist auch eine Folge der individuellen Einstellungen und Meinungen der Journalisten, die die Auswahl- und Gewichtungsentscheidungen treffen. Zweitens: Bei der Auswahl und Gewichtung von Nachrichten und Berichten über Konflikte handelt es sich nicht nur um sachliche Entscheidungen, bei denen persönliche Motive keine Rolle spielen. Drittens: Der Einfluss von politischen Einstellungen und Meinungen auf berufliche Entscheidungen ist im Journalismus legitim und zudem kaum vermeidbar. Dies unterscheidet den Journalismus von den klassischen Professionen. Viertens: Aus den genannten Gründen muss man bei der Anlage und Interpretation von Inhaltsanalysen die Berichterstattung über meinungsrelevante Konflikte und Krisen einerseits und über andere Ereignisse und Themen andererseits getrennt betrachten. Andernfalls besteht die Gefahr, dass die Normalberichterstattung die Besonderheiten der Konfliktberichterstattung verdeckt. Fünftens: Die instrumentelle Aktualisierung von Geschehnissen, die einen Konfliktgegner in einem ungünstigen Licht erscheinen lässt, vermittelt den Eindruck, dass die Meinungen in Leitartikeln, Kommentaren und Glossen sachlich notwendige Folgerungen aus dem aktuellen Geschehen darstellen. Tatsächlich ist jedoch die Darstellung des aktuellen Geschehens auch eine Folge der redaktionellen Linien, die auf den Meinungen der zuständigen Redakteure beruhen und sich in ihren Leitartikeln, Kommentaren und Glossen niederschlagen. Die Tendenz der Berichterstattung über Konflikte folgt m. a. W. nicht aus „der Natur der Sache" sondern hängt von der spezifischen Perspektive ab, aus der Journalisten die Sache betrachten. Sechstens: Die vorherrschenden Meinungen im Journalismus zur Lösung von Konflikten besitzen einen Einfluss auf die Chancen der Konfliktgegner, ihre Sichtweisen der Öffentlichkeit mitzuteilen, sowie auf die Chancen der Öffentlichkeit, die Sichtweisen der Konfliktgegner zu erfahren. Die Medien sind deshalb in solchen Kontroversen keine neutralen Informanten. Sie agieren vielmehr in der Doppelrolle der unbeteiligten Beobachter und engagierten Akteure.[43]

[1] Vgl. Wolfgang Donsbach / Bettina Klett: Subjective Objectivity. How Journalists in Four Countries Define a Key Term of Their Profession. In: Gazette 51 (1993) S. 53-83.

[2] Vgl. neuerdings Siegfried Weischenberg / Maja Malik / Armin Scholl: Die Souffleure der Mediengesellschaft. Report über die Journalisten in Deutschland. Konstanz 2006, S. 106 f.

[3] Vgl. Hans Mathias Kepplinger: Publizistische Konflikte. In: Friedhelm Neidhardt (Hrsg.): Öffentlichkeit, öffentliche Meinung, soziale Bewegungen. Opladen 1994, S. 214-233, dort S. 224. Siehe auch den Beitrag „Instrumentelle Aktualisierung". In diesem Band, S. 151-164.

[4] Vgl. den Beitrag „Erlaubte Übertreibungen im Journalismus". In diesem Band, S. 165-178.

[5] Vgl. Ruth C. Flegel / Steven H. Chaffee: Influences of Editors, Readers, and Personal Opinions on Reporters. In: Journalism Quarterly 48 (1971) S. 645-651.

[6] Vgl. Klaus Schönbach: Trennung von Nachricht und Meinung. Empirische Untersuchung eines journalistischen Qualitätskriteriums. Freiburg i. Br. 1977, S. 78-90.

[7] Vgl. Hans Mathias Kepplinger / Simone Christine Ehmig / Uwe Hartung: Alltägliche Skandale. Eine repräsentative Analyse regionaler Fälle. Konstanz 2002, S. 71-80. Siehe auch die Literaturübersicht in Hans Mathias Kepplinger: Theorien der Nachrichtenauswahl als Theorien der Realität. In: Derselbe: Realitätskonstruktionen. Wiesbaden 2011, S. 47-65.

[8] Vgl. zum Folgenden auch Edward S. Herman / Noam Chomsky: Legitimizing versus Meaningless Third World Elections: El Salvador, Guatemala, and Nicaragua. In: Dieselben: Manufacturing Consent. The Political Economy of the Mass Media. New York 1988, S. 87-142.

[9] Abweichungen von dieser Zahl sind eine Folge von fehlenden Informationen, bzw. der Vernachlässigung von Einzelfällen, die sich nicht den jeweiligen Kategorien zuordnen lassen.

[10] *Frankfurter Allgemeine Zeitung, Süddeutsche Zeitung, Frankfurter Rundschau, Die Welt.*

[11] *AZ Mainz, Wiesbadener Kurier, Rheinpfalz, Frankfurter Neue Presse.*

[12] *Bild, Abendpost/Nachtausgabe.*

[13] *Die Zeit, Rheinischer Merkur, Der Spiegel, Stern.*

[14] *BR, DLF, HR, SDR, SWF.*

[15] ARD, ZDF. Von drei Befragten war die Redaktionszugehörigkeit unbekannt. Die Stichprobe ist nicht repräsentativ für alle Journalisten in Deutschland. Dies ist sachlich nicht relevant, weil von der Stichprobe nicht auf die Grundgesamtheit geschlossen, sondern Zusammenhänge zwischen Variablen untersucht werden sollen. Zur Diskussion steht deshalb nicht die Repräsentativität der Stichprobe sondern die Verallgemeinerbarkeit der Zusammenhänge.

[16] Die gleiche Frage wurde zur gleichen Zeit einer allgemeinen Bevölkerungsstichprobe gestellt. Vgl. hierzu Hans Mathias Kepplinger: Kognitiv-affektive Medienwirkungen. In: Derselbe: Medieneffekte. Wiesbaden 2010, S. 105-133.

[17] Nicht berücksichtigt sind die wenigen Redakteure bei Straßenverkaufszeitungen und die Befragten mit unbekannter Redaktionszugehörigkeit.

[18] Vgl. dazu den Beitrag „Entwicklung und Messung politischer Einstellungen von Journalisten". In diesem Band, S. 131-150.

[19] Nicht einbezogen sind die Mitarbeiter der Straßenverkaufszeitungen und ohne bekannte Redaktionszugehörigkeit

[20] Kein signifikanter Einfluss bestand bei den Mitarbeitern der Regionalzeitungen.

[21] Kein signifikanter Einfluss bestand bei den Mitarbeitern der Regionalzeitungen.

[22] Die Vergabe gleicher Rangplätze war nicht vorgesehen, weil dies nicht der realen Entscheidungssituation vor allem der Hörfunk- und Fernsehjournalisten entsprochen hätte.

[23] Die subjektive Instrumentalität stimmte in der weit überwiegenden Zahl der Fälle mit der objektiven Instrumentalität überein. Deshalb unterscheiden sich die Berechnungen anhand der objektiven Instrumentalität nur wenig von den hier vorgelegten Berechnungen anhand der subjektiven Instrumentalität. Vgl. hierzu Hans Mathias Kepplinger / Hans-Bernd Brosius / Joachim Friedrich Staab / Günter Linke: Instrumentelle Aktualisierung. Grundlagen einer Theorie publizistischer Konflikte. In:

Max Kaase / Winfried Schulz (Hrsg.): Massenkommunikation. Theorien, Methoden, Befunde. Opladen 1989, S. 199-220, dort S. 209.

[24] Die subjektive Instrumentalität der Meldungen kann folgende Werte annehmen: +2 spricht eindeutig für die 35-Stunden-Woche; +1 spricht eher dafür; -1 spricht eher dagegen -2 spricht eindeutig dagegen. Die Rangplätze von 1 bis 8 wurden transformiert in Werte zwischen +3,5 (ehemaliger Rangplatz 1) und -3,5 (ehemaliger Rangplatz 8). Der Maximalwert der Produktsumme liegt bei (+2 × 3,5) + (+2 × 2,5) + (+2 × 1,5) + (+2 × 0.5) + (-2 × -0,5) + (-2 × -1,5) + (-2 × -2,5) + (-2 × -3,5) = 32. Dieser Wert dividiert durch die Anzahl der bearbeiteten Meldungen (n=8) ergibt den Maximalwert 4. Die Verteilung der Rangplätze und der subjektiven Instrumentalität um 0 ist notwendig, um Stärke und Richtung der einseitigen Nachrichtenauswahl bestimmen zu können.

[25] Vgl. hierzu die Daten in Hans Mathias Kepplinger: Publizistische Konflikte, a. a. O., S. 227.

[26] Diese Vorgehensweise ist nicht unproblematisch. Deshalb wurde bei der Analyse der Medienwirkungen auf die Bevölkerung statt der Aussagen zu den 14 Themen als Indikator die Selbsteinstufung der Befragten auf einer bipolaren Links-Rechts-Skala herangezogen. Vgl. Hans Mathias Kepplinger: Kognitiv-affektive Medienwirkungen, a. a. O., S. 127 ff.

[27] Man kann ein solches Quasi-Experiment mit einem Fallversuch im luftleeren Raum vergleichen. Es gibt Auskunft über die theoretische Flugbahn eines Geschosses. Wie das Geschoss bei Gegenwind fliegt, ist eine praktische Frage, die eigens geprüft werden muss.

[28] *Frankfurter Allgemeine Zeitung, Süddeutsche Zeitung, Frankfurter Rundschau, Die Welt.*

[29] *AZ Mainz, Rheinpfalz.*

[30] *Der Spiegel, Zeit.*

[31] *Hessischer Rundfunk (HR1), Bayerischer Rundfunk (BR1).*

[32] *ARD, ZDF.*

[33] Zur Wirkung der Berichterstattung auf die Meinungen der Bevölkerung vgl. Hans Mathias Kepplinger: Kognitiv-affektive Medienwirkungen, a. a. O.

[34] Dazu wurden alle wertenden Aussagen – gewichtet mit ihrer Tendenz – addiert und durch die Summe aller Aussagen dividiert.

[35] Die Berichterstattung der Medien über Konflikte wird als Nullsummen-Spiel betrachtet: Berichte über Ereignisse, die für eine Seite sprechen sind äquivalent zu Meldungen, die gegen die Gegenseite sprechen – und umgekehrt. Die gleiche Logik gilt auch für einzelne wertende Aussagen für oder gegen die Konfliktparteien.

[36] Zusätzlich zu den verbalen Aussagen wurden visuelle Darstellungen erfasst. Vgl. Hans-Peter Gaßner: Visuelle und verbale Wertungen im Fernsehen. Beispiel: Die Berichterstattung über den Konflikt in Mittelamerika. In: Publizistik 37 (1992) S. 461-477.

[37] Vgl. Klaus Schönbach: Trennung von Nachricht und Meinung. Empirische Untersuchung eines journalistischen Qualitätskriteriums. Freiburg i. Br. 1977, S. 48 ff.

[38] Grundlage der folgenden Aussagen ist die relative Gesamttendenz ermittelt als durchschnittliche Tendenz der Aussagen, deren Tendenz auf einer Skala von -2 bis +2 gemessen wurde.

[39] Vgl. Hans Mathias Kepplinger / Hans-Bernd Brosius / Joachim Friedrich Staab / Günter Linke: Instrumentelle Aktualisierung, a. a. O., S. 213. Siehe hierzu auch Ines Engelmann: Journalistische Instrumentalisierung von Nachrichtenfaktoren. Einflüsse journalistischer Einstellungen auf simulierte Issue-, Quellen- und Statment-Entscheidungen. In: Medien und Kommunikationswissenschaft 58 (2010), S. 525-543.

[40] Den erwähnten Zusammenhang kann man kausal und final erklären. Welche dieser Erklärungen sachlich angemessen ist, kann im vorliegenden Zusammenhang nicht geklärt werden. Vgl. dazu den Beitrag „Instrumentelle Aktualisierung". In diesem Band, S. 151-164.

[41] Der Anteil an der Gesamtberichterstattung wurde herangezogen, um den unterschiedlichen Umfang der Berichterstattung der Zeitungen, der für die vorliegende Analyse bedeutungslos ist, konstant zu halten.

[42] Es handelt sich um folgende Gegebenheiten: 1. Freiheiten/Menschenrechte in Nicaragua, 2. Verletzung von Menschenrechten in Nicaragua/Verschlechterung der Menschenrechtssituation, 3. Konflikt zwischen der Amtskirche und den Sandinisten/Ausweisung von Priestern, Einreisebeschränkungen für Priester, 4. Oppositionsparteien nehmen an Wahlen teil, 5. Wahlen sind demokratisch, korrekte Durchführung, 6. Wahlen sind undemokratisch, unkorrekte Durchführung, 7. Einführung der allgemeinen Wehrpflicht in Nicaragua, 8. Verletzung von Menschenrechten/Aktivitäten der Todesschwadronen in El Salvador, 9. Aubuisson/Armee verantwortlich für Aktionen der Todesschwadronen in El Salvador, 10. Gemeinsame Übungen US-amerikanischer und salvadorianischer oder honduranischer Militäreinheiten, Ausbildung durch US-Personal, 11. Verminung, militärische Aktionen der USA (bzw. der CIA) auf nicaraguanischem Territorium, 12. Schäden als Folge der Verminung, 13. USA/CIA unterstützen die Contras mit Ausrüstung oder Geld, steuern ihre Aktionen, 14. USA/CIA unterstützen die Contras nicht, sind nicht an ihren Aktionen beteiligt, 15. US-Hilfe für El Salvador, Honduras, 16. Unterstützung der USA für El Salvador, Honduras durch Militärberater, 17. Guerilla-Offensive in El Salvador, Kämpfe mit Regierungstruppen, 18. Zerstörung von Infrastruktureinrichtungen durch die Guerilla in El Salvador (Brücken usw.), 19. Unterstützung aus Ländern des Warschauer Pakts bzw. Kubas für Nicaragua, 20. Verhandlungen zwischen Regierung und Guerilla in El Salvador, 21. Besuche salvadorianischer Politiker in Europa, 22. Besuche salvadorianischer Politiker in den USA, 23. Nicaragua-freundliche Demonstrationen in Europa und den USA, 24. Der Internationale Gerichtshof in Den Haag akzeptiert Nicaraguas Klage, 25. Die USA erkennen das Urteil des Internationalen Gerichtshofs in Den Haag nicht an, 26. Kritik an Reagans Mittelamerika-Politik in den USA.

[43] Vgl. hierzu die Studien zur Entstehung der politisch motivierten Gewalt und zur Skandalisierung von Politikern in Hans Mathias Kepplinger: Publizistische Konflikte und Skandale. Wiesbaden 2009, S. 93 ff. und 155 ff., zur Meinungsbildung der Bevölkerung über aktuelle Konflikte in Hans Mathias Kepplinger: Medieneffekte. Wiesbaden 2010, S. 105 ff sowie über die Entstehung der Ölkrise 1973, der Kriegsdienstverweigerung und der Kernenergiegegnerschaft in Hans Mathias Kepplinger: Realitätskonstruktionen. Wiesbaden 2011, S. 153 ff. Eine markante Ausnahme bildete der Konflikt um die Einführung der 35-Stunden-Woche, die von den meisten Journalisten abgelehnt wurde.

Entwicklung und Messung politischer Einstellungen von Journalisten

Die politischen Einstellungen von Journalisten sind Gegenstand kontroverser Diskussionen in der Öffentlichkeit und in der Wissenschaft. Dabei geht es im Wesentlichen um vier Fragen. Sind Journalisten im Vergleich zur Bevölkerung mehrheitlich linksliberal? Besitzen die politischen Einstellungen von Journalisten einen Einfluss auf ihre Meinungen zu konkreten Sachverhalten? Beeinflussen die Meinungen von Journalisten ihre Berichterstattung? Kann man die politischen Einstellungen von Journalisten verlässlich messen? Nur wenn man die letzte Frage bejahen kann, ist die Diskussion der vorangegangenen Fragen sinnvoll. Sie steht deshalb im Mittelpunkt der folgenden Analyse.

Begrifflich-theoretische Annahmen

Der Begriff „Einstellung" bezeichnet Verhaltensdispositionen von Menschen, die erprobte Deutungsmuster liefern.[1] Politische Einstellungen sind demnach Orientierungshilfen, die für das politische Denken und Handeln relevant sind. Mit der Bildung von Menschen nimmt die Konsistenz ihrer Einstellungen und Meinungen zu – die verschiedenen Werthaltungen werden stimmiger.[2] Dies ist u. a. darauf zurückzuführen, dass Gebildete Widersprüche zwischen verschiedenen Ansichten eher erkennen und einen größeren Wert auf ein stimmiges Weltbild legen. Journalisten gehören zu den Gebildeten und sie befassen sich berufsmäßig mit einstellungsrelevanten Ereignissen. Deshalb kann man vermuten, dass Einstellungen für ihre Berufstätigkeit eine besondere Bedeutung besitzen. In der Forschung werden zahlreiche Dimensionen von Einstellungen unterschieden. Eine wichtige Rolle spielt dabei nach wie vor ihre Lokalisierung auf einer bipolaren Skala von links bis rechts.[3] Gegen die Verwendung der Links-Rechts-Dimension werden drei Einwände erhoben.

Der erste Einwand lautet: Spätestens seit dem Zusammenbruch des Sozialismus existierten politische Einstellungen im ursprünglichen Sinn nicht mehr. Ihre Grundlage bildeten, so die Begründung, intakte Ideologien. Das Ende des Ost-West-Konfliktes habe diesen Ideologien den Boden entzogen. Sie seien durch pragmatische Verhaltensmaxime ersetzt worden, die dem Kosten-Nutzen-Prinzip folgen. Gegen diese These spricht, dass auch nach dem Ende des Ost-West-Konfliktes politisch relevante Ideologien existieren, z. B. in Form des religiösen Fundamentalismus. Darüber hinaus kann man bezweifeln, dass mit der Beseitigung des manifesten Konfliktes auch seine latenten Ursachen verschwunden sind.

Der zweite Einwand lautet: Politische Einstellungen sind heute so heterogen, dass sie nicht mehr auf einer bipolaren Skala abgebildet werden können. Sie müssen in einem mehrdimensionalen Raum verortet werden.[4] Diese Feststellung ist theoretisch richtig, die hierfür notwendigen Messungen kann man jedoch nur in aufwendigen Spezialstudien durchführen. Deshalb wird man in Untersuchungen, die vorrangig andere Probleme behandeln, auf einfachere Modelle zurückgreifen müssen.

Der dritte Einwand lautet: Die Unterscheidung zwischen links und rechts ist seit längerem gegenstandslos, weil die Begriffe ihre Bedeutung verloren haben und die darauf beruhende Klassifikation von Menschen nichts über ihre Einstellung aussagt. Gegen diese Behauptung sprechen neuere Studien, die einen klaren Zusammenhang zwischen der erwähnten Klassifikation und einem breiten Spektrum von Werten dokumentieren.[5] Deshalb wird man zumindest vorläufig an der Unterscheidung zwischen linksliberalen und rechtsliberalen Einstellungen festhalten müssen.

Aus politischen Einstellungen kann man Meinungen und Verhaltensweisen vorhersagen.[6] Das setzt voraus, dass Einstellungen bzw. Verhaltensdispositionen von Meinungen und Verhaltensweisen unterschieden werden. So werden z. B. Journalisten mit dezidierten politischen Einstellungen eine Partei, die ganz andere Ziele verfolgt, ablehnen und eher negativ über sie berichten. Hierbei handelt es sich um eine theoretisch begründbare und empirisch belegte Annahme.[7] Ob sie dies tatsächlich tun, hängt von zahlreichen Faktoren ab - ihrer Ressortzugehörigkeit, ihrem Berufsverständnis, der redaktionellen Linie ihres Mediums usw. Aus der Existenz einer bestimmten Einstellung kann deshalb nicht mit Sicherheit auf Verhaltensweisen geschlossen werden, die dieser Einstellung exakt entspricht. Genauso unzulässig ist jedoch der Umkehrschluss, dass sich Einstellungen wegen der Wirksamkeit anderer Faktoren überhaupt nicht im Verhalten niederschlagen.

Den Zusammenhang zwischen den Einstellungen und Verhaltensweisen von Journalisten kann man mit verschiedenen Untersuchungsdesigns analysieren. Laborexperimente ermöglichen eine logisch zwingende Beweisführung, vernachlässigen aber Faktoren, die das tatsächliche Verhalten mitbestimmen.[8] Derartige Experimente gleichen naturwissenschaftlichen Versuchen unter idealisierten Bedingungen, etwa Fallversuche im luftleeren Raum. Befragungen von Journalisten kombiniert mit Analysen ihrer Berichterstattung liefern realistische Ergebnisse, lassen jedoch, weil es sich um Aggregatdatenanalysen handelt, keine Aussagen über die einzelnen Befragten zu.[9] Dies gilt auch für die Gegenüberstellung von Kommentaren, die man als Indikatoren für Einstellungen oder Meinungen betrachten kann, und Berichten über das aktuelle Geschehen.[10] Vergleiche der eingehenden mit den publizierten Meldungen (Input-Output-Analysen) liefern in Kombination mit Einstellungsmessungen präzisen Aufschluss über die Zusammenhänge. Sie bleiben jedoch auf nicht verallgemeinerbare Fallbeispiele beschränkt.[11] Kombinationen von Befragungsexperimenten mit Inhaltsanalysen verbinden die Vorteile mehrerer Designs, sind jedoch extrem aufwändig.

In den meisten Untersuchungen wird keine klare Unterscheidung zwischen politischen Einstellungen und Meinungen zu kontroversen Themen getroffen. Vielmehr werden beide Aspekte meist miteinander vermischt und undifferenziert als eine Ursache des Verhaltens von Journalisten betrachtet. Dabei wird in mehreren Fällen von Einstellungen gesprochen, obwohl die Meinungen zu konkreten Themen erfragt wurden. Hier setzt die vorliegende Studie an. Geprüft wird, ob die politischen Einstellungen von Journalisten im Sinn allgemeiner Werthaltungen einen Einfluss auf ihre Meinungen zu konkreten Kontroversen besitzen. Zuvor werden einige Möglichkeiten zur Messung der politischen Einstellungen von Journalisten diskutiert.

Messung der Einstellungen von Journalisten

Indikatorfragen

Die politischen Einstellungen von Journalisten werden mithilfe unterschiedlicher Fragemodelle gemessen. Die erste und aufwendigste Möglichkeit bietet die Vorlage von mehreren kontroversen Themen, aus deren Beurteilung die Einstellungen erschlossen werden.[12] Für dieses Vorgehen spricht die Breite der Datenbasis, dagegen der erforderliche Aufwand. Die zweite, wesentlich ökonomischere Methode besteht in der Beurteilung von Parteien anhand von mehrstufigen Skalen.[13] Dieses Verfahren vermittelt differenzierte Informationen über die Nähe der Befragten zu den einzelnen Parteien, erlaubt jedoch keine eindeutige Lokalisierung der Befragten im Parteienspektrum. Die dritte Methode besteht in der Frage nach der bevorzugten Partei.[14] Hierfür spricht die Anschaulichkeit der Ergebnisse, dagegen, dass ein Großteil der Befragten keine Parteipräferenz angibt. Die vierte Methode besteht in der Vorlage von politischen Etiketten wie „nationaldemokratisch" und „konservativ", denen sich die Befragten zuordnen sollen.[15] Für diese Vorgehensweise spricht die Bereitschaft von Journalisten, ihre persönliche Haltung zu dokumentieren, dagegen, dass die Antworten ebenfalls keine eindeutige Lokalisierung der Befragten zulassen, weil die Vorgaben keine klare (ein- oder mehrdimensionale) Struktur aufweisen. Die fünfte Methode besteht in der Vorlage einer bipolaren Skala, deren Enden mit „ganz links" und „ganz rechts" beschriftet sind.[16] Für dieses Verfahren sprechen die Einfachheit der Frage und die Klarheit der Ergebnisse, dagegen die wachsende Neigung der Befragten zur Skalenmitte. Dies steht im Widerspruch zu den Befunden anderer Studien und lässt die Aussagekraft der Selbsteinstufungen fraglich erscheinen.[17] Ziel der vorliegenden Studie ist die Entwicklung eines Fragemodells, das von Journalisten akzeptiert wird, die Lokalisierung der Befragten auf dem Links-Rechts-Spektrum erlaubt und valide Ergebnisse liefert.

Aussagekraft der ermittelten Daten

Ziel von Einstellungsmessungen ist die Ermittlung genereller Grundhaltungen, die Aussagen über die Weltsicht der Journalisten und ihre entsprechenden Verhaltensdispositionen zulassen. Hierbei treten Probleme auf, die man am einfachsten anhand der Frage nach der Parteipräferenz diskutieren kann. Das erste Problem liegt in der erwähnten Weigerung zahlreicher Journalisten, eine Parteineigung zu nennen. Bei einer repräsentativen Erhebung im Jahr 1993 gaben 28 Prozent an, keiner Partei nahezustehen. Weitere 8 Prozent machten keine Angaben, sodass für 36 Prozent keine verwertbaren Daten vorliegen.[18] Bei der letzten Befragung im Jahr 2005 nannten 19 Prozent keine Parteipräferenz und 5 Prozent machten keine Angaben, sodass für 24 Prozent keine verwertbaren Daten vorliegen. Kann man daraus folgern, dass etwa ein Fünftel der deutschen Journalisten alle Parteien gleichermaßen ablehnen? Dies wäre wahrscheinlich falsch. Die Selbstaussage von Journalisten, sie stünden keiner Partei nahe, bedeutet nicht notwendigerweise, dass sie keine Partei präferieren. Der scheinbare Widerspruch ist auf die Doppeldeutigkeit des Ausdrucks „nahestehen" zurückzuführen: Er kann sowohl eine geistige Nähe zu einer Partei bezeichnen als auch die Vereinnahmung durch eine Partei bedeuten. Letzteres weisen nahezu alle Journalisten weit von sich. Folglich verneinen jene, die die Frage so verstehen, die Nähe zu einer Partei, obwohl sie vermutlich meist Präferenzen haben.

Der Sinn der Frage nach der Parteinähe liegt in der Regel nicht in der Identifikation der Journalisten, die einer Partei nahestehen. Ihre Parteinähe ist vielmehr ein einfacher Indikator für generelle Werthaltungen: Es wird vermutet, dass ein Mensch, der einer Partei nahesteht, das aktuelle Weltgeschehen aus einer bestimmten Perspektive betrachtet. Wer z. B. erklärt, er stehe den Grünen nahe, wird vermutlich den Schutz der Umwelt höher einstufen als die Interessen der

Wirtschaft und zugleich einen Einsatz der Bundeswehr außerhalb der NATO eher ablehnen als ihm zustimmen. Dies muss nicht so sein, ist jedoch wahrscheinlich. Damit stellt sich die Frage, ob Journalisten, die angeben keiner Partei nahezustehen, tatsächlich keine generellen Werthaltungen besitzen. Diese Annahme ist wahrscheinlich falsch. Vermutlich hat der überwiegende Teil der Journalisten, die nach eigener Angabe keiner Partei nahestehen, durchaus Werthaltungen, die sich im Parteiengefüge einordnen lassen. Daraus folgt, dass die Frage nach der Parteineigung ihr Ziel deutlich verfehlt: Sie gibt keine hinreichende Auskunft über die Einstellungen eines großen Teils der Befragten und ist deshalb als Indikator für Werthaltungen von Journalisten kaum geeignet.

Das zweite Problem ergibt sich beim Vergleich der Antworten von Journalisten mit allgemeinen Bevölkerungsumfragen und Wahlstatistiken. Weil ein Drittel der Journalisten auf die Frage nach Parteipräferenzen keine konkrete Partei nennt, stellt sich die Frage, wie man die Antworten ausweisen soll. Die erste Möglichkeit besteht darin, die Antwortverweigerer zu vernachlässigen, alle Antwortenden als 100 Prozent zu betrachten und ihre Parteipräferenzen entsprechend auszuweisen. Dies wäre nur dann unproblematisch, wenn die Antwortverweigerer die gleichen Parteipräferenzen besäßen wie die Antwortenden, was jedoch unwahrscheinlich ist. Deshalb kann man die Aussagen derer, die geantwortet haben, nicht als Indikatoren für die Parteipräferenzen aller betrachten. Sie liefern wahrscheinlich ein verzerrtes Bild. Folglich muss man auch jene ausweisen, die keine konkrete Antwort gegeben haben. Dabei stellt sich die Frage, ob man ihre Antworten mit den Wahlentscheidungen der Bevölkerung, d. h. den Stimmenanteilen der Parteien, vergleichen darf. Dies ist zweifelhaft, weil nicht alle Bürger wählen gehen. Angaben über alle Journalisten werden folglich mit Angaben über einen Teil der Bevölkerung verglichen, was einen falschen Eindruck von den Übereinstimmungen und Abweichungen vermittelt. Die Alternative besteht darin, den Aussagen der Journalisten die Wahlentscheidung aller Bürger gegenüberzustellen und darin auch die Nichtwähler einzubeziehen, über deren Parteipräferenzen wir ähnlich wenig wissen wie über die Parteipräferenzen der Journalisten, die die Antwort verweigert haben. Zwar ist auch dieses Vorgehen problematisch, weil die Antwortverweigerer unter den Journalisten vermutlich dezidiertere Einstellungen besitzen als die Nichtwähler – kommt den tatsächlichen Gegebenheiten vermutlich aber immer noch näher als alle anderen Verfahren.

Die erwähnten Vorgehensweisen besitzen erhebliche Auswirkungen auf die Ergebnisse. Sie müssen deshalb im konkreten Fall begründet werden. Ein Beispiel kann dies illustrieren. Vergleicht man die Parteipräferenzen aller Journalisten im Jahr 2005 mit der Stimmabgabe aller Wahlberechtigten bei der Bundestagswahl 2005, sind die CDU/CSU-Anhänger im Journalismus stärker unterrepräsentiert als bei einem Vergleich der Parteipräferenzen aller Journalisten, die konkrete Angaben gemacht haben, mit der Stimmabgabe der aktiven Wähler. Entsprechend sind die Anhänger von Bündnis 90/Die Grünen unter Journalisten im Vergleich zur Bevölkerung mehr oder weniger stark überrepräsentiert.[19] Aus diesen Differenzen folgt, dass bei Vergleichen zwischen den Einstellungen der Journalisten und der Gesamtbevölkerung die Antwortverweigerer ein Problem darstellen. Dies gilt nicht nur für die Parteipräferenzen, sondern auch für Vergleiche anhand anderer Indikatoren.

Untersuchungsanlage

Gegenstand der vorliegenden Studie sind die Einstellungen und Meinungen der Politik-, Wirtschafts- und Lokalredakteure bei Presse, Hörfunk und Fernsehen. Genau genommen handelt es sich um drei gezielt identifizierte Generationen – die „Großväter"-Generation, die noch durch das Dritte Reich, den Krieg und die direkte Nachkriegszeit geprägt worden war (geboren bis 1935), die „Väter"-Generation, die im Wirtschaftswunder der Nachkriegszeit heranwuchs und häufig als „68er-Generation" bezeichnet wird (geboren 1936 bis 1950), sowie die Generation der „Enkel", deren prägende Jahre danach lagen (geboren ab 1951). Dadurch kann der Wandel der politischen Einstellungen unter dem Einfluss unterschiedlicher Lebenserfahrungen analysiert werden.[20] Für die Bildung der Stichprobe wurden anhand von Nachschlagewerken leitende Redakteure in Politik-, Regional- und Wirtschaftsredaktionen des öffentlich-rechtlichen Rundfunks (Hörfunk und Fernsehen) sowie in Tageszeitungen und Wochenblättern ermittelt. Den ermittelten Personen wurde im Winter 1991/92 ein Fragebogen mit der Bitte um Beantwortung zugeschickt. In einem Begleitschreiben wurden sie gebeten, die Namen eines jüngeren und eines älteren Kollegen anzugeben, die ebenfalls befragt werden sollten. Insgesamt 455 Journalisten haben an der Befragung teilgenommen, was einem Rücklauf von 36 Prozent entspricht.[21] Die Testfragen zur Ermittlung der Einstellungen und der Meinungen zu konkreten Konflikten werden im Folgenden in den entsprechenden Textpassagen vorgestellt.

Ergebnisse

Politische Selbsteinstufungen

Die politische Selbsteinstufung der Journalisten wurde mit zwei Fragen ermittelt. In der ersten Frage wurden die Journalisten gebeten, ihr aktuelles politisches

134

Denken mit ihrem politischen Denken in früheren Lebensphasen zu vergleichen. Sie lautet: „In welcher Richtung (was man so ‚rechts' oder ‚links' nennt) unterscheidet es sich von Ihrem früheren Denken bis zu Ihrem Schulabschluss ... während Ihres Studiums/Ihrer Ausbildung ... seit Ihrem Berufseintritt?" Mit der zweiten Frage wurden die Journalisten gebeten, ihr aktuelles politisches Denken mit dem politischen Denken mehrerer Bezugspersonen zu vergleichen. Sie lautet: „Und wie unterscheidet sich Ihr jetziges politisches Denken von dem Ihres Vaters ... Ihrer Mutter ... der meisten Ihrer früheren Schulfreunde ... der meisten Ihrer Kommilitonen ... der meisten Ihrer Kollegen ... Ihres jetzigen Freundeskreises ... Ihrer Leser/Zuhörer/Zuschauer?" Vorgegeben waren jeweils die Antworten „Mein heutiges politisches Denken ist eindeutig links davon", „eher links davon", „mehr oder weniger gleich", „eher rechts davon" und „eindeutig rechts davon". Die Aussagen beruhen von einer Ausnahme abgesehen auf persönlichen Erfahrungen. Es handelt sich daher um erlebnisgesättigte Antworten. Eine Ausnahme bildet das jeweilige Publikum, über dessen Denken die Befragten nur spekulieren konnten. Ein Einfluss von Erinnerungsfehlern kann nicht ausgeschlossen werden. Er wäre für die folgende Analyse aber nur dann bedeutsam, wenn er sich auf Journalisten, die sich selbst unterschiedlichen politischen Lagern zuordnen, unterschiedlich auswirken würde. Dies erscheint unwahrscheinlich.

Fast alle Journalisten (95 Prozent) haben ihr aktuelles politisches Denken mit ihrem eigenen früheren politischen Denken verglichen. Nahezu ebenso viele (88 Prozent) haben solche Vergleiche mit dem politischen Denken ihrer Eltern, Schulfreunde und Kollegen angestellt. Etwas mehr Ausfälle gab es nur bei den Vergleichen mit den Kommilitonen (77 Prozent) und dem Publikum (83 Prozent). Dies ist darauf zurückzuführen, dass ein Teil der Befragten nicht studiert hat bzw. sich kein Urteil über das Publikum zutraute. Die Selbsteinstufungen werden damit der ersten Anforderung an eine aussagekräftige Messung der politischen Einstellungen von Journalisten gerecht: Sie liefern über nahezu alle Befragten inhaltlich interpretierbare Aussagen.

Das tatsächliche Denken der verschiedenen Bezugspersonen der Journalisten unterscheidet sich vermutlich deutlich voneinander. Auch das Denken der Befragten zu verschiedenen Zeitpunkten ihrer Entwicklung dürfte verschieden gewesen sein. Deshalb müssen die Befragten, falls ihre Urteile sachlich begründet sind, unterschiedliche Distanzen zu den Bezugspersonen bzw. Lebensphasen wahrnehmen. Die meisten Korrelationen zwischen ihren Urteilen über verschiedene Bezugspersonen und Lebensphasen werden folglich relativ gering sein. Eine Ausnahme bilden die Aussagen über die Distanzen zu den Vätern und Müttern, deren Ansichten vermutlich relativ ähnlich sein werden. Folglich werden die Selbsteinstufungen der Befragten im Vergleich zu ihnen relativ hoch miteinander korrelieren. Die Analyse bestätigt diese Annahme: Zwar sind 36 der 45 Korrelationen zwischen den Vergleichen statistisch signifikant (p<0,01) und in diesem Sinne bedeutsam. Allerdings sind sie mit einem Wert von durchschnittlich .33 relativ gering. Die erwartete Ausnahme macht nur die Korrelation zwischen den Vergleichen zu Vater und Mutter – sie beträgt .70 und ragt weit aus den anderen Werten heraus. Diese Befunde kann man als einen ersten Hinweis auf die Validität der Messungen betrachten.

Eine Faktorenanalyse der Vergleiche des aktuellen politischen Denkens zu jenem in verschiedenen Lebensphasen bzw. zu mehreren Personengruppen lässt drei latente Bezugsgrößen der Selbsteinstufung erkennen – die *vorgefundene Gesellschaft*, repräsentiert durch die Eltern und das Publikum (Faktor 1), das *gewählte Milieu*, repräsentiert durch Freunde, Kollegen, Kommilitonen und Schulfreunde (Faktor 2) und den *eigenen Lebensweg* dorthin, repräsentiert durch Schulabschluss, Studium/Ausbildung und Berufseintritt (Faktor 3). Die wichtigste Bezugsgröße ist auch mit Blick auf die Berufstätigkeit von Journalisten die vorgefundene Gesellschaft. Dies darf nicht als große Nähe interpretiert werden. Vielmehr besteht zur vorgefundenen Gesellschaft – wie die weitere Analyse zeigen wird – eine besonders große Distanz. Diese Distanz besitzt eine zentrale Bedeutung für die politische Orientierung der befragten Journalisten. Sie definieren ihre eigenen politischen Einstellungen nicht zuletzt durch den Unterschied zur vorgefundenen Gesellschaft (Tabelle 1).

Die tatsächliche Denkweise der befragten Journalisten in verschiedenen Lebensphasen ist ebenso wenig bekannt wie die tatsächlichen Denkweisen ihrer Bezugspersonen. Dennoch kann man über das Verhältnis ihres heutigen Denkens zu den jeweiligen Bezugspersonen einige begründete Vermutungen anstellen. Erstens: Mit Blick auf die eigene Lebensgeschichte dürfte der Unterschied zwischen ihrem heutigen Denken und ihrem früheren Denken umso geringer werden, je näher die Vergleichsphase rückt. So wird der Unterschied des heutigen Denkens zum Denken beim Berufseintritt geringer sein als zum Denken beim Schulabschluss. Zweitens: Mit Blick auf die Bezugspersonen dürfte der Unterschied zwischen dem eigenen politischen Denken und dem politischen Denken der anderen umso geringer sein, je eher es sich bei den anderen um Personen handelt, denen sich die Befragten im Laufe ihrer jüngeren Vergangenheit selbst aktiv zugewandt haben. Beide Annahmen erweisen sich als richtig. Nur 30 Prozent erklärten z. B., dass ihr heutiges Denken ihrem Denken beim Schulabschluss gleicht. Dagegen meinten 56 Prozent, dass es ihrem Denken beim Berufseintritt entspricht. Nur 29 Prozent sagten, ihr heutiges Denken gleiche dem ihres Vaters. Dagegen äußerten 65 Prozent, es entspreche dem ihrer gegenwärtigen Freunde (Abbildung 1).

Tabelle 1: Latente Bezugsgrößen der Einstellungen von Journalisten
– Hauptkomponentenanalyse mit Varimax-Rotation. Basis: Befragte,
die alle zehn Vergleiche machten (n=294) –

Vergleich des eigenen politischen Denkens zu ...	Faktor 1: Vorgefundene Gesellschaft	Faktor 2: Gewähltes Milieu	Faktor 3: Eigener Lebensweg
Vater	0,84	0,03	0,16
Mutter	0,83	0,13	0,23
Lesern/Zuhörern/Zuschauern	0,62	0,41	-0,05
jetzigem Freundeskreis	-0,07	0,70	-0,00
den meisten Kommilitonen	0,15	0,69	0,30
den meisten Schulfreunden	0,47	0,65	0,12
den meisten Kollegen	0,42	0,63	0,05
Studium/Ausbildung	-0,06	0,07	0,89
Berufseintritt	0,13	0,27	0,70
Schulabschluss	0,34	-0,05	0,68
Erklärter Varianzanteil (in Prozent)	37	15	12

Die Entwicklung des politischen Denkens der Journalisten kann man aufgrund der vorliegenden Daten als Absetzungsbewegung von den Eltern betrachten, die mit einer Integration in den Kollegen- und vor allem Freundeskreis verbunden ist: Je eher es sich bei den Bezugspersonen um selbst gewählte Weggefährten handelt, desto größer werden die wahrgenommenen Schnittmengen. Diese Bewegung vollzog sich wahrscheinlich in zwei Schritten. Den ersten Schritt bildete die Abwendung von den Eltern in Richtung der Schulfreunde. Der zweite Schritt vollzog sich mit der Abwendung von den Schulfreunden in Richtung der Kommilitonen. In beiden Fällen dürfte es sich nicht nur um eine individuelle Umorientierung gehandelt haben. Vielmehr ist zu vermuten, dass die Befragten diesen Wandel zusammen mit Freunden vollzogen haben.

Als Folge der skizzierten Entwicklung sieht sich nahezu die Hälfte der Journalisten heute links, jedoch kaum ein Zehntel rechts von ihren Lesern, Hörern und Zuschauern. Die Mitarbeiter verschiedener Medien (Presse, Hörfunk, Fernsehen) und Ressorts (Politik, Wirtschaft) unterscheiden sich hierin nur geringfügig. Diese sehr allgemeine Feststellung müsste wahrscheinlich bei einem

Abbildung 1: Selbsteinstufung der Journalisten im Vergleich zu eigenen Lebensphasen und zu aktuellen Bezugsgruppen

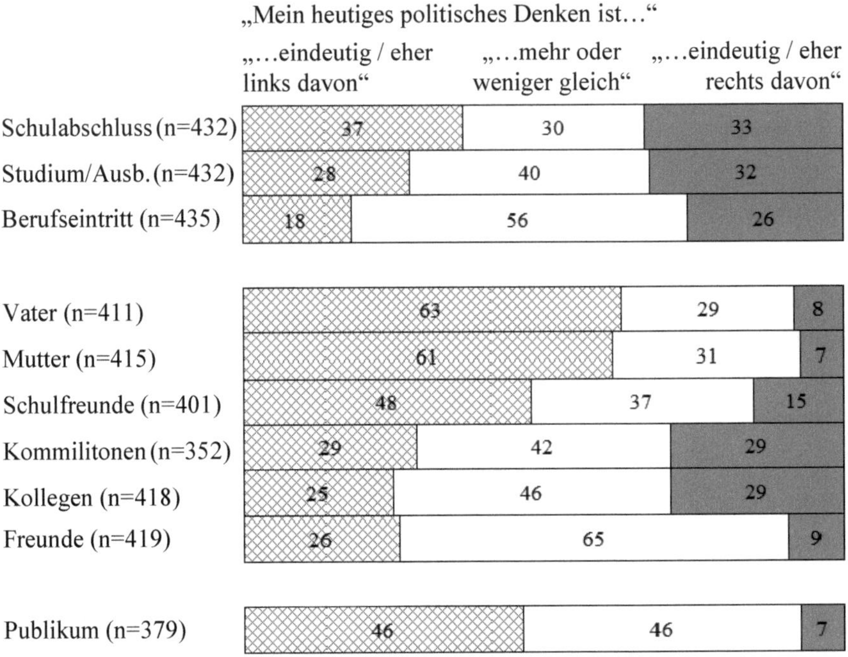

„Mein heutiges politisches Denken ist…"

	„…eindeutig / eher links davon"	„…mehr oder weniger gleich"	„…eindeutig / eher rechts davon"
Schulabschluss (n=432)	37	30	33
Studium/Ausb. (n=432)	28	40	32
Berufseintritt (n=435)	18	56	26
Vater (n=411)	63	29	8
Mutter (n=415)	61	31	7
Schulfreunde (n=401)	48	37	15
Kommilitonen (n=352)	29	42	29
Kollegen (n=418)	25	46	29
Freunde (n=419)	26	65	9
Publikum (n=379)	46	46	7

Vergleich einzelner Redaktionen relativiert werden. Ein solcher Vergleich ist hier, weil die Befragung strikt anonym durchgeführt wurde, nicht möglich. In ihrem Verhältnis zum jeweiligen Publikum unterscheiden sich dagegen die Angehörigen der drei Generationen erheblich: Von den Befragten der „Großväter"-Generation ordneten sich nur 29 Prozent links von den Lesern, Zuhörern und Zuschauern ein, von den Journalisten der „Enkel"-Generation dagegen 61 Prozent. Umgekehrt sahen sich nur drei Prozent der „Enkel"-Generation rechts vom Publikum, aber immerhin 13 Prozent der „Großväter"-Generation. Die „Väter"-Generation nimmt hierbei jeweils eine Mittelposition ein.[22]

Indikator für die politische Einstellung der Journalisten

Die Selbsteinstufungen der Journalisten müssen vier Voraussetzungen erfüllen, damit sie sich als valide Indikatoren für ihre Einstellung eignen. Die erste Voraussetzung ist, dass den Urteilen umfangreiche persönliche Erfahrungen zugrundeliegen. Dies gilt für die Urteile über das Publikum nicht. Hier fließen einzelne Erlebnisse, demoskopische Befunde, allgemeine Images usw. zusammen. Die zweite Voraussetzung ist, dass möglichst alle Journalisten die Fragen beantworten können. Dies trifft z. B., weil nicht alle studiert haben, auf die Frage nach dem Verhältnis zu den Kommilitonen nur bedingt zu. Die dritte Voraussetzung ist, dass die Befragten ihr gegenwärtiges Denken mit dem Denken anderer Personen – und nicht ihren früheren Vorstellungen – vergleichen. Andernfalls würden zwei Sachverhalte vermischt: die gegenwärtige Position und die vergangene Entwicklung. Deshalb scheiden alle Vergleiche mit dem eigenen Werdegang aus. Die vierte Voraussetzung ist, dass das Denken der Bezugspersonen, mit denen sich Journalisten vergleichen, dem Denken der Bezugspersonen von Nicht-Journalisten entspricht. Nur dann sind Vergleiche zwischen den Einstellungen verschiedener Gruppen möglich. Dies trifft für die Vergleiche von Journalisten mit ihren Kollegen nicht zu. Dies gilt analog auch für die Einstellungen der Eltern der Befragten. Journalisten stammen vorwiegend aus dem Mittelstand und ihre Eltern besitzen wahrscheinlich meist andere Sichtweisen als z. B. die Eltern von Arbeitern. Von allen Bezugspersonen werden die Schulfreunde den genannten Anforderungen am besten gerecht: Die Aussagen der Befragten über sie sind in hohem Maße erfahrungsgesättigt und mit ihnen vergleichen sich fast alle Befragten. Von den Journalisten erklärten acht Prozent, ihr gegenwärtiges politisches Denken sei „eindeutig links" von demjenigen ihrer Schulfreunde; 41 Prozent bezeichneten es als „eher links davon"; 37 Prozent nahmen keinen deutlichen Unterschied wahr; 14 Prozent sahen sich „eher rechts" und weniger als ein Prozent „eindeutig rechts davon".[23]

Zusammenhang zwischen politischen Einstellungen und Meinungen

Die Meinungen der Journalisten zu kontroversen Themen wurden mit folgender Frage ermittelt: „Sie finden unten eine Reihe von politischen Forderungen. Bitte geben Sie an, ob Sie ihnen zustimmen, oder ob Sie sie ablehnen." Vorgegeben waren elf Thesen, von denen man sechs als „linke" und fünf als „rechte" Forderungen betrachten kann. Die Befragten konnten zwischen fünf Beurteilungen wählen: „Stimme völlig zu", „Stimme eher zu", „Nicht zu sagen/weder noch", „Lehne ich eher ab" und „Lehne ich völlig ab". Für die Übersicht in Tabelle 2 wurden jeweils zwei Antworten – „stimme völlig zu" und „stimme eher zu" - zusammengefasst. In den folgenden Berechnungen werden sie den fünfstufigen Skalen entsprechend verrechnet. Zwischen der Selbsteinstufung des politischen Denkens der Journalisten im Vergleich zu ihren Schulfreunden und ihren Meinungen zu kontroversen Themen bestanden klare Zusammenhänge: In neun von elf Fällen unterschieden sich die Meinungen der Journalisten, die sich links von ihren Schulfreunden sahen, signifikant von den Meinungen ihrer Kollegen, die sich rechts von den Schulfreunden einstuften. In allen Fällen waren die Zusammenhänge so, wie man sie erwarten kann – Journalisten, die sich links einstuften, unterstützten eher linke Forderungen; Journalisten, die sich rechts einstuften, unterstützten eher rechte Thesen (Tabelle 2).

Tabelle 2: Politische Einstellungen und Meinungen zu kontroversen Themen

	Selbsteinstufung im Vergleich zu Schulfreunden			
	„eindeu-tig"/„eher links davon" (n=193) %	„mehr oder weniger gleich" (n=149 %	„eindeu-tig"/„eher rechts davon" (n=58) %	Alle (n=400) %
„Stimme völlig zu"/ „Stimme eher zu"				
Linke Forderungen:				
„Der Umweltschutz sollte Vorrang vor wirtschaftlichen Interessen haben."	86	69	72	77*
„Der Staat sollte mehr gegen die Neue Armut tun."	85	72	47	74*
„Die Demokratie in Deutschland ist auch ohne eine starke Verteidigung gesichert."	52	45	29	46*
„Deutschland sollte in der Verteidigungspolitik von den USA möglichst unabhängig werden."	42	32	29	37
„Man sollte es den Ausländern so leicht wie möglich machen, bei uns zu bleiben."	39	28	24	33*
„Die Gleichberechtigung von Frauen sollte durch Quotenregelungen sichergestellt werden."	21	12	7	16*
Durchschnitt	54	43	35	47*

Rechte Forderungen:

„Es ist wichtig, sich seiner Nationalität bewusst zu sein."	53	61	78	60*
„Die USA vertreten alles in allem höherwertige politische Ziele als die UdSSR."	42	56	76	52*
„Der Missbrauch des Asylrechtes kann nur durch eine Änderung des Grundgesetzes gestoppt werden."	16	49	53	34*
„Abtreibungen sollten nicht von den Krankenkassen bezahlt werden."	24	35	50	32
„Die BRD sollte am Deutschen Reich in den Grenzen von 1937 festhalten."	3	5	5	4
Durchschnitt	28	41	52	36*

* p<0,05 (Chi^2).

Indikatorfrage oder Index?

Der Zusammenhang zwischen den Einstellungen und den Meinungen ist bemerkenswert stabil. So findet man bei den Meinungen zu aktuellen Streitfragen ähnlich trennscharfe Ergebnisse, wenn man statt der Distanzen zu den Schulfreunden die Distanzen zu den Kollegen zugrundelegt.[24] Um zu prüfen, ob die prognostische Kraft der Selbsteinstufungen noch zunimmt, wenn man statt eines Indikators – die Distanz zu Schulfreunden bzw. Kollegen – Vergleiche zu mehreren Personengruppen heranzieht, wurde aus den Vergleichen zu den Kommilitonen, den Freunden und dem Publikum ein Index berechnet. Die Bezugsgrößen wurden deshalb gewählt, weil die vergleichenden Selbsteinstufungen zu ihnen relativ schwach miteinander korrelieren und die Vergleiche folglich ein breites Spektrum von Bezugsgrößen abdecken. Die Einzelwerte wurden addiert und durch 3 dividiert. Dadurch liegen die errechneten Werte – wie der Wert für die Selbsteinstufung im Vergleich zu den Schulfreunden – zwischen -2 und +2. Alle Korrelationen zwischen dem Index für die politische Einstellung und den Meinungen zu den elf kontroversen Themen sind statistisch signifikant (p<0,01), jedoch nicht größer, sondern zuweilen sogar kleiner als die Korrelationen zwischen der Selbsteinstufung im Vergleich zu den Schulfreunden.[25] Daraus folgt, dass die Vergleiche mit den Schulfreunden eine hinreichend solide Grundlage für die Lokalisierung der Befragten auf dem Links-Rechts-Spektrum liefert. Die Berechnung eines Index ist hierfür nicht notwendig.

Einfluss des Alters auf die Meinungen

Politische Einstellungen und Meinungen zu kontroversen politischen Themen ändern sich mit dem Alter. Das belegen die bereits erwähnten Einstellungsunterschiede zwischen den Angehörigen der drei Journalistengenerationen. Damit stellt sich die Frage, ob ihre unterschiedlichen Einstellungen nur eine Folge ihres unterschiedlichen Alters sind, oder ob sie als Folge ihrer spezifischen Lebenserfahrungen einen eigenständigen Beitrag zur Erklärung der politischen Meinungen der drei Journalistengenerationen leisten. Eine Antwort auf die Frage gibt eine hierarchische multiple Regression, in die zunächst das offen erfragte Alter und anschließend die politische Einstellung eingehen. Diese Vorgehensweise führt dazu, dass nur noch jener Einfluss der politischen Einstellungen ausgewiesen wird, der über den Einfluss des Alters hinausgeht.

Das Alter der Journalisten leistet erwartungsgemäß einen signifikanten Beitrag zur Erklärung von neun der elf Meinungen zu kontroversen politischen Themen. Die politische Einstellung der Journalisten leistet allerdings auch nach Berücksichtigung ihres Alters einen eigenständigen Beitrag zur Erklärung der Meinungen zu den kontroversen Themen. Dies ist bei allen geprüften Themen so. Darüber hinaus besitzt die politische Einstellung in sieben Fällen einen größeren Einfluss auf die Meinungen als das Alter. Besonders deutlich ist dies bei den Forderungen nach staatlichen Maßnahmen gegen die Neue Armut und nach Sicherstellung der Gleichberechtigung von Frauen durch eine Quotenregelung sowie bei der Forderung, den Missbrauch des Asylrechtes durch eine Änderung des Grundgesetzes zu stoppen. Damit kann man feststellen, dass – soweit Kausalaussagen auf der Grundlage von Regressionsanalysen überhaupt möglich sind – die politischen Einstellungen von Journalisten, erfasst über die Distanzen zu den Schulfreunden, unabhängig vom Alter der Journalisten einen eigenständigen Einfluss auf ihre Meinungen zu kontroversen Themen besitzen (Tabelle 3).

Tabelle 3: Einfluss der politischen Einstellung und des Alters auf die Meinungen

– Hierarchische multiple Regressionen. Basis: Befragte, die sich im Vergleich zu den Schulfreunden einstuften und ihre Meinung zu den Forderungen äußerten –

	Alter		Politische Einstellung		
	beta	Erklärte Varianz %	beta	Zusätzl. erklärte Varianz %	Gesamt- varianz Mult. R
Linke Forderungen:					
„Der Staat sollte mehr gegen die Neue Armut tun."	0,08	0,6	0,33	11,0**	11,6**
„Die Gleichberechtigung von Frauen sollte durch Quotenregelungen sichergestellt werden."	0,12	1,5**	0,22	5,0**	6,5**
„Man sollte es den Ausländern so leicht wie möglich machen, bei uns zu bleiben."	0,09	0,8	0,20	4,8**	5,0**
„Der Umweltschutz sollte Vorrang vor wirtschaftlichen Interessen haben."	0,18	3,3**	0,21	4,5**	7,8**
„Die Demokratie in Deutschland ist auch ohne eine starke Verteidigung gesichert."	0,14	2,0**	0,19	3,8**	5,8**
„Deutschland sollte in der Verteidigungspolitik von den USA möglichst unabhängig werden."	0,15	2,3**	0,15	2,1**	4,4**
Rechte Forderungen:					
„Der Missbrauch des Asylrechtes kann nur durch eine Änderung des Grundgesetzes gestoppt werden."	-0,26	6,6**	-0,44	19,5**	26,1**
„Die USA vertreten alles in allem höherwertige Ziele als die UdSSR."	-0,29	8,7**	-0,28	7,7**	16,**

„Abtreibungen sollten nicht von den Krankenkassen bezahlt werden."	-0,28	7,9**	-0,27	7,1**	15,0**
„Es ist wichtig, sich seiner Nationalität bewusst zu sein."	-0,16	2,6**	-0,21	4,5**	7,**
„Die BRD sollte am Deutschen Reich in den Grenzen von 1937 festhalten."	-0,18	3,3**	-0,10	1,0*	4,3**

*p<0,05; **p<0,01.

Zusammenfassung und Folgerungen

Die wichtigsten Ergebnisse der vorliegenden Untersuchung kann man in sechs Feststellungen zusammenfassen:

1. Nahezu alle Journalisten sind bereit, ihr gegenwärtiges politisches Denken im Vergleich zu ihrem früheren politischen Denken bzw. zum politischen Denken von mehreren Bezugspersonen und -gruppen einzuschätzen.
2. Die Selbsteinschätzung des politischen Denkens von Journalisten beruht auf Vergleichen mit drei latenten Bezugsgrößen – der *vorgefundenen Gesellschaft*, dem *selbst gewählten sozialen Milieu* und den Stationen des *eigenen Lebensweges*.
3. Das augenblickliche politische Denken der Mehrheit der Journalisten kann man als Ergebnis eines zweistufigen Prozesses ansehen, in dem sie sich vom politischen Denken ihrer Eltern entfernt und in das politische Denken ihrer augenblicklichen sozialen Umgebung integriert haben.
4. Die Einschätzung der Distanz zu den politischen Sichtweisen der Schulfreunde ist als Indikator für die politischen Einstellungen von Journalisten mindestens genauso gut geeignet wie ein Index anhand der Vergleiche zu drei Bezugsgrößen.
5. Journalisten sehen sich selbst eingebettet in das Meinungsspektrum ihrer Freunde und Kollegen, jedoch klar links vom Meinungsspektrum ihres Publikums. Sie sind „angepasste Außenseiter".[26]
6. Die politischen Einstellungen von Journalisten besitzen einen statistisch signifikanten Einfluss auf ihre Meinungen zu kontroversen politischen Themen. Dies trifft auch dann zu, wenn man den Einfluss des Alters berücksichtigt.

Aus den referierten Ergebnissen folgt, dass die Selbsteinschätzung von Journalisten auf dem Links-Rechts-Spektrum nach wie vor ein aussagekräftiger Indikator ist, der Folgerungen auf Meinungen zu konkreten politischen Kontroversen ermöglicht. Solche Selbsteinstufungen sind Fragen nach der Parteineigung aus vier Gründen überlegen. Sie werden erstens von fast allen Journalisten vorgenommen, sodass die politische Einstellung fast aller Befragten erkennbar ist. Sie ermöglichen zweitens statistische Analysen der Zusammenhänge mit anderen Faktoren, darunter den Meinungen zu konkreten Konflikten, die anhand der Angaben zu den Parteineigungen wegen fehlender Daten nicht möglich sind. Sie ermöglichen drittens eine differenzierte Analyse der Einstellungsentwicklung von Journalisten aus der Sichtweise der Befragten, die deutlich über die üblichen Momentaufnahmen hinausgehen.[27] Und sie ermöglichen viertens umfassende Vergleiche der Einstellungen von Journalisten mit den auf gleiche Weise gemessenen Einstellungen der Bevölkerung. Auch hierbei bieten sich vergleichende Analysen der Einstellungsentwicklung aus Sicht der Befragten an, die man – falls hinreichend große Stichproben vorliegen – vielfach differenzieren kann, im Journalismus z. B. nach den Ressorts, in der Bevölkerung nach Berufsgruppen, Bildungsniveau, Mediennutzung usw.

Über die methodischen Aspekte hinaus geben die Antworten der befragten Journalisten Hinweise auf ihr Verhältnis zu ihrem Publikum und zu ihrer Position in ihrer sozialen Umgebung. Die meisten Journalisten bewegen sich beruflich und privat in einer sozialen Umgebung, in der ihre eigene politische Einstellung sowie ihre damit zusammenhängenden Meinungen mehrheitsfähig sind. Sie müssen ihre Meinungen im Kollegen- und Freundeskreis nicht ausdrücklich begründen, rechtfertigen und verteidigen. Sie werden vielmehr von ihrer sozialen Umgebung von der Richtigkeit ihrer Einstellung und ihrer Meinungen bestärkt. Dies besitzt vermutlich zwei Folgen. Erstens: Die Mehrheit der Journalisten betrachtet ihre eigenen Meinungen zu kontroversen Themen als „normal" im Sinne von begründet und vernünftig, und sie hält entgegengesetzte Meinungen ihres Publikums nicht für ebenso „normal". Zweitens: Die Überzeugung, die eigene Meinung sei „normal" geht mit der Überzeugung einher, dass entgegengesetzte Meinungen des Publikums in der Berichterstattung entweder negiert oder durch sie korrigiert werden sollten.

Eine Minderheit von Journalisten bewegt sich beruflich und privat in einer sozialen Umgebung, in der ihre eigene politische Einstellung sowie ihre damit zusammenhängenden Meinungen nicht mehrheitsfähig sind. Sie sieht sich bei der Diskussion kontroverser Themen einem wiederholten Begründungszwang ausgesetzt.[28] Dies besitzt vermutlich ebenfalls zwei Folgen. Erstens: Die angesprochene Minderheit der Journalisten befindet sich bei Diskussionen kontroverser Themen im Kollegenkreis meist in der Defensive, der sie, weil die Meinungen der Mehrheit auf fest verankerten Einstellungen beruhen, mit Argumenten alleine kaum entkommen kann. Dies ist oft nur durch ein vergleichsweise massives Auftreten möglich, das sie schnell als Eiferer erscheinen lässt. Zweitens: Der erfolgreiche Versuch von Angehörigen der Minderheit, die Bevölkerung mit ähnlichen Meinungen durch entsprechende Beiträge zu erreichen, setzen sie dem Verdacht des Opportunismus aus und verstärken ihre Isolation in der Redaktion.[29] In dieser Lage werden viele Angehörige der Minderheit eher ihr Ansehen in der Redaktion pflegen als Meinungen der Bevölkerung, die von der Mehrheit ihrer Kollegen missbilligt werden, öffentlich Geltung zu verschaffen.

---

[1] Vgl. Mary John Smith: Cognitive Schemata and Persuasive Communication: Toward a Contingency Rules Theory. In: Michael Burgoon (Hrsg.): Communication Yearbook 6. Beverly Hills 1982, S. 330-362.

[2] Vgl. Philip E. Converse: The Nature of Belief Systems in Mass Publics. In: David E. Apter (Hrsg.): Ideology and Discontent. New York 1964, S. 206-261; Scott Althaus: Opinion Polls, Information Effects, and Political Equality. Exploring Ideological Biases in Collective Opinion. In: Political Communication 13 (1996) S. 3-21.

[3] Vgl. Dieter Fuchs / Hans-Dieter Klingemann: The Left-Right Schema. Theoretical Framework. In: Myron K. Jennings / Jan W. van Deth (Hrsg.): Continuities in Political Action. A Longitudinal Study of Political Orientations in Three Western Democracies. Berlin / New York 1990, S. 203-234; Patrick C. L. Heaven (1990): Economic Beliefs and Human Values. Further Evidence of the Two-Value Model? In: Journal of Social Psychology 130 (1990) S. 583-589.

[4] Vgl. Robert Lerner / Althea K. Nagai / Stanley Rothman: Elite vs. Mass Opinion: Another Look at a Classic Relationship. In: International Journal of Public Opinion Research 3 (1991) S. 1-31.

[5] Vgl. Patrick C. L. Heaven, a. a. O.; Adrian Furnham: A Short Measure of Economic Beliefs. In: Personality and Individual Differences 6 (1985) S. 123-126. Derselbe: Work Related Beliefs And Human Values. In: Personality and Individual Differences 8 (1987) S. 627-637; Mads Meier Jaeger: Does Left-Right Orientation have a Causal Effect on Support for Redistribution? Causal Analysis with Cross-Sectional Data Using Instrumental Variables. In: International Journal of Public Opinion Research 20 (2008) S. 363-374.

[6] Vgl. Min-Sun Kim / John E. Hunter: Attitude-Behavior Relations. A Meta-Analysis of Attitudinal Relevance and Topic. In: Journal of Communication 43 (1993) S. 102-142.

[7] Vgl. hierzu den Beitrag „Der Einfluss politischer Einstellungen auf die Nachrichtenauswahl". In diesem Band, S. 101-129 und die dort referierte Literatur.

[8] Vgl. Jean S. Kerrick / Thomas E. Anderson / Luita B. Swales: Balance and the Writer's Attitude in News Stories and Editorials. In: Journalism Quarterly 41 (1964) S. 207-215.

[9] Vgl. Ruth C. Flegel / Steven H. Chaffee: Influences of Editors, Readers, and Personal Opinions on Reporters. In: Journalism Quarterly 48 (1971) S. 645-651.

[10] Vgl. Klaus Schönbach: Trennung von Nachricht und Meinung. Empirische Untersuchung eines journalistischen Qualitätskriteriums. Freiburg 1977.

[11] David Manning White: The „Gate Keeper". A Case Study in the Selection of News. In: Journalism Quarterly 27 (1950) S. 383-390. Jürgen Wilke / Bernhard Rosenberger: Die Nachrichtenmacher. Eine Untersuchung zu Strukturen und Arbeitsweisen von Nachrichtenagenturen am Beispiel von AP und

dpa. Köln 1991; Christian Kolmer: Theorien der Nachrichtenauswahl. Eine Input-Output-Analyse. Diss. phil. Mainz 1998. Als Buch erschienen unter dem Titel: Die Treuhandanstalt. Eine Input-Output-Analyse zu Theorien der Nachrichtenauswahl. Bonn 2000.

[12] Vgl. den Beitrag „Der Einfluss politischer Einstellungen auf die Nachrichtenauswahl" a. a. O.; siehe auch William A. Scott: Attitude Measurement. In: Gardner Lindzey / Eliot E. Aronson (Hrsg.): Handbook of Social Psychology. 2. Auflage, Band II. Reading 1968, S. 204-273.

[13] Vgl. Klaus Schönbach / Dieter Stürzebecher / Beate Schneider: Oberlehrer und Missionare? Das Selbstverständnis deutscher Journalisten. In: Friedhelm Neidhardt (Hrsg.): Öffentlichkeit, öffentliche Meinung, soziale Bewegungen. Opladen 1994, S. 139-161; Thomas E. Patterson / Wolfgang Donsbach: News Decisions. Journalists as Partisan Actors. In: Political Communication 13 (1996) S. 455-468.

[14] Vgl. Siegfried Weischenberg / Martin Löffelholz / Armin Scholl: Merkmale und Einstellungen von Journalisten. „Journalismus in Deutschland" II. In: Media Perspektiven (1994) S. 154-167; Siegfried Weischenberg / Maja Malik / Armin Scholl: Die Souffleure der Mediengesellschaft. Report über die Journalisten in Deutschland. Konstanz 2006. Nach Angabe der Autoren hatten die deutschen Journalisten im Jahr 2005 folgende Parteipräferenzen: Bündnis 90/Die Grünen 36 Prozent, SPD 26 Prozent, CDU/CSU 9 Prozent, FDP 6 Prozent, PDS 1 Prozent, Sonstige 3 Prozent, ohne Parteineigung 20 Prozent, ebenda S. 71.

[15] Siegfried Weischenberg / Martin Löffelholz / Armin Scholl, a. a. O.

[16] Vgl. Renate Köcher: Spürhund und Missionar. Eine vergleichende Untersuchung über Berufsethik und Aufgabenverständnis britischer und deutscher Journalisten. München 1985. Der Mittelwert der Selbsteinstufung einer repräsentativen Stichprobe auf einer Links-Rechts-Skala von 1 = links bis 100 = rechts hatte im Jahr 2005 den Wert 38. Vgl. Siegfried Weischenberg / Maja Malik / Arnim Scholl a. a. O., S. 70.

[17] Vgl. Hans Mathias Kepplinger / Renate Köcher: Professionalism in the Media World? In: European Journal of Communication 5 (1990) S. 285-311.

[18] Vgl. die Hinweise in Fußnote 15.

[19] Vgl. die Tabelle am Ende der Fußnoten.

[20] Vgl. hierzu Hans Mathias Kepplinger: Historische Ereignisse im Bewusstsein von Journalisten. In: Walter A. Mahle (Hrsg.): Medien im vereinten Deutschland. Nationale und internationale Perspektiven. München 1993, S. 127-138; Simone Christine Ehmig: Generationswechsel im deutschen Journalismus. Zum Einfluss historischer Ereignisse auf das journalistische Selbstverständnis. Freiburg 2000.

[21] Zu den Einzelheiten der komplizierten Stichprobenbildung vgl. die Erstpublikation. Durch die Anlage der Befragung war das Alter der drei Generationen jeweils normalverteilt. Vgl. hierzu Simone Christine Ehmig, a. a. O., S. 127. Nicht berücksichtigt werden in der folgenden Analyse die befragten ostdeutschen Journalisten, weil sie in einem anderen politischen Wertesystem aufgewachsen sind als ihre westdeutschen Kollegen. Man müsste deshalb die deskriptiven Ergebnisse für die West- und Ostdeutschen getrennt ausweisen. Vgl. hierzu Hans Mathias Kepplinger: Ereignismanagement. Wirklichkeit und Massenmedien. Zürich 1992, S. 78-93; Klaus Schönbach / Dieter Stürzebecher / Beate Schneider, a. a. O.

[22] Vgl. hierzu Simone Christine Ehmig, a. a. O., passim.

[23] Bei den Abweichungen zu den Angaben in Abbildung 1 handelt es sich um Rundungsfehler.

[24] Vgl. Hans Mathias Kepplinger: Medienzugang, Medienmonopol, Medienkonzentration: Lässt sich mit rechtlichen Mitteln Meinungs- und Programmvielfalt sichern? In: Bitburger Gespräche. Jahrbuch 1995/II. München 1996, S. 45-82.

[25] Die Erstveröffentlichung weist in Tabelle 3 die genauen Ergebnisse aus.

[26] Vgl. hierzu Hans Mathias Kepplinger: Angepasste Außenseiter. In Hans Mathias Kepplinger (Hrsg.): Angepasste Außenseiter. Was Journalisten denken und wie sie arbeiten. Freiburg i. Br. 1979, S. 7-28.

[27] Zweifellos wären Panelbefragungen über mehrere Jahrzehnte aussagekräftiger. Sie sind jedoch offensichtlich nicht durchführbar.

[28] Dies ist auch dann der Fall, wenn sie faktisch im Recht ist. Vgl. hierzu Solomon E. Asch: Änderung und Verzerrung von Urteilen durch Gruppendruck (1951). In Martin Irle / Marion von Cranach / Hermann Vetter (Hrsg.): Texte aus der experimentellen Sozialpsychologie. Neuwied u. a. 1969, S. 57-73.

[29] Ein prominentes Beispiel hierfür ist Gerhard Löwenthal, der als einer der ganz wenigen Fernsehjournalisten gegen massive Kritik von Kollegen ein einigermaßen realistisches Bild von der Lage der Menschen in der DDR gezeichnet hatte, im ZDF entmachtet wurde, aber dort auch dann keine Rolle mehr spielte, als der Zusammenbruch der DDR seine Sichtweise bestätigt hatte. Den Gegenpol bildet Theo Sommer, der auch dann noch als Journalist mit Urteilskraft galt, als sich seine Darstellung der DDR als groteskes Fehlurteil erwiesen hatte. Vgl. Theo Sommer (Hrsg.): Reise ins andere Deutschland. Hamburg 1986.

Tabelle zu Fußnote 19.
Nach Siegfried Weischenberg / Maja Malik / Armin Scholl: Journalismus in Deutschland. Zentrale Befunde zur aktuellen Repräsentativbefragung deutscher Journalisten. In: Media Perspektiven (2006) Heft 7, S. 346-361. Die Daten zur Parteipräferenz (n=1.467) wurden nach den Angaben zur Stichprobengröße im Text (n=1.536, S. 349) um den Anteil der im Text nicht erwähnten Antwortverweigerer (n=69) ergänzt und neu prozentuiert. Die Frage lautete: „Und welcher Partei fühlen Sie sich am nächsten? Das heißt nicht, dass Sie diese Partei immer wählen, sondern nur, dass Sie ihr – ganz allgemein gesprochen – zuneigen."

Parteipräferenzen deutscher Journalisten 2005 und Wahlverhalten der Bevölkerung 2005

	Journalisten: Selbstaussagen		Bevölkerung: Wahlentscheidung	
	Alle Befragte %	Befragte, die ihre Parteineigung angaben %	Alle Wahlberechtigte %	Wähler, die gültige Stimmen abgaben %
CDU / CSU	8	11	27	35
FDP	6	8	8	10
SPD	25	32	26	34
Bündnis 90 / Die Grünen	34	44	6	8
PDS / Die Linke	1	1	7	9
Sonstige	3	4	3	4
Keine Parteipräferenz / Ungültige Stimmen	19	---	1	---
Keine Angaben / Nichtwähler	5	---	22	---
Summe	101	100	100	100

Instrumentelle Aktualisierung

Journalisten sind Mittler zwischen dem aktuellen Geschehen und ihrem Publikum. Deshalb kann man die Auswahl und Gewichtungen von Meldungen, Meinungen und Informationen theoretisch durch den Charakter des berichteten Geschehens[1] – die Größe des Nutzens oder Schadens eines Ereignisses, den Status der beteiligten Personen, die Entfernung des Geschehens zum Berichtsort usw. – kausal erklären. Die Auswirkungen der Selektionsentscheidungen auf die Themenstruktur der aktuellen Berichterstattung und die Vorstellungen, Meinungen und Verhaltensweisen der Rezipienten besitzen auf die Entscheidungen der Journalisten keinen Einfluss. Ihre Ursachen liegen in der Vergangenheit, den bereits vorhandenen Charakteristika des Geschehens oder der Berichte darüber. Die Zukunft, ihre tatsächlichen oder vermeintlichen Wirkungen spielen dabei keine Rolle.

Kausale Erklärungen der Nachrichtenauswahl

Die bekannteste der rein kausalen Erklärungen liefert die Nachrichtenwerttheorie:[2] Die Ursachen des Verhaltens von Journalisten – die Existenz der Nachrichtenfaktoren und ihr jeweiliger Nachrichtenwert – sind gegeben und liegen vor den Selektionsentscheidungen; die Selektionsentscheidungen folgen immer, bzw. mit einer angebbaren Regelmäßigkeit auf die gegebenen Bedingungen. Deshalb kann man die Selektionsentscheidungen im Sinne einer rein kausalen Erklärung als Wirkungen sowie die Nachrichtenfaktoren und ihre Nachrichtenwerte als Ursachen betrachten. Kausale Theorien der Nachrichtenauswahl beruhen auf der impliziten Annahme, dass die Intentionen der Journalisten, d. h. ihre individuellen oder kollektiven Wirkungsabsichten keinen Einfluss auf ihre Selektionsentscheidungen besitzen. Für diese Annahme sprechen vor allem zwei Argumente. Erstens kann man die Auswahl und Gewichtung von Meldungen auf der Grundlage der Nachrichtenwerttheorie prognostizieren.[3] Dies wäre nicht möglich, wenn die rein sachlichen Gründe keinen bedeutenden Einfluss darauf hätten. Zweitens entscheiden viele Journalisten über die Publikation von negativen Nachrichten weitgehend unabhängig von ihren absehbaren negativen Nebenwirkungen.[4]

Gegen eine rein kausale Theorie der Nachrichtenauswahl sprechen dennoch einige Gründe. Fast die Hälfte der deutschen Journalisten sieht sich in der Rolle der Kritiker von Missständen.[5] Mehr als ein Drittel der Journalisten möchte mit ihrer Berichterstattung die politische Tagesordnung beeinflussen.[6] Über zwei Drittel der Journalisten hält die übertriebene Darstellung von Missständen für vertretbar, wenn sie dadurch vermindert oder beseitigt werden können.[7] Diese Absichten richten sich auf in der Zukunft liegende Ziele, die tatsächlichen oder möglichen Wirkungen der Berichterstattung. Die Ursache der Publikationsentscheidungen sind hier nicht die bereits vorhandenen, also aus der Vergangenheit stammenden Charakteristika der Geschehens oder der Berichte darüber, sondern ihre in der Zukunft liegenden, tatsächlichen oder vermeintlichen Wirkungen. Die Publikationsentscheidungen werden m. a. W. nicht kausal durch in der Vergangenheit liegende Ursachen, sondern final durch in der Zukunft liegende Zweckerfüllungen erklärt. Die Publikationen sind hier Mittel, ihre Folgen sind Zwecke. Den Entscheidungen liegen folglich Zweck-Mittel-Beziehungen zugrunde.[8]

In der Kommunikationswissenschaft sind derartige finale bzw. funktionale Erklärungen des Verhaltens relativ weit verbreitet. Bekannte Beispiele hierfür sind die verschiedenen Balancetheorien und funktionalen Analysen – darunter die Eskapismustheorie, die Katharsistheorie, die Theorie der kognitiven Dissonanz, die Mood-Management-Theorie und der Nutzen- und Belohnungsansatz.[9] Alle genannten Theorien beruhen auf der Annahme, dass vorgegebene Zwecke, Ziele oder Sollzustände existieren, die die Nutzung und Verarbeitung von Medien und Medieninhalten steuern. Hierbei sind die Medien bzw. Medieninhalte Mittel, die dazu dienen, vorgegebene Ziele oder Zwecke zu erreichen. Dabei spielt es keine Rolle, ob den handelnden Personen diese Ziele und Zwecke bewusst sind, oder ob sie unbewusst handeln.[10] Finale oder funktionale Erklärungen finden sich jedoch nicht nur in der Nutzungs- und Wirkungsforschung, sondern auch in der Nachrichtenforschung. Allerdings wird die spezielle Logik dieser Erklärungen weder hier noch dort erwähnt oder gar reflektiert.

Finale Erklärungen der Nachrichtenauswahl

Die erste empirische Studie zum Einfluss von inhaltlichen Zielvorgaben auf die Berichterstattung und Kommentierung haben Malcolm W. Klein und Nathan Maccoby bereits 1954 veröffentlicht.[11] Die Autoren belegen, dass sich die Parteipräferenzen der Herausgeber und Verleger von amerikanischen Tageszeitungen während des Präsidentschaftswahlkampfs 1952 in der Auswahl und Platzierung von Nachrichten sowie in der Kommentierung des aktuellen Geschehens niedergeschlagen haben. Höchstwahrscheinlich war dies eine Folge von Vorgaben der Leitungsebene mit dem Ziel, den Ausgang der Wahl zu beeinflussen. Ähnliche Wirkungsabsichten dürften die Redakteure gehabt haben, deren Konfliktberichterstattung Ruth Flegel und Steven H. Chaffee dokumentieren.[12] Nach ihrer Studie berichteten und kommentierten die Redakteure von zwei Regionalzeitungen relativ unabhängig von den Verleger- und Lesermeinungen entsprechend ihrer eigenen Konfliktsicht. Jean S. Kerrick, Thomas E. Anderson und Luita B. Swales zeigen in einem ihrer drei Experimente, was geschieht, wenn Journalisten, wie vermutlich viele Redakteure im erwähnten Präsidentschaftswahlkampf 1952, Nachrichten und Kommentare gegen ihre persönlichen Überzeugungen publizieren sollen.[13] Journalisten verwenden dann, weil sie die Differenz zwischen ihren eigenen Überzeugungen und der vorgegebenen Zeitungslinie überkompensieren, besonders viele Argumente, die der redaktionellen Linie entsprechen. Alle genannten Studien legen eine finale Erklärung der Berichterstattung nahe: Die Journalisten handelten im Interesse an vorgegebenen oder selbstgewählten Zielen und nutzten bestimmte Mittel, um diese Ziele zu erreichen.

Eine frühe Feldstudie zum Einfluss von formalen Zielvorgaben stammt von Gertrude J. Robinson.[14] Nach Robinson enthielt das Nachrichtenangebot der jugoslawischen Agentur Tanjug in den sechziger Jahren ein vorgegebenes Verhältnis von Inlands- und Auslandsmeldungen. Deshalb wurden bei bestimmten Nachrichtenlagen Meldungen aus dem Inland ausgeschlossen oder zusätzlich aufgenommen. Entscheidend dafür war nicht ihre Publikationswürdigkeit im oben erläuterten Sinn, sondern eine formale Strukturvorgabe. Neuere Beispiele für den Einfluss von Strukturvorgaben sind die strengen Regeln für die Fernsehduelle vor Bundestagswahlkämpfen. Dabei hängt die Redezeit, die den Kandidaten zugestanden wird, nicht von der Substanz oder Originalität ihrer Äußerungen ab. Vielmehr wird beiden Kandidaten die gleiche Redezeit zugestanden. Ihre einzelnen Stellungnahmen sollen nicht länger als 90 Sekunden dauern, ihre Gesamtredezeit maximal 35 bis 40 Minuten betragen.[15] In den genannten Fällen ist der Zweck-Mittel-Charakter der Vorgehensweisen offensichtlich, sodass sich auch hier eine finale Erklärung anbietet.

Ausgehend von den referierten Studien kann man eine einfache Typologie der relevanten Fälle erstellen. Die Ziele und Zwecke der Auswahl und Aufbereitung von Beiträgen können in den Medien selbst und jenseits der Medien liegen. Ersteres ist gegeben, wenn es um die Optimierung der Produkte geht, z. B. um ihre Lesbarkeit oder ihren Verkaufserfolg. Letzteres ist gegeben, wenn die Wirkungen über die Produkte hinausgehen und z. B. die Vorstellungen und Meinungen der Rezipienten beeinflussen. Dies dürfte vor allem in der Berichterstattung über einstellungs-, meinungs-, und verhaltensrelevante Konflikte der Fall sein. Bei den Zielen und Zwecken kann es sich um formale und inhaltliche Vorgaben handeln. Dabei verweist der Begriff „formal" auf weitgehend wertneutrale Gestaltungsmerkmale und der Begriff „inhaltlich" auf meinungsrelevante Informationen. Die Ziele und Zwecke können zudem selbstbestimmt oder vorgegeben sein. Selbstbestimmt sind sie, wenn sie aus eigenem Antrieb verfolgt werden; auferlegt sind sie, wenn sie von Personen innerhalb oder außerhalb der Medien vorgegeben werden (Abbildung 1).

Abbildung 1:   Typologie der Ursachen, Orte und Arten von Zielen

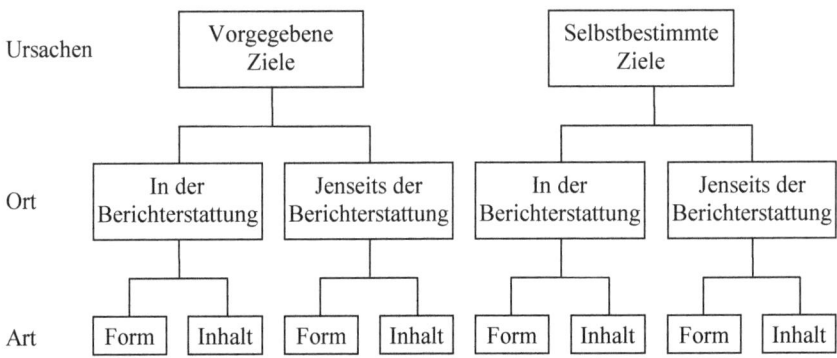

Aus der Typologie kann man zwei naheliegende Folgerungen ableiten. So dienen vermutlich Zielvorgaben für die formale Gestaltung überwiegend der Verbesserung der Wettbewerbsposition von Medien. Dazu gehören die Länge und die sprachliche Gestaltung von Beiträgen, die Verwendung von Fotos und Grafiken, der Einsatz von Farben und Tönen usw. Diese Aspekte betreffen die Mediengestaltung und das Medienmarketing und die entsprechenden Forschungsansätze. Vorgegebene und selbstbestimmte Ziele für den Inhalt der Berichterstattung dienen vermutlich vor allem dem Einfluss der Medien auf die Meinungsbildung ihrer Rezipienten. Dazu gehören die Gewichtung von Themen, Ereignissen und Argumenten. Dies gilt vor allem für die Berichterstattung in und über Krisen, Konflikte und Skandale, die die Einstellungen, Meinungen und Verhaltensweisen der Journalisten und ihrer Leser, Hörer und Zuschauer berühren. Diese Aspekte betreffen die Medienwirkung und die politische Kommunikation und die hier relevanten Forschungsansätze. Sie stehen im Zentrum der folgenden Überlegungen.

Bei allen Krisen, Konflikten und Skandalen gibt es zahlreiche Informationen, die das Geschehen bedeutend oder unbedeutend erscheinen lassen und die für oder gegen seine Protagonisten sprechen. Weil solche Informationen für die Protagonisten und ihre Ziele schädlich oder nützlich sind, kann man sie als instrumentelle Informationen bezeichnen. Entsprechend kann man ihre Gegenstände instrumentelle Gegebenheiten nennen. Ein Beispiel sind Berichte über angebliche Materialfehler als Ursache eines Eisenbahnunfalls, die gegen die Herstellerfirma sprechen. Je häufiger darüber berichtet wird und je größer die Beiträge sind, desto mehr schaden sie dem Ansehen der Herstellerfirma. Dieser Eindruck kann durch den Hinweis verstärkt werden, dass ähnliche Materialfehler bei einem anderen Eisenbahnunfall zu noch weitaus größeren Schäden geführt haben. Geschieht dies absichtlich, weil die Informationen den Einstellungen oder Meinungen der Journalisten entsprechen, handelt es sich um eine instrumentelle Aktualisierung: Die Informationen werden gezielt aktualisiert, um bestimmte Vorstellungen und Meinungen zu etablieren oder zu verstärken, wobei offen bleiben kann, ob und inwieweit dies tatsächlich gelingt.[16] Gegenstände der instrumentellen Aktualisierung können mehrere Sachverhalte sein:

- Themen – ereignisübergreifende Sachverhalte wie z. B. das Ausmaß fremdenfeindlicher Gewalt,[17] der Stand der Arbeitslosigkeit oder der Anstieg der Energiekosten, die für oder gegen politische oder andere gesellschaftliche Akteure sprechen;
- Ereignisse – einzelne Vorkommnisse,[18] die ähnliche Eindrücke vermitteln können wie z. B. Unfälle in Kernkraftwerken oder Proteste gegen den Bau von Stromleitungen;
- Personen – Experten,[19] Politiker, Künstler und andere Akteure mit bekannten Sichtweisen;
- Fakten – Folgen von Unfällen,[20] Ergebnisse von Messungen usw.

Die instrumentelle Aktualisierung kann verschiedene Typen und Valenzen von Wirkungen betreffen. Das bewusste Hochspielen zielt darauf, eine erwünschte Wirkung zu erzeugen, das bewusste Herunterspielen zielt dagegen darauf, eine unerwünschte Wirkung zu vermeiden. In beiden Fällen kann es sich theoretisch um positive und negative Wirkungen handeln, also um Wirkungen, die eine Person, Organisation oder Institution direkt in einem positiven oder negativen Licht erscheinen lassen. Praktisch kommt in der Konfliktberichterstattung die positive Darstellung eines der Konfliktgegner allerdings kaum vor. Vielmehr unterscheiden sich die Medien vor allem in der Intensität der Negativdarstellung der von ihnen abgelehnten Seite.[21] Ein wesentlicher Grund hierfür besteht darin, dass Journalisten durch die Negativberichterstattung ihrem Selbstbild als Kritiker gerecht werden. Durch die massive Negativdarstellung eines Konfliktgegners können sie zudem, weil in einem Konflikt die explizite Abwertung einer Seite zur impliziten Aufwertung der anderen führt, die andere Seite unterstützen, ohne sich dem Verdacht der Parteinahme auszusetzen.

Eine besondere Form der instrumentellen Aktualisierung ist das bewusste Hochspielen von Informationen, um damit die negativen Wirkungen anderer Informationen zu überdecken und zu vermindern. Diese Praxis gilt in der politischen Kommunikation und in der Unternehmens-PR bei schweren Krisen als Ultima Ratio. Ein Beispiel ist die Skandalisierung des politischen Gegners durch das Hochspielen von möglicherweise schon bekannten Verfehlungen, um damit von bevorstehenden Fehlschlägen der eigenen Seite abzulenken. Ein anderes Beispiel ist das bewusste Hochspielen von bevorstehenden Produktinnovationen (Elektroautos, Computerprogrammen usw.), die von unbefriedigenden Geschäftsentwicklungen ablenken. Über die Akzeptanz und Verbreitung dieser Praxis im Journalismus liegen keine empirischen Daten vor. Abbildung 2 illustriert die erwähnten Formen und verweist auf der Grundlage von bisher vorliegenden empirischen Belegen auf ihre Akzeptanz im Journalismus und ihre Häufigkeit in der Berichterstattung.

Abbildung 2: Formen der instrumentellen Aktualisierung

	Valenz der Wirkungen	Herunterspielen	Hochspielen
Herbeiführen von Wirkungen	Positiv		Praktisch selten*
	Negativ		Praktisch häufig*
Vermeiden von Wirkungen	Positiv	Praktisch selten**	Praktisch selten
	Negativ	Praktisch selten**	Praktisch selten

*Akzeptanz hoch; ** Akzeptanz niedrig.

Bei der instrumentellen Aktualisierung handelt es sich um eine Praxis, die zahlreichen Journalisten durchaus legitim erscheint. So billigte bei der ersten relevanten Umfrage (1984) fast die Hälfte der Journalisten (45 Prozent) mehr oder weniger einhellig das bewusste Hochspielen von Informationen in Konflikten, die die Sichtweisen der Berichterstatter stützen. Dabei bestanden große Unterschiede zwischen den Mitarbeitern verschiedener Mediengattungen. Besonders weit verbreitet war sie unter den Redakteuren der Wochenblätter (76 Prozent), vergleichsweise selten unter den Redakteuren der öffentlich-rechtlichen Fernsehsender (30 Prozent).[22] Wenige Jahre später (1987) billigte sogar über ein Drittel der Rundfunk- und Fernsehräte (37 Prozent), die eine neutrale Berichterstattung sichern sollen, mehr oder weniger entschieden das bewusste Hochspielen von meinungskonformen Informationen durch Rundfunkjournalisten.[23] Das Gegenstück zum bewussten Hochspielen ist das bewusste Herunterspielen von Informationen, die einigen gesellschaftlichen Akteuren nützen und anderen schaden können. Das Herunterspielen von Informationen billigte 1984 nur ein knappes Fünftel der Befragten (17 Prozent). Der Unterschied in der Billigung des bewussten Hoch- und Herunterspielens von instrumentellen Informationen ist darauf zurückzuführen, dass ersteres im Unterschied zu letzterem mit dem Informationsauftrag der Massenmedien und dem Selbstverständnis der meisten Journalisten besser vereinbar ist und damit z. T. sogar gerechtfertigt wird. Eine Variante der instrumentellen Aktualisierung ist die bereits erwähnte, bewusste Übertreibung von Missständen mit dem Ziel, bestimmte Wirkungen zu erzielen. So fanden es 1998/99 72 Prozent der befragten Zeitungsredakteure akzeptabel, dass Kollegen Missstände übertreiben, wenn dies im Interesse ihrer Beseitigung geschieht.[24]

Die praktische Bedeutung der instrumentellen Aktualisierung ist auf breiter Basis durch mehrere quantitative Inhaltsanalysen der Berichterstattung belegt. So publizierten in Deutschland seit den siebziger Jahren Zeitungen, deren Journalisten sich überwiegend für die Kernenergie aussprachen, vor allem positive Expertenurteile über die Kernenergie, während Tageszeitungen, deren Journalisten sich überwiegend gegen die Kernenergie wandten, genau umgekehrt verfuhren. Ein wesentlicher Grund dafür war, dass die Journalisten bestimmte Aspekte hoch- und entgegengesetzte heruntergespielt haben, um die Entwicklung entsprechend ihrer eigenen Problemsicht zu fördern.[25] In den USA berichteten die wichtigsten Medien entsprechend den nationalen Interessen über den Abschuss eines südkoreanischen Verkehrsflugzeugs durch die UdSSR und eines iranischen Verkehrsflugzeugs durch die USA, bei dem ähnlich viele Menschen starben, sehr unterschiedlich. Während sie den Abschuss des ersten Flugzeugs sehr intensiv thematisierten und als Absicht darstellten, thematisierten sie den Abschuss des zweiten Flugzeugs deutlich seltener und führten ihn auf einen nachvollziehbaren technisch bedingten Irrtum zurück.[26] Hier liegt die Vermutung nahe, dass die amerikanischen Medien bestimmte Aspekte hoch- und heruntergespielt haben, um die handelnden Personen und ihre Herkunftsländer zu be- bzw. entlasten.

Weil Journalisten auch individuelle und kollektive Intentionen verfolgen, kann man die Auswahl und Gewichtungen von Meldungen, Meinungen und Informationen durch ihre Intentionen – z. B. die beabsichtigte Struktur des Nachrichtenangebotes oder die beabsichtigte Wirkung von Veröffentlichungen – final erklären.[27] Abbildung 3 illustriert dies anhand der instrumentellen Aktualisierung des Geschehens.[28] Danach verfolgen Journalisten mit ihrer Berichterstattung Ziele und Zwecke. Ein Mittel hierzu sind Veröffentlichungen, die erwünschte Wirkungen hervorrufen. Um diese Publikationsfolgen herbeizuführen, wählen Journalisten aus Meldungen über zahlreiche Ereignisse jene, die ihnen zweckdienlich erscheinen, für die Publikation aus bzw. bereiten sie entsprechend auf. Dies gilt analog auch für die Meinungen und Informationen in solchen Meldungen. Ihre Aktualität bzw. Publikationswürdigkeit beziehen diese Meldungen nicht aus ihrem Nachrichtenwert, sondern aus ihrer instrumentellen Nützlichkeit. Sie werden nicht publiziert, weil sie bedeutsam und in diesem Sinne aktuell sind, sondern sie werden aktuell und bedeutsam, weil sie publiziert werden. Die Zwecksetzung, Publikationsfolgen und Mittelwahl sind gestrichelt dargestellt, weil es sich hierbei um gedankliche Vorwegnahmen der beobachtbaren Handlungen handelt, die mit durchgezogenen Linien dargestellt sind und in Realzeit ablaufen: Den Ereignissen folgen die Publikation der Journalisten und ihre Publikationsfolgen (Abbildung 3).

Abbildung 3: Finalmodell der instrumentellen Aktualisierung

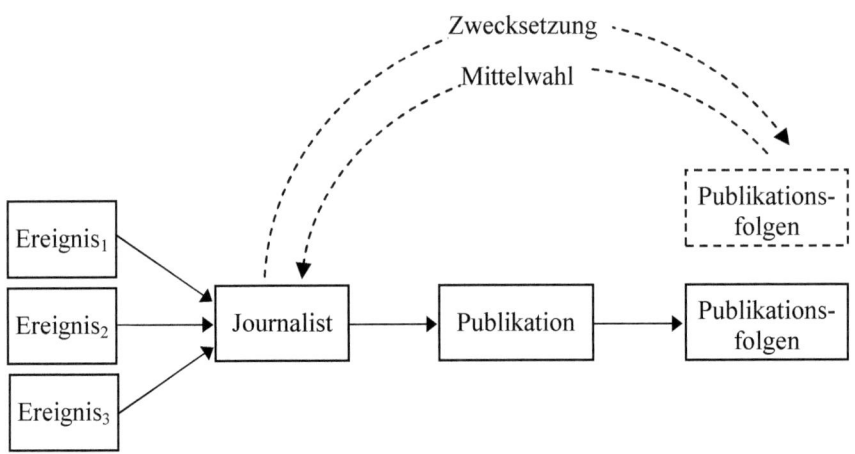

In liberalen Gesellschaften ist die instrumentelle Nützlichkeit von Meldungen keine hinreichende Rechtfertigung für ihre Veröffentlichung bzw. prominente Aufmachung. Die Meldungen können jedoch, wie Joachim Friedrich Staab gezeigt hat,[29] durch mehrere Verfahren unauffällig so verändert werden, dass ihre prominente Präsentation auch nach journalistischen Gesichtspunkten gerechtfertigt erscheint. Dazu gehören Hinweise auf die Bekanntschaft von unbekannten Unfallopfern zu prominenten Personen; die Konzentration auf schwere aber atypische Opfer gewaltsamer Demonstrationen; die Darstellung kleinerer Unfälle als Teil einer Serie von schweren Unfällen ähnlicher Art; die Dramatisierung von großen Risiken durch die Nichterwähnung ihrer geringen Eintrittswahrscheinlichkeit usw. Durch solche Verfahren kommen Nachrichtenfaktoren mit hohen Nachrichtenwerten (Prominenz, Gewalt, potenzieller Schaden usw.) in die Meldungen, die ihre Veröffentlichung bzw. prominente Aufmachung gerechtfertigt erscheinen lassen. Im Ergebnis handelt es sich hierbei, auch wenn sich Journalisten normalerweise nicht an abstrakten Nachrichtenfaktoren, sondern an konkreten Ereignismerkmalen orientieren, um eine instrumentelle Aktualisierung von Nachrichtenfaktoren: Sie werden zielgerichtet eingesetzt, um einen intendierten Zweck zu erreichen – die Publikationswürdigkeit einer Meldung zu erhöhen. Hierbei gehen die Mitarbeiter verschiedener Mediengattungen unterschiedlich vor. So nutzen z. B. Fernsehjournalisten vor allem entsprechendes Bildmaterial, Boulevardjournalisten akzentuieren Konflikte aller Art, Journalisten bei Regionalblättern betonen Beziehungen der Erscheinungsorte zu Weltstädten usw. Dies ändert jedoch nichts an der praktischen Bedeutung der Vorgehensweise und ihrer theoretischen Erklärung als Folge intendierter Zwecke.

Kausale Interpretation der instrumentellen Aktualisierung

Finale Erklärungen kann man in Anlehnung an Nicolai Hartmann als gedanklich überformte kausale Erklärungen bezeichnen, die dann zulässig sind, wenn es um bewusst handelnde Akteure geht, weil nur sie Ziele und Zwecke setzen und die entsprechenden Mittel wählen können.[30] Daraus folgt im Umkehrschluss nicht, dass man das Verhalten von bewusst handelnden Akteuren notwendigerweise final erklären muss. Theoretisch kann man auch das intentionale, zweckgerichtete Handeln etwa von Journalisten kausal erklären. Dies ist im Fall der Auswahl und Gewichtung von Nachrichten dann möglich, wenn man die Ziel- und Zwecksetzungen der Journalisten als Folge ihrer Handlungsdispositionen, etwa ihrer politischen Einstellungen interpretiert. Die Ursachen ihrer Publikationsentscheidungen liegen dann, was eine Voraussetzung für kausale Erklärungen ist, vor der Zwecksetzung. Die politischen Einstellungen sind bei dieser Betrachtung eine Ursache der politischen Motive von Journalisten, die ihre beruflichen Entscheidungen beeinflussen. Abbildung 4 verdeutlicht diesen Zusammenhang.

Abbildung 4: Kausalmodell der instrumentellen Aktualisierung

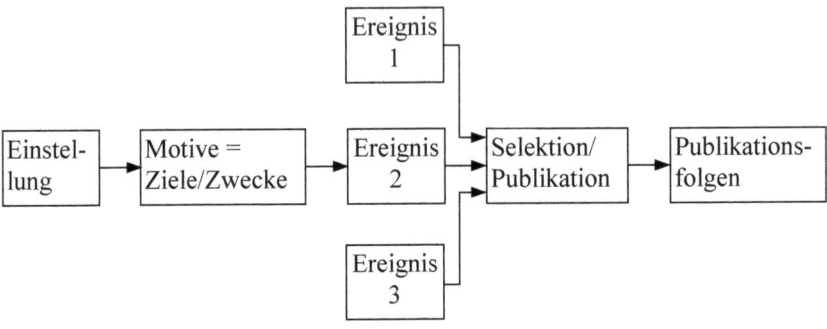

Implikationen der finalen und kausalen Interpretationen

Ob eine rein kausale Interpretation des Zusammenhangs sinnvoll und möglich ist, hängt von theoretischen und methodischen Voraussetzungen ab. Zu den theoretischen Voraussetzungen gehört das Menschenbild, das der Erklärung zugrunde liegt. Geht man von einem mechanistischen Menschenbild aus, wonach alle Verhaltensweisen kausal determiniert sind und kein Raum für freie Willensentscheidungen bleibt, ist eine rein kausale Erklärung zulässig und notwendig. Für die individuelle Freiheit von Journalisten ist in diesem Modell kein Platz, weil alle Entscheidungen, auch wenn das dem Handelnden nicht bewusst ist, determiniert sind. Was sie als freie Entscheidung verstehen, ist in Wirklichkeit einem komplexen Reiz-Reaktions-Mechanismus unterworfen. Diesem Modell liegt eine reduktionistische Konzeption der Sozialwissenschaften zugrunde, die Thomas Hobbes im „Leviathan" (1651) vorgestellt hat und ihren neuesten Ausdruck in einigen Spielarten der Hirnforschung findet. Danach lassen sich theoretisch alle Gedanken, Gefühle und Handlungen letztlich auf bio-chemische Prozesse zurückführen.[31] Diese Vorstellung ist mit der Idee der Pressefreiheit unvereinbar. Sie beruht auf der Überzeugung, dass Journalisten im Rahmen von rechtlichen und organisatorischen Vorgaben entsprechend ihren individuellen Sichtweisen berichten und kommentieren können.

Geht man von einem Menschenbild aus, wonach sich die Handelnden innerhalb von mehr oder weniger engen Grenzen frei entscheiden können, ist eine rein kausale Erklärung ihres Verhaltens nicht zielführend, weil man Absichten der Handelnden in Rechnung stellen muss, die man nicht lückenlos kausal erklären kann. In diesem Modell besteht vielmehr ein nicht aufhebbarer Spielraum für Verhaltensalternativen, und die Entscheidung zwischen ihnen lässt sich nicht völlig aufklären. Das betrifft auch die Intentionen, die solchen Entscheidungen zugrunde liegen. Diese Vorstellung liegt implizit der Idee der Pressefreiheit zugrunde. Dazu gehört auch die Freiheit der Journalisten, die Themen, Ereignisse, Personen und Fakten so zu gewichten, dass sie das aktuelle Geschehen aus ihrer Sicht genau wiedergeben und das zukünftige Geschehen nach ihren Maßstäben prägen.

Zu den methodischen Voraussetzungen einer rein kausalen Interpretation der Nachrichtenauswahl gehören zwei Sachverhalte. Zum einen müssen die Einstellungen der Journalisten einen erheblichen Einfluss auf die politischen Motive (Ziele) ihres beruflichen Handelns besitzen. Nur dann kann man das berufliche Handeln hinreichend aus ihren politischen Einstellungen ableiten. Dies mag zwar in Einzelfällen zutreffen, entspricht jedoch nicht dem Normalfall, weil die politischen Einstellungen einen zwar signifikanten aber nur moderaten Einfluss auf die politischen Meinungen von Journalisten besitzen.[32] Zum anderen müssen die politischen Einstellungen der Journalisten und die Motive ihres beruflichen Handelns sehr gut bekannt sein, um damit ihre Selektionsentscheidungen hinreichend genau prognostizieren zu können. Solche Daten liegen jedoch meist nicht vor und lassen sich nach heutigem Kenntnisstand auch nicht ermitteln. Aus den genannten Gründen ist es zwar theoretisch möglich, zweckorientierte Selektionsentscheidungen von Journalisten rein kausal zu erklären, praktisch jedoch nicht erfolgversprechend.

Folgerungen

Eine zumindest teilweise kausale Erklärung der instrumentellen Aktualisierung von Themen, Ereignissen, Personen und Fakten besitzt den Vorteil, dass die Beziehungen zwischen den Ursachen (Nachrichtenfaktoren und Nachrichtenwerten) und den Wirkungen (der Tatsache und der Intensität der Publikation) theoretisch und methodisch eindeutig sind. Sie hat jedoch den Nachteil, dass offensichtliche Ursachen der Entscheidungen (Ziele und Zwecke) nicht berücksichtigt werden und aus den genannten Gründen auch nicht berücksichtigt werden können. Dies bedeutet, dass wesentliche Ursachen der politischen Kommunikation, der Krisenkommunikation, der Risikokommunikation usw. nicht angemessen erklärt werden können. Zudem vermittelt eine rein kausale Erklärung, indem sie eine stark werthaltige Berichterstattung auf wertfreie, technokratische Entscheidungen zurückführt, ein falsches Bild vom Charakter der Berichterstattung. Darüber hinaus stellt eine rein kausale Erklärung, indem sie die individuellen und kollektiven Sichtweisen im Journalismus ausblendet, die Freiheit des Berufs infrage: Wo rein wertfrei und technokratisch entschieden wird, ist kein Platz für individuelle und kollektive Präferenzen. Dazu gehört auch die Freiheit der Journalisten, die Themen, Ereignisse, Personen und Fakten so zu gewichten, dass sie das aktuelle Geschehen aus ihrer Sicht genau wiedergeben und das zukünftige Geschehen nach ihren Maßstäben prägen.

Eine rein finale Erklärung der instrumentellen Aktualisierung besitzt den Nachteil, dass die Selektionsentscheidungen durch Ziele und Zwecke erklärt werden, deren Verwirklichung unsicher ist. Dies trifft vor allem auf Selektionsentscheidungen zu, die bestimmte Wirkungen erzielen oder vermeiden sollen. Deshalb hängt die logische Stringenz solcher Entscheidungen von der Überzeugung der Journalisten ab, dass ihre Entscheidungen den intendierten Zielen und Zwecken dienen: Je fester sie davon überzeugt sind, desto aussagekräftiger sind Erklärungen ihres darauf beruhenden Verhaltens. Dagegen ist es unerheblich, ob ihre Erwartungen eintreten. Eine zumindest teilweise finale Erklärung der instrumentellen Aktualisierung besitzt den Vorteil, dass sie Journalisten als Berufsangehörige begreift, die im Rahmen von rechtlichen und organisatorischen Vorgaben entsprechend ihren subjektiven Überzeugungen auch intentional handeln. Diese subjektiven Elemente der Berichterstattung sind die Quellen von Chancen und Risiken, ohne die es keine Pressefreiheit gibt.

---

[1] Genau genommen handelt es sich nicht um das Geschehen selbst, sondern die verfügbaren Informationen darüber. Diese Differenz ist für die folgenden Überlegungen jedoch bedeutungslos und wird deshalb vernachlässigt.

[2] Vgl. hierzu die Beiträge „Der Nachrichtenwert der Nachrichtenfaktoren" und „Der prognostische Gehalt der Nachrichtenwerttheorie". In diesem Band, S. 61-75 und S. 77-99 sowie die dort referierte Literatur.

[3] Vgl. hierzu den Beitrag „Der prognostische Gehalt der Nachrichtenwerttheorie". In diesem Band, S. 77-99.

[4] Vgl. hierzu den Beitrag „Rationalität und Ethik im Journalismus". In diesem Band, S. 179-205.

[5] Vgl. hierzu Siegfried Weischenberg / Maja Malik / Armin Scholl (Hrsg.): Die Souffleure der Mediengesellschaft. Report über die Journalisten in Deutschland. Konstanz 2006, S. 107.

[6] Ebenda.

[7] Vgl. hierzu den Beitrag „Erlaubte Übertreibungen im Journalismus". In diesem Band, S. 165-178.

[8] Vgl. hierzu auch Kerstin Knirsch: Zweck und Mittel im Journalismus. Warum Journalisten die Wirklichkeit gelegentlich anders darstellen als sie sie sehen und wie sie mit den Folgen umgehen. Diss. Phil. Mainz 2005.

[9] Vgl. Michael Schenk: Medienwirkungsforschung. Tübingen [2]2002, S. 150-179, 206-209; S. 627-690. Zur empirischen Evidenz der Eskapismustheorie siehe Hans Mathias Kepplinger: Identifikation mit Fernsehfiguren. In: Derselbe: Medieneffekte. Wiesbaden 2010, S. 69-83.

[10] Zur Logik der funktionalen Analyse vgl. Robert K. Merton: Manifest and Latent Functions. Toward the Codification of Functional Analysis in Sociology. In: Derselbe: Social Theory and Social Structure. New York/London [11]1967, S. 19-84.

[11] Vgl. Malcolm W. Klein / Nathan Maccoby: Newspaper Objectivity in the 1952 Campaign. In: Journalism Quarterly 31 (1954) S. 285-296.

[12] Vgl. Ruth C. Flegel / Steven H. Chaffee: Influences of Editors, Readers, and Personal Opinions on Reporters. In: Journalism Quarterly 48 (1971) S. 645-651. Siehe hierzu auch die international vergleichende Studie von Thomas E. Patterson / Wolfgang Donsbach: News Decisions: Journalists as Partisan Actors. In: Political Communication 13 (1996) S. 455-468.

[13] Vgl. Jean S. Kerrick / Thomas E. Anderson / Luita B. Swales: Balance and the Writer's Attitude in News Stories and Editorials. In: Journalism Quarterly 41 (1964) S. 207-215.

[14] Vgl. Gertrude J. Robinson: Foreign News is Non-Linear in Yugoslavia's Tanjug Agency. In: Journalism Quarterly 47 (1970) S. 340-351.

[15] Vgl. Carsten Reinemann / Marcus Maurer: Schröder gegen Merkel. Das TV-Duell im Bundestagswahlkampf 2005. Wiesbaden 2007, S. 7-17, dort S. 15. Siehe hierzu auch Marcus Maurer / Carsten Reinemann: Schröder gegen Stoiber. Nutzung, Wahrnehmung und Wirkung der TV-Duelle. Wiesbaden 2003, S. 39-48.

[16] Vgl. hierzu auch Uwe Hartung: Instrumental Actualization. In: Wolfgang Donsbach (Hrsg.): The International Encyclopedia of Communication. Malden 2008, Band V, S. 2.295-2.297.

[17] Vgl. Frank Esser: Fremdenfeindlichkeit als Medienthema und Medienwirkung. Deutschland im internationalen Scheinwerferlicht. Wiesbaden 2002.

[18] Ein Beispiel hierfür ist die Darstellung des Abschusses von zwei Verkehrsflugzeugen durch die UdSSR und die USA in den amerikanischen Medien. Vgl. Robert M. Entman: Framing U.S. Coverage of International News. Contrasts in Narratives of the KAL and Iran Air Incidents. In: Journal of Communication 41 (1991) S. 6-27.

[19] Vgl. Hans Mathias Kepplinger: Künstliche Horizonte. Folgen, Darstellung und Akzeptanz von Technik in der Bundesrepublik. Frankfurt 1989, S. 145 f. 148; Hans Mathias Kepplinger / Simone Christine Ehmig / Christine Ahlheim: Gentechnik im Widerstreit. Zum Verhältnis von Wissenschaft und Journalismus. Frankfurt 1991, S. 131-136. Siehe hierzu auch Lutz Hagen: Die opportunen Zeugen. Konstruktionsmechanismen von Bias in der Zeitungsberichterstattung über die Volkszählungsdiskussion. In: Publizistik 37 (1992) S. 444-460.

[20] Ein Beispiel ist die Darstellung der tatsächlichen und vermeintlichen Folgen des Ortho-Nitroanisol-Unfalls bei der Hoechst AG am 22. Februar 1993. Vgl. Hans Mathias Kepplinger / Uwe Hartung: Störfall-Fieber. Wie ein Unfall zum Schlüsselereignis einer Unfallserie wird. Freiburg i. Br. 1995, S. 55-58. Ein neueres Beispiel ist die instrumentelle Aktualisierung der von einem Tsunami verursachten Kernkraftkatastrophe in Japan durch deutsche Medien im Vorfeld von mehreren Landtagswahlen: Die mehrheitlich den GRÜNEN und der SPD und ihrer Atompolitik nahestehenden deutschen Journalisten konzentrierten ihre Berichterstattung extrem auf die möglichen Schäden durch Radioaktivität statt auf das tatsächliche Leid der Bevölkerung. Dies diente – ähnlich wie bei der Berichterstattung über den Reaktorunfall bei Tschernobyl – vor allem einem innerpolitischen Ziel: dem Ausstieg aus der Kernenergie in Deutschland. Dies zeigte sich daran, dass die entscheidende Frage, ob die deutschen Kernkraftwerke in ähnlicher Weise durch Erdbeben und Tsunamis gefährdet sind, ausgeklammert wurde.

[21]Vgl. Hans Mathias Kepplinger / Hans-Bernd Brosius / Joachim Friedrich Staab / Günter Linke: Instrumentelle Aktualisierung. Grundlagen einer Theorie publizistischer Konflikte. In: Max Kaase /

161

Winfried Schulz (Hrsg.): Massenkommunikation. Theorien, Methoden, Befunde. Opladen 1989, S. 199-220, dort S. 213.

[22] Vgl. Hans Mathias Kepplinger: Publizistische Konflikte. In: Friedhelm Neidhardt (Hrsg.): Öffentlichkeit, öffentliche Meinung, soziale Bewegungen. Opladen 1994, S. 214-233, dort S. 226. Bei einer Befragung von Zeitungsredakteuren billigten 1998/99 42 Prozent das bewusste Hochspielen von Informationen, die der Konfliktsicht der Berichterstatter entsprachen. Vgl. Kerstin Knirsch: Rationalität und Ethik im Journalismus. Eine empirische Untersuchung zur Berufsauffassung von Journalisten. Mainz 1999, S. 105 (unveröffentlichte Magisterarbeit).

[23] Vgl. Hans Mathias Kepplinger: Der Einfluss der Rundfunkräte auf die Programmgestaltung der öffentlich-rechtlichen Rundfunkanstalten. In: Ernst-Joachim Mestmäcker (Hrsg.): Offene Rundfunkordnung. Gütersloh 1988, S. 453-493, dort S. 457.

[24] Vgl. hierzu den Beitrag „Erlaubte Übertreibungen im Journalismus". In diesem Band, S. 165-178.

[25] Vgl. hierzu Hans Mathias Kepplinger: Die Konstruktion der Kernenergiegegnerschaft. In: Derselbe: Realitätskonstruktionen. Wiesbaden 2011, S. 205-232. Siehe hierzu auch Winfried Schulz / Harald Berens / Reimar Zeh: Der Kampf um Castor in den Medien. München 1998, S. 21 ff. 82 ff.

[26] Vgl. Robert Entman, a. a. O. Siehe hierzu auch Edward S. Herman: Diversity of News: „Marginalizing" the Opposition. In: Journal of Communication 35 (1985) S. 135-146; S. Robert Lichter / Stanley Rothman / Linda S. Lichter: The Media Elite. New York 1986.

[27] Vgl. hierzu auch Joachim Friedrich Staab: Nachrichtenwert-Theorie. Formale Struktur und empirischer Gehalt. Freiburg i. Br. 1990, S. 93-111. Zur logischen Analyse der Beziehungen vgl. Nicolai Hartmann: Teleologisches Denken. Berlin 1966. Siehe hierzu auch den Vergleich zwischen einer kausalen und finalen Interpretation auf Basis der gleichen Daten in Hans Mathias Kepplinger: Politische und publizistische Funktionen von Kleinen Anfragen. In: Derselbe: Politikvermittlung. Wiesbaden 2009, S. 99-115.

[28] Vgl. hierzu Hans Mathias Kepplinger: Instrumentelle Aktualisierung. Mainz 1984 (unveröffentlichtes Manuskript); Hans Mathias Kepplinger / Hans-Bernd Brosius / Joachim Friedrich Staab / Günter Linke: Instrumentelle Aktualisierung. Grundlagen einer Theorie publizistischer Konflikte, a. a. O. Siehe hierzu auch Uwe Hartung: Instrumental Actualization, a. a. O.

[29] Vgl. hierzu Joachim Friedrich Staab: Nachrichtenwert-Theorie, a. a. O., S. 173-201. Siehe hierzu auch Ines Engelmann: Journalistische Instrumentalisierung von Nachrichtenfaktoren. In: Medien & Kommunikationswissenschaft 58 (2010) S. 525-543.

[30] Vgl. Nicolai Hartmann: Teleologisches Denken, a. a. O., S. 71 ff.

[31] Vgl. Gerhard Roth: Persönlichkeit, Entscheidung und Verhalten: Warum es so schwierig ist, sich und andere zu ändern. Stuttgart [4]2008.

[32] Vgl. hierzu den Beitrag „Der Einfluss politischer Einstellungen auf die Nachrichtenauswahl". In diesem Band, S. 101-129.

Erlaubte Übertreibungen im Journalismus

Viele Skandale beruhen auf der übertriebenen Darstellung von tatsächlich vorhandenen Missständen. Beispiele hierfür sind die Darstellung der Gefahren durch die Ölbrände als Folge des Golfkrieges;[1] durch die radioaktiv belastete Molke als Folge von Tschernobyl, durch verdorbenes Flüssigei in Nudeln;[2] durch den ortho-Nitroanisol-Austritt bei der Hoechst AG;[3] durch die Versenkung der Brent Spar in der Nordsee;[4] durch den Verzehr des Fleisches von BSE-Rindern;[5] durch die Lungenseuche SARS, die Vogelgrippe, die Schweinegrippe usw. Die Ölbrände wurden in kurzer Zeit gelöscht; die Molke strahlte weniger als die Wachmannschaften, die sie sicherten; vom verdorbenen Flüssigei ging keine ernste Gesundheitsgefahr aus; ortho-Nitroanisol ist kein gefährliches Gift; die Versenkung der Brent Spar im Tiefwasser hätte die Umwelt weniger gefährdet als ihre Abwrackung im Flachwasser; die Wahrscheinlichkeit, durch BSE-Fleisch zu erkranken war im Vergleich zu Alltagsrisiken verschwindend gering; an der Lungenseuche SARS, der Vogelgrippe und der Schweinegrippe sind weltweit wesentlich weniger Menschen gestorben als jedes Jahr an der saisonalen Grippe sterben.

Begrifflich-theoretische Annahmen

Die skizzierten Sachverhalte werfen die Frage auf, weshalb Journalisten zuweilen Schäden und Risiken übertrieben darstellen. Die Bereitschaft zur übertriebenen Darstellung dieser Sachverhalte muss von der entsprechenden Berichterstattung selbst unterschieden werden, weil sich Journalisten u. U. einem Zwang zu Übertreibungen ausgesetzt sehen, die sie selbst missbilligen. Beispiele hierfür sind der Wettbewerb um Auflagen und Reichweiten sowie die redaktionelle Linie bei der Berichterstattung über bestimmte Themen und Ereignisse. In solchen Fällen stellen Journalisten Schäden und Risiken nicht aus eigener Überzeugung übertrieben dar. Zwar wirft das die interessante Frage auf, wie weit sie solchen Zwängen nachgeben dürfen, sie ist aber nicht Gegenstand der vorliegenden Studie. Hier geht es um die Übertreibung aus Überzeugung.

Zur Klärung dieses Aspektes müssen zwei Fälle unterschieden werden – übertriebene Darstellungen aus Unkenntnis und in Kenntnis der Tatsachen. Die tatsächliche Größe von bestehenden oder drohenden Schäden ist Journalisten zum Zeitpunkt der Berichterstattung oft nicht bekannt und auch nicht feststellbar. Sie müssen sich folglich eine Meinung zur Größe des Schadens oder Risikos bilden und können sich dabei irren. In diesem Fall bestehen Differenzen zwischen Realitäten und Realitätssichten und es geht nicht um absichtliche Übertreibungen, sondern um den Umgang mit Ungewissheit. Er ist Gegenstand einer speziellen Analyse und wird hier nicht behandelt.[6] Vielfach ist die tatsächliche Größe von bestehenden oder drohenden Schäden Journalisten zum Zeitpunkt der Berichterstattung aber durchaus bekannt oder kann mit vertretbarem Aufwand festgestellt werden.[7] Sie stellen die Schäden oder Risiken aber größer dar, als sie sie selbst einschätzen. In diesem Fall geht es um Differenzen zwischen Realitätssichten und Realitätsdarstellungen, um absichtliche Übertreibungen. Sie sind Gegenstand dieser Studie.

Untersuchungsanlage

Analysen der Medienberichterstattung zeigen, dass die Medien Probleme gelegentlich übertreiben und Journalisten bestätigen das auch in informellen Gesprächen. Sie stehen jedoch im krassen Widerspruch zum Selbstverständnis von Journalisten, zu dem die Überzeugung gehört, dass sie die Realität so darstellen, wie sie ist: Übertreibungen gibt es nur bei anderen Medien, vornehmlich der Boulevardpresse.[8] Als Teil der eigenen Arbeit sind sie tabu. Die für viele Journalisten provozierende Frage nach der Zulässigkeit von Übertreibungen wurde deshalb im Rahmen einer breiter angelegten Untersuchung in einen ähnlichen thematischen Kontext eingebettet.[9] Die Frage selbst wurde zuvor in mehreren Versionen getestet. Die Tests zeigten, dass Journalisten die Frage eher akzeptieren, wenn man nicht nach der „übertriebenen", sondern nach der „überspitzten" Darstellung von Problemen fragt. Grundlage der Befragung war eine Zufallsauswahl von 360 Tageszeitungsredakteuren.[10] Von den angeschriebenen Redakteuren haben sich nach zweimaligem Nachfassen 158 an der Befragung beteiligt. Der Rücklauf betrug folglich 44 Prozent. Er ist nicht erkennbar verzerrt.

Ergebnisse

Generelle Bereitschaft zu Übertreibungen

Die Ansichten zur Legitimität von Übertreibungen bei der Berichterstattung über Probleme kann man als wichtiges Element des Rollenselbstverständnisses von

Journalisten betrachten. Sie wurden mit folgender Frage ermittelt: „Journalisten stellen Probleme gelegentlich überspitzter dar, als sie nüchtern betrachtet sind. Halten Sie eine solche Darstellung für vertretbar oder nicht?" Ein Viertel (26 Prozent) hielt überspitzte Darstellungen „generell für vertretbar". Dies ist zwar eine beachtliche Minderheit, die jedoch weit davon entfernt ist, die Mehrheit zu bilden, zumal ihr eine ähnlich große Minderheit (20 Prozent) gegenübersteht, die Übertreibungen „generell nicht für vertretbar" hielt. Den Schlüssel zum Verständnis der medieninternen Mechanismen, die zur Rechtfertigung von Übertreibungen führen, liefern jedoch nicht die gegensätzlichen Ansichten. Er findet sich bei der dominierenden Mehrheit: Gut die Hälfte (52 Prozent) der Redakteure hielt überspitzte Darstellungen „in Ausnahmefällen ... vertretbar". Nur sehr wenige Befragte (2 Prozent) verweigerten die Antwort,[11] was ein Anzeichen dafür ist, dass die Frage der Problemsicht der Befragten entsprach. Zwischen den Ansichten der Politik-, Wirtschafts- und Lokalredakteure bestehen keine signifikanten Unterschiede. Man kann die ermittelten Ergebnisse deshalb vermutlich verallgemeinern: Sie geben die Sichtweisen aller Redakteure wieder. Damit stellt sich die Frage, welche Ausnahmen nach Meinung der Redakteure Übertreibungen rechtfertigen.

Rechtfertigung von Ausnahmen

Die Journalisten, die überspitzte Darstellungen in Ausnahmefällen für vertretbar hielten, wurden gefragt: „Was könnte Ausnahmen rechtfertigen?" Vorgegeben waren drei Antworten – „Die Beseitigung eines Missstandes", „Der Reiz einer starken Geschichte" und „Die Zwänge des Wettbewerbs um Leser" – sowie die Möglichkeit zu weiteren Nennungen. Nur wenige Journalisten, die Übertreibungen im Ausnahmefall akzeptabel fanden, waren der Ansicht „die Zwänge des Wettbewerbs" würden eine überspitzte Darstellung von Problemen rechtfertigen. Daraus folgt nicht notwendigerweise, dass Journalisten aus Wettbewerbsgründen keine Missstände übertreiben. Allerdings kann man vermuten, dass sie solche Übertreibungen nur widerwillig und mit schlechtem Gewissen in Kauf nehmen. Auch die Möglichkeit, starke Geschichten zu veröffentlichen, nannten nur relativ wenige Journalisten als einen akzeptablen Grund für Übertreibungen (26 Prozent). Ein ganz anderes Bild zeigt der Blick auf die dritte Antwortvorgabe: Nach Ansicht der weitaus meisten Journalisten, die Übertreibungen im Ausnahmefall für vertretbar hielten, sind überspitzte Darstellungen dann gerechtfertigt, wenn sie der Beseitigung eines Missstandes dienen (Tabelle 1).[12]

Tabelle 1: Akzeptanz von Übertreibungen

Frage: „Was könnte Ausnahmen rechtfertigen?"

– Basis: Alle Journalisten, die Übertreibungen „in Ausnahmefällen" vertretbar finden –

	Rechtfertigende Aufnahmefälle (n=82) %
„Die Beseitigung eines Missstandes"*	88
„Der Reiz einer starken Geschichte"*	26
„Die Zwänge des Wettbewerbs um Leser"*	18
„Diskussionsanregung"**	5
„Als Stilmittel, z. B. in Glossen"**	2
„Um ein Thema klarer herauszuarbeiten"**	1

* Antwortvorgaben, Mehrfachantworten; ** Reaktionen auf die offene Vorgabe: „Anderes und zwar ..."

Bei der Darstellung von Missständen hält folglich nicht nur das Viertel der Redakteure Übertreibungen für vertretbar, das generell keine Probleme darin sieht. Hinzu kommen vier Fünftel der Redakteure, die Übertreibungen normalerweise ablehnen, im Ausnahmefall aber akzeptabel finden, wenn sie der Beseitigung von Missständen dienen. Das sind 46 Prozent aller Redakteure. Damit kann man feststellen, dass 72 Prozent aller Redakteure bei der Berichterstattung über Missstände Übertreibungen akzeptabel finden, wenn dies im Interesse ihrer Beseitigung geschieht. In solchen Fällen billigt nicht nur eine kleine Minderheit, sondern die weit überwiegende Mehrheit Übertreibungen. Folglich können Journalisten, die Missstände übertrieben darstellen, damit rechnen, dass die meisten ihrer Kollegen ihre Darstellung akzeptabel finden, wenn sie erkennen lässt, dass ihr Ziel in der Beseitigung der Missstände liegt – und diese Motivation kann leicht beansprucht und unterstellt werden. Das Risiko der Journalisten, wegen solcher Übertreibungen von Kollegen kritisiert zu werden, ist demnach relativ gering.

Die Chancen der überspitzten Darstellungen von Missständen liegen in der Beseitigung der Missstände, ihre Risiken bestehen in den unbeabsichtigten negativen Nebenwirkungen der Berichterstattung. Dies ist vor allem dann problematisch, wenn die Missstände überspitzter dargestellt werden, als sie nüchtern betrachtet sind. Zu den Risiken gehören die emotionalen und sozialen Folgen übertriebener Darstellungen für die Familien von Menschen, die wegen der Verursachung von Missständen angeprangert wurden; die wirtschaftlichen Folgen übertriebener Darstellungen für Unternehmen, deren Kunden ausbleiben, weil Produktfehler angeprangert wurden; die politischen Folgen übertriebener Darstellung für Parteien, weil Verfehlungen ihrer Führung angeprangert werden usw. Die entscheidende Frage ist in allen Fällen nicht, ob die Missstände vorliegen – das sollte hier unterstellt werden – sondern ob sie entsprechend ihrer Bedeutung angemessen dargestellt werden. Und es geht darum, ob die übertriebene Darstellung im Interesse der Beseitigung des Missstandes auch dann gerechtfertigt ist, wenn sie absehbare negative Nebenfolgen besitzt.

Theoretisch kann man annehmen, dass die Billigung bzw. Missbilligung von Übertreibungen zur Beseitigung von Missständen Ausdruck eines generellen Rollenselbstbildes von Journalisten ist. Ein Aspekt dieses Rollenselbstbildes ist die im Anschluss an theoretische Überlegungen von Max Weber[13] 1977 erstmals empirisch ermittelte Überzeugung, Journalisten sollten ohne Rücksicht auf die Folgen Kritik üben. Sie wurde mit folgender Frage ermittelt: „Wie wichtig sind Ihrer Meinung nach folgende Aufgaben von Journalisten?" Vorgegeben war u. a. die Antwort, Journalisten sollten: „Kritik üben, auch wenn die Folgen nicht zu übersehen sind."[14] Ein Fünftel (22 Prozent) hielt damals diese Aufgabe für „sehr wichtig", zwei Drittel (65 Prozent) für „auch wichtig" und ein Zehntel (10 Prozent) für „unwichtig". Der Rest (3 Prozent) machte keine konkreten Angaben.

Wichtiger als das Rollenselbstbild der Journalisten ist sein Zusammenhang mit ihren Ansichten zu Übertreibungen: Je klarer sich die Journalisten zur Kritik ohne Rücksicht auf die Folgen bekannten, desto eher billigten sie die Übertreibung von Problemen. Dies deutet darauf hin, dass die Bereitschaft zur Billigung der übertriebenen Darstellung von Missständen Teil eines generellen Rollenverständnisses ist. Seinen Kern bildet die Überzeugung, als außen stehender Gutachter aufgrund eigener Kriterien das aktuelle Geschehen wertend darzustellen (Tabelle 2).

Auswirkungen im konkreten Fall

Generelle Vorstellungen der Journalisten von ihren Rechten und Pflichten gehen nicht notwendigerweise mit entsprechenden Ansichten zu konkreten Fällen einher. So ist ein Großteil der Journalisten der Ansicht, sie hätten eine Verantwortung für unbeabsichtigte negative Folgen ihrer Berichte, lehnt dies im konkreten Fall aber ab.[15] Die Ansichten zur Übertreibung von Problemen wurden deshalb anhand eines konkreten Falls ermittelt. Er wurde folgendermaßen beschrieben:

Tabelle 2: Berufsauffassung von Journalisten

Frage: „Wie wichtig sind Ihrer Meinung nach folgende Aufgaben von Journalisten?"

Frage: „Journalisten stellen Probleme gelegentlich überspitzter dar, als sie nüchtern betrachtet sind. Halten Sie eine solche Darstellung für vertretbar oder nicht?"

| Übertreibungen sind ...** | „Kritik üben, auch wenn die Folgen nicht zu übersehen sind"* | | |
	„sehr wichtig" (n=33) %	„auch wichtig" (n=95) %	„un- wichtig" (n=13) %
„... generell ... vertretbar."	39	30	0
„... zur Beseitigung eines Missstandes ... vertretbar."	27	55	69
„... generell nicht ... vertretbar."	33	16	31
Summe	99	101	100

* Ohne Befragte, die keine konkrete Antwort gaben; ** Ohne Befragte, die keine konkrete Antwort gaben oder andere Gründe nannten; p<0,01; Eta=0,18.

„Stellen Sie sich bitte folgende Situation vor: Ein Journalist berichtet in einer den Tatsachen entsprechenden, aber überspitzten Darstellung über unzumutbare Zustände in einem Krankenhaus. Kranke könnten nicht hinreichend gepflegt werden, da nicht genügend Mittel zur Verfügung stehen. Halten Sie in einem solchen Fall eine überspitzte Darstellung für vertretbar oder nicht?" Der Fall polarisierte die Redakteure ungewöhnlich stark: Fast die Hälfte (41 Prozent) hielt eine überspitzte Darstellung in diesem Fall „für vertretbar", etwas mehr als die Hälfte (52 Prozent) hielt sie „für nicht vertretbar". Der Rest (7 Prozent) machte keine konkreten Angaben.

Je eindeutiger die Journalisten Übertreibungen generell billigten, desto eher waren sie der Ansicht, dass in der geschilderten Situation eine überspitzte Darstellung akzeptabel sei. Zwar ist der Zusammenhang wegen der kleinen Fallzahlen statistisch nicht signifikant, aufgrund seiner Struktur jedoch eindeutig. Das Rollenselbstverständnis der Journalisten schlägt sich m. a. W. in ihren Urteilen über das richtige Verhalten in einer konkreten Situation nieder. Dies dürfte sich nicht nur auf die Publikationen der Journalisten auswirken, die die jeweiligen Ansichten vertreten. Weil jeder einzelne Journalist in einer Redaktion Teil der Bezugsgruppe ist, an der sich seine Kollegen orientieren, schafft das Rollenverständnis – je nach der vorherrschenden Meinungsverteilung in den Redaktionen – ein Meinungsklima, das Übertreibungen befördert oder behindert (Tabelle 3).

Tabelle 3: Zusammenhang zwischen genereller Einstellung und Urteilen im konkreten Fall

Frage und Beispielfall vgl. Text

Eine überspitzte Darstellung der Situation im Krankenhaus ...	Journalisten, die überspitzte Darstellungen...		
	... generell vertretbar finden	... zur Beseitigung eines Missstands vertretbar finden	... generell nicht vertretbar finden
	(n=41) %	(n=72) %	(n=30) %
„... halte ich für vertretbar."	61	40	30
„... halte ich für nicht vertretbar."	34	54	67
„Weiß nicht, kann man nicht sagen."	5	6	3
Summe	100	100	100

Ohne Befragte, die keine konkrete Antwort gaben oder andere Gründe nannten; n. s.

Ansichten zur Wirkung der Massenmedien

Eine Ursache der Akzeptanz der übertriebenen Darstellung von Schäden und Risiken kann die Überzeugung von Journalisten sein, ihre Berichterstattung hätte ohnehin keine Wirkung. Deshalb brauche man darauf keine Rücksicht zu nehmen. Bei der Diskussion dieser These muss man zwei Wirkungsarten unterscheiden – die Wirkung der Berichterstattung auf die Masse der Leser, Hörer und Zuschauer und ihre Wirkung auf diejenigen, die Protagonisten der Berichterstattung sind sowie ihr direktes Umfeld, das sich durch die Berichte direkt angesprochen fühlen kann – Verwandte, enge Freunde und Mitarbeiter.[16] In diesem Zusammenhang muss man, weil negative Effekte die Protagonisten der Berichterstattung und die Gesellschaft insgesamt betreffen können, die Wirkungen auf diese beiden Personenkreise unterscheiden. Zudem muss man den Einfluss einzelner oder einiger weniger Beiträge und den Einfluss einer großen Zahl von ähnlichen Beiträgen in allen oder vielen Medien in Rechnung stellen. Daraus ergibt sich eine Typologie von vier Fällen: Effekte weniger Beiträge auf die Gesellschaft bzw. auf die Protagonisten und Effekte vieler ähnlicher Beiträge auf die Gesellschaft bzw. die Protagonisten. Die Einschätzung von wenigen bzw. vielen Beiträgen auf die Gesellschaft bzw. die Protagonisten der Berichterstattung wurde mit folgender Frage ermittelt: „Über die Wirkung der Massenmedien gibt es unterschiedliche Ansichten. Bitte notieren Sie, ob Sie die folgenden Thesen für richtig oder falsch halten." Anhand einer fünfstufigen Skala, die mit „definitiv richtig", „eher richtig als falsch", „weder noch", „eher falsch als richtig" bzw. „definitiv falsch" beschriftet war, sollten fünf Thesen beurteilt werden. Für die folgende Darstellung werden die Antworten auf die beiden ersten Skalenpunkte zusammen betrachtet und dem Rest gegenüber gestellt.

Nach Angaben von nahezu zwei Dritteln (62 Prozent) der Journalisten besitzen einzelne Berichte „keinen nennenswerten Einfluss" auf die Gesellschaft. Das stimmt mit dem überein, was man in der öffentlichen Diskussion meist hört. Allerdings kann die Berichterstattung nach Ansicht nahezu aller Journalisten (95 Prozent) „einen erheblichen Einfluss auf die Gesellschaft besitzen, wenn alle meinungsbildenden Medien ein Thema aufgreifen". Dies steht im krassen Widerspruch zu dem, was man in der öffentlichen Diskussion hört – aber genau darum geht es: die wiederholte und konsonante Übertreibung von Gefahren. Die Ansichten zur Wirkung der Berichterstattung auf die Gesellschaft insgesamt unterscheiden sich erheblich von der Einschätzung der reziproken Effekte der Berichte, ihren Einflüssen auf die Protagonisten der Berichterstattung. Nahezu alle Journalisten (96 Prozent) waren der Überzeugung, dass auch „einzelne Beiträge ... einen erheblichen Einfluss" auf die Protagonisten der Berichterstattung ausüben können. Man könnte vermuten, die Journalisten wären der Meinung, die Betroffenen seien daran selbst schuld. Dies trifft jedoch nicht zu. Die relative Mehrheit (49 Prozent) hielt dieses Entlastungsargument mehr oder weniger entschieden für falsch, nur eine Minderheit (32 Prozent) für mehr oder weniger richtig.

Damit kann man feststellen, dass die Mehrheit der Journalisten keineswegs starke Medienwirkungen generell bestreitet. Sie unterscheiden vielmehr klar zwischen den Effekten weniger und vieler Beiträge sowie zwischen den Effekten auf die Gesellschaft und die Protagonisten der Berichterstattung. In der Praxis geht es nur um die Wirkung vieler Berichte auf die Gesellschaft, bzw. um die Effekte auch von relativ wenigen Berichten auf die Protagonisten der Berichterstattung. Weil fast alle Journalisten (95 bzw. 96 Prozent) mehr oder weniger entschieden der Ansicht sind, dass die Berichterstattung in solchen Fällen Wirkungen besitzt, erübrigt sich eine Differenzierung in Befragte, die überspitzte Darstellungen für vertretbar oder nicht für vertretbar halten: Auch diejenigen, die sie vertretbar finden, gehen davon aus, dass die Berichterstattung unter den genannten Bedingungen Wirkungen besitzt.

Verantwortung für unbeabsichtigte Folgen von Übertreibungen

Die übertriebene Darstellung von Missständen kann erhebliche Nebenfolgen besitzen, die nicht im Interesse der Journalisten liegen.[17] Einige Beispiele können das illustrieren. Nach dem Reaktorunfall bei Tschernobyl wurden in Deutschland als Folge der übertriebenen Darstellung der Gefahr 5.000 Tonnen radioaktiv schwach belastete Molke in 242 streng bewachten Eisenbahnwagen umhergefahren und dann für 60 Millionen DM in einer eigens gebauten Anlage vernichtet; die Abwrackung der Brent Spar als Folge einer Medienkampagne in Deutschland stellte eine größere Gefahr für die Umwelt dar als die geplante Versenkung, weil in Küstennähe beim Reinigen der Tanks erhebliche Mengen an Benzol und Methan auftraten; als Folge der übertriebenen Darstellung der BSE-Gefahr in Deutschland wurden 80.000 Rinder auf Kosten der Steuerzahler geschlachtet und verbrannt, obwohl sie nicht infiziert waren; im Laufe der Jahre mussten in Deutschland etwa 20.000 psychisch Kranke, die sich in postklinischer Behandlung befanden, erneut in geschlossene Anstalten eingewiesen werden, weil sie nach spektakulären Medienberichten ihre Medikamente absetzten und dadurch schwere Rückfälle erlitten hatten.

Aufgrund dieser und zahlreicher anderer Fälle muss man davon ausgehen, dass die übertriebene Darstellung von Missständen erhebliche Nebenfolgen hervorrufen kann. Damit stellt sich die Frage, ob die Journalisten, die die übertriebene Darstellung von Missständen billigen, der Meinung sind, dass die Urheber der Übertreibungen eine moralische Mitverantwortung für diese Nebenfolgen haben. Auch hier muss man aus den oben dargestellten Gründen die generellen Ansichten und die Meinungen anhand von konkreten Fällen unterscheiden. Die generellen Ansichten der Journalisten zur Verantwortung für die Wirkung ihrer Berichte wurden mit folgender Frage ermittelt: „Haben Journalisten für absehbare, aber unbeabsichtigte negative Folgen ihrer Berichterstattung eine Mitverantwortung oder ist das nicht der Fall?" Die Mehrheit (57 Prozent) war der Ansicht, Journalisten hätten dafür „auf jeden Fall eine Mitverantwortung". Eine Minderheit (28 Prozent) war der Überzeugung, sie hätten nur dann eine Mitverantwortung, wenn „die Publikationsentscheidung bei ihnen lag". Nur eine verschwindend kleine Minderheit (5 Prozent) meinte, sie hätten „auf keinen Fall eine Mitverantwortung".[18] Aus diesen Befunden muss man folgern, dass die Annahmen Max Webers, wenn man die allgemeinen Urteile von Journalisten zu ihrer Verantwortung betrachtet, nicht zutreffen. Die weitaus meisten Journalisten (insgesamt 85 Prozent) erkennen durchaus eine generelle Verantwortung auch für die Nebenwirkungen ihrer Berichte.

Ganz anders sieht dies aus, wenn es um die Verantwortung für die Nebenfolgen von Berichten in einem konkreten Fall geht. Sie wurde anhand eines Berichtes über den Kunstfehler eines Arztes und anhand eines Berichtes über fehlerhafte Reparaturen eines Automechanikers ermittelt.[19] Im ersten Fall konnte der Bericht dazu führen, dass der Arzt seine Approbation verliert, was die Krankenversorgung gefährden würde, im zweiten Fall konnte die Familie des Mechanikers unter dem Gerede leiden, das durch seine Bloßstellung entstehen würde. In beiden Fällen war nur etwa die Hälfte (41 Prozent bzw. 50 Prozent) der Journalisten der Ansicht, ein Kollege, der einen entsprechenden Bericht publiziert, sei für dessen Nebenfolgen „mitverantwortlich". Zwischen dem generellen Bekenntnis zur Verantwortung und der Bereitschaft, im konkreten Fall zumindest eine Mitverantwortung zu übernehmen, besteht eine erhebliche Diskrepanz.

Das allgemeine Bekenntnis zur Verantwortung für die Nebenfolgen von Berichten kann man als individuelles Korrektiv zu den jeweiligen Handlungsabsichten betrachten: Wer eine Verantwortung für unbeabsichtigte Folgen von Übertreibungen generell bejaht, wird eine übertriebene Darstellung von Missständen eher unterlassen als derjenige, der eine Verantwortung allenfalls unter bestimmten Bedingungen akzeptiert oder gänzlich ablehnt. Man kann die Ansichten der Kollegen jedoch auch als kollektives Korrektiv ansehen: Wenn die Kollegen eine Verantwortung für unbeabsichtigte Nebenwirkungen erwarten, werden jene, die Übertreibungen generell akzeptabel finden, solche Darstellungen eher unterlassen, als wenn die Kollegen keine derartigen Erwartungen haben.

Diese Vermutung wirft die Frage auf, ob die Journalisten, die Übertreibungen nur im Ausnahmefall billigen, eher eine Verantwortung für negative Nebenfolgen von Berichten sehen als ihre Kollegen, die Übertreibungen generell akzeptabel finden. Die Antwort ist eindeutig: Die Mehrheit der Journalisten, die Übertreibungen nur in Ausnahmefällen billigte (54 Prozent), sah keine größere Verantwortung für die unbeabsichtigten Folgen von Berichten als die Minderheit, die Übertreibungen generell akzeptabel fand (51 Prozent). Mehr Verantwortung forderte nur die Minderheit der Journalisten, die Übertreibungen generell ablehnte. Die Mehrheit der zögerlichen Journalisten wirkt folglich kaum als Korrektiv für die Minderheit, die Übertreibungen generell akzeptiert (Tabelle 4).

Tabelle 4: Billigung von Übertreibungen und Verantwortung für unbeabsichtigte negative Nebenfolgen der Berichterstattung

Frage: „Journalisten stellen Probleme gelegentlich überspitzter dar, als sie nüchtern betrachtet sind. Halten Sie eine solche Darstellung für vertretbar oder nicht?"

Frage: „Haben Journalisten für absehbare, aber unbeabsichtigte negative Folgen ihrer Berichterstattung eine Mitverantwortung oder ist das nicht der Fall?"

	Journalisten, die Übertreibungen ...		
	„generell ... vertretbar" finden	„zur Beseitigung eines Missstands ... vertretbar" finden	„generell nicht ...vertretbar" finden
Verantwortung für unbeabsichtigte Folgen: Journalisten ...	(n=39) %	(n=71) %	(n=31) %
„... haben auf jeden Fall eine Mitverantwortung."	51	54	61
„... haben Mitverantwortung nur, wenn die Publikationsentscheidung bei ihnen lag."	31	32	23
„... haben auf keinen Fall eine Mitverantwortung."	5	4	7
„Weiß nicht, kann man nicht sagen."	13	10	10
Summe	100	100	101

Ohne Befragte, die keine konkrete Antwort gaben oder andere Gründe nannten; n.s.

Zusammenfassung und Folgerungen

Die wichtigsten Ergebnisse kann man in sechs Feststellungen zusammenfassen:

1. Eine Minderheit von einem Viertel der Journalisten hält Übertreibungen generell für vertretbar.
2. Etwa die Hälfte der Journalisten hält sie in Ausnahmefällen für vertretbar. Der wichtigste Ausnahmefall ist die Verhinderung, Verminderung oder Be-

seitigung von Missständen. In solchen Fällen halten weit mehr als zwei Drittel aller Journalisten Übertreibungen für vertretbar.

3. Die Überzeugung, Übertreibungen seien generell vertretbar, hängt mit der Überzeugung zusammen, Journalisten sollten Kritik üben, auch wenn die Folgen nicht zu übersehen sind.

4. Die Meinungen der Journalisten zur Vertretbarkeit von Übertreibungen hängen mit den Meinungen zu Übertreibungen in konkreten Berichten zusammen. Journalisten, die Übertreibungen generell für vertretbar halten, halten sie auch bei der konkreten Darstellung von Missständen für vertretbar.

5. Die meisten Journalisten sind allgemein der Meinung, Journalisten hätten eine Verantwortung für unbeabsichtigte Nebenfolgen ihrer Berichterstattung, allerdings sehen wesentlich weniger eine Verantwortung für unbeabsichtigte Nebenfolgen in konkreten Beispielfällen.

6. Die Meinungen der Journalisten zur Vertretbarkeit von Übertreibungen hängen nicht mit ihrer Meinung zur Verantwortung für unbeabsichtigte negative Nebenfolgen von Berichten zusammen. Journalisten, die Übertreibungen generell für vertretbar halten, akzeptieren eine Verantwortung für negative Nebenfolgen von Berichten nicht häufiger als ihre Kollegen, die Übertreibungen nur in Ausnahmefällen für vertretbar halten.

Die Bereitschaft zur übertriebenen Darstellung von Missständen bzw. die Bereitschaft zur Hinnahme solcher Darstellungen durch Kollegen beruht vermutlich auf einer Kette von impliziten Annahmen, die den meisten Journalisten, die die übertriebene Darstellung von Schäden und Risiken mehr oder weniger akzeptabel finden, kaum bewusst sein dürften:

- Der Missstand muss erstens tatsächlich so groß sein, wie er den Journalisten im Moment erscheint.
- Seine publizistische Übertreibung muss zweitens tatsächlich die beabsichtigten Folgen, die Beseitigung oder Verringerung des Missstandes, bewirken.
- Die beabsichtigten Folgen der übertriebenen Darstellung müssen drittens von allen Betroffenen und Beobachtern als positiv empfunden werden.
- Die übertriebene Darstellung darf viertens keine absehbaren negativen Nebenfolgen besitzen. Dazu gehören die Auswirkungen der Berichterstattung auf diejenigen, die von den Missständen direkt betroffen sind, sowie die Auswirkungen auf die Bevölkerung insgesamt.

Keine dieser Annahmen trifft zweifellos zu, vielmehr erscheinen in allen konkreten Fällen zumindest einige zweifelhaft. Besonders problematisch sind Fälle, in denen übertriebene Darstellungen, die mit der Absicht veröffentlicht werden, Missstände zu beseitigen, unbeabsichtigte negative Nebenfolgen besitzen, die u. U. größer sind als die Missstände, die beseitigt werden sollten.

Das berufsethische Problem bei der übertriebenen Darstellung von Missständen besteht weniger darin, dass viele Journalisten Übertreibungen generell akzeptabel finden. Es besteht schon eher darin, dass die Mehrheit Übertreibungen in Ausnahmefällen billigt, wobei sich diese Journalisten vermutlich im aktuellen Tagesgeschehen kaum ein solides Urteil darüber bilden können, ob der konkrete Fall die Ausnahme wirklich rechtfertigt. Es besteht aber vor allem darin, dass die Mehrheit der Journalisten, die Übertreibungen allenfalls im Ausnahmefall billigt, mit großer Wahrscheinlichkeit im konkreten Fall keine Mitverantwortung der Kollegen für die unbeabsichtigten Nebenfolgen ihrer übertriebenen Darstellungen sieht, vorausgesetzt, die Übertreibung geschieht im „Dienst an der guten Sache". Der erwähnte Sachverhalt besitzt erhebliche Konsequenzen für die Berufstätigkeit von Journalisten und die Problemlösungsfähigkeit der Gesellschaft: Wenn von Journalisten aus Wettbewerbsgründen Übertreibungen erwartet werden, mangelt es im Kollegenkreis an einem entschiedenen Rückhalt bei der Zurückweisung entsprechender Zumutungen. Deshalb sehen sie sich nicht selten genötigt, Missstände aus einem Grund zu übertreiben, den sie selbst nicht gelten lassen. Sie fühlen sich als Opfer von Umständen, deren Ursachen jedoch auch in ihrem eigenen Berufsverständnis liegen.

---

[1] Vgl. Hans Mathias Kepplinger: Über den Umgang mit Ungewissheit. In: Derselbe: Realitätskonstruktionen. Wiesbaden 2011, S. 99-115.
[2] Vgl. Michael Lenz: Skandalberichterstattung: Die Entwicklung des „Flüssigei-Skandals" 1985 und der Fall Birkel. München LMU (nicht im Buchhandel) 1996.
[3] Vgl. Hans Mathias Kepplinger / Uwe Hartung: Störfall-Fieber. Wie ein Unfall zum Schlüsselereignis einer Unfallserie wird. Freiburg i. Br. 1995.
[4] Vgl. Harald Berens: Prozesse der Thematisierung in publizistischen Konflikten. Ereignismanagement, Medienresonanz und Mobilisierung der Öffentlichkeit am Beispiel von Castor und Brent Spar. Wiesbaden 2001. Zur den Risiken der Abwrackung im Flachwasser vgl. *Frankfurter Allgemeine Zeitung* vom 3. September 1999.
[5] Vgl. Sucharit Bhakdi / Jürgen Bohl: Eine kritische Analyse des BSE-Wahnsinns. In: Pharmazeutische Zeitung 12 (2002) vom 19. März 2002; dieselben: Prionen und der „BSE-Wahnsinn". Eine kritische Bestandsaufnahme. In: Deutsches Ärzteblatt 99 (2002) Heft 17. Sonderdruck vom 26. April 2002; Roland Scholz: Phantom BSE-Gefahr. Irrwege von Wissenschaft und Politik im BSE-Skandal. In: Umwelt & Gesundheit 3 (2006) S. 94-99.

[6] Vgl. hierzu Hans Mathias Kepplinger: Über den Umgang mit Ungewissheit. In: Derselbe: Realitätskonstruktionen, a. a. O., S. 99-115.

[7] In manchen Fällen weichen mehrere Angaben über die Größe von Schäden und Risiken voneinander ab und Journalisten müssen letztlich selbst entscheiden, welche Angaben sie für richtig halten. Auch hierbei treten wie im ersten Fall u. U. nicht vermeidbare Irrtümer auf, die ebenfalls nicht Gegenstand dieser Studie sind. Hier geht es nur um Abweichungen der Darstellung von den subjektiv für richtig gehaltenen Einschätzungen der Journalisten.

[8] Die Überzeugung vieler Journalisten, sie würden die Realität so darstellen, wie sie ist, steht im Gegensatz zu der vielfach geäußerten Ansicht, Objektivität sei im Journalismus unmöglich. Hierzu wäre eine spezielle Studie erforderlich.

[9] Vgl. hierzu den Beitrag „Rationalität und Ethik im Journalismus". In diesem Band, S. 179-205.

[10] Die Stichprobe wurde zweistufig gebildet. Zunächst wurden alle Tageszeitungen aus dem Verzeichnis Zimpel nach Auflagen geschichtet und in drei Gruppen eingeteilt. Aus der ersten Gruppe (bis 100.000) wurden zwei, aus der zweiten Gruppe (100.000-200.000) drei und aus der dritten Gruppe (über 200.000) vier Journalisten befragt. Die Befragung wurde im Winter 1998/99 durchgeführt.

[11] Eine Wiederholung der Frage im Jahr 2002 bei einer repräsentativen Stichprobe von Politik-, Wirtschafts- und Lokalredakteuren bei Zeitungen führte zu einem ähnlichen Ergebnis. Allerdings wurden Übertreibungen seltener generell abgelehnt: Generell vertretbar = 21 Prozent, in Ausnahmefällen vertretbar = 68 Prozent, generell nicht vertretbar = 11 Prozent. Vgl. Kerstin Knirsch: Zweck und Mittel im Journalismus. Warum Journalisten die Wirklichkeit gelegentlich anders darstellen als sie sie sehen und wie sie mit den Folgen umgehen. Diss. Phil. Mainz 2005, S. 85.

[12] Auf die offene Nachfrage rechtfertigten 5 Prozent Übertreibungen als Mittel zur Anregung einer Diskussion, 2 Prozent rechtfertigten sie als Stilmittel z. B. in Glossen und 1 Prozent als Möglichkeit zur klaren Herausarbeitung eines Themas. Beim Vergleich der Antworten ist zu beachten, dass die spontanen Antworten deutlich häufiger genannt worden wären, wenn sie als Antwortvorgaben vorgegeben gewesen wären. Allerdings wären sie wahrscheinlich auch dann nicht so häufig genannt worden wie die Beseitigung der Missstände.

[13] Vgl. dazu den Beitrag „Rationalität und Ethik im Journalismus". In diesem Band S. 179-205 und die dort angegebenen Quellen.

[14] Vgl. Holger Mühlberger: Stille Teilhaber. Zur gesellschaftlichen Integration von Lokaljournalisten. In: Hans Mathias Kepplinger (Hrsg.): Angepasste Außenseiter. Was Journalisten denken und wie sie arbeiten. Freiburg i. Br. 1979, S. 97-114; Simone C. Ehmig: Generationswechsel im deutschen Journalismus. Zum Einfluss historischer Ereignisse auf das journalistische Selbstverständnis. Freiburg i. Br. 2000, S. 161.

[15] Vgl. hierzu den Beitrag „Rationalität und Ethik im Journalismus". In diesem Band S. 179-205.

[16] Vgl. hierzu Hans Mathias Kepplinger: Reziproke Effekte. In: Derselbe: Medieneffekte. Wiesbaden 2010, S. 135-153.

[17] Vgl. zum Folgenden Hans Mathias Kepplinger: Die Mechanismen der Skandalisierung. München 2011 (im Druck).

[18] Der Rest (10 Prozent) gab keine konkrete Antwort.

[19] Vgl. hierzu den Beitrag „Rationalität und Ethik im Journalismus". In diesem Band, S. 179-205.

Rationalität und Ethik im Journalismus

Im Krisenjahr 1919 sprach Max Weber in einer Veranstaltungsreihe des Freistudentischen Bundes in München zweimal zum Thema „Geistige Arbeit als Beruf". Es war die Zeit des gewaltsam niedergeschlagenen Spartakusaufstandes und der ebenso beendeten Räterepublik. Den zweiten Vortrag über „Politik als Beruf" hatte er ursprünglich abgelehnt und nur deshalb übernommen, weil der studentische Initiator der Reihe und spätere Journalist Emanuel Birnbaum damit gedroht hatte, andernfalls werde man den politischen Aktivisten Kurt Eisner, der die Münchner Novemberrevolution angeführt hatte, einladen. Zum gesellschaftlichen und persönlichen Kontext des Vortrags gehörten damit mehrere Elemente, die auch seinen Inhalt ausmachen: Legitime Macht und revolutionäre Gewalt, journalistische Finesse und wissenschaftlicher Geltungsdrang, zielgerichtetes Handeln mit Blick auf mögliche Nebenfolgen und moralische Appelle an die Verantwortung des Wissenschaftlers auch für die Folgen von Unterlassungen. Zur dauerhaften Schnittstelle zwischen Politik und Wissenschaft wurden jedoch nicht Webers aktuelle Ausführungen über den Einsatz von Gewalt als Mittel der Politik angesichts revolutionärer Umtriebe, sondern seine theoretisch-definitorischen Unterscheidungen zwischen Zweck- und Wertrationalität bzw. Verantwortungs- und Gesinnungsethik.

Zweckrational handelt nach Weber, wer sein „Handeln nach Zweck, Mittel und Nebenfolgen orientiert und dabei sowohl die Mittel gegen die Zwecke, wie die Zwecke gegen die Nebenfolgen, wie endlich auch die verschiedenen möglichen Zwecke gegeneinander rational abwägt". *Wertrational* handelt, „wer ohne Rücksicht auf die voraussehbaren Folgen handelt im Dienste seiner Überzeugung von dem, was Pflicht, Würde, Schönheit, religiöse Weisung, Pietät oder die Wichtigkeit einer ‚Sache', gleich welcher Art, ihm zu gebieten scheinen. Stets ist wertrationales Handeln ein Handeln nach ‚Geboten' oder gemäß ‚Forderungen'; die der Handelnde an sich gestellt glaubt".[1] Den beiden Rationalitäten ordnet Weber zwei Ethiken zu. *Verantwortungsethisch* handelt, wer die Verantwortung für die beabsichtigten und unbeabsichtigten Folgen seines Handelns übernimmt und sein Verhalten danach ausrichtet.[2] Voraussetzung hierfür ist, dass der Handelnde die beabsichtigten und unbeabsichtigten Folgen seines Handelns abschätzen kann – dass er die Wirkungen seines Handelns zumindest näherungsweise kennt. *Gesinnungsethisch* handelt, wer sein Verhalten ausschließlich an dominanten Normen orientiert und eine Verantwortung für die unbeabsichtigten Folgen seines Handelns ablehnt. Der Gesinnungsethiker handelt nicht ohne Rücksicht auf ethische Forderungen, er verabsolutiert vielmehr eine Forderung und unterwirft sich ihr bedingungslos.

Nach Weber geht das wertrationale Handeln einher mit einer gesinnungsethischen Orientierung, das zweckrationale mit einer verantwortungsethischen Haltung. Als Beispiel für die Kombination von Zweckrationalität und Verantwortungsethik nennt er das Handeln von Politikern. Als Beispiel für die Kombination von Wertrationalität und Gesinnungsethik verweist er auf Journalisten. Ein charakteristisches Element der Gesinnungsethik ist nach Weber die „unbedingte Wahrheitspflicht", eine Folge davon die Publikation politischer Dokumente ohne Rücksicht auf ihre positiven oder negativen Folgen. Ein bekanntes Beispiel hierfür ist die Publikation von geheimen Dokumenten, die den Interessen eines Staates schaden können. Abbildung 1 zeigt die Besonderheiten der Rationalität und Ethik von Journalisten und Politikern nach Weber.

Abbildung 1:   Rationalität und Ethik von Journalisten und Politikern

		Ethik	
		Gesinnungs-ethik	Verantwortungs-ethik
Rationalität	Wertrationalität	Journalisten	
	Zweckrationalität		Politiker

Webers Unterscheidungen von verschiedenen Rationalitäten und Ethiken, ihre Zuordnung zueinander und ihre Illustration anhand des Verhaltens von Politikern und Journalisten gehören vermutlich zu den am meisten zitierten Passagen der politischen Soziologie. Man könnte deshalb meinen, dass sie die Basis zahlreicher empirischer Untersuchungen bilden, in denen Webers Thesen überprüft wurden. Dies ist jedoch nicht der Fall. Weder die behaupteten Unterschiede zwischen Politikern und Journalisten wurden systematisch untersucht, noch die Zusammenhänge zwischen Rationalität und Ethik. Zwar betrachten verschiedene Autoren die journalistische Ethik auf andere Weise als Weber,[3] auch diese Ausführungen werden jedoch empirisch nicht belegt. Zurückgreifen kann man folglich nur auf Untersuchungen, die einige Elemente von Webers Ausführungen aufgreifen, ohne seine Gesamtkonzeption zu testen. Dabei handelt es sich um

Befragungen von Journalisten aus bestimmten Tätigkeitsfeldern – Politik-, Wirtschafts- und Lokalressorts, Zeitungen und Fernsehsendern usw. Ihre Ergebnisse können deshalb nicht verallgemeinert und z. B. auf Sportredakteure übertragen werden. Sie verdeutlichen jedoch einige generelle Aspekte.

Die Rationalität von Publikationsentscheidungen wurde in einer schriftlichen Befragung von 91 rheinland-pfälzischen Lokaljournalisten anhand des Kunstfehlers eines Arztes untersucht, dessen Bekanntwerden den Arzt vermutlich zur Aufgabe der Praxis zwingen und die Patientenversorgung am Ort erschweren würde.[4] Der wertrationalen Forderung nach einer Publikation des Kunstfehlers ohne Rücksicht auf unbeabsichtigte Nebenwirkungen stimmte nur ein Drittel (34 Prozent) der Befragten zu. Die meisten Lokalredakteure (54 Prozent) vertraten die zweckrationale Ansicht, man müsse im Interesse der Patienten auf eine Publikation verzichten.[5] Die Aussagen der Befragten widersprechen auch dann Webers Annahmen, wenn man konzediert, dass Weber nicht behauptet hat, alle Journalisten würden sich immer in der angenommenen Weise verhalten.

Hinweise auf die Rationalität der Publikationsentscheidungen von Politik- und Wirtschaftsredakteuren gibt auch eine persönliche Befragung von 450 deutschen und 405 britischen Journalisten. Die Journalisten wurden darauf hingewiesen, dass journalistische Beiträge Folgen haben können, die die Urheber nicht beabsichtigt haben.[6] Vorgestellt wurden fünf Fälle – fiktive Berichte über das Privatleben einer Person des öffentlichen Lebens, die der Familie des Betroffenen Unannehmlichkeiten bereiten; über terroristische Aktivitäten, die die Polizeiarbeit behindern; über Gewalttätigkeiten, die zur Nachahmung reizen; über kriminelle Taten von Ausländern, die zu Spannungen zwischen In- und Ausländern führen sowie über den Missbrauch von Sozialleistungen, die Bedürftige mit berechtigten Ansprüchen diskreditieren können. Gefragt wurde, ob ein Journalist einen derartigen Beitrag unter Umständen zurückhalten sollte. Betrachtet man die Urteile der britischen und deutschen Journalisten über alle fünf Fälle, zeigt sich kein Unterschied: Durchschnittlich 54 Prozent der Journalisten in beiden Ländern sprachen sich dafür aus, derartige Meldungen „unter allen Umständen zu veröffentlichen". Durchschnittlich 31 Prozent sprachen sich dagegen aus. Damit argumentierte in beiden Ländern die Mehrheit der Journalisten entsprechend der Annahme Webers wertrational.

Die Übereinstimmung zwischen den Journalisten in beiden Ländern deutet darauf hin, dass die Antworten berufsspezifische Sichtweisen von Journalisten wiederspiegeln, die bedeutsamer sind als kulturelle Unterschiede.[7] Allerdings bestanden im Urteil über die einzelnen Beispiele erhebliche Unterschiede. Im Fall des Berichtes über Einzelheiten aus dem Privatleben entschieden sich 50 Prozent der britischen, jedoch nur 20 Prozent der deutschen Journalisten für eine

Publikation. Im Fall des Berichtes über die Ausländerkriminalität sprachen sich zwar 81 Prozent der Deutschen, jedoch nur 53 Prozent der britischen Journalisten für eine Veröffentlichung aus.[8] Dies ist vermutlich darauf zurückzuführen, dass das Verhältnis zwischen Einheimischen und Ausländern zur Befragungszeit in Großbritannien problematischer war als in Deutschland. Folgt man dieser Interpretation, dann spiegeln die Antworten neben allgemeinen Verhaltenstendenzen im Journalismus auch die spezifische Relevanz ihrer Publikationen wieder – den jeweiligen sozialen Kontext, in dem sie erfolgen.

Als zweckrationales Handeln wurde entsprechend der Argumentation Webers bisher ausschließlich der Verzicht auf Publikationen zur Vermeidung von negativen Nebenwirkungen betrachtet. Entscheidungen für Publikationen sind jedoch, wenn sie gezielte Wirkungsabsichten verfolgen, ebenfalls zweckrationale Handlungen. Dies wirft die Frage auf, ob Journalisten das zweckrationale Publizieren genauso beurteilen wie das zweckrationale Nichtpublizieren. Hinweise darauf gibt eine persönliche Befragung von 207 Presse-, Hörfunk- und Fernsehredakteuren.[9] Die Journalisten wurden gefragt, ob sie es billigen, wenn ein Kollege, der selbst für die 35-Stunden-Woche ist, Informationen, die dafür sprechen, bewusst in den Vordergrund rückt. Gut die Hälfte der Befragten lehnte das bewusste Hochspielen von Informationen ab. Knapp die Hälfte hielt es jedoch für mehr oder weniger akzeptabel. Direkt im Anschluss daran wurde festgestellt, ob es die Redakteure billigten, wenn der Kollege Informationen, die gegen die 35-Stunden-Woche sprechen, bewusst in den Hintergrund treten lässt. Das zweckrationale Herunterspielen der Fakten akzeptierte nur ein Fünftel. Die überwiegende Mehrheit lehnte es ab. Auch wenn es hier nicht um die kategoriale Entscheidung zwischen Publizieren und Nichtpublizieren geht, sondern um eine Gewichtung von Fakten in einem Bericht, sind die Befunde mit Webers Annahme kaum vereinbar.

Aufgrund von Webers genereller These müssten Journalisten beide Versionen des zweckrationalen Verhaltens – das bewusste Hoch- und Herunterspielen – ähnlich häufig ablehnen. Ein wesentlicher Grund für die Divergenz dürfte darin bestehen, dass das bewusste Hochspielen mit einer allgemeinen journalistischen Berufsnorm – der Publikationspflicht – vereinbar ist, während das bewusste Herunterspielen dagegen verstößt. Dies deutet darauf hin, dass Publikationsentscheidungen zwei normative Grundlagen besitzen: die allgemeine Publikationspflicht und den Verzicht auf Wirkungsüberlegungen. Durch die Vernachlässigung einer der beiden Normen werden Publikationsentscheidungen auch dann als wertrationales Verhalten identifiziert, wenn es sich um zweckrationale Verhaltensweisen handelt: Nicht jede Publikationsentscheidung beruht notwendigerweise auf der Publikationspflicht von Journalisten. Zu unterscheiden sind demnach zwei Versionen zweckrationalen Verhaltens: die Nichtpublikation mit

Rücksicht auf negative Nebenwirkungen und die Publikation im Dienste positiver Wirkungen, wobei die Begriffe negativ und positiv die Sichtweise der jeweiligen Journalisten charakterisieren.

Geht man davon aus, dass Journalisten die möglichen Wirkungen und Nebenfolgen ihrer Publikationen in Grenzen abschätzen können, sind zwei Konstellationen denkbar: Die Publikationspflicht kann einhergehen mit negativen Wirkungsvermutungen, d. h. mit Wirkungen, die die Journalisten schlecht finden. In diesem Fall, dem „klassischen" Weber-Fall, geht es darum, ob die Bereitschaft zur Publikation durch die Wirkungsvermutungen herabgesetzt wird. Die Publikationspflicht kann jedoch auch im Einklang mit Wirkungsvermutungen stehen: Die Vermutungen deuten auf positive Folgen hin, d. h. auf Effekte, die die Journalisten gut finden. Im zuletzt genannten Fall geht es erstens darum, ob die Wirkungsvermutungen die Bereitschaft zur Publikation bestärken; zweitens darum, ob die Publikationspflicht zur Bemäntelung von Wirkungsabsichten dient; und drittens darum, ob Journalisten eine Verantwortung für die unbeabsichtigten Nebenfolgen von Publikationen anerkennen, denen unausgesprochene Wirkungsüberlegungen zugrunde lagen.

Die Ansichten von Journalisten über ihre Mitverantwortung für unbeabsichtigte Nebenfolgen ihrer Berichterstattung wurden in einer schriftlichen Befragung von 96 Fernsehredakteuren untersucht.[10] Die Journalisten wurden gefragt, ob ein Journalist für die Folgen eines Berichtes, die er nicht beabsichtigt hat, moralisch verantwortlich ist. Vorgestellt wurden drei Fälle, in denen Berichte mit unterschiedlicher Wahrscheinlichkeit negative Nebenfolgen mit unterschiedlicher Schwere nach sich zogen. Im ersten Fall ging es um einen Bericht über unzureichende Sicherheitsvorkehrungen in einem Museum, der einen Einbruch provozierte (wahrscheinlich, leichte Folge), im zweiten Fall um einen Bericht über einen spektakulären Selbstmord, der mehrere Nachfolgetaten hervorrief (unwahrscheinlich, schwere Folge), im dritten Fall um einen Bericht über eine anonyme Bombendrohung, dem ein Bombenanschlag mit Verletzten folgte (unwahrscheinlich, schwere Folge). Die überwältigende Mehrheit der Befragten lehnte eine moralische Verantwortung für die Nebenfolgen der Beiträge ab. Dies geschah weitgehend unabhängig von der Wahrscheinlichkeit und Schwere der Folgen, was darauf hindeutet, dass sich in den Antworten eine allgemeine, situationsunabhängige Verhaltensdisposition manifestiert. Die Antworten der Fernsehredakteure bestätigen die Annahme, dass sich die weitaus meisten Journalisten gesinnungsethisch verhalten. Einschränkend muss darauf hingewiesen werden, dass sie von einer relativ kleinen Zahl von Journalisten kamen, die zudem alle bei einem Medium, dem Fernsehen, tätig waren. Die Befragung von Fernsehredakteuren liefert deshalb keinen verlässlichen Aufschluss über die ethische Haltung von Journalisten.

Schwerer als die beschränkte Basis der Aussagen wiegen drei theoretische Einwände. Der erste betrifft die unzureichende Entfaltung der Problemstellung: Nicht nur die Publikation eines Beitrags kann negative Nebenfolgen auslösen und die Frage nach der Verantwortung der Berichterstatter aufwerfen. Auch der Verzicht auf eine Publikation kann negative Nebenfolgen besitzen, die in die gleiche Problematik münden. Dies belegt die Fortführung des oben erwähnten Arzt-Beispiels. Denkbar ist z. B., dass der Arzt, nachdem sein Kunstfehler im Interesse der Patienten nicht öffentlich gemacht wurde, weiter praktiziert und dabei einen ähnlichen Fehler macht, der andernfalls nicht geschehen wäre. Ist der Journalist, der über den ersten Kunstfehler nicht berichtet hat, mitverantwortlich an dem zweiten Kunstfehler? Die Frage nach der journalistischen Verantwortung muss folglich zweiseitig gestellt werden. Infrage steht die Verantwortung für die unbeabsichtigten Nebenfolgen der Berichterstattung sowie für die unbeabsichtigten Nebenfolgen der Nichtberichterstattung.

Der zweite Einwand betrifft die unzureichende Operationalisierung der Problematik. Bei allen bisherigen Studien wurden die Rationalität der Publikationsentscheidung und die ethische Beurteilung der Publikationsfolgen getrennt untersucht. Dies ist theoretisch unbefriedigend, weil die ethische Beurteilung einer Handlung auch von ihren spezifischen Umständen abhängt. So dürfte z. B. die ethische Beurteilung des Verzichtes auf die Publikation eines Missstandes davon abhängen, wer davon profitiert – der Urheber des Missstandes oder Dritte. Die getrennte Analyse der beiden Aspekte ist jedoch auch deshalb nicht optimal, weil die Kombination der Befunde aus den verschiedenen Studien Diskrepanzen zwischen der Rationalität und Ethik von Journalisten erkennen lässt, die Webers Annahmen widersprechen. So scheint Gesinnungsethik relativ häufig mit Zweckrationalität einherzugehen. Einen schlüssigen Beweis hierfür gibt es jedoch nicht, weil beides – Rationalität und Ethik – getrennt erfasst wurde. Tatsächlich handelt es sich um Verhaltenseinheiten, die zusammen betrachtet werden müssen, weil man nur so erkennen kann, ob Journalisten, die sich zweckrational verhalten, eher bereit sind, die Verantwortung für unbeabsichtigte Folgen zu übernehmen, als Journalisten, die sich wertrational verhalten.

Der dritte Einwand gilt der Vernachlässigung allgemeiner, fallübergreifender Verhaltensgrundsätze. Antworten auf Fragen nach allgemeinen Grundsätzen belegen vor allem eine ostentative Anerkennung von Normen. In ihnen schlägt sich auch die soziale Wünschbarkeit des Verhaltens nieder. Antworten auf Fragen nach dem richtigen Verhalten in konkreten Situationen manifestieren dagegen eher die individuellen Verhaltensdispositionen der Befragten. Die Fragen nach der Geltung allgemeiner Normen und der richtigen Entscheidung in konkreten Situationen zielen deshalb auf verschiedene Aspekte der gleichen Sache, überindividuelle und individuelle Grundlagen des Verhaltens. Letztere können im konkreten Fall von anderen Entscheidungskriterien überlagert werden – darunter die medientypischen Publikationspraktiken, die jeweilige Konkurrenzsituation, die aktuelle Nachrichtenlage usw.

Untersuchungsanlage

Theoretisch-methodische Vorbemerkungen

Das Ziel der folgenden Studie besteht darin, die theoretischen Implikationen von Webers Annahmen zu entfalten, in Testfragen umzusetzen und in einem Befragungsexperiment zu testen. Dabei werden zwei Betrachtungsebenen unterschieden – allgemeine Urteile über journalistische Verhaltensgrundsätze sowie spezifische Urteile über das Verhalten in konkreten Fällen. Der Unterscheidung liegt die Annahme zugrunde, dass ein markanter Unterschied besteht zwischen allgemeinen Urteilen über die journalistische Rationalität und Ethik einerseits und den Ansichten zu konkreten Fällen andererseits: Wenn allgemeine Urteile erfragt werden, wird sich die Mehrheit der Journalisten zu Verhaltensweisen bekennen, die allgemein in der Gesellschaft als wünschbar gelten. Sie werden folglich zweckrationale Entscheidungen befürworten, die die unbeabsichtigten Nebenfolgen von Publikationen in Rechnung stellen, und sie werden eine Mitverantwortung für die unbeabsichtigten Nebenfolgen von Medienberichten fordern. Wenn konkrete Fälle präsentiert werden, wird sich die Mehrheit der Journalisten zu Verhaltensweisen bekennen, die im Journalismus als wünschbar gelten und auch von den Befragten gebilligt werden. Sie werden folglich wertrationale Entscheidungen ohne Rücksicht auf unbeabsichtigte Nebenfolgen befürworten, und sie werden eine Verantwortung für solche Nebenfolgen gesinnungsethisch ablehnen. Aus diesen Überlegungen kann man zwei Annahmen ableiten:

1. Journalisten sprechen sich allgemein für zweckrationale Publikationsentscheidungen aus, entscheiden sich jedoch anhand von konkreten Fällen wertrational.
2. Journalisten bekennen sich allgemein zur Verantwortungsethik, argumentieren jedoch anhand konkreter Fälle gesinnungsethisch.

Die relevanten Entscheidungskonstellationen wurden systematisch entfaltet und analysiert. Dies geschieht anhand des bereits erwähnten Arzt-Beispiels. Im Kern geht es bekanntlich darum, dass ein Facharzt einen schweren Kunstfehler begeht. Ein Pressebericht darüber und das damit verbundene öffentliche Aufsehen hätten wahrscheinlich zur Folge, dass der Arzt seine Approbation verlieren würde, was

183

die Krankenversorgung vor Ort verschlechtern würde. Unterstellt wird, dass beides nicht im Interesse der Berichterstatter liegt und folglich als unbeabsichtigte negative Nebenfolge der Publikation betrachtet werden kann. Fraglich ist, ob ein Journalist über diesen Kunstfehler berichten oder im Interesse der Patienten bzw. des Arztes auf einen Bericht verzichten soll (Rationalität), und ob der Berichterstatter für die unbeabsichtigten Folgen seines Beitrags moralisch verantwortlich ist (Ethik). Nicht nur die Berichterstattung, auch der Verzicht darauf kann unbeabsichtigte negative Nebenfolgen besitzen: Wenn der Journalist nicht über den Kunstfehler des Arztes berichtet, besteht die Möglichkeit, dass der Arzt erneut einen ähnlich schweren Kunstfehler begeht. Fraglich ist in diesem Fall, ob ein Journalist, der nicht über den ersten Kunstfehler berichtet hat, für die unbeabsichtigten negativen Nebenfolgen der Nicht-Berichterstattung verantwortlich ist.

Die Erweiterung des Fallbeispiels offenbart ein Dilemma: Gleichgültig, ob ein Journalist berichtet oder nicht – er muss in jedem Fall mit unbeabsichtigten negativen Nebenfolgen rechnen, die die Frage nach seiner Verantwortung aufwerfen. Der Zweck des konstruierten Dilemmas besteht nicht darin, den Befragten ins Unrecht zu setzen, sondern eine Situation zu schaffen, die der tatsächlichen Entscheidungsproblematik entspricht: Vor allem bei menschenverursachten Risiken (Kernkraft, Gentechnik, Pharmazeutika usw.) sowie bei schweren Gewalttaten und Gewaltandrohungen (Terrorakte, Erpressungen usw.) können nicht nur positive, sondern auch negative Publikationsentscheidungen unbeabsichtigte Nebenfolgen hervorrufen, die die Frage nach der moralischen Verantwortung von Journalisten aufwerfen. In allen Fällen geht es darum, ob Journalisten für die unbeabsichtigten Nebenfolgen der Publikation bzw. Nichtpublikation verantwortlich sind. Die Bereitschaft von Journalisten zur Anerkennung einer Verantwortung für die unbeabsichtigten Folgen ihrer Entscheidungen hängt im konkreten Fall vermutlich von mindestens drei Faktoren ab, die anhand des erwähnten Fallbeispiels illustriert werden können: erstens von den Nutznießern einer Nichtpublikation (schuldiger Arzt vs. unschuldige Patienten); zweitens von der Art der journalistischen Entscheidung (Publikation vs. Nichtpublikation); drittens von den Leidtragenden einer Publikation oder Nichtpublikation (schuldhafter Arzt vs. unschuldige Patienten). Daraus ergeben sich sechs Entscheidungsstränge. In Abbildung 2 ist zusätzlich die Zahl der entsprechenden Versuchspersonen eingetragen.

Abbildung 2:   Struktur des journalistischen Entscheidungsdilemmas in Risiko-
und Krisensituationen
Beispiel: Kunstfehler eines Arztes

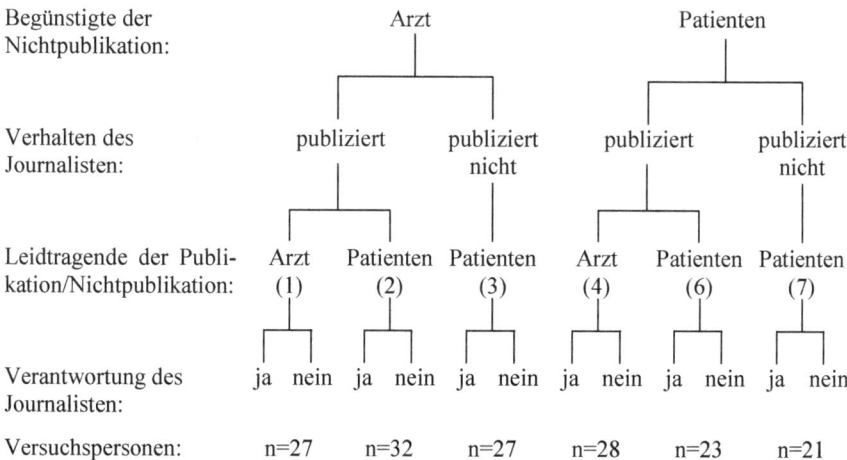

Aufgrund von Webers theoretischen Überlegungen, der bisherigen empirischen
Befunde sowie einer Reihe von Daten zur Berufsauffassung von Journalisten[11]
kann man zu den bereits erwähnten Annahmen fünf weitere formulieren:

1. Journalisten sprechen sich wertrational für die Veröffentlichung eines Be-
    richtes über einen Missstand (hier des Kunstfehlers) aus.
2. Sie sprechen sich eher für die Publikation eines Berichtes über einen Miss-
    stand aus, wenn der Leidtragende seiner erwartbaren Nebenfolgen der Ver-
    ursacher des Missstandes ist (hier der Arzt), als wenn es sich um Dritte han-
    delt (hier die Patienten).
3. Journalisten lehnen generell gesinnungsethisch eine Verantwortung für die
    erwartbaren Nebenfolgen ihrer Entscheidung für oder gegen die Veröffent-
    lichung eines Berichtes über einen Missstand ab.
4. Sie akzeptieren eher eine Verantwortung für die erwartbaren Nebenfolgen
    des Verzichts auf einen Bericht über einen Missstand als für die erwartbaren
    Nebenfolgen der Publikation eines Berichts darüber.
5. Sie akzeptieren eher eine Verantwortung für die erwartbaren Nebenfolgen
    eines Berichtes über einen Missstand, wenn die Leidtragenden unbeteiligte

185

Dritte sind (hier die Patienten), als wenn es sich um die Verursacher des Missstandes handelt (hier der Arzt).

Durchführung

Die Analyse der mehrstufigen Entscheidungsproblematik erfordert eine komplexe experimentelle Versuchsanlage. Dabei bilden die möglichen Nutznießer der Nichtpublikation (Arzt, Patienten) eine Ursache der Publikationsentscheidung (Ja, Nein). Dieser Teil bezieht sich auf die Rationalität des Verhaltens. Die Publikationsentscheidung (Ja, Nein) und die möglichen Leidtragenden einer Publikation bzw. Nichtpublikation (schuldiger Arzt, unschuldige Patienten) stellen die Bedingungen für die Verantwortungsübernahme dar. Dieser Teil betrifft die ethischen Konsequenzen des Verhaltens. Weil zwei Fälle sozial sinnlos sind (Arzt als Nutznießer einer Publikation), genügen dazu die in Abbildung 2 (siehe oben) dargestellten sechs Versuchsgruppen.[12]

Für das Experiment wurden sechs Fragebogen-Versionen erstellt. Alle Fragebögen enthielten die gleichen Fragen nach den allgemeinen Verhaltensorientierungen sowie jeweils verschiedene Fragen nach dem richtigen Verhalten in konkreten Fällen. Neben dem Arzt-Patienten-Fall wurde ein zweiter Fall vorgelegt. Dabei ging es um einen Automechaniker in einer Kleinstadt, der durch verpfuschte Reparaturen die Sicherheit von Fahrzeugen herabgesetzt hat und dessen Familie darunter leiden würde, wenn die Lokalzeitung dies publik machen würde.[13] Die Fragebögen waren so aufgebaut, dass ein Befragter gleiche Versionen der beiden Fälle erhielt – in beiden Fällen wurde z. B. nach der Verantwortung für eine Publikation oder für eine Nichtpublikation gefragt.[14] Um die Darstellung möglichst einfach zu halten, beruhen die folgenden Ausführungen im Wesentlichen auf den Reaktionen anhand des Arzt-Beispiels. Die Antworten auf das Mechaniker-Beispiel werden nur ergänzend erwähnt.

Für die empirische Analyse wurde eine Zufallsauswahl von 360 Tageszeitungsredakteuren angeschrieben, wobei jeweils 60 Befragte eine der sechs Fragebogen-Versionen erhielten.[15] Von den angeschriebenen Redakteuren haben sich nach zweimaligem Nachfassen 158 an der Befragung beteiligt. Der Rücklauf von 44 Prozent kann angesichts der Tatsache, dass Journalisten generell häufig die Mitarbeit bei Befragungen verweigern,[16] sowie angesichts der heiklen Thematik und des notwendigerweise komplexen Fragebogens als guter Wert betrachtet werden. Der Rücklauf ist nicht erkennbar verzerrt. Die sechs Versuchsgruppen bestehen aus durchschnittlich 26 Versuchspersonen. Dadurch sind statistisch gesicherte Aussagen über die Verhaltenspräferenzen und über die Verantwortungsbereitschaft der Befragten möglich.

Ergebnisse

Allgemeine Verhaltensgrundsätze

Rationalität: Die allgemeinen Urteile über zweck- bzw. wertrationale Publikationsentscheidungen wurden mit folgender Frage ermittelt: „Es kommt vor, dass Journalisten über ein wichtiges Ereignis berichten müssten, der Bericht jedoch negative Folgen hätte, die unbeabsichtigt, aber sehr wahrscheinlich sind. Finden Sie, dass Journalisten solche Berichte veröffentlichen oder zurückhalten sollten?" Fast zwei Drittel der Befragten (61 Prozent) sprach sich im Sinne Webers mehr oder weniger entschieden für eine Veröffentlichung aus, ein Fünftel (21 Prozent) dagegen. Dies deutet auf eine wertrationale Orientierung der meisten Zeitungsjournalisten. Allerdings waren nur fünf Prozent der Ansicht, dass man einen solchen Bericht „auf jeden Fall" veröffentlichen sollte. Die Mehrheit (56 Prozent) entschied sich nur zögerlich dafür („eher veröffentlichen als zurückhalten"). Das relativiert die Antworten: Ein Großteil ist sich nicht ganz sicher.[17] Dennoch sprechen diese Werte für Webers These und bestätigen die erste Passage der ersten Annahme.

Ethik: Die allgemeinen Ansichten zur Gesinnungsethik oder Verantwortungsethik wurden mit folgender Frage erhoben: „Haben Journalisten für absehbare, aber unbeabsichtigte negative Folgen ihrer Berichterstattung eine Mitverantwortung oder ist das nicht der Fall?" Über die Hälfte (56 Prozent) stimmte der verantwortungsethischen These zu, dass die Journalisten „... auf jeden Fall eine Mitverantwortung" haben. Ein weiteres Viertel (28 Prozent) stimmte der eingeschränkten These zu, dass sie „... eine Mitverantwortung (haben), wenn die Publikationsentscheidung bei ihnen lag". Dagegen war nur eine verschwindende Minderheit (vier Prozent) der gesinnungsethischen Ansicht, die Journalisten hätten „... auf keinen Fall eine Mitverantwortung". Der Rest war unentschieden oder gab keine konkrete Antwort. Die Antworten der Zeitungsredakteure widersprechen damit Webers These. Dies bestätigt die erste Passage der zweiten Annahme.

Als Zwischenergebnis kann man festhalten: Die Mehrheit der Zeitungsredakteure billigte entsprechend Webers Annahme wertrationale Publikationsentscheidungen – Veröffentlichen ohne Rücksicht auf die Folgen. Die weit überwiegende Mehrheit sprach sich jedoch entgegen Webers These für eine verantwortungsethische Haltung aus. Sie war davon überzeugt, dass Journalisten für die unbeabsichtigten, aber absehbaren negativen Folgen ihrer Berichte eine Verantwortung besitzen. Betrachtet man den Zusammenhang zwischen Rationalität und Ethik, zeigt sich, dass sich fast alle Journalisten, die sich zweckrational äußerten, folgerichtig auch zur Verantwortungsethik bekannten. Allerdings bekannten sich auch die weitaus meisten Journalisten, die sich wertrational äußerten, dazu. Das spricht gegen die von Weber vermutete berufsspezifische Kombination von Wertrationalität und Gesinnungsethik. Demnach ist Webers Typologie auf der Ebene der allgemeinen Verhaltensgrundsätze nicht haltbar (Tabelle 1).

Tabelle 1: Zusammenhang zwischen Rationalität und Ethik von Journalisten auf der Grundlage allgemeiner Stellungnahmen

		Ethik		
		Gesinnungs-ethik	Verantwortungs-ethik	Summe
		n	n	n
Rationalität	Wertrationalität	5	78	83
	Zweckrationaltät	1	32	33
Summe		6	110	116

Ohne: Weiß nicht, keine konkrete Angabe (n=42).

Urteile im konkreten Fall

Rationalität: Die Ansichten der Zeitungsredakteure über das richtige Verhalten im konkreten Fall wurden u. a. anhand des bekannten Arzt-Beispiels ermittelt. Die verschiedenen Varianten wurden in sechs Fragen umgesetzt. Die gleichbleibende Einleitung der Frage lautete: „Stellen Sie sich bitte folgenden Fall vor: Einem Facharzt am Erscheinungsort Ihrer Zeitung unterläuft ein Kunstfehler, der dem Patienten erhebliche Schäden zufügt. Ein Bericht über seinen Fehler hätte wahrscheinlich zur Folge, dass der Arzt seine Approbation verlieren würde. Dies wäre für die Krankenversorgung nicht nur am Ort ein großer Verlust, weil der Arzt ein bekannter Spezialist auf seinem Gebiet ist. Was würden Sie einem Kollegen, der den Fall bearbeitet, raten?" Im Anschluss daran wurde eine wert- und zweckrationale Entscheidung vorgegeben, wobei die Publikation einmal mit Rücksicht auf die Patienten und einmal mit Rücksicht auf den Arzt unterbleiben konnte. Nahezu alle Zeitungsredakteure sprachen sich für einen Bericht über den Kunstfehler des Arztes aus, auch auf die Gefahr hin, dass ein solcher Beitrag unbeabsichtigte negative Nebenfolgen besitzen könnte. Diese wertrationale Haltung war weitgehend unabhängig von den Leidtragenden der Berichterstattung (schuldiger Arzt, unschuldige Patienten) (Tabelle 2).

Tabelle 2: Art der Publikationsentscheidungen
– Arzt-Beispiel –

wertrational	n	zweckrational	n
„Auf die Patienten, die durch den Weggang des Arztes Nachteile hätten, sollte keine Rücksicht genommen werden. Darüber sollte im Interesse der Öffentlichkeit berichtet werden."	65	„Notfalls sollte mit Rücksicht auf die Patienten auf einen Bericht verzichtet werden, auch wenn dadurch ein Missstand verschwiegen wird."	5
„Auf den Arzt sollte keine Rücksicht genommen werden. Darüber sollte im Interesse der Patienten berichtet werden."	80	„Notfalls sollte mit Rücksicht auf den Arzt auf einen Bericht verzichtet werden, auch wenn dadurch ein Missstand verschwiegen wird."	4
Summe	145		9

Nicht ausgewiesen sind vier Befragte ohne konkrete Antworten.

Neben dem Arzt-Beispiel wurde bekanntlich ein zweiter Fall präsentiert. Die Fallbeschreibung lautete: „Stellen Sie sich bitte folgenden Fall vor: Ein selbständiger Automechaniker in einer Kleinstadt hat mehrfach Autos mangelhaft repariert und damit die Sicherheit der Fahrzeuge herabgesetzt. Bei einem Bericht wüsste ein Großteil der Bevölkerung, um wen es sich handelt. Unter dem dann unvermeidlichen Gerede hätte die ganze Familie des Mechanikers zu leiden. Was würden Sie einem Kollegen, der den Fall bearbeitet, raten?" Auch in diesem Fall entschied sich die überwältigende Mehrheit der Journalisten (88 Prozent) für einen Bericht und damit für die wertrationale Alternative. Zwischen den Entscheidungen anhand des ersten und zweiten Fallbeispiels bestand ein statistisch signifikanter Zusammenhang, d. h. wer sich anhand des Arzt-Beispiels für die wertrationale Variante entschieden hatte, tat dies meist auch im Mechaniker-Beispiel.[18] Die Befunde bestätigen damit die dritte Annahme: Journalisten sind im konkreten Fall auch dann wertrational für die Publikation eines Berichtes über einen Missstand, wenn er negative Nebenwirkungen hervorrufen kann. Allerdings sprechen sie gegen die vierte Annahme: Der Charakter der möglichen

Leidtragenden eines Berichtes über einen Missstand besitzt keinen nennenswerten Einfluss auf die generell für richtig gehaltenen Publikationsentscheidungen.

Im Unterschied zu den Ergebnissen früherer Befragungen entsprachen die hier referierten Entscheidungen der Journalisten im konkreten Fall weitgehend ihren generellen Ansichten. Dieser Befund widerspricht der ersten Annahme und könnte z. T. darauf zurückzuführen sein, dass die Befragten bei der Beantwortung des Fragebogens ihre Urteile aneinander angepasst haben (Konsistenz-Effekt). Dagegen spricht, dass zwischen den Antworten auf die allgemeine Frage nach der Verantwortung und den Antworten auf die Fragen nach der Verantwortung im konkreten Fall keine erkennbaren Konsistenzeffekte auftraten (vgl. unten). Der Hauptgrund für die große Übereinstimmung zwischen den allgemeinen normativen Ansichten und den konkreten Handlungsbeurteilungen ist vermutlich der Wandel der Ansichten von Journalisten zum Verhalten im konkreten Fall: Heute sind viele eher der Meinung als früher, man müsse auf jeden Fall publizieren. Als Folge dieses Wandels besteht nun zwischen den allgemeinen normativen Ansichten zur Handlungsrationalität von Journalisten und ihren konkreten Verhaltensweisen eine enge Übereinstimmung: Sie verhalten sich im konkreten Fall – soweit sie dazu praktisch in der Lage sind – in der Regel so, wie sie es allgemein betrachtet für richtig halten.

Ethik: Im Anschluss an die Frage nach der Rationalität der Publikationsentscheidung wurde ein Teil der Zeitungsredakteure nach der Verantwortung für die Nebenfolgen der Publikation gefragt. Ein anderer Teil sollte zur Verantwortung für die Nebenfolgen der Nichtpublikation des Kunstfehlers Stellung nehmen. Die erste Frageversion lautete: „Angenommen, der Kollege berichtet über den Vorfall und der Arzt verliert tatsächlich seine Approbation (...) Ist der Journalist ... mitverantwortlich oder ist das nicht der Fall?" Die zweite Frageversion hieß: „Angenommen, der Kollege verzichtet auf eine Publikation und dem Arzt unterläuft erneut ein Kunstfehler (...) Ist der Journalist mitverantwortlich ... oder ist das nicht der Fall?"[19] Die Antwortvorgaben waren in beiden Versionen gleich. Im Fall der Publikation eines Berichtes über den Kunstfehler des Arztes vertrat die Mehrheit der Zeitungsredakteure die gesinnungsethische Ansicht, dass der Journalist für seine absehbare, aber unbeabsichtigte Nebenfolgen nicht verantwortlich ist (63 Prozent). Dabei spielte es keine große Rolle, wen die Nebenfolgen trafen – die unschuldigen Patienten oder den schuldigen Arzt. Im Fall der Nichtpublikation eines Berichtes über den Kunstfehler vertrat eine knappe Mehrheit der Befragten die verantwortungsethische Ansicht, der Journalist sei für die unbeabsichtigten Nebenfolgen dieser Unterlassung mitverantwortlich. Positiv formuliert: Die Befragten akzeptierten eher eine Verantwortung für die Nebenfolgen eines Publikationsverzichtes als einer Publikation. Dieser Unterschied ist zwar statistisch nicht signifikant, erscheint aber dennoch theoretisch und praktisch bedeutsam (Tabelle 3). Im Fall des Automechanikers lehnte die Mehrheit von 64 Prozent eine Mitverantwortung für die unbeabsichtigten Nebenfolgen einer Publikation – der sozialen Ächtung der Familie des Schuldigen ab. Eine Minderheit von 36 Prozent meinte, ein Journalist sei in diesem Fall durchaus für die Nebenfolgen seines Berichtes mitverantwortlich. Zugleich meinten 60 Prozent, der Journalist sei für die Nebenfolgen einer Nichtpublikation des Missstandes – der Gefährdung weiterer Autofahrer – mitverantwortlich.

Tabelle 3: Verantwortung von Journalisten für unbeabsichtigte negative Nebenfolgen der Berichterstattung bzw. Nicht-Berichterstattung

	Verhalten des Journalisten			
	berichtet		verzichtet	Summe
Nebenfolgen:	Erschwernis für Patienten	Berufsaufgabe des Arztes	Schädigung eines Patienten	
	n	n	n	n
Journalist ist an Folgen ...				
„mit-verantwortlich"	18	22	24	64
„nicht mitverantwortlich"	35	32	23	90
Summe	53	54	47	154

Ohne vier Befragte, die keine konkreten Antworten gaben. Alle Felder: n. s. (Chi^2); berichtet vs. nicht berichtet: n. s. (Chi^2).

Betrachtet man die Urteile anhand beider Fallbeispiele zusammen, dann liefern die vorliegenden Daten keine eindeutige Bestätigung für die fünfte Annahme, dass Journalisten im konkreten Fall eine Verantwortung für die unbeabsichtigten Nebenfolgen von Publikationen bzw. Nichtpublikationen gesinnungsethisch ablehnen. In bestimmten Situationen scheint dies entgegen Webers Annahmen der Fall zu sein. Die spezifischen Eigenschaften solcher Situationen können mit den vorliegenden Daten nicht präzisiert werden. Die Ergebnisse bestätigen tendenziell die sechste Annahme, wonach Journalisten eine Verantwortung für die Nebenfolgen einer Nichtpublikation eher akzeptieren als die Verantwortung für die Nebenfolgen einer Publikation. Allerdings sind diese Ergebnisse statistisch nicht signifikant. Die Befunde sprechen eindeutig gegen die siebte Annahme, wonach die Bereitschaft zur Mitverantwortung von der Schuld oder Unschuld der Leidtragenden eines Berichtes oder einer Nichtpublikation abhängt.

Einfluss der Akzeptanz von Publikationsentscheidungen auf die Urteile über die Verantwortung

Bisher wurden die Ansichten der Journalisten zur Mitverantwortung für die Nebenfolgen von Publikationsentscheidungen unabhängig davon betrachtet, ob sie die Publikationsentscheidungen billigen oder missbilligen. Die Journalisten konnten z. B. für einen Bericht über einen der Missstände sein und nach der Verantwortung eines Kollegen für die Nebenfolgen dieser Publikation gefragt werden. Sie konnten jedoch auch für die Veröffentlichung eintreten und anschließend danach gefragt werden, ob ein Kollege für die Nebenfolgen eines Publikationsverzichtes mitverantwortlich ist. Im ersten Fall bestand eine Übereinstimmung zwischen ihren Ansichten über die richtige Publikationsentscheidung und dem Verhalten des Kollegen, im zweiten Fall eine Diskrepanz – der Kollege entschied sich anders als es der Befragte für richtig hielt. In beiden Fällen sollte der Befragte urteilen, ob der Kollege für die Nebenwirkungen seiner Entscheidung mitverantwortlich ist oder nicht.

In der folgenden Analyse werden die beiden Konstellationen getrennt betrachtet. Dies geschieht in der Annahme, dass der Befragte eine Mitverantwortung des Kollegen für die Nebenfolgen der Entscheidung für oder gegen eine Publikation vor allem dann ablehnt, wenn sich der Kollege aus der Sicht des Befragten richtig entscheidet. Entscheidet er sich jedoch aus der Sicht des Befragten falsch, hält er ihn eher für mitverantwortlich für die Nebenfolgen. Die Befragungsergebnisse bestätigen diese Annahme: Wenn der Kollege sich so verhält, wie es der Befragte für richtig hält, weist der Befragte eine Mitverantwortung des Kollegen für die Nebenwirkungen der Entscheidung eher zurück. Verhält sich der Kollege aus Sicht des Befragten falsch, ist er in seinen Augen mitschuldig an den Nebenfolgen seiner Publikationsentscheidung. Die Befunde anhand des Automechaniker-Beispiels entsprechen ihnen weitgehend. Es handelt sich mit anderen Worten um einen stabilen, fallübergreifenden Zusammenhang, der im Automechaniker-Beispiel sogar noch etwas deutlicher ist.[20] Tabelle 4 zeigt die Ergebnisse anhand des Arzt-Beispiels.

Tabelle 4: Verantwortung für negative Nebenfolgen von gebilligten und nicht gebilligten Publikationsentscheidungen
– Arzt-Beispiel –

	Übereinstimmung zwischen dem, was der Befragte für richtig hält und Verhalten des Kollegen	Diskrepanz zwischen dem, was der Befragte für richtig hält und Verhalten des Kollegen	Summe
	n	n	n
Journalist ist an Nebenfolgen ...			
„mitverantwortlich"	35	28	63
„nicht mitverantwortlich"	64	23	87
Summe	99	51	150

Ohne acht Befragte, die keine konkreten Antworten gaben; $p < 0,05$ (Chi^2).

Der ermittelte Zusammenhang besitzt eine individuelle und eine gruppendynamische Bedeutung. Betrachtet man die einzelnen Journalisten, kann man feststellen: Sie empfinden, wenn sie sich so entschieden haben, wie sie es für richtig halten, in der Regel keine moralische Verantwortung für unbeabsichtigte Nebenfolgen ihrer Entscheidung für oder gegen eine Publikation. Sie sind mit sich selbst im Reinen – sehen die Problematik, erblicken darin aber keine moralische Belastung. Betrachtet man die Journalisten im Kreis ihrer Kollegen, kann man folgern: Sie können sich Schuldvorwürfen aus dem Kollegenkreis entziehen, wenn sie sich bei Publikationsentscheidungen so verhalten, wie es die Kollegen für richtig halten. Entscheiden sie sich anders, müssen sie, wenn ihre Entscheidung negative Nebenfolgen besitzt, mit Schuldvorwürfen aus dem Kollegenkreis rechnen. Die Anpassung von Publikationsentscheidungen an die Erwartungen der Kollegen stellt demnach ein Mittel zur Entlastung von Verantwortung dar. Von den Urteilen der Kollegen über die Richtigkeit der Entscheidung für oder gegen eine Publikation, die negative Nebenfolgen haben kann, geht demnach ein moralisch unterfütterter Gruppendruck aus.

Zusammenhang zwischen allgemeinen Urteilen zur Verantwortung und Urteilen im konkreten Fall

Die Mehrheit der Befragten, die generell eine Verantwortung von Journalisten für die negativen Nebenfolgen ihrer Berichte bejaht hatten (n=129), lehnte im konkreten Arzt-Beispiel eine Verantwortung für die Nebenfolgen eines Berichtes bzw. Publikationsverzichtes ab (54 Prozent). Dies bestätigt die Annahme, dass zwischen den allgemeinen Ansichten von Journalisten zur Verantwortung von Journalisten und ihren Urteilen anhand konkreter Fälle ein erheblicher Unterschied besteht: Allgemeine Bekenntnisse zur Verantwortung auch für die unbeabsichtigten Nebenfolgen von Berichten sagen deshalb über die Meinungen im konkreten Fall wenig aus. Zugleich zeigen die Ergebnisse aber, dass diejenigen, die allgemein eine Verantwortung ablehnen, im konkreten Fall meist ähnlich urteilen. Ihre allgemeinen Urteile sind aussagekräftig. Dieser Befund ist auch deshalb bemerkenswert, weil die Befragten den gesamten Fragebogen überblicken konnten. Sie hätten deshalb, wenn sie dies gewollt hätten, ihre Antworten stimmig machen können. Solche Konsistenz-Effekte sind jedoch nicht oder nur selten eingetreten – andernfalls müsste der Zusammenhang zwischen den allgemeinen Bekenntnissen und den konkreten Urteilen stärker sein. Die Tatsache, dass kaum Konsistenz-Effekte bestehen, besitzt neben einem methodischen einen sachlichen Aspekt: Die Unterschiede in den Antworten deuten darauf hin, dass Journalisten keinen unvereinbaren Widerspruch zwischen allgemeinen Bekenntnissen zur Verantwortung und abweichenden Urteilen im konkreten Fall sehen. Beides liegt für sie offensichtlich auf verschiedenen Ebenen.

Häufigkeit der Verhaltensorientierung von Zeitungsredakteuren

In der vorliegenden Untersuchung wurden eine allgemeine Frage nach der Rationalität des Handelns und nach seiner ethischen Bewertung gestellt sowie zwei Fallbeispiele präsentiert, anhand derer die Befragten ihre Ansichten über die Rationalität des Handelns und seine ethische Beurteilung äußern sollten. Folglich liegen von jedem Befragten jeweils drei Aussagen über die Rationalität des Handelns und seine ethische Beurteilung vor. Mithilfe dieser drei Aussagen könnte man die Befragten in jeweils drei Klassen einteilen: rein Wertrationale (drei wertrationale Antworten), rein Zweckrationale (drei zweckrationale Antworten) und einen Mischtyp sowie reine Gesinnungsethiker (drei gesinnungsethische Antworten), reine Verantwortungsethiker (drei verantwortungsethische Antworten) und einen Mischtyp.

Dieses Vorgehen wäre jedoch nicht vertretbar, weil zwischen den allgemeinen Bekenntnissen zur Verantwortungsethik und den Urteilen im konkreten Fall kein Zusammenhang besteht. Offensichtlich handelt es sich um zwei unabhängige Urteilsdimensionen, die eher allgemeine gesellschaftliche Erwartungen und berufsspezifische Normen repräsentieren. Deshalb werden der folgenden Typologie nur die Urteile über die konkreten Fallbeispiele zugrundegelegt.[21] Bei der Einteilung der Befragten hinsichtlich ihrer ethischen Grundhaltung werden auch jene Journalisten eingeschlossen, die über die Verantwortung für Entscheidungen urteilten, die sie nicht für richtig hielten. Dies ist bei der Interpretation der Ergebnisse zu berücksichtigen. Mit der Klassifikation lässt sich der Anteil der Journalisten mit den genannten Grundhaltungen an allen Befragten ermitteln. Zwar kann man diese Befunde nicht ohne weiteres auf alle Journalisten übertragen. Sie vermitteln jedoch einen Eindruck von den wahrscheinlichen Konstellationen und ermöglichen einige Folgerungen für die Gültigkeit von Webers These vom Zusammenhang von Rationalität und Ethik.

Geht man von der Annahme aus, dass die Befragten ihre Urteile über andere auch für sich selbst gelten lassen, kann man die Befunde folgendermaßen zusammenfassen: Ein Viertel der befragten Zeitungsredakteure (26 Prozent) entspricht Webers Bild vom Journalisten, der rein wertrationale Publikationsentscheidungen mit einer reinen Gesinnungsethik verbindet: Sie kümmern sich bei ihren Publikationsentscheidungen nicht um mögliche negative Nebenwirkungen und lehnen eine Verantwortung dafür generell ab. Bei etwas mehr als einem Drittel (37 Prozent) gehen rein wertrationale Publikationsentscheidungen mit einer Mischung aus Gesinnungs- und Verantwortungsethik einher: Sie kümmern sich bei ihren Publikationsentscheidungen ebenfalls nicht um mögliche Nebenwirkungen, akzeptieren jedoch fallweise eine Verantwortung für die unbeabsichtigten Nebenwirkungen von Publikationen. Ein Fünftel (21 Prozent) kombiniert rein wertrationale Publikationsentscheidungen mit einer reinen Verantwortungsethik: Auch sie kümmern sich bei ihren Publikationsentscheidungen nicht um mögliche Nebenwirkungen, sie halten sich jedoch, wenn solche Folgen eintreten, für mitverantwortlich. Alle anderen Kombinationen spielen mengenmäßig keine große Rolle und können hier deshalb vernachlässigt werden. Zwischen der Rationalität der Publikationsentscheidungen und der ethischen Haltung gegenüber den Publikationsfolgen besteht kein Zusammenhang (Tabelle 5).

Die vorliegende Klassifikation der Journalisten als wertrational und gesinnungsethisch ist unabhängig von ihren sozio-demografischen Merkmalen: Weder das Geschlecht der Befragten noch ihr Alter, weder ihre Ausbildung zum Journalisten in den Medien oder durch medienexterne Einrichtungen wie Journalistenschulen und Universitäten noch ihre Beschäftigung bei kleinen Regionalzeitungen mit einer Auflage unter 100.000 Exemplaren oder großen Blättern mit über

Tabelle 5: Zusammenhang zwischen Rationalität und Ethik von Journalisten in konkreten Fällen

		Ethik			
		Reine Gesinnungs- ethiker	Misch- typ	Reine Verantwortungs- ethiker	Summe
		n	n	n	n
Rationalität	Reine Wertrationale	41	58	34	133
	Mischtyp	8	10	4	22
	Reine Zweck- rationale	0	1	2	3
Summe		49	69	40	158

Basis: Antworten auf zwei konkrete Fälle (Arzt-Beispiel und Automechaniker-Beispiel).

200.000 Exemplaren besitzen einen erkennbaren Einfluss darauf. Dies kann z. T. an der geringen Zahl der Befragten liegen, deutet jedoch dennoch darauf hin, dass der angesprochene „Weber-Typ" der Presseredakteure stabile Rollenvorstellungen und Verhaltensdispositionen besitzt, die von der Person der Journalisten und ihrem beruflichen Umfeld relativ unabhängig sind.

Geht man davon aus, dass man von den Urteilen der Journalisten über Berufskollegen auf ihre eigenen Dispositionen schließen kann, dann entspricht etwa ein Viertel der befragten Zeitungsredakteure Webers Vorstellung vom rein wertrationalen und rein gesinnungsethischen Journalisten. Zieht man den Kreis weiter und schließt auch die benachbarten Mischtypen ein (n=107), dann sind es über zwei Drittel. Dem Gegenbild des rein zweckrational und verantwortungsethisch handelnden Politikers entspricht nur ein Prozent der Befragten. Zieht man auch hier den Kreis weiter und schließt die benachbarten Mischtypen ein (n=7), ist es etwa ein Zwanzigstel. Zusammen betrachtet sprechen diese Befunde für die analytische Kraft von Webers Unterscheidung und bestätigen alles in allem seine Annahmen über die Dispositionen von Journalisten. Zu prüfen wäre, ob dies auch auf seine Annahmen über die Dispositionen von Politikern zutrifft.

Zusammenfassung und Folgerungen

Ausgehend von Webers Unterscheidung zwischen Zweck- und Wertrationalität bzw. Verantwortungs- und Gesinnungsethik wurden zwei Betrachtungsebenen unterschieden – allgemeine Stellungnahmen über journalistische Verhaltensgrundsätze sowie spezifische Urteile über das Verhalten in konkreten Situationen. Bei der Betrachtung konkreter Verhaltensweisen wurden zwei Grundlagen von Publikationsentscheidungen unterschieden – die journalistische Publizitätspflicht und der Verzicht auf Wirkungsüberlegungen. Zudem wurden zwei Versionen zweckrationalen Verhaltens identifiziert, die Publikation mit Blick auf ihre möglichen Wirkungen bzw. Nebenfolgen sowie der Publikationsverzicht zur Vermeidung negativer Nebenfolgen. Aus den begrifflich-theoretischen Ausführungen wurden sieben Annahmen zur Verbreitung allgemeiner Bekenntnisse zu wertrationalen und gesinnungsethischen Prinzipien sowie zur Beurteilung des Verhaltens von Journalisten anhand konkreter Fälle formuliert.

Die Ansichten zur Geltung allgemeiner Verhaltensgrundsätze wurden durch eine schriftliche Befragung von 158 Zeitungsredakteuren ermittelt. Darin eingebaut war ein mehrfaktorielles Experiment zur Analyse des Verhaltens in konkreten Situationen. Geprüft wurde anhand von Fallbeispielen der Einfluss der Nutznießer einer Nichtpublikation bzw. der Leidtragenden einer Publikation auf die Entscheidung für oder gegen eine Veröffentlichung, sowie der Einfluss dieser Entscheidung auf die Bereitschaft zur Übernahme der Verantwortung für unbeabsichtigte Nebenfolgen der Veröffentlichung bzw. Nichtveröffentlichung. Die wichtigsten Ergebnisse kann man in acht Feststellungen zusammenfassen:

1. Journalisten sprechen sich allgemein für wertrationale Publikationsentscheidungen aus und entscheiden sich auch anhand konkreter Fälle wertrational. Zwischen den allgemeinen Bekenntnissen der Befragten zur Orientierung an den Nebenwirkungen von Berichten und ihren Urteilen anhand konkreter Fälle bestehen jedoch erhebliche Unterschiede.
2. Journalisten bekennen sich allgemein zur Verantwortungsethik, argumentieren jedoch anhand konkreter Fälle gesinnungsethisch. Zwischen den allgemeinen Bekenntnissen der Befragten zur Verantwortung auch für die Nebenwirkungen von Berichten und ihren Urteilen anhand konkreter Fälle bestehen erhebliche Unterschiede.
3. Journalisten sprechen sich wertrational für die Veröffentlichung eines Berichtes über einen Missstand aus, d. h. sie orientieren ihre Publikationsentscheidung nicht an möglichen Nebenfolgen der Berichte.
4. Journalisten sprechen sich nicht eher für die Publikation eines Berichtes über einen Missstand aus, wenn der Leidtragende der Publikation der Ver-

ursacher des Missstandes ist, als wenn es sich um Dritte handelt. Die Art der Leidtragenden besitzt keinen nennenswerten Einfluss auf ihre Publikationsentscheidungen.

5. Journalisten lehnen gesinnungsethisch eine Verantwortung für die Nebenfolgen ihrer Entscheidung für oder gegen die Veröffentlichung eines Berichtes über einen Missstand ab.

6. Journalisten akzeptieren eine Verantwortung für die Nebenfolgen eines Publikationsverzichtes eher als die Verantwortung für die Nebenfolgen einer Veröffentlichung. Dieser Befund ist zwar theoretisch und praktisch plausibel, statistisch jedoch nicht gesichert.

7. Journalisten lehnen eine Verantwortung für die Nebenfolgen eines Berichtes nicht eher ab, wenn der Leidtragende der Veröffentlichung der Verursacher des Missstandes ist als wenn es sich um unbeteiligte Dritte handelt. Das Urteil über die Verantwortung von Journalisten für die Nebenfolgen eines Berichtes bzw. Publikationsverzichtes ist folglich weitgehend unabhängig davon, wer von diesen Nebenfolgen betroffen ist.

8. Die Ansichten von Journalisten zur Verantwortung ihrer Kollegen hängen davon ab, ob sich die Kollegen so entscheiden, wie es die Journalisten für richtig halten: Entscheiden sich die Kollegen so, wie es die Journalisten für richtig halten, sind die Handelnden in ihrer beruflichen Umgebung von Verantwortung weitgehend freigestellt.

Der zuletzt genannte Befund besitzt eine individuelle und eine gruppendynamische Konsequenz: Die meisten Journalisten empfinden vermutlich, wenn sie sich so verhalten, wie sie es für richtig halten, keine Verantwortung für negative Nebenfolgen ihrer Publikationsentscheidungen. Auch ihre Kollegen werden sie, wenn sie die Publikationsentscheidung billigen, von Verantwortung freisprechen. Falls sie sich aber gegen das entscheiden, was die Kollegen richtig finden, halten die Kollegen sie für verantwortlich für die unbeabsichtigten Nebenfolgen ihrer Publikationsentscheidung. Die Orientierung an den Erwartungen der Kollegen stellt deshalb ein Verfahren zur Entlastung von Verantwortung dar. Dies stärkt die Kollegenorientierung von Journalisten und fördert die Anpassung der Einzelnen an die vorherrschenden Gruppennormen.

Bedeutsam für die gesellschaftliche Diskussion ist der Widerspruch zwischen dem allgemeinen Bekenntnis zur moralischen Verantwortung auch für die unbeabsichtigten Folgen von Berichten und die ebenso entschiedene Ablehnung einer moralischen Verantwortung für die negativen Nebenwirkungen solcher Publikationen anhand konkreter Fälle. Dabei geht es weniger um die Tatsache, dass die allgemeinen Bekenntnisse den Charakter von Sonntagsreden besitzen, die für den konkreten Fall wenig aussagen – dies trifft auch auf die allgemeinen

Bekenntnisse anderer Berufe zu. Es geht vielmehr um die grundlegende Frage, wie die erwähnten Widersprüche aufgelöst werden sollten. Dies kann in zwei Richtungen geschehen. Der eine Weg besteht in der Anpassung der konkreten an die allgemeinen Urteile. In diesem Fall wären Journalisten gehalten, eine moralische Verantwortung für die absehbaren aber unbeabsichtigten Nebenfolgen einer solchen Publikation zu übernehmen. Das müsste analog auch für die Nebenfolgen einer Nichtpublikation gelten. Diese Forderung dürfte, zumal die entsprechenden Normen in den meisten Berufen gelten, etwa bei Handwerkern, Bauern, Anwälten und Ärzten, auf breite Zustimmung treffen. Sie ist jedoch aus mehreren Gründen problematisch.

Zum einen sind die Ziele des beruflichen Handelns in den angesprochenen Berufen relativ präzise vorgegeben und stehen folglich nicht zur Diskussion: Vermehrung des Ertrags, Verteidigung der Angeklagten, Genesung der Patienten usw. Fraglich ist hier nur die sachgerechte, nämlich zielführende Wahl der Mittel. Im Unterschied dazu sind im Journalismus die Ziele des beruflichen Handelns oft strittig: Meist ist z. B. nicht klar, ob ein bestimmtes Ereignis publikationswürdig ist oder nicht. Andernfalls würden alle Medien das gleiche beachten, was nachweislich nicht zutrifft. Übereinstimmung besteht in der Regel nur mit Blick auf die Top-Themen.[22] Selbst wenn ein Konsens über die Publikationswürdigkeit besteht, gehen die Ansichten über die richtige Art der Publikation – groß oder klein, nüchtern oder anklagend usw. – oft weit auseinander. Weil im Journalismus häufig kein Konsens über die Ziele des beruflichen Handelns besteht, bieten die Ziele des Handelns keine hinreichende Grundlage für ein Urteil darüber, ob die Mittel – z. B. ein großer Bericht im anklagenden Ton – sachgerecht gewählt wurden: Derjenige, der den Anlass für unerheblich hält, wird den Bericht falsch finden, derjenige, der ihn als schwerwiegend einschätzt, wird entgegengesetzter Ansicht sein. Folglich besteht die Gefahr, dass mit Hinweis auf angeblich vorgegebene Ziele Berichte unterbunden oder herbeigeführt werden, bzw. dass fragwürdige Berichte, die aus ganz anderen Gründen erfolgen, mit Hinweis auf angeblich übergeordnete Ziele gerechtfertigt werden.

Zum anderen können die Handelnden in den oben genannten Berufen die Auswirkungen ihres Verhaltens direkt beobachten und gestützt auf ihre Erfahrungen gut abschätzen. Das ist im Journalismus anders, weil hier meist kein direkter Kontakt zwischen den Urhebern von Wirkungen und ihren Nutznießern oder Leidtragenden besteht. Zudem lassen sich auch unbestreitbare Wirkungen und Nebenwirkungen der Medienberichterstattung nur selten auf eine bestimmte Ursache zurückführen: Ihre Ursache ist in der Regel nicht ein Journalist oder eine Zeitung, sondern die Berichterstattung „der" Medien.[23] Ihre Wirkung kann zudem durch die individuellen Reaktionen der Rezipienten kaum kalkulierbar verstärkt oder abgeschwächt werden.[24] Folglich lässt sich die tatsächliche Wirkung eines Medienberichtes nur ungenau abschätzen. Dieser Mangel wird zwar durch die Fortschritte der Medienwirkungsforschung kleiner, lässt sich jedoch nicht völlig beheben. Generelle Forderungen nach zweckrationalem Handeln von Journalisten wären deshalb nicht erfüllbar. Zugleich kann eine moralische Verantwortung für die unbeabsichtigten Nebenfolgen von Berichten kaum eingefordert werden, wenn diese Wirkungen nicht eindeutig auf bestimmte Quellen zurückführbar sind: In der Allgegenwart einer Vielzahl von Medien verflüchtigt sich – von Ausnahmen abgesehen – die Verantwortung des Einzelnen.

Aus den genannten Gründen kann der Widerspruch zwischen den allgemeinen Bekenntnissen von Journalisten und ihren Urteilen über konkrete Fälle nicht dadurch geschlossen werden, dass Journalisten eine moralische Verantwortung für die absehbaren, aber unbeabsichtigten Nebenfolgen einer solchen Publikation übernehmen. Die Folge wäre die Gefahr einer permanenten Instrumentalisierung der Medien im Dienste angeblich vorgegebener Werte und Ziele, deren Diskussion zu den wesentlichen Aufgaben des Journalismus gehört. Folglich bleibt nur der umgekehrte Weg, die Anpassung der allgemeinen Bekenntnisse an die Maßstäbe des Verhaltens in konkreten Situationen, und das heißt der Verzicht auf rhetorische Konzessionen an gesellschaftliche Erwartungen – folgenlosem Bekenntnis zu wertrationalem und gesinnungsethischem Verhalten.

Die generelle Missachtung der möglichen Nebenfolgen von Berichten und die generelle Leugnung einer Verantwortung dafür liefern bei genauer Betrachtung jedoch aus zwei Gründen keine gesellschaftlich akzeptablen Verhaltensmaximen. Der erste Grund besteht in der Missbrauchsmöglichkeit der Wertrationalität und Gesinnungsethik: Mit dem Hinweis auf den Informationsanspruch der Öffentlichkeit und die Publizitätspflicht der Medien können Berichte gerechtfertigt werden, denen in Wirklichkeit zweckrationale Wirkungsabsichten zugrundeliegen, ohne dass eine Verantwortung für die Nebenfolgen der Veröffentlichungen übernommen wird. Wertrationalität und Gesinnungsethik decken in solchen Fällen ein Verhalten, das nicht gesinnungs- oder verantwortungs-, sondern unethisch ist. Ein Beispiel hierfür ist die Skandalisierung von Missständen, die eigentlich auf die Entmachtung von Politikern zielt. Diese Problematik kann – weil Webers Konzeption hier zu kurz greift – innerhalb seines begrifflich-theoretischen Ansatzes nicht sachgerecht diskutiert werden. Der zweite Grund besteht in der Besonderheit von Ausnahmefällen, denen die generelle Regel nicht gerecht wird. Andernfalls könnten die Medien z. B. bedenkenlos rechts- und linksradikalen Aktivisten eine Plattform bieten und in ihren Informationssendungen Darstellungen extremster Grausamkeiten veröffentlichen. Beides unterbleibt, von einzelnen Ausnahmen abgesehen, vor allem wegen der negativen Nebenwirkungen, die solche Beiträge hervorrufen können.

Die Beispiele belegen, dass es Ausnahmefälle gibt, die selbstverständlich, d. h. ohne große Meinungsunterschiede, anders als die Normalfälle behandelt werden. Dies wirft die Frage auf, wie dieser Konsens über die Behandlung von Ausnahmefällen zustande kommt. Die Antwort darauf liefert die oben geäußerte Kritik an den generellen Forderungen nach Zweckrationalität und Verantwortungsethik. Sie bestand aus zwei Hauptargumenten: Über die Ziele des Journalismus besteht in der Regel kein Konsens und die Wirkungen der Berichte sind meist nicht gut genug prognostizierbar. Genau dies trifft auf die erwähnten Beispiele nicht zu. In solchen Fällen besteht ein breiter Konsens über die Ziele – Vermeidung von Extremismus und Brutalität. Zudem liegen hinreichende Erfahrungen mit den Wirkungen und Nebenfolgen solcher Berichte vor. Damit entfallen die beiden Hauptargumente gegen eine zweckrationale und verantwortungsethische Verhaltensmaxime. Dies führt zu einer allgemeinen Regel mit einer ebenfalls allgemeinen Ausnahme: Falls kein Konsens über Ziele besteht und die Wirkungen der Berichte nicht bekannt sind, sollten sich Journalisten wertrational und gesinnungsethisch verhalten. Falls sie bekannt sind, sollten sie zweckrational und verantwortungsethisch handeln.

[1] Max Weber: Soziologische Grundbegriffe. Tübingen 1976, S. 45.
[2] Vgl. Max Weber: Politik als Beruf. München/Leipzig 1926, S. 57-60.
[3] Vgl. Matthias Rath (Hrsg.): Medienethik und Medienwirkungsforschung. Wiesbaden 2000; Jürgen Wilke (Hrsg.): Ethik der Massenmedien. Wien 1996; Michael Haller / Helmut Holzhey (Hrsg.): Medien-Ethik. Beschreibungen, Analysen, Konzepte für den deutschsprachigen Journalismus. Opladen 1992.
[4] Die Frage lautete: „Angenommen, ein Arzt an Ihrem Arbeitsplatz begeht einen ‚Kunstfehler', den man eigentlich an die Öffentlichkeit bringen müsste. Der Arzt ist bisher unbescholten und für die Einwohnerschaft unentbehrlich Sein Weggang, der einer Veröffentlichung seines Fehlers möglicherweise folgen müsste, wäre für viele Patienten ein Verlust. Was würden Sie einem Kollegen, der den Fall bearbeitet, eher raten?" Die hier relevante Antwortvorgabe lautete: „Auf den Arzt und die Patienten darf in so einem Fall keine Rücksicht genommen werden. Der Fall muss gleichsam als Warnung an die Öffentlichkeit."
[5] Vgl. Holger Mühlberger: Stille Teilhaber. Zur gesellschaftlichen Integration von Lokaljournalisten. In: Hans Mathias Kepplinger (Hrsg.): Angepasste Außenseiter. Was Journalisten denken und wie sie arbeiten. Freiburg/München 1979, S. 97-114, hier S.107.
[6] Die Frage lautete: „Journalistische Beiträge können Folgen haben, die ein Journalist gar nicht beabsichtigt haben muss. Finden Sie, solche Berichte sollten daher unter Umständen zurückgehalten werden, oder ist ein Journalist zur Veröffentlichung verpflichtet?"
[7] Zu den kulturellen Unterschieden vgl. Frank Esser: Die Kräfte hinter den Schlagzeilen. Englischer und deutscher Journalismus im Vergleich. München 1998.
[8] Vgl. Renate Köcher: Spürhund und Missionar. Eine vergleichende Untersuchung über Berufsethik und Aufgabenverständnis britischer und deutscher Journalisten. Diss. phil. München 1985, S. 170 f.

[9] Vgl. zum Folgenden den Beitrag „Instrumentelle Aktualisierung". In diesem Band, S. 151-164.

[10] Vgl. zum Folgenden den Beitrag „Professionalisierung des Journalismus?". In diesem Band, S. 229-254.

[11] Vgl. Renate Köcher, a. a. O.; Klaus Schönbach / Dieter Stürzebecher / Beate Schneider: Oberlehrer und Missionare? Das Selbstverständnis deutscher Journalisten. In: Friedhelm Neidhardt (Hrsg.): Öffentlichkeit, öffentliche Meinung, soziale Bewegungen. Opladen 1994, S. 139-161; Armin Scholl / Siegfried Weischenberg (Hrsg.): Journalismus in der Gesellschaft. Theorie, Methodologie und Empirie. Opladen 1998; Siegfried Weischenberg / Maja Malik / Armin Scholl: Die Souffleure der Mediengesellschaft. Report über die Journalisten in Deutschland. Konstanz 2006.

[12] Formal betrachtet handelt es sich um ein unvollständiges 2 x 2 x 2-faktorielles Design, in dem die Publikationsentscheidung, die Leidtragenden und die Nutznießer die unabhängigen Variablen und die ethischen Urteile die abhängige Variable bilden. Sachlich ist diese formale Betrachtung nicht angemessen, weil es sich um einen zweistufigen Prozess handelt und die unabhängigen Variablen folglich nicht gleichzeitig, sondern nacheinander wirken.

[13] Die genaue Frageformulierung lautete: „Stellen Sie sich bitte folgenden Fall vor: Ein selbständiger Automechaniker in einer Kleinstadt hat mehrfach Autos mangelhaft repariert und damit die Sicherheit der Fahrzeuge herabgesetzt. Bei einem Bericht wüsste ein Großteil der Bevölkerung, um wen es sich handelt. Unter dem dann unvermeidlichen Gerede hätte die ganze Familie des Mechanikers zu leiden. Was würden Sie einem Kollegen raten, der den Fall bearbeitet?" Die Antwortvorgaben entsprechen den Antwortvorgaben im Arzt-Beispiel.

[14] Dies ermöglicht eine Indexbildung aus den Antworten auf beide Fälle und die allgemeinen Fragen zur Rationalität und Ethik. Allerdings können Konsistenz-Effekte nicht ausgeschlossen werden. Andererseits hätte eine Rotation der Versionen die Zahl der erforderlichen Versuchsgruppen verdoppelt und damit den Rahmen dieser Studie gesprengt.

[15] Die Stichprobe wurde zweistufig gebildet. Zunächst wurden alle Tageszeitungen aus dem Verzeichnis *Zimpel* nach Auflagen geschichtet und in drei Gruppen eingeteilt. Aus der ersten Gruppe (bis 100.000) wurden zwei, aus der zweiten Gruppe (100.000 – 200.000) drei und aus der dritten Gruppe (über 200.000) vier Journalisten befragt.

[16] Zur Ausschöpfung von Journalisten-Stichproben vgl. Armin Scholl: Wie die Daten zustande kommen. Journalisten in Deutschland. Was sie denken – Wie sie arbeiten. In: Sage & Schreibe 1 (1994) S.40-41.

[17] Vgl. hierzu auch Holger Mühlberger a. a. O., S. 106. Die Antworten der Lokaljournalisten deuten darauf hin, dass sie die möglichen Folgen ihrer Kritik durchaus in Rechnung stellen und u. U. folgenschwere Äußerungen unterlassen. Dies entspricht eher einer zweckrationalen als einer wertrationalen Orientierung und widerspricht folglich Webers Annahme.

[18] $Chi^2=13,402$; $p=0.000$; $Phi=0,301$.

[19] Anstelle der Auslassungen wurden, um einen Einfluss der unterschiedlichen Wirkungen des Berichtes bzw. Verzichtes auf die Bereitschaft zur Verantwortungsübernahme zu erreichen, jeweils einem Drittel der befragten Teilgruppen eine der folgenden Konsequenzen genannt: a. „(...) Ist der Journalist mitverantwortlich dafür, dass der Arzt seinen Beruf verliert oder ist das nicht der Fall?"; b. „(...) Als Folge davon müssen die Patienten lange Anfahrtswege zu einem anderen Facharzt in Kauf nehmen. Ist der Journalist für diese Erschwernis mitverantwortlich oder ist das nicht der Fall?"; c. „(...) Ist der Journalist mitverantwortlich dafür, dass erneut ein Patient unter dem Arzt zu leiden hat oder ist das nicht der Fall?"

[20] $Phi= -0.304$.

[21] Für die Typologie wurden Punktsummen-Indizes für die Rationalität und Ethik gebildet. Befragte, die sich in beiden Fällen für bzw. gegen eine Publikation aussprachen, erhielten den Wert (+/-) 2; Befragte, die sich in einem Fall dafür, im anderen dagegen aussprachen, den Wert 0. Entsprechend

wurde mit den Fragen nach der Verantwortung verfahren. Befragte mit einer Punktsumme 0 werden den jeweiligen Mischtypen zugerechnet.

[22] Vgl. Hans Mathias Kepplinger: Die aktuelle Berichterstattung des Hörfunks. Eine Inhaltsanalyse der Abendnachrichten und politischen Magazine. Freiburg/München 1985, S. 84-137; Hans Mathias Kepplinger / Joachim Friedrich Staab: Das Aktuelle in RTLplus. Analysemethoden – Untersuchungsergebnisse – Interpretationsmuster. München 1992, S. 24-28; Hans Mathias Kepplinger / Uwe Hartung: Die Lokal- und Regionalberichterstattung des Hörfunks und der Presse in Rheinland-Pfalz (LPR-Schriftenreihe Bd. 15). Ludwigshafen 1997, S. 75-107.

[23] Ausnahmen davon sind Medienberichte, die nachweislich durch eine bestimmte Redaktion angestoßen wurden, wie z. B. die Berichte über Nematoden in Fischen durch das Fernsehmagazin Monitor. Hier lässt sich die Kausalkette bis zu ihrem Ursprung zurückverfolgen.

[24] Diesen Gedankengang entwickelte Friedrich von Gentz (1818) in seiner Denkschrift über „Die Pressefreiheit in England". Von Gentz folgerte aus seiner Analyse, dass Pressevergehen nicht nachträglich strafrechtlich verfolgt werden könnten und deshalb durch Vorzensur verhindert werden müssten. Vgl. Friedrich von Gentz: Die Preßfreiheit in England. In: Jürgen Wilke (Hrsg.): Pressefreiheit. Darmstadt 1984, S.142-193.

Kollegenkritik in Journalismus und Wissenschaft

Die Solidität eines Berufes beruht weniger auf der Moralität seiner Angehörigen als auf der Wirksamkeit der vorhandenen Kontrollen. Solche Kontrollen gehen gegenüber Journalisten vom Presserecht, von den Marktgesetzen und von der Kollegenkritik aus. Wie wirksam sie sind, ist eine theoretische und empirische Frage, die hier nicht umfassend behandelt werden kann. Hier geht es um einen Ausschnitt der Thematik, die Kollegenkritik, und nur um die Kritik an fachlichem Fehlverhalten, nicht um die Kritik an der politischen Grundhaltung oder an konkreten Meinungsäußerungen von Kollegen. Hierbei handelt es sich um Beiträge zur politischen, wirtschaftlichen und kulturellen Meinungsbildung, die nicht Gegenstand dieser Studie ist. Die Kritik am fachlichen Fehlverhalten von Kollegen hat dagegen andere Funktionen. Sie dient nach innen der Sicherung der Berufsnormen und Qualitätsstandards sowie nach außen der Wahrung des Ansehens der Medien und der Vermeidung von Fremdkontrolle durch gesetzliche Maßnahmen und gerichtliche Entscheidungen. Dabei kann man zwischen einer öffentlichen und einer nichtöffentlichen Kollegenkritik unterscheiden. Die nichtöffentliche Kritik geschieht innerhalb der Gruppe der Berufskollegen weitgehend unter Ausschluss des allgemeinen Publikums. Die öffentliche Kritik findet auch vor Berufslaien statt. Ferner kann man zwischen einer namentlichen und einer namenlosen Kritik unterscheiden. Die namentliche Kritik identifiziert die Berufskollegen, die gegen Berufsnormen verstoßen oder sachliche Fehler begangen haben. Die nichtnamentliche Kritik lässt die Betroffenen anonym und entzieht sie damit dem Urteil von Dritten.

Zur nichtöffentlichen Kritik gehört im Journalismus das Gegenlesen von Beiträgen der Kollegen und in der Wissenschaft die Begutachtung von Manuskripten. Beides dient der Qualitätssicherung vor der Publikation eines Textes, allerdings unterscheidet sich das Verfahren erheblich. In der Wissenschaft kennen die Autoren die Gutachter nicht und deren Aufgabe besteht nicht vorrangig in der Verbesserung der Vorlage, sondern in der Beratung der Herausgeber und Autoren. Wegen der Anonymität des Verfahrens können die Verfasser wissenschaftlicher Manuskripte mögliche Einwände durch die vorauseilende Anpassung ihrer Texte an die Erwartungen der Gutachter kaum vorbeugen. Im Journalismus wissen dagegen die Verfasser, wer ihre Texte liest, und die Aufgabe der Kollegen besteht nicht in der Beratung der Herausgeber und Autoren, sondern vor allem in der Verbesserung der Texte.[1] Weil das Verfahren nicht anonym ist, können die Autoren mögliche Einwände schon beim Schreiben berücksichtigen. Deshalb besitzt das Gegenlesen im Journalismus eine wichtige Funktion, die die Begutachtung in der Wissenschaft so nicht hat – es dient der Sozialisation der jungen und der neuen Kollegen.[2]

Die öffentliche Kollegenkritik findet vor allem in Fachzeitschriften und in der Publikumspresse statt. Theoretisch kann und soll jeder das Fehlverhalten jedes Kollegen kritisieren. Praktisch geschieht das aus zahlreichen Gründen nicht – nicht jeder erkennt sachliches Fehlverhalten, nicht jeder hält es für hinreichend bedeutsam, nicht alle haben die Zeit zu kritischen Stellungnahmen und manche verzichten aus Rücksicht auf die Kritikwürdigen und aus Angst um ihre eigene Karriere. Dies trifft vermutlich auf Journalisten eher zu als auf Wissenschaftler, weil in der Wissenschaft sachliche Kritik an Fehlern von Kollegen hohes Ansehen genießt und oft die eigene Karriere fördert, während sie im Journalismus kein großes Ansehen besitzt und eher die eigene Karriere gefährdet. Das dürfte ein Grund dafür sein, dass im Journalismus ein neues Berufsbild entstanden ist: das der Medienjournalisten. Sie verstehen sich als fachliche Kritiker des Journalismus, die den Mangel an Kollegenkritik im Journalismus kompensieren und dabei auf erhebliche Probleme innerhalb der Medien stoßen.[3]

Eine Zwischenstellung nimmt die Arbeit des Deutschen Presserates ein. Bei den Beratungen über die Berechtigung der Beschwerden von Zeitungs- und Zeitschriftenleser urteilen Kollegen über Kollegen und prüfen, ob Verstöße gegen journalistische Berufsnormen vorliegen. Die Beratungen sind – ähnlich wie die Begutachtung von wissenschaftlichen Manuskripten – nicht öffentlich, allerdings wird die Feststellung von Normverstößen in den Jahrbüchern des Deutschen Presserates und, wenn sie sich an die Regeln halten, in den gerügten Blättern veröffentlicht. Dabei werden die Titel der betroffenen Blätter, jedoch nicht die der Journalisten, die gegen Berufsregeln verstoßen haben, genannt.[4] Eine Sonderrolle spielen die Rundfunk- und Fernsehräte. Sie sollen zwar über die Einhaltung der Programmgrundsätze und die darin formulierten Berufsnormen wachen. Allerdings handelt es sich bei den Mitgliedern der Räte nur in wenigen Fällen um Journalisten, sodass es sich bei den Stellungnahmen der Räte nicht um Kollegenkritik handelt.[5]

Aus den Unterscheidungen zwischen öffentlicher und nichtöffentlicher Kritik sowie zwischen namentlicher und nichtnamentlicher Kritik kann man eine Typologie bilden, die Annahmen über die Effektivität von Kollegenkritik ermöglicht: Am ineffektivsten dürfte die nichtöffentliche Kritik sein, die die Identität der Kritisierten im Dunkeln lässt. Sie schützt die Kritisierten auf zweifache Weise, durch Anonymität und Nichtöffentlichkeit. Am effektivsten dürfte die öffentliche Kritik sein, die die Kritisierten beim Namen nennt. Sie attackiert sie persönlich, und das für alle sichtbar. Die Art und den Ort der Kollegenkritik kann man aus den genannten Gründen als eine Ursache der Verbindlichkeit oder Unverbindlichkeit von Berufsnormen betrachten. Je effektiver die Kollegenkritik ist, desto verbindlicher sind die Standards eines Berufes, je ineffektiver sie ist, desto unverbindlicher bleiben sie. Die Bereitschaft zu öffentlicher und dabei namentlicher Kritik von Journalisten am fachlichen Fehlverhalten von Kollegen bildet den Gegenstand dieser Studie.[6] Außer Betracht bleibt, wie bereits eingangs erwähnt, die Kritik von Journalisten an Meinungsäußerungen oder politischen Wertungen ihrer Kollegen. Sie folgt anderen Regeln, die hier nicht zur Diskussion stehen.

Untersuchungsanlage

Die Besonderheiten eines Berufes lassen sich am besten durch den Vergleich mit anderen, jedoch verwandten Berufen erkennen. Ein derartiger Vergleich dient nicht dazu, einen Beruf am anderen zu messen, sondern festzustellen, ob bestimmte Eigenschaften berufsspezifisch sind oder sich auch in anderen Berufen wiederfinden. Für einen Vergleich mit dem Journalismus bietet sich die Wissenschaft an, weil zwischen Journalismus und Wissenschaft zahlreiche Parallelen bestehen. Die Angehörigen beider Berufe beschäftigen sich mit der Darstellung von Realität. Sie sind folglich mit der Frage nach der Wahrheit ihrer Aussagen, der Richtigkeit ihrer Interpretationen und der Zulässigkeit ihrer Wertungen konfrontiert. Daneben gibt es auch Unterschiede, die vor allem die Art ihres Vorgehens betreffen, etwa die Anwendung formalisierter Methoden sowie die Intensität der Beschäftigung mit einem Thema. Aus den zuerst genannten Gründen ist ein Vergleich zwischen Journalismus und Wissenschaft möglich, aus den zuletzt genannten Gründen aber schwierig. Eine dieser Schwierigkeiten besteht darin, Fälle zu finden, anhand derer man das Verhalten von Journalisten und Wissenschaftlern sinnvoll vergleichen kann. Dies ist immer nur in Grenzen möglich, sodass Unschärfen auftreten, die jedoch dann bedeutungslos sind, wenn sich das Verhalten selbst gravierend unterscheidet.

Die Bereitschaft zur namentlichen Kollegenkritik wurde im Jahr 1991 durch eine schriftliche Befragung von 130 Journalisten sowie von 160 Wissenschaftlern verschiedener Universitäten und aus verschiedenen Fächern ermittelt.[7] Die Journalisten waren Angehörige der Ressorts Politik, Wirtschaft und Regionales bei Tageszeitungen in den alten Bundesländern. Die Wissenschaftler kamen aus den Geisteswissenschaften, Naturwissenschaften und Ingenieurswissenschaften von zehn Hochschulen in den alten Bundesländern. Festgestellt wurde unter anderem, ob die befragten Journalisten und Wissenschaftler in gravierenden

Fällen eine Kollegenkritik von den Angehörigen des jeweils anderen Berufs erwarten und ob sie selbst bereit sind, Kollegen in einem vergleichbaren Fall namentlich zu kritisieren.

Ergebnisse

Eigene Kritikbereitschaft und Erwartungen an andere

Die Erwartungen der Journalisten und Wissenschaftler an die Kollegenkritik anderer Berufe und ihre eigene Bereitschaft zu einer namentlichen Kritik an Kollegen wurde anhand von zwei Fallbeispielen ermittelt. Die beiden Fallbeispiele weisen naturgemäß Unterschiede auf. Sie gleichen sich jedoch in drei Aspekten, die für die vorliegende Betrachtung wesentlich sind. In beiden Fällen handeln die beschriebenen Personen aus Eigeninteresse. In beiden Fällen handeln sie gegen den Rat von Dritten. In beiden Fällen riskieren sie dabei das Leben von Menschen. Die geschilderten Fälle sind daher nicht gleich, aber vergleichbar. Das Fallbeispiel mit journalistischem Fehlverhalten wurde folgendermaßen vorgestellt: „Während des Geiseldramas in Gladbeck wollte die Polizei die Geiselnehmer unerkannt verfolgen, um das Leben der Geiseln nicht zu gefährden. Das war nicht möglich, weil einige Reporter dem Fluchtauto so auffällig und hartnäckig hinterherfuhren, dass die Geiselnehmer die Verfolgung sofort bemerkten." Die Journalisten wurden gefragt: „Angenommen, Sie sollen das Verhalten der Reporter kommentieren. Was müsste der Artikel enthalten?" Vorgegeben waren sieben Informationen, die berichtenswert sein konnten, darunter die Namen der Reporter. Zur Vereinfachung der Darstellung werden alle Journalisten zusammen betrachtet, die die Publikation dieser Information für „unbedingt notwendig" oder „auch noch wichtig" halten. Die Wissenschaftler wurden gefragt: „Sollten Journalisten ihre Kollegen öffentlich kritisieren, wenn sie Menschen unnötig in Gefahr bringen?"

Das Fehlverhalten der Ingenieure wurde folgendermaßen beschrieben: „In Stuttgart wurde das Dach einer großen Mehrzweckhalle erneuert. Ein Ingenieurbüro hatte dazu ein neues Verfahren entwickelt. Die Ingenieure wandten es gegen den Rat von Statikern an, um sich damit zu profilieren. Sie hoben das komplette Dach mit einem Hubschrauber ab. Dabei stürzte das Dach in die Halle. Nur durch Zufall kam keiner der Arbeiter ums Leben." Die Wissenschaftler wurden gefragt: „Angenommen, Sie wären Ingenieur der gleichen Fachrichtung. Eine Fachzeitschrift für Ingenieure bittet Sie, einen Artikel über diesen Fall zu schreiben. Was müsste der Artikel enthalten?" Vorgegeben waren sechs Informationen, die berichtenswert sein konnten, darunter die Namen der Ingenieure.

Auch hier werden alle Wissenschaftler zusammengefasst, die die Namensnennung für „unbedingt notwendig" oder „auch noch wichtig" halten. Die Journalisten wurden gefragt: „Sollten Ingenieure ihre Kollegen öffentlich kritisieren,
wenn sie Menschen unnötig in Gefahr bringen?"

Nahezu alle Journalisten und nahezu alle Wissenschaftler erwarteten von
den Angehörigen des jeweils anderen Berufes, dass sie ihre Kollegen öffentlich
kritisieren. Die gegenseitigen Erwartungen waren damit hoch gespannt. Ganz
anders sieht es mit der eigenen Kritikbereitschaft aus. Sie war in beiden Berufen
wesentlich geringer, bei den Journalisten sogar kaum vorhanden. Von den Wissenschaftlern war nur etwa jeder zweite der Ansicht, dass sie in einem kritischen
Artikel auch die Namen der verantwortlichen Ingenieure nennen sollten, von den
Journalisten meinte dies sogar nur jeder fünfte (Tabelle 1).

Tabelle 1: Bereitschaft zur Kollegenkritik und Erwartung an Kollegenkritik in
anderen Berufen
– Fragen und Beispielfälle vgl. Text –

	Erwartung an Kollegenkritik im anderen Beruf		Bereitschaft zur Kollegenkritik im eigenen Beruf	
	Journalisten an Wissen- schaftler (n=125) %	Wissen- schaftler an Journalisten (n=159) %	Journalisten an Journalisten (n=127) %	Wissen- schaftler an Wissenschaftler (n=144) %
Kritiker sollten Namen nennen	90	95	19	48
Kritiker sollten Namen nicht nennen	10	5	82	52
Summe	100	100	101	100
	n.s. (Chi^2)		p<0,01 (Chi^2)	

Gegen den Vergleich der Bereitschaft von Journalisten und Wissenschaftlern zu
schonungsloser Kollegenkritik kann man einwenden, dass die Wissenschaftler
gefragt wurden, ob sie in einem Artikel für eine Fachzeitschrift die Namen der
Kollegen nennen würden. In der Frage an die Journalisten fehlt dagegen der
Hinweis auf eine Veröffentlichung in einer Fachzeitschrift. Dieser Einwand ist
berechtigt, wie die weiteren Ergebnisse zeigen werden. Er allein erklärt jedoch

vermutlich nicht die gravierenden Unterschiede zwischen der Bereitschaft der Wissenschaftler und Journalisten zu einer schonungslosen Kritik an Kollegen. Auch dies werden die folgenden Befunde belegen. Aufgrund der vorliegenden Ergebnisse kann man eine *erste Feststellung* treffen: Es gibt einen Widerspruch zwischen den hohen Erwartungen an die Kollegenkritik in anderen Berufen und der geringen Bereitschaft zu einer schonungslosen Kollegenkritik im eigenen Beruf. Dies trifft auf den Journalismus erheblich mehr zu als auf die Wissenschaft.

Erforderliche Inhalte der Kritik an Kollegen

Sind Journalisten generell kritischer als Wissenschaftler, wenn es um fachliches Fehlverhalten von Kollegen geht? Eine Antwort darauf geben die Ansichten der Journalisten und Wissenschaftler, was ein Beitrag über das Verhalten der Kollegen während des Geiseldramas in Gladbeck bzw. beim Baustellenunglück in Stuttgart enthalten sollte. Hier geht es nicht mehr nur um die Nennung des Namens von Kollegen, die gegen Berufsregeln verstoßen haben, sondern um die öffentliche Bewertung seines Verhaltens. Die entsprechende Frage an die Journalisten lautete: „Angenommen, Sie sollten das Verhalten der Reporter (während des Geiseldramas in Gladbeck) kommentieren. Was müsste der Artikel enthalten? Bitte geben Sie an, wie wichtig die einzelnen Informationen sind, oder ob sie auf keinen Fall in dem Artikel vorkommen sollten." Den Wissenschaftlern wurde folgende Frage gestellt: „Angenommen, Sie wären Ingenieur der gleichen Fachrichtung. Eine Fachzeitschrift für Ingenieure bittet Sie, einen Artikel über diesen Fall (Baustellenunfall in Stuttgart) zu schreiben. Was müsste der Artikel enthalten? Bitte geben Sie an, wie wichtig die einzelnen Informationen sind, oder ob sie auf keinen Fall in dem Artikel vorkommen sollten." Vorgegeben waren mehrere Antwortmöglichkeiten, die auf verschiedene Inhalte hinwiesen, die ein solcher Beitrag enthalten sollte.

In den Urteilen über die Notwendigkeit von zwei Informationen stimmten die Journalisten und Wissenschaftler weitgehend überein. Nahezu alle waren der Ansicht, man müsse „herausstellen, dass die Reporter/Ingenieure das Leben der Geiseln/von Menschen gefährdet haben". Jeweils mehr als zwei Drittel meinten, man müsse „das Medium nennen, für das die Reporter arbeiten" bzw. „den Namen des Ingenieurbüros nennen". Den Namen des Mediums wollten die Journalisten damit im Gegensatz zu den Namen der Kollegen, die für dieses Medium arbeiten, durchaus preisgeben. Es ging ihnen mit anderen Worten nicht um die Zeitungen oder Fernsehsender, sondern um die Kollegen. Mit den erwähnten Urteilen waren die Gemeinsamkeiten erschöpft. Die Wissenschaftler waren bekanntlich häufiger als die Journalisten der Meinung, man müsse die Namen der Schuldigen nennen. Die Journalisten waren dagegen häufiger als die Wissenschaftler der Meinung, man müsse darauf hinweisen, dass die Schuldigen von negativen Motiven wie „Geldgier" und „Profilierungssucht" getrieben waren. Zudem müsse man sie anonym als „aufdringlich, skrupellos (und) sensationslüstern" beschreiben. Dies war nun gerade nicht die Meinung der Wissenschaftler, die eine solche Charakterisierung keineswegs für wichtig hielten (Tabelle 2).

Tabelle 2: Inhalte der Kollegenkritik bei der Gefährdung von Menschenleben
– Fragen vgl. Text –

Die Journalisten / Wissenschaftler sollten …	Journa-listen (n=127) %	Wissen-schaftler (n=142) %
„... herausstellen, dass die Reporter das Leben der Geiseln gefährdet haben." / „... herausstellen, dass die Ingenieure das Leben von Menschen riskiert haben."	96	100
„... das Medium nennen, für das die Reporter arbeiten." / „... den Namen des Ingenieurbüros nennen."	70	68
„... die Namen der Reporter nennen." / „... die Namen der Ingenieure nennen."	19	48*
„... die Reporter als aufdringlich, skrupellos, sensationslüstern etc. beschreiben." / „... die Ingenieure als skrupellos, ehrgeizig, verblendet, egoistisch etc. beschreiben."	61	14*
„... auf die Motive, wie zum Beispiel Geldgier, Profilierungssucht etc. hinweisen."	59	40*

Zustimmung zu den Vorgaben, die Informationen seien „unbedingt notwendig" oder „auch noch wichtig"; * $p<0,01$ (Chi^2).

Aufgrund der Ergebnisse kann man eine *zweite Feststellung* treffen: Journalisten und Wissenschaftler sind gleichermaßen der Überzeugung, dass das fachliche Fehlverhalten von Kollegen in der Öffentlichkeit kritisiert werden muss. Sie haben jedoch unterschiedliche Ansichten darüber, wie dies geschehen sollte. Journalisten sind im Unterschied zu Wissenschaftlern kaum bereit, ihre Kollegen öffentlich beim Namen zu nennen. Die geringe Bereitschaft von Journalisten zu einer schonungslosen Kritik an Kollegen, die berufliche Fehler begangen haben, lässt sich durch zahlreiche Beispiele belegen. Hierzu gehören auch die Jahrbücher des Deutschen Presserates. Sie enthalten zwar die Beschreibung des Fehlverhaltens von Journalisten, das der Deutsche Presserat gerügt hat, sowie seine Begründung; sie enthalten ebenso tabellarische Übersichten über die Anlässe von Rügen wie Diffamierungen, Diskriminierung, Ehrverletzung, Einseitigkeit, Verletzung der Privatsphäre usw. Jedoch nennen sie weder den Namen der gerügten Blätter noch die Namen der Journalisten, die die beanstandeten Artikel verfasst haben. Die Verfasser bleiben im Einklang mit ihrem Selbstverständnis selbst dann im Dunkeln, wenn die Blätter die Rügen aus aktuellem Anlass abdrucken. Diese These kann anhand zahlreicher Problemfälle illustriert und bestätigt werden.

Namentliche Kritik bei sachlichen Irrtümern

Sachliche Irrtümer geschehen in allen Berufen. Die entscheidende Frage lautet daher nicht, ob es sie gibt, sondern wie häufig sie sind, und wie die Berufsangehörigen darauf reagieren. Die Häufigkeit des Auftretens dürfte in einem Zusammenhang mit der Art der Kollegenreaktion stehen: In dem Maße, in dem sachliche Irrtümer öffentlich kritisiert und zu einem Kriterium fachlicher Qualifikation werden, entsteht Leistungsdruck, der die Selbstkontrolle der Berufsangehörigen stärkt und die Wahrscheinlichkeit von Irrtümern vermindert. Falls solche Steuerungsmechanismen fehlen, bilden sich dagegen Grauzonen, in denen sachliche Irrtümer wuchern, weil es in jedem Beruf auch Personen gibt, denen sachliche Irrtümer mehr oder weniger gleichgültig sind. Die Reaktionen von Journalisten und Wissenschaftlern auf sachliche Irrtümer von Kollegen wurden anhand eines Fallbeispiels ermittelt, das für beide Berufsgruppen weitgehend gleich ist. In beiden Versionen hieß es zunächst: „Volkswirte haben Mitte der achtziger Jahre unterschiedliche Auffassungen über die Entwicklung des Wohnungsmarktes vertreten. Die einen erwarteten ein Überangebot, die anderen eine Knappheit. Heute wissen wir: Wohnungen sind knapp." Die Version für Journalisten führte dann das Fallbeispiel folgendermaßen fort: „Einige Zeitungen veröffentlichten damals Artikel, die nur von einem Überangebot sprachen. Die Redakteure dieser Zeitungen vermittelten damit einen falschen Eindruck von der tatsächlichen Entwicklung." Anschließend lautete die Frage: „Angenommen, ein Journalist schreibt heute einen Hintergrundbericht über die Entwicklung des Wohnungsmarktes, in dem er auf die damaligen Erwartungen eingeht. Sollte er dabei die Kollegen *namentlich* nennen, die damals das erwartete Überangebot in den Mittelpunkt ihrer Berichterstattung gestellt haben?" Die Version für Wissenschaftler lautete: „Angenommen, ein Volkswirt schreibt heute für eine angesehene Tageszeitung einen Hintergrundbericht über die damaligen Vorhersagen. Sollte er dabei die Wissenschaftler, die das Überangebot behauptet haben, *namentlich* nennen?"

Im Unterschied zum vorangegangenen Fallbeispiel wurde hier auch von den Wissenschaftlern ausdrücklich erwartet, dass sie sich in einem Beitrag für eine Tageszeitung äußern sollten. Diese Vorgabe minderte jedoch keineswegs die Bereitschaft der Wissenschaftler, die Namen von Kollegen zu nennen, die sich geirrt haben. Sie verringerte auch nicht den Unterschied zwischen den beiden Berufsgruppen. Von den Wissenschaftlern waren nahezu zwei Drittel der Überzeugung, dass es notwendig oder sinnvoll ist, die Namen der Kollegen zu nennen, die sich geirrt haben. Von den Journalisten war es dagegen kaum einer. Zwei Drittel der Journalisten meinten vielmehr, dies wäre „nicht sinnvoll", nahezu ein Drittel war sogar der Überzeugung, die Namen der Kollegen sollten „auf gar keinen Fall" genannt werden (Tabelle 3).

Tabelle 3: Bereitschaft zu namentlicher Kollegenkritik bei einem sachlichen Irrtum

– Fragen und Beispielfälle vgl. Text –

Namentliche Kritik	Journalisten (n=128) %	Wissenschaftler (n=151) %
„Das ist absolut notwendig."	1	11
„Das wäre sinnvoll."	4	50
Zustimmung insgesamt	5	61
„Das wäre nicht sinnvoll."	65	36
„Das sollte er auf gar keinen Fall tun."	30	3
Ablehnung insgesamt	95	39
Summe	100	100

p<0,01 (Chi^2).

Die Instrumentelle Aktualisierung, das bewusste Hochspielen von Informationen, die die eigene Sichtweise stützen, erscheint zahlreichen deutschen Journalisten durchaus vertretbar.[8] Bei diesen Informationen kann es sich um Meldungen über einzelne Ereignisse handeln. Es können aber auch Informationen über die Ansichten von Personen sein, z. B. die Meinungen einzelner Bürger, die Urteile von Experten oder die Ergebnisse von Bevölkerungsumfragen. Falls die Darstellung der Ansichten erheblich von der tatsächlichen Verbreitung abweicht, handelt es sich hierbei um eine subtile Manipulation, weil die Leser, Hörer oder Zuschauer kaum eine Chance haben, das Verfahren zu durchschauen und die Wahrheit zu erkennen. Dies gilt vor allem für den Fall, dass die Journalisten mehrerer Publikationsorgane ähnlich verfahren.

Die Ansichten der Journalisten und Wissenschaftler darüber, ob eine derartige Auswahl von Informationen zulässig ist und wie sie kritisiert werden sollte, wurde anhand von zwei besonders krassen Fallbeispielen untersucht. In beiden Fällen handelte es sich um eine eindeutige Manipulation mit dem Ziel, die Leser zu täuschen. Das Fallbeispiel für Journalisten lautete: „Ein Journalist ist davon überzeugt, dass ein Tempolimit auf den Autobahnen die Unfallhäufigkeit und die Umweltbelastung erheblich verringern würde. In einem Hintergrundbericht stellt er eine Umfrage, nach der 70 Prozent der Bevölkerung für ein Tempolimit sind, groß heraus. Eine gleichwertige Umfrage, nach der nur 45 Prozent dieser Ansicht sind, erwähnt er dagegen nur am Rande." Die Journalisten sollten im Anschluss daran zunächst angeben, wie sie das geschilderte Verhalten beurteilen. Diejenigen, die es „eher fragwürdig" oder „völlig unzulässig" fanden, wurden mit folgender Entscheidungssituation konfrontiert: „Angenommen, Sie publizieren einen Artikel zum gleichen Thema. Wie würden Sie verfahren?" Vorgegeben waren vier Antwortalternativen: „Ich würde in dem Artikel kommentarlos beide Umfrageergebnisse berichten"; „Ich würde die einseitige Darstellung des Kollegen kritisieren, ohne seinen Namen zu nennen"; „Ich würde die einseitige Darstellung des Kollegen kritisieren und den Kollegen auch namentlich nennen" und „Ich würde den Artikel des Kollegen völlig außer Acht lassen".

In dem Fallbeispiel für Wissenschaftler hieß es: „Ein Verkehrswissenschaftler ist davon überzeugt, dass ein Tempolimit auf den Autobahnen die Unfallhäufigkeit und die Umweltbelastung erheblich verringern würde. Er beschließt, die Befunde aller Forschungsarbeiten zusammenzustellen. Dabei stellt er fest, dass die Ergebnisse widersprüchlich sind und seine Annahme nicht eindeutig bestätigen. Dennoch stellt er die Ergebnisse in seinem Literaturbericht so dar, als würden sie (seine) Ansicht stützen ..." Auch die Wissenschaftler wurden zunächst gefragt, wie sie das Verhalten beurteilen. Im Anschluss daran wurden sie mit folgender Entscheidungssituation konfrontiert: „Halten Sie es für notwendig, dass Wissenschaftler einen Kollegen, der Daten einseitig auswertet und interpretiert, in der Öffentlichkeit namentlich kritisieren?" Vorgegeben waren fünf Antwortalternativen: „Ja, nur in der Fachpresse"; „Ja, nur in den Publikumsmedien"; „Ja, in beiden"; „Nein, aber sie sollten ihn im Kollegenkreis kritisieren" und „Nein, sie sollten ihn gar nicht kritisieren."

Die weitaus meisten Journalisten (87 Prozent) und Wissenschaftler (97 Prozent) waren der Überzeugung, dass das geschilderte Kollegenverhalten „eher fragwürdig" oder „völlig unzulässig" ist. Sie beurteilten das Verhalten demnach ähnlich, zogen daraus jedoch sehr verschiedene Konsequenzen. Vier Fünftel der Wissenschaftler, die das geschilderte Verhalten eines Kollegen missbilligten, hielten es für notwendig, diesen Kollegen in der Öffentlichkeit namentlich zu kritisieren; etwas mehr als ein Drittel war der Meinung, es sei notwendig, auch in einem Zeitungsartikel seinen Namen zu nennen. Von den Journalisten war nahezu keiner dieser Ansicht. Die geschilderten Fälle sind zweifellos nicht gleich. Man kann daher auch keine gleichen Antworten erwarten. Die Abweichungen zwischen den Ansichten der befragten Journalisten und Wissenschaftler sind jedoch sehr deutlich. Die Unterschiede zwischen den Personen kann man deshalb nicht durch die Abweichungen zwischen den Fallbeispielen erklären. Es handelt sich vielmehr um substanzielle Differenzen in der Berufsauffassung (Tabelle 4).

Tabelle 4: Bereitschaft zu namentlicher Kollegenkritik bei einer einseitigen Sachdarstellung
– Fragen und Beispielfälle vgl. Text –

Namentliche Kritik	Journalisten (n=128) %	Wissenschaftler (n=151) %
„Ja"	1	86
davon: „nur in der Fachpresse"		49
„nur in den Publikumsmedien"		2
„in beiden"		35
„Nein"	99	14
Summe	100	100

$p < 0,01$ (Chi^2).

Eigeninteressen bilden eine Grundlage für den Erfolg in jedem Beruf. Allerdings können sie dazu führen, dass allgemein anerkannte Berufsnormen oder Rechte Dritter verletzt werden. Dies kann z. B. dadurch geschehen, dass Dritte getäuscht oder sogar gefährdet werden. Die Reaktionen von Journalisten und Wissenschaftlern auf die Täuschung von Dritten aus Eigeninteresse wurden anhand von zwei realen Fällen ermittelt. Die Fallbeschreibung für die Journalisten lautete folgendermaßen: „Nach dem Bergwerksunglück in Borken weigerten sich die Angehörigen, den Journalisten Fotos der Opfer zu überlassen. Einige Journalisten beschafften sich dennoch solche Fotos, indem sie sich als Mitarbeiter des Bergwerksunternehmens ausgaben und sagten, dass sie die Bilder für die Rettungsarbeiten benötigten." Die Fallbeschreibung für die Wissenschaftler lautete: „Zwei amerikanische Chemiker waren kürzlich der Ansicht, ihnen sei die ‚kalte Kernfusion' gelungen. In der Erwartung, zusätzliche Forschungsgelder zu erhalten, wandten sie sich sofort – ohne die Kritik ihrer Kollegen abzuwarten – an die Presse." Beide Gruppen wurden danach gefragt, ob sie ihre Kollegen namentlich kritisieren würden. Dabei wurde in der Frage an die Wissenschaftler zwischen einer Kritik in Fachmedien und in Publikumsmedien unterschieden. Die Frage an die Journalisten lautete: „Angenommen, Sie sollten einen Artikel über das Verhalten von Journalisten nach dem Unglück von Borken schreiben. Würden Sie dann die Kollegen, die sich die Bilder auf die geschilderte Weise beschafft haben, namentlich kritisieren, auch wenn diese dadurch möglicherweise Nachteile haben – oder würden Sie das nicht tun?" Die Wissenschaftler wurden gefragt: „Angenommen, Sie schreiben einen Literaturbericht, in dem Sie auch auf Untersuchungen der genannten Chemiker eingehen. Würden Sie die Kollegen unter Hinweis auf den Vorfall namentlich kritisieren, auch wenn sie dadurch möglicherweise Nachteile haben – oder würden Sie das nicht tun? Bitte kreuzen Sie an, wie Sie zu einer Kritik in der Fachpresse stehen. Und wie stehen Sie zu einer Kritik in den Publikumsmedien?"

Die Motive der Handelnden waren in beiden Fällen ähnlich. In beiden Fällen ging es um die Verwirklichung von Eigeninteressen, die mit Hinweisen auf das Interesse der Öffentlichkeit an mehr Informationen bzw. billigerer Energie gerechtfertigt und verschleiert werden können. Die Mittel waren dagegen verschieden, da die Wissenschaftler vermutlich niemanden täuschen wollten. Die Folgen waren ebenfalls verschieden. Das Verhalten der Wissenschaftler hatte keine erkennbaren Auswirkungen auf Dritte. Das Verhalten der Journalisten verletzte dagegen die Persönlichkeitsrechte der Betroffenen. Die Bedeutung der Vorfälle war ebenfalls verschieden. Im einen Fall handelte es sich um ein regionales Geschehen, das nicht darüber hinauswies, im anderen Fall um ein internationales Ereignis, das sowohl für die Wissenschaft als auch für die Bevölkerung insgesamt eine zumindest potenzielle Bedeutung besaß.

Die Journalisten und Wissenschaftler beurteilten das Verhalten ihrer jeweiligen Kollegen sehr ähnlich. Nahezu alle Journalisten (94 Prozent) und nahezu alle Wissenschaftler (97 Prozent) hielten das geschilderte Vorgehen für problematisch oder generell nicht akzeptabel. Allerdings zogen sie daraus erneut unterschiedliche Konsequenzen. Vier Fünftel der Wissenschaftler äußerten, sie würden in einem Artikel für die Fachpresse die Kollegen namentlich kritisieren – auch auf die Gefahr hin, dass sie dadurch berufliche Nachteile hätten. Etwas mehr als die Hälfte meinte, sie würde auch in einem Artikel für die Publikumspresse so verfahren. Die Journalisten waren ganz anderer Ansicht. Nur etwas mehr als ein Viertel von ihnen meinte, sie würden die Kollegen auch auf die Gefahr hin, dass sie dadurch berufliche Nachteile hätten, in der Öffentlichkeit namentlich kritisieren (Tabelle 5).

Tabelle 5: Bereitschaft zu namentlicher Kollegenkritik bei einer Täuschung aus Eigeninteresse
– Fragen und Beispielfälle vgl. Text –

Namentliche Kritik	Journalisten (n=129) %	Wissenschaftler Fach-presse (n=155) %	Wissenschaftler Publikums-medien (n=154) %
„Das würde ich auf jeden Fall tun."	5	30	12
„Das würde ich wahrscheinlich tun."	22	50	43
Bereitschaft insgesamt	27	80	55
„Das würde ich wahrscheinlich nicht tun."	55	16	37
„Das würde ich auf keinen Fall tun."	19	3	8
Weigerung insgesamt	74	19	45
Summe	101	99	100

$p<0,01$ (Chi^2 auf Basis der Durchschnitte der Wissenschaftler-Urteile zur Kritik in Fach- und Publikumspresse).

Erneut stellt sich die Frage, ob die zu beurteilenden Fälle vergleichbar sind und wie ein solcher Vergleich ausfällt. Die Antwort hängt offensichtlich von den Urteilskriterien ab. Legt man die Bedeutung des Falles zugrunde, war das Fehlverhalten der Wissenschaftler gravierender. Beurteilt man die Auswirkungen des Verhaltens auf die Persönlichkeitsrechte Dritter, war es das Fehlverhalten der Journalisten. Selbst wenn man die Bedeutung des Falles für das entscheidende Kriterium hält, dürfte dies kaum die ermittelten Unterschiede erklären. Auch sie verweisen auf Unterschiede in den Berufsauffassungen.

Vermutete Folgen der Kritik an Kollegen

Zwischen der Bereitschaft zur namentlichen Kritik an Kollegen und den vermuteten Folgen dieser Kritik für den Betroffenen besteht wahrscheinlich ein Zusammenhang. Wie dieser Zusammenhang aussieht, ist jedoch unklar, weil nicht bekannt ist, ob die Kritiker negative Folgen für den Kritisierten vorwiegend als Schädigung des Kollegen oder als Stärkung des Berufsstandes betrachten. Geht man davon aus, dass sie die negativen Folgen vorwiegend als Stärkung des Berufsstandes betrachten und dementsprechend als Erfolg ihrer Kritik ansehen, muss man folgern: Vor allem solche Journalisten und Wissenschaftler werden ihre Kollegen kritisieren, die davon überzeugt sind, dass ihre Kritik einen Einfluss auf die Berufsaussichten des kritisierten Kollegen besitzt. Geht man jedoch davon aus, dass die negativen Folgen vorwiegend als Schädigung eines Kollegen verstanden werden, muss man annehmen: Vor allem jene Journalisten und Wissenschaftler sind bereit, ihre Kollegen zu kritisieren, die von der Wirkungslosigkeit solcher Äußerungen überzeugt sind.

Der vermutete Einfluss der Kollegenkritik auf die berufliche Zukunft der kritisierten Kollegen wurde mit zwei Fragen ermittelt. Die erste Frage war allgemein gehalten und enthielt keinen Hinweis auf die Namensnennung. Sie lautete an die Journalisten gerichtet: „Glauben Sie, öffentliche Kritik würde verhindern, dass ein Kollege, der zuweilen mit fragwürdigen Methoden arbeitet, Chefredakteur eines angesehenen Blattes wird?" In der Frage an die Wissenschaftler war der letzte Halbsatz durch die Formulierung ersetzt „... eine Professur an einem angesehenen Institut bekommt?" Beide Fragen enthielten keinen ausdrücklichen Hinweis auf eine namentliche Kritik, was bei der Interpretation der Ergebnisse beachtet werden sollte. Obwohl es bei der Frage an die Wissenschaftler nicht um die Spitzenposition – die Leitung eines Instituts – ging, und obwohl die Tätigkeit von Professoren im allgemeinen weniger im öffentlichen Raum stattfindet und folglich weniger den Urteilen der Öffentlichkeit unterliegt, waren deutlich mehr Wissenschaftler als Journalisten der Ansicht, dass die öffentliche

Kritik einen Einfluss auf die berufliche Zukunft eines Kollegen haben würde. Der Unterschied zwischen den befragten Gruppen war zwar nicht sehr groß, jedoch signifikant (Tabelle 6).

Tabelle 6: Vermuteter Einfluss öffentlicher Kritik auf die berufliche Zukunft von Kollegen
– Fragen vgl. Text –

	Journalisten (n=127) %	Wissenschaftler (n=156) %
Namentliche Kritik hätte Einfluss auf Karriere:		
„Ja, bestimmt."	6	10
„Das ist gut möglich."	53	70
Einfluss insgesamt	59	80
„Das glaube ich kaum."	39	20
„Nein, das halte ich für ausgeschlossen."	2	--
Kein Einfluss insgesamt	41	20
Summe	100	100

$p < 0,01$ (Chi^2).

Die zweite Frage bezog sich auf jeweils einen konkreten Fall: das Verhalten von Journalisten nach dem Grubenunglück bei Borken und das Verhalten von Wissenschaftlern nach dem scheinbaren Nachweis der ‚kalten Kernfusion' (vgl. Tabelle 5). Im Anschluss an die Fallbeschreibung wurde den Journalisten die Frage gestellt: „Nach dem Grubenunglück von Borken haben Journalisten ihre Kollegen (nicht nur wegen der Beschaffung von Fotos) in den Medien heftig kritisiert. Glauben Sie, dass das für die kritisierten Journalisten berufliche Folgen hatte?" Die entsprechende Frage an die Wissenschaftler lautete im Anschluss an die Fallbeschreibung: „Die beiden Chemiker wurden von ihren Kollegen in der Fachpresse und in den Tageszeitungen heftig kritisiert. Glauben Sie, dass das berufliche Folgen für sie haben wird?" Die Antwortvorgaben lauteten in beiden Fällen gleich.

Weit über zwei Drittel der Wissenschaftler waren der Überzeugung, dass öffentliche Kritik an den beiden Chemikern ihre weitere wissenschaftliche Karriere behindern würde, was angesichts ihres Verhaltens kaum überrascht. Allenfalls müsste der relativ hohe Anteil der Befragten aufhorchen lassen, die keine derartigen Folgen vermuteten. Er deutet darauf hin, dass die Befragten an der Wirksamkeit der Sanktionen in ihrem Tätigkeitsbereich zweifeln. Bedeutsamer sind im vorliegenden Zusammenhang jedoch die Antworten der Journalisten. Nicht einmal ein Zehntel von ihnen war der Überzeugung, dass die öffentliche Kritik an ihren Kollegen deren journalistische Karriere behindern würde. Einige waren sogar vom Gegenteil überzeugt. Sie meinten in zusätzlichen Notizen auf den Fragebögen, die öffentliche Kritik an den Kollegen würde deren berufliche Karriere eher fördern (Tabelle 7).

Tabelle 7: Vermuteter Einfluss öffentlicher Kritik auf die berufliche Zukunft von Kollegen
– Fragen vgl. Text –

	Journalisten (n=129) %	Wissenschaftler (n=153) %
Vermuten Schaden für berufliches Fortkommen	6	71
Vermuten keine Folgen für berufliches Fortkommen	81	25
Anderes*	13	4
Summe	100	100

* 5 Prozent der Journalisten und 1 Prozent der Wissenschaftler gaben an, dass die Kritik das berufliche Fortkommen der Kollegen eher fördern als behindern würde. p<0,01 (Chi^2).

Aufgrund dieser Ergebnisse kann man eine *dritte Feststellung* treffen: Wissenschaftler sind wesentlich häufiger davon überzeugt, dass die öffentliche Kritik an Fehlern von Kollegen einen Einfluss auf deren berufliche Zukunft hat, als Journalisten. Bemerkenswerter als die Überzeugungen der Wissenschaftler sind aber die Vermutungen der Journalisten. Dies gilt vor allem für die Ansichten über die Folgen des kritisierten Fehlverhaltens von Kollegen nach dem Bergwerksunglück bei Borken. Hier gab es geradezu eine Welle von kritischen Beiträgen von Journalisten über das Verhalten ihrer Kollegen,[9] die jedoch nach Ansicht von nahezu allen befragten Journalisten folgenlos blieb.

Ursachen der geringen Bereitschaft von Journalisten zur namentlichen Kritik an Kollegen

Da fast alle Journalisten daran zweifeln, dass im konkreten Fall die öffentliche Kritik am Verhalten von Kollegen einen Einfluss auf die berufliche Zukunft der Betroffenen hat, erscheint es fraglich, ob ein Zusammenhang zwischen den vermuteten Folgen und der Kritikbereitschaft von Journalisten besteht. Diese Zweifel können durch eine Kontrastierung der Kritikbereitschaft von Journalisten, die an die Folgen von Kollegenkritik glauben bzw. nicht glauben, beseitigt werden. Grundlage sind die Antworten auf folgende Frage: „Ein Kollege soll Chefredakteur eines angesehenen Blattes werden. Sie kennen diesen Kollegen und wissen, dass er zuweilen mit fragwürdigen Methoden arbeitet. Unten finden Sie eine Reihe solcher Methoden. Bitte kreuzen Sie an, welche Sie zu einer Kritik an dem Kollegen in der Presse (Zeitungen, Hörfunk, Fernsehen) oder in Fachpublikationen veranlassen könnte." Auch hier fehlte ein ausdrücklicher Hinweis auf die namentliche Kritik der Kollegen. Verglichen wird die Kritikbereitschaft von Journalisten, die der Ansicht sind, dass die öffentliche Kritik an einem Journalisten einen Einfluss hat, mit der Kritikbereitschaft von Journalisten, die nicht dieser Ansicht sind (vgl. Tabelle 7). Zwischen der Überzeugung der Journalisten, dass die Kritik an einem Kollegen einen Einfluss auf seine Bestellung zum Chefredakteur eines angesehenen Blattes hat, und der Bereitschaft zur öffentlichen Kritik an diesem Kollegen bestand ein klarer Zusammenhang. Die Journalisten, die eine – heilsame – Wirkung der Kritik an Kollegen vermuteten, waren eher bereit, einen Kollegen öffentlich zu kritisieren, was darauf hindeutet, dass sie diese Folgen eher als Stärkung des Berufsstandes denn als Schädigung eines Kollegen verstanden (Tabelle 8).

Aufgrund dieses Ergebnisses kann man eine *vierte Feststellung* treffen: Falls Journalisten von der Wirksamkeit öffentlicher Kollegenkritik überzeugt sind, sind sie eher bereit, Kollegen öffentlich zu kritisieren. Dies gilt analog auch für Wissenschaftler, was hier jedoch im Detail nicht mehr dargestellt werden muss. Die Tatsache, dass Journalisten selten fachliches Fehlverhalten von Kollegen öffentlich kritisieren, dürfte demnach auch darauf zurückzuführen sein, dass sie von der Wirksamkeit dieser Kritik meist nicht überzeugt sind.

Tabelle 8: Zusammenhang zwischen der vermuteten Wirkung von Kollegenkritik und der Bereitschaft zur Kollegenkritik im konkreten Fall
– Fragen vgl. Text. Auszug aus den Antwortvorgaben –

	Journalisten, die Folgen von Kollegenkritik...	
	vermuten (n=75) %	nicht vermuten (n=52) %
Einseitige Berichterstattung: „Der Kollege hat widersprüchliche Umfrageergebnisse einseitig unvollständig wiedergegeben, um seine politischen Ansichten zu unterstützen."	24	8*
Täuschung von Informanten: „Der Kollege hat sich in Borken durch Täuschung der Angehörigen Fotos der Opfer beschafft und veröffentlicht."	42	24*
Gefährdung von Menschenleben: „Der Kollege hat in Gladbeck für ein Interview mit den Geiselnehmern das Leben der Geiseln gefährdet."	50	29*

Ausgewiesen ist der Anteil der Journalisten, die den Kollegen in der Publikumspresse kritisieren würden. * $p<0,05$ (Chi^2).

Zusammenfassung und Folgerungen

Die wichtigsten Ergebnisse kann man fallübergreifend in fünf Feststellungen zusammenfassen:

1. Journalisten und Wissenschaftler erwarten von den Angehörigen anderer Berufe mehr namentliche Kollegenkritik als sie an eigenen Kollegen üben würden.
2. Journalisten sind weniger zur namentlichen Kollegenkritik in der Öffentlichkeit (Fachpresse und Publikumsmedien) bereit als Wissenschaftler. Dies trifft auf die Kritik an sachlichen Irrtümern, absichtlichen sachlichen Fehldarstellungen und an der Täuschung von Informanten/Geldgebern zu.

3. Journalisten sind eher als Wissenschaftler zur moralischen Verurteilung von Kollegen bereit, die aus Eigeninteresse gegen Berufsregeln verstoßen und dabei Menschenleben riskiert haben.
4. Journalisten sind weniger als Wissenschaftler davon überzeugt, dass die öffentliche Kritik am beruflichen Fehlverhalten von Kollegen einen Einfluss auf dessen Karrierechancen besäße.
5. Journalisten, die einen Einfluss öffentlicher Kritik am beruflichen Fehlverhalten von Kollegen auf deren berufliche Zukunft vermuten, sind eher zur öffentlichen (namentlichen oder nichtnamentlichen) Kritik am beruflichen Fehlverhalten bereit.

Die vorangegangene Analyse gibt zwar eine Antwort auf die allgemeine Frage, weshalb Journalisten relativ selten das fachliche Fehlverhalten von Kollegen öffentlich kritisieren. Sie sagt jedoch nichts darüber aus, weshalb sie auch in diesen Fällen kaum bereit sind, die Namen der Kritisierten zu nennen. Die Rücksicht auf die kritisierten Kollegen ist es vermutlich nicht, sonst würden sie die Kollegen nicht gerade dann – zumindest anonym – kritisieren, wenn sie an die Wirksamkeit dieser Kritik glauben. Wenn es nicht die Rücksicht auf die betroffenen Kollegen ist, was ist dann die Ursache der geringen Kritikbereitschaft von Journalisten, wenn es darum geht, Ross und Reiter – nein, den Reiter – zu nennen? Hierzu kann man nur Vermutungen anstellen. Eine nahe liegende Vermutung, die mit den vorhandenen Daten aber nicht geprüft werden kann, lautet: Sie verzichten auf eine namentliche Kritik an den Kollegen nicht im Interesse der Kollegen, sondern mit Rücksicht auf ihre eigenen Interessen. Diese Befürchtung ist, wie eingangs beschrieben wurde, nicht unbegründet.

In der Wissenschaft genießt die namentliche Kritik an Kollegen, wenn sie sich auf die berufliche Tätigkeit im engeren Sinn bezieht, ein hohes Ansehen. Voraussetzung hierfür ist, dass sie sachlich berechtigt ist und bestimmten Regeln folgt. Zu diesen Regeln gehört es, dass der Kritiker den Kritisierten und die kritisierten Äußerungen genau identifiziert, weil die Kritik sonst nicht prüfbar und damit unwissenschaftlich wäre. Zu den Regeln gehört ferner, dass die Motive der Kritisierten außer Betracht bleiben und nur die Wahrheit ihrer Behauptungen zur Diskussion steht. Eine solche Kritik trägt nach allgemeiner Auffassung zur Beseitigung von Irrtümern und damit zum Fortschritt der Wissenschaft bei. Derjenige, der in dieser Weise Kollegen kritisiert, gewinnt durch eine solche Kritik wissenschaftliches Ansehen, was seine eigene Karriere fördern kann.

Im Journalismus genießt die namentliche Kritik an Kollegen dagegen gerade dann kein hohes Ansehen, wenn sie berufliches Fehlverhalten im engeren Sinn betrifft. Ganz anders sieht es aus, wenn es sich dagegen um die Kritik der Meinungen anderer Journalisten handelt. Hier werden die Kritisierten – entsprechend den Regeln der politischen Auseinandersetzung – durchaus beim Namen genannt. Ein Journalist, der das berufliche Fehlverhalten von Kollegen öffentlich und mit voller Namensnennung kritisiert, würde sich dagegen vermutlich nicht auszeichnen, sondern isolieren. Deshalb wird er diese Kritik in der Regel auch dann unterlassen, wenn er sie sachlich für begründet hält. Allenfalls wird er sich vorwurfsvoll und wortgewaltig – wie nach Gladbeck und Borken – aber allgemein äußern. Dies dürfte eine Ursache dafür sein, dass alle öffentlichen Diskussionen über die Ethik im Journalismus folgenlos bleiben.

Eine Ursache der geringen Reputation von Kritik am beruflichen Fehlverhalten von Kollegen ist wahrscheinlich der jahrzehntelange Kampf um Pressefreiheit, in dem immer wieder einzelne Journalisten auch unter dem Vorwand von Verstößen gegen journalistische Berufsnormen stigmatisiert und kriminalisiert wurden. Eine zweite Ursache dürfte darin bestehen, dass Journalisten im Unterschied zu den Angehörigen der Professionen nicht von Laienkontrolle freigesetzt sind: Im Journalismus besitzen Urteile von Laien an der beruflichen Qualifikationen größeres Gewicht als etwa in der Medizin, weil die Übergänge zwischen beruflichem und außerberuflichem Verhalten fließender sind.[10] Folglich ist die Gefahr des Eindringens sachfremder Meinungen in fachliche Diskussionen größer. Eine dritte Ursache dürfte darin bestehen, dass der Journalismus eine grundlegende Verlagerung der Reputationsgrundlagen noch nicht vollzogen hat: Auch das öffentliche Ansehen der klassischen Professionen, wie z. B. der Medizin, hat bis weit ins 20. Jahrhundert auf der Verschleierung und Leugnung von beruflichem Fehlverhalten beruht. Das hat sich erst geändert als die Medien solche Fehler zunehmend öffentlich gemacht und dadurch eine neue Offenheit der Angehörigen der Professionen im Umgang mit Fehlern erzwungen haben. Einige Hinweise deuten darauf hin, dass der Journalismus diese Entwicklung zumindest teilweise nachholt.

Zum einen hat in den letzten Jahren aufgrund der wachsenden Konkurrenz zwischen den Medien die Bereitschaft von Journalisten zur Kritik am beruflichen Fehlverhalten von Kollegen zugenommen.[11] Zum anderen hat das Internet die Grundlagen des Ansehens von Journalisten verändert. Das Internet bietet jedem Leser, Hörer und Zuschauer eine nicht zugangsbeschränkte Plattform für die namentliche Kritik an den Autoren von einzelnen journalistischen Beiträgen. Dass es sich hierbei meist um unsachliche Meinungsäußerungen handelt, ändert nichts daran, dass einzelne Journalisten nun immer häufiger zum Gegenstand von öffentlicher Kritik werden. Außerdem können jetzt freie Journalisten ohne Rücksicht auf Verlage, Rundfunkanstalten und Redaktionen berufliche Fehler ihrer Kollegen öffentlich kritisieren. Dadurch hat auch die sachbezogene Kollegenkritik eine Plattform gefunden, der sich die Kritisierten und ihre Redaktionen nicht mehr entziehen können. Zwar reagieren viele Journalisten auf solche Beiträge geradezu allergisch. Langfristig dürften die Erfahrungen, dass sie sich dieser Kritik stellen müssen, die Einstellung von Journalisten zur Kollegenkritik und damit ihre Bereitschaft dazu verändern.

[1] Zur unterschiedlichen Praxis des Gegenlesens in mehreren Ländern vgl. Wolfgang Donsbach / Jens Wolling: Redaktionelle Kontrolle in der regionalen und überregionalen Tagespresse. Ein internationaler Vergleich. In: Beate Schneider / Kurt Reumann / Peter Schiwy (Hrsg.): Publizistik. Beiträge zur Medienentwicklung. Konstanz 1995, S. 421-437.

[2] Vgl. Warren Breed: Social Control in the Newsroom: A Functional Analysis. In: Social Forces 33 (1955) S. 326-335.

[3] Vgl. Susanne Fengler: Medienjournalismus in den USA. Konstanz 2002; Maja Malik: Journalismus-Journalismus. Funktionen, Strukturen und Strategien der journalistischen Selbstthematisierung. Wiesbaden 2004; Stephan Schopohl: Mediawatch: Formen von Medienkritik und Medienjournalismus am Beispiel der Weblog-Kommunikation. Saarbrücken 2008. Siehe auch Joseph Turow: Hidden Conflicts and Journalistic Norms: The Case of Self-Coverage. In: Journal of Communication 44, Heft 2 (1994) S. 29-46 sowie die Beiträge in *Journalistik Journal* 2006, Heft 2.

[4] Vgl. Deutscher Presserat (Hrsg.): Jahrbuch 2010. Mit der Spruchpraxis des Jahres 2009. Schwerpunkt: Leserforen – Freiheit um jeden Preis? Konstanz 2010. Zur Einschätzung der Arbeit des Deutschen Presserates und seiner Relevanz für die redaktionelle Praxis vgl. Carsten Reinemann: Das Versprechen der Selbstkontrolle. Presserat und Pressekodex im Urteil von Journalisten. In: Carsten Reinemann / Rudolf Stöber (Hrsg.): Wer die Vergangenheit kennt, hat eine Zukunft. Festschrift für Jürgen Wilke. Köln 2010, S. 236-263.

[5] Zur Tätigkeit der Rundfunk- und Fernsehräte vgl. Reinhart Ricker: Die Kompetenzen der Rundfunkräte im Programmbereich. München 1987. Zur Einschätzung der Tätigkeit der Räte durch die Mitglieder der Räte siehe Hans Mathias Kepplinger: Der Einfluss der Rundfunkräte auf die Programmgestaltung der öffentlich-rechtlichen Rundfunkanstalten. In: Ernst-Joachim Mestmäcker (Hrsg.): Offene Rundfunkordnung. Prinzipien für den Wettbewerb im grenzüberschreitenden Rundfunk. Gütersloh 1988, S. 453-493; Volker Lilienthal (Hrsg.): Professionalisierung der Medienaufsicht. Neue Aufgaben für Rundfunkräte. Die Gremiendebatte in epd medien. Wiesbaden 2009.

[6] Zum Einfluss der Erinnerung an Fehler der Medienberichte, die u. a. durch Kollegenkritik offengelegt werden können, vgl. Nikolaus Jackob: Vergessen oder Vergeben? Journalistische Fehlleistungen und ihre Folgen für das allgemeine Vertrauen in die Medien. In: Communicatio Socialis 42 (2009) S. 382-403.

[7] Die Feldarbeit hat Annabel Schaus 1991 durchgeführt, die auch an der Entwicklung der Fragebögen mitgearbeitet hat.

[8] Vgl. den Beitrag „Instrumentelle Aktualisierung". In diesem Band, S. 151-164.

[9] Vgl. Rainer Mathes / Hans-Dieter Gärtner / Andreas Czaplicki: Kommunikation in der Krise. Autopsie eines Medienereignisses. Das Grubenunglück in Borken. Frankfurt am Main 1991.

[10] Vgl. hierzu den Beitrag „Professionalisierung des Journalismus?" In diesem Band, S. 229-254.

[11] Ein Beispiel hierfür ist die Kritik des *Stern* an angeblichen Recherchemethoden der *Bunten*. Vgl. *Frankfurter Allgemeine Zeitung* vom 26. Februar, 4. März und 28. Mai 2010.

Professionalisierung des Journalismus?

Der Journalismus ist immer zwei Gefahren ausgesetzt gewesen: dem Macht-missbrauch der Presse und später des Rundfunks auf der einen und dem Macht-missbrauch der politischen Institutionen auf der anderen Seite. Während die Presse in langjährigen Auseinandersetzungen die staatliche Zensur abschüttelte, sich einen verfassungsrechtlich garantierten Freiraum erkämpfte und ihre Frei-heit zum Symbol für die politische Freiheit allgemein machte, nahmen die staat-lichen Institutionen den tatsächlichen oder vermeintlichen Missbrauch der Pres-semacht zum Anlass zu gesetzlichen Einschränkungen der Pressefreiheit und zu drastischen Maßnahmen gegen einzelne Publikationen.[1] Da die rechtliche Rege-lung des Spannungsverhältnisses zwischen Massenmedien und Staat durch all-gemein gefasste Gesetze den Massenmedien einen derart großen Handlungsspiel-raum überlässt, dass sie ihren Zweck nicht selten verfehlt, oder aber durch detail-lierte Vorschriften so stark in die journalistische Arbeit eingreift, dass sie die Pressefreiheit in ihrer Substanz bedroht, fordern Berufsverbände und Wissen-schaftler die Professionalisierung des Journalismus.[2] Sie soll durch eine wissen-schaftliche Journalistenausbildung die Qualität des Journalismus verbessern, eine spezifische Fachkompetenz schaffen, die Journalisten an ein entwickeltes Stan-desrecht binden und ihnen dadurch – ähnlich den klassischen Professionen: den Medizinern, Juristen[3] und Militärs – zu einer relativen Autonomie gegenüber politischen Institutionen und privaten Interessen verhelfen. Eine sachgerechte Diskussion dieser Forderung setzt eine Verständigung über den Charakter von Professionen voraus.

Professionen

Professionalisierung von Berufen

Professionen sind die Folge der Professionalisierung von Berufen. Der Begriff „Professionalisierung" bezeichnet den Prozess, in dem ein Beruf sukzessiv die Eigenschaften erlangt, die ihn zu einer Profession machen. Harold L. Wilensky hat aufgrund einer Analyse der Professionalisierung von 18 Berufen ein typisches Ablaufschema der Professionalisierung erstellt. Die Professionalisierung geschieht danach in fünf Phasen:

„Zunächst wird eine Tätigkeit zu einem Ganztagsberuf, der seinen spezifischen Arbeitsbereich abzustecken beginnt. Die ersten, die die neue Technik beherrschen oder der den Beruf tragenden Bewegung angehören, beginnen, sich um Nachwuchs zu kümmern und richten Ausbildungsschulen ein. Werden diese nicht gleich als Teil von Universitäten gegründet, so erreichen sie den akademischen Status in der Regel nach zwei oder drei Dekaden. Die Lehrer dieser Schulen und andere Aktivisten des Berufs organisieren sich zunächst in lokalen, aber schon bald auch in nationalen Verbänden – entweder durch Umwandlung bereits bestehender Gruppierungen oder durch Neugründungen. Erst dann wird die staatliche Lizenzierung des Berufsmonopols erreicht und am Ende des Prozesses kommt es zur Neuformulierung der Berufsregeln und deren Zusammenfassung zu einer förmlichen ‚Ethik'.“[4]

Ein Vergleich dieses typischen Verlaufs der Professionalisierung eines Berufes mit der Entwicklung des Journalismus zeigt, dass der Journalismus einige, jedoch nicht alle der Professionalisierungsphasen durchlaufen hat. Der Journalismus ist ein Ganztagsberuf, die Journalisten sind in nationalen Verbänden organisiert und sie verfügen über Berufsregeln, die in einigen Ländern auch zu einer förmlichen Berufsethik zusammengefasst wurden. Eine akademische Ausbildung und eine staatliche Lizenzierung des Berufsmonopols sind dagegen in den westlichen Industrienationen Ausnahmen. Die Regel sind ein freier Berufszugang und die Ausbildung vor Ort in den Redaktionen. Der Journalismus befindet sich daher zwar nach Meinung der meisten Beobachter in einer fortgeschrittenen Professionalisierungsphase, es ist jedoch fraglich, ob er damit schon zu den Professionen gehört.

Merkmale von Professionen

Professionen sind nach allgemeiner Ansicht Berufe, die durch besondere Merkmale gekennzeichnet sind.[5] Verschiedene Autoren geben bei der Charakterisierung der Professionen unterschiedliche und verschieden viele Merkmale an, wobei in vielen Fällen nicht hinreichend deutlich wird, ob es sich dabei um Bestandteile der Definition des Begriffs „Profession" oder um empirisch gehaltvolle Aussagen mit dem Begriff über seinen Gegenstand handelt. Fasst man die am häufigsten genannten Eigenschaften zusammen, kann man folgenden, nicht vollständigen, Merkmalskatalog aufstellen: Die Angehörigen einer Profession wenden

1. spezialisierte Kenntnisse an,[6] die
2. auf einer theoretischen Grundlage beruhen,[7]
3. in einer systematischen Ausbildung erworben wurden,[8]
4. deren Beherrschung in einem speziellen Test geprüft wird und damit
5. den Berufseintritt regelt.[9]
6. Sie verfügen über eine berufsständische Organisation,[10] sind
7. einer Standesethik verpflichtet,[11] besitzen
8. eine große persönliche Verantwortlichkeit[12] und verfügen deshalb über
9. eine relative Autonomie im Sinne der Freisetzung von Laienkontrolle.[13] Die Tätigkeit der Professionsangehörigen geschieht darüber hinaus
10. im Dienste allgemein anerkannter gesellschaftlicher Werte.[14]

Folgen der Professionalisierung

Die Professionalisierung eines Berufes besitzt für die Angehörigen der Profession und die Profession als Ganzes eine Reihe von Folgen, die man zweckmäßigerweise nicht als Berufseigenschaften betrachtet, die die Angehörigen einer Profession per definitionem auszeichnen. Vielmehr handelt es sich hierbei um empirische Folgen der Professionalisierung eines Berufes, die bei den verschiedenen Professionen und den einzelnen Angehörigen einer Profession mehr oder weniger stark eintreten. Hierzu kann man die Kriterien von W. J. Goode rechnen:

„1. Die Professionsmitglieder teilen ein Gefühl gemeinsamer beruflicher Identität;
2. einmal Mitglied geworden, verlassen nur wenige die Profession wieder, sodass für die meisten der erworbene Status endgültig und dauerhaft ist;
3. die Mitglieder haben gemeinsame Wertvorstellungen;
4. es herrscht Übereinstimmung über die Rollendefinitionen gegenüber Kollegen und Professionslaien. Diese sind für alle Mitglieder gleich;
5. im Bereich des beruflichen Handelns wird eine gemeinsame ‚Sprache‘ gesprochen, die Laien nur teilweise zugänglich ist;
6. die professionelle Gruppe kontrolliert das berufliche Handeln ihrer Mitglieder;
7. die Profession ist deutlich erkennbar von ihrer sozialen Umwelt abgegrenzt;
8. sie produziert die nachfolgende Professionsgeneration nicht im biologischen, sondern im sozialen Sinne. Dies geschieht sowohl durch Kontrolle über die Selektion der Professionsaspiranten, wie über deren beruflichen Sozialisationsprozess. Natürlich nähern sich konkrete Professionen diesem idealtypischen Bild immer nur mehr oder weniger.“[15]

Ein Vergleich zwischen den Eigenschaften, die ein Beruf per definitionem besitzt, wenn er zu den Professionen zählt und den Eigenschaften, die ein Beruf und die Berufsangehörigen entwickeln, weil sie zu einer Profession gehören, mit der Situation des Journalismus und der Journalisten in der Bundesrepublik Deutschland zeigt, dass der Journalismus und die Journalisten zwar nur wenige Definitionskriterien erfüllen, trotzdem aber ein Berufsbild und Verhaltensweisen aufweisen, die für eine Profession charakteristisch sind.

Journalisten teilen ein Gefühl gemeinsamer beruflicher Identität,[16] sie haben gemeinsame berufliche Wertvorstellungen und es herrscht Übereinstimmung über die Rollendefinitionen gegenüber Kollegen und Berufslaien. Im Bereich des beruflichen Handelns wird eine gemeinsame ‚Sprache' gesprochen, die Laien nur teilweise zugänglich ist, die Berufsgruppe kontrolliert das berufliche Handeln ihrer Mitglieder, sie ist deutlich erkennbar von ihrer sozialen Umwelt abgegrenzt und sie steuert die Selektion und berufliche Sozialisation der Berufsanwärter. Der Journalismus in der Bundesrepublik zeigt damit, von einer einzigen Ausnahme abgesehen, der Dauerhaftigkeit der Berufsausübung, alle Eigenschaften, die Goode als charakteristische Folgen der Professionalisierung eines Berufes darstellt, er besitzt jedoch gleichzeitig, von zwei Ausnahmen abgesehen, keine Eigenschaften, die als charakteristische Merkmale einer Profession gelten.

Die Journalisten verfügen in der Bundesrepublik zwar über mehrere berufsständische Organisationen und sie sind auch einer Standesethik verpflichtet.[17] Sie wenden jedoch nur in begrenztem Umfang Spezialkenntnisse an, die selten auf einer theoretischen Grundlage beruhen, selten in einer systematischen Ausbildung erworben wurden und deren Beherrschung fast nie mit speziellen Tests geprüft wird. Auf keinen Fall entscheiden derartige Testergebnisse über die Aufnahme in den Berufsstand. Der Zugang zum Journalistenberuf ist z. B. im Unterschied zur Regelung in Italien und Spanien grundsätzlich frei. Die Journalisten sind darüber hinaus im Gegensatz zu Medizinern und Juristen keineswegs von Laienkontrolle freigesetzt, sondern ihr in hohem Maße ausgesetzt.[18] Der gesellschaftliche Wert ihrer Arbeit ist, abgesehen von globalen Bekenntnissen zur öffentlichen Aufgabe, im Einzelfall stark umstritten und die persönliche Verantwortlichkeit der Journalisten für die beabsichtigten und unbeabsichtigten Folgen ihres beruflichen Handelns wird bezweifelt.[19]

Das eigentümliche Zwitterbild des Journalismus – auf der einen Seite zeigen Journalisten Verhaltensweisen, die für die Angehörigen einer Profession charakteristisch sind, auf der anderen Seite zeigt der Beruf nur sehr wenige Merkmale einer Profession – dürfte mit dazu beigetragen haben, dass eine Reihe von Autoren den Journalismus zu den Professionen rechnen, obwohl er eingestandenermaßen nicht alle Merkmale einer Profession besitzt. Eine empirische Untersuchung von David J. LeRoy kommt jedoch zum entgegengesetzten Ergebnis. Er befragte Fernsehjournalisten mithilfe einer Professionalisierungsskala von Richard H. Hall und verglich ihre Antworten mit den Antworten der Angehörigen von 12 anderen Berufen an 27 verschiedenen Arbeitsplätzen. Die Fernsehjournalisten nahmen in der ermittelten Rangfolge des Professionalisierungsgrades den neunten Rang ein. Nur auf einer einzigen Dimension lagen sie auf dem dritten Platz und damit weit über dem Median: dem Glauben, der Öffentlichkeit einen wichtigen Dienst zu leisten.[20]

Journalismus

Kritik

Zwei der wichtigen theoretischen Gründe dafür, dass der Journalismus keine Profession ist und unter den gegebenen Umständen auch nicht ohne weiteres eine Profession im engeren Sinne werden wird, formulierten Joseph A. Schumpeter und M. Rainer Lepsius. Schumpeter unterscheidet die freien Berufe, die man üblicherweise zu den Professionen zählt, von den intellektuellen Berufen. Intellektuelle sind „Leute, die die Macht des gesprochenen und des geschriebenen Wortes handhaben, und eine Eigentümlichkeit, die sie von anderen Leuten, die das gleiche tun, unterscheidet, ist das Fehlen einer direkten Verantwortlichkeit."[21] Da Ärzte und Juristen u. a. eine direkte Verantwortlichkeit für die beabsichtigten und unbeabsichtigten Folgen ihres beruflichen Handelns besitzen, gehören sie nicht zu den „Intellektuellen im eigentlichen Sinne, es sei denn, sie sprechen oder schreiben über außerhalb ihrer beruflichen Zuständigkeit liegende Gegenstände, was sie ohne Zweifel oft tun, – namentlich die Advokaten".

Die Domäne der Intellektuellen ist dagegen der Journalismus. Sie handhaben die „Macht des gesprochenen und des geschriebenen Wortes" und sie besitzen keine „direkte Verantwortlichkeit für praktische Dinge". Sie haben, mit anderen Worten, abgesehen von ihrer Entscheidungsbefugnis innerhalb der Redaktion, keine Kompetenz.[22] Journalisten schreiben und reden vielmehr über Themen, die entweder in die Zuständigkeit anderer Berufe fallen, oder für die es keine berufliche Zuständigkeit gibt. Diese berufliche Zuständigkeit fehlt in liberalen Staaten für all jene Probleme, für deren Diskussion und Entscheidung allgemeine gesellschaftliche Werte wie Freiheit, Gleichheit, Wohlstand usw. in Anspruch genommen werden.

Da die Journalisten (oder allgemeiner: die Intellektuellen) keine direkte Verantwortung für praktische Dinge besitzen, fehlen ihnen nach Schumpeter auch „jene Kenntnisse aus erster Hand, wie sie nur die tatsächliche Erfahrung geben kann".[23] Sie sind bei ihren Recherchen deshalb auf die Informationen jener Personen angewiesen, die sich mit den fraglichen Themen normalerweise im Rahmen ihres Berufes beschäftigen. Aus dieser Situation „als eines bloßen Zuschauers" entsteht die „kritische Haltung" des Journalisten bzw. Intellektuellen. Sie wird noch dadurch gestärkt, „dass seine größten Erfolgsaussichten in seinem tatsächlichen oder möglichen Wert als Störungsfaktor liegen". Die Kritik wird, wie Lepsius im Anschluss an Schumpeter formuliert hat, zum Beruf. Diese Kritik als Beruf unterscheidet sich jedoch grundlegend von der Kritik in Berufen. Sie ist, da der Beruf keine Kompetenz besitzt, nicht kompetent, sondern inkompetent oder allenfalls quasi-kompetent.

Kompetenz

Der Begriff „Kompetenz" wird in den Sozialwissenschaften in zwei Bedeutungsvarianten verwandt. In der Diskussion um die „Innere Pressefreiheit" bezeichnet er die rechtlich gesicherte Zuständigkeit für Entscheidungen.[24] Dabei geht es um die Grundsatzkompetenz, d. h. die Festlegung der generellen publizistischen Grundhaltung z. B. einer Zeitung, die Richtlinienkompetenz, d. h. die Festlegung der Perspektive der Berichterstattung über neue Themen sowie um die Detailkompetenz, d. h. die inhaltliche Gestaltung einzelner Beiträge. In der Berufssoziologie bezeichnet der Begriff „Kompetenz" die durch Ausbildung erworbene und in der Regel durch eine Prüfung bestätigte Befähigung zur Durchführung von klar umrissenen Tätigkeiten.[25] Hierbei geht es nicht um eine rechtlich gesicherte Zuständigkeit, sondern u. a. um die fachlichen Voraussetzungen hierfür. Zu denken ist dabei vor allem an Tätigkeiten der Angehörigen der klassischen Professionen, jedoch auch an die von ausgebildeten Handwerkern. Die Kompetenz in diesem Sinne bildet den Hintergrund für die von Lepsius vorgenommene Unterscheidung zwischen kompetenter und quasi-kompetenter Kritik.

Kompetente Kritik ist nach Lepsius „Kritik von einem Angehörigen der Profession im Rahmen der Profession ... Soweit sie sich in den vorgesehenen Bahnen hält, genießen sie und der Kritiker den Schutz der Profession. Sie muss freilich sachlich sein, das heißt dasjenige, was sie kritisiert, unter Bezugnahme auf Normen beurteilen, die als professionelle Normen gelten, und sie muss demjenigen, den sie kritisiert, die Loyalität zu der jeweiligen Berufsethik unterstellen. Unter diesen beiden Bedingungen ist Kritik möglich, ist sie als kompetente Kritik sozial definiert und geschützt. Der Kritiker hat für seine Kritik keine Sanktionen zu gewärtigen, er ist immun"[26] und von Laienkontrolle freigesetzt.[27] Die soziale Legitimation dieses Schutzes besteht in der Kompetenz des Kritikers. Die Grundlage seiner Kompetenz ist, von der Ausnahme der Parlamentarier abgesehen,[28] eine spezialisierte Ausbildung, die ihm vor den Professionslaien einen Erkenntnisvorsprung gibt, eine Regelung des Berufszugangs durch explizite Aufnahmeverfahren, die diesen Erkenntnisvorsprung nachweist und die Verpflichtung auf eine Berufsethik, die die Anwendung des Erkenntnisvorsprungs auf allgemein anerkannte Ziele sichert.

Quasi-kompetente Kritik ist dagegen die „Kritik in den Bereichen der Quasi-Professionen, in den sozialen Gebilden, die nur teilweise und unvollkommen durch soziale Mechanismen eine eigene Kompetenz gegenüber anderen sozialen Gebilden und der Gesamtgesellschaft ausbilden und durchsetzen können. Hier ist der Kritiker weit weniger durch seine sozial garantierte Kompetenz geschützt. Das Paradebeispiel dafür sind ... die Journalisten, von denen Max Weber sagte, es mangele ihnen die ‚feste soziale Klassifikation', eben die eindeutige Professionalisierung, wie wir heute sagen würden."[29] Da Journalisten keine Kompetenz für die Sachbereiche besitzen, über die sie berichten, genießen ihre Berichte und ihre Kritik keinen Kompetenzschutz. Journalisten versuchen sich deshalb nach Lepsius durch „sekundäre Mechanismen eine soziale Immunität zu schaffen. Das kann dadurch geschehen, dass sich einzelne Kritiker an die Kompetenz von richtigen Professionen anhängen".[30] oder aber dadurch, „dass sie sich auf eine höhere und allgemeine Ebene der kulturellen Werte berufen. Genau dies geschieht zum Beispiel, wenn die Journalisten über die speziellen Normen der ‚wahrheitsgetreuen Berichterstattung' hinaus für sich allgemeine Werte, zum Beispiel der Menschenwürde und der politischen Freiheit, beanspruchen und ihre Tätigkeit dementsprechend als ‚im Dienste der demokratischen Grundordnung' stehend interpretieren. Sind die Wertvorstellungen, auf die sich Kritik bezieht, generell genug, dann kann sie nicht mehr in Konflikt treten mit solchen sozialen Gebilden, die die Kompetenz über die Interpretation dieser Werte monopolisiert haben."[31] Die allgemeinen gesellschaftlichen Werte rechtfertigen das Eindringen der Quasi-Kompetenten in den spezialisierten Bereich der Kompetenten.

Berufsnomen

Der Begriff der „Berufsnomen" bzw. des „Standesrechtes" bezeichnet die nicht auf staatlichem Recht beruhenden Regeln, zu deren Befolgung die Angehörigen eines Berufs verpflichtet sind. Berufsnormen besitzen zwei wesentliche Aufgaben: Sie schalten nach außen Unqualifizierte und Skrupellose aus und schränken nach innen den Wettbewerb ein. Martin Löffler expliziert die mit Blick auf die Medien besonders bedeutsame erste Funktion folgendermaßen: „Die mit Hilfe des Standesrechts ausgeübte berufliche *Selbstkontrolle* macht eine staatliche Kontrolle weithin überflüssig. Staatliche Eingriffe in die Presse-, Film- und

Rundfunkfreiheit werden häufig damit begründet, der Staat müsse die Allgemeinheit vor einem *Missbrauch* der Massenmedien schützen. Sorgt der Berufsstand selbst für Ordnung in den eigenen Reihen, so entfällt für den Staat der Anlass oder Vorwand zum Eingreifen. Selbstkontrolle verhindert Staatskontrolle."[32] Elemente der journalistischen Selbstkontrolle sind u. a. die „Publizistischen Grundsätze" des Deutschen Presserates, kurz „Pressekodex" genannt,[33] die Redaktionsstatute von Zeitungen und Zeitschriften[34] sowie die „Programmgrundsätze des Deutschen Fernsehens"[35] und die „Richtlinien für die Sendungen des „Zweiten Deutschen Fernsehens".[36]

Der Professionalisierungsgrad eines Berufes hängt u. a. von der Existenz und der Wirksamkeit der Berufsnormen ab. Sofern diese Normen sich nicht widersprechen, geht es um die Frage, ob und inwieweit sie erfüllt werden. Sofern sie sich widersprechen, geht es um die Relevanz der Normen. Dabei kann man zwei Fälle unterscheiden – die Gleichrangigkeit von mehreren Normen und ihre Rangordnung. Im ersten Fall ist zu prüfen, ob Normen theoretisch die gleiche Relevanz besitzen und praktisch im Konfliktfall mit ähnlicher Häufigkeit beachtet bzw. missachtet werden. Im zweiten Fall ist zu prüfen, welche der Normen theoretisch mehr Relevanz besitzt und ob diese Norm im Konfliktfall tatsächlich eher befolgt wird als eine andere.[37] Letzteres ist Gegenstand der folgenden empirischen Untersuchung. Dazu werden zwei wesentliche Elemente des Pressekodex kurz referiert und kommentiert: die Aussagen zur Sorgfaltspflicht und zur Verantwortlichkeit der Journalisten.

Verantwortung für die Richtigkeit der Beiträge

Die *journalistische Sorgfaltspflicht* behandelt Ziffer 1. Er lautet: „Die Achtung vor der Wahrheit, die Wahrung der Menschenwürde und die wahrhaftige Unterrichtung der Öffentlichkeit sind oberste Gebote der Presse." Ziffer 2 ergänzt und präzisiert diese Forderung: „Zur Veröffentlichung bestimmte Informationen in Wort, Bild und Grafik sind mit der nach den Umständen gebotenen Sorgfalt auf ihren Wahrheitsgehalt zu prüfen und wahrheitsgetreu wiederzugeben. Ihr Sinn darf durch Bearbeitung, Überschrift oder Bildbeschriftung weder entstellt noch verfälscht werden. Unbestätigte Meldungen, Gerüchte und Vermutungen sind als solche erkennbar zu machen." Die Behandlung ungesicherter Informationen ist für die Berichterstattung über medizinische Themen noch einmal ausdrücklich geregelt. Ziffer 14 fordert hierzu: „Bei Berichten über medizinische Themen ist eine unangemessen sensationelle Darstellung zu vermeiden, die unbegründete Befürchtungen oder Hoffnungen beim Leser erwecken könnte. Forschungser-

gebnisse, die sich in einem frühen Stadium befinden, sollten nicht als abgeschlossen oder nahezu abgeschlossen dargestellt werden."

Verantwortung für die Folgen der Beiträge

Die *Verantwortung der Journalisten* behandelt die Präambel des Pressekodex.
Diese hervorgehobene Stellung betont die Bedeutung der journalistischen Verantwortung. Dort heißt es: „Verleger, Herausgeber und Journalisten müssen sich
bei ihrer Arbeit der Verantwortung gegenüber der Öffentlichkeit und ihrer Verpflichtung für das Ansehen der Presse bewusst sein. Sie nehmen ihre publizistische Aufgabe fair, nach bestem Wissen und Gewissen, unbeeinflusst von persönlichen Interessen und sachfremden Beweggründen wahr." Verantwortung der
Journalisten besteht demnach u. a. gegenüber der Öffentlichkeit und für die
Wahrheit der Berichterstattung. Als Störfaktoren werden persönliche Interessen
und sachfremde Beweggründe genannt. Ziffer 7 greift diesen Gedanken auf und
fordert, dass die „Verantwortung der Presse gegenüber der Öffentlichkeit gebie-
tet, dass redaktionelle Veröffentlichungen nicht durch private oder geschäftliche
Interessen Dritter oder durch persönliche wirtschaftliche Interessen der Journalis-
tinnen und Journalisten beeinflusst werden. Verleger und Redakteure wehren
derartige Versuche ab und achten auf eine klare Trennung zwischen redaktionellem Text und Veröffentlichungen zu werblichen Zwecken." Neben der besonderen Betonung der Verantwortung der Journalisten für die Richtigkeit ihrer Berichterstattung wird im Pressekodex die Verpflichtung zur Wahrung des sittlichen und religiösen Empfindens aus der journalistischen Verantwortung abgeleitet.

Eine Verantwortung für die negativen Folgen der Berichterstattung wird im
Unterschied zur Verantwortung für die Richtigkeit der Beiträge in allen relevanten Texten nur in wenigen Ausnahmefällen angesprochen. Dies beruht nicht auf
einem generellen Zweifel an einer Kausalbeziehung zwischen Berichterstattung
und Publikumsreaktionen, sondern verweist auf eine Besonderheit der journalistischen Berufsnormen. So enthalten die Richtlinien für die Sendungen des *ZDF*
einen ganzen Katalog von Folgen, die durch die Sendungen des *ZDF* erreicht
werden sollen: „Die Programme sollen dem Frieden und der Verständigung unter
den Völkern dienen und die gegenseitige Achtung zwischen allen Menschen und
Gruppen ohne Rücksicht auf ihre Abstammung und soziale und kulturelle Eigenart fördern." „Die Sendungen sollen dabei vor allem die Zusammengehörigkeit
im vereinten Deutschland fördern und der gesamtgesellschaftlichen Integration
in Frieden und Freiheit dienen." „Die Programme sollen die Bemühungen um die
Einigung Europas fördern." „Die Programme haben das gegenseitige Verstehen

zwischen den Kirchen und Religionsgemeinschaften zu fördern." „Die Programme sollen einen wesentlichen Beitrag zur allgemeinen Anerkennung der vom Grundgesetz geschützten sittlichen Wertordnung leisten". „Die Programme sollen die Toleranz im Sinne der Achtung von Glauben, Meinung und Überzeugung der Mitmenschen sowie die Anerkennung der Rechtsordnung fördern." Nur in einem Fall äußern sich die Richtlinien aber zu den negativen Folgen von Sendungen des *ZDF*: „Die Sendungen dürfen keine verrohende oder verhetzende Wirkung haben. Die Darstellung von kriminellen Handlungen, von Sucht, Laster, Gewalt oder Verbrechermilieu darf nicht vorbildlich wirken, zur Nachahmung anreizen oder in der Durchführung strafbarer Handlungen unterweisen. Auch darf nicht der Eindruck hervorgerufen werden, dass derartige Erscheinungen eine über das Maß der Wirklichkeit hinausgehende Verbreitung haben. Hinweise auf Strafe, Reue oder Sühne, auf Behandlung und Heilung sollen in der Darstellung nicht fehlen. Die Wirkung der Sendungen auf Jugendliche ist zu berücksichtigen." Ähnliche Forderungen enthalten die Programmgrundsätze der *ARD*.

Auch der Pressecodex enthält außer dem Aufruf zur Zurückhaltung in der Medizinberichterstattung und zum Schutz der Persönlichkeitsrechte Unbeteiligter keine wirkungsrelevanten Forderungen. Allerdings finden sich neuerdings solche Forderungen in den angefügten Erläuterungen – etwa in Ziffer 7.4 zur „Wirtschafts- und Finanzmarktberichterstattung". Die journalistischen Berufsnormen verlangen von den Redakteuren damit nur in besonders gravierenden, einzeln genannten Ausnahmefällen eine Verantwortung für die unbeabsichtigten negativen Folgen ihrer Berichte. Der gesamte Bereich der sehr viel subtileren negativen Folgen journalistischer Berichte, den die Massenkommunikationsforschung in den vergangenen Jahren entdeckt hat, angefangen von der sozialen Isolierung einzelner Personen und Personenkategorien innerhalb eines verengten Meinungsspektrums[38] über die Herausbildung inadäquater Realitätsvorstellungen[39] und die Provokation unangemessener Reaktionen auf die übertriebene Darstellung sozialer Sachverhalte, bis hin zur individuellen und kollektiven Imitation sozialer Verhaltensweisen bleibt dagegen von den Forderungen der journalistischen Berufsnormen ausgespart.

Praxisrelevanz

Das redaktionelle Entscheidungsverhalten von Journalisten ist das Ergebnis einer Vielzahl von medienspezifischen und medienunabhängigen Einflussfaktoren, zu denen u. a. zeitliche, finanzielle und gruppendynamische Zwänge gehören. Man kann deshalb Antworten von Journalisten auf Testfragen zu möglichen Verhaltensweisen nicht ohne weiteres als Indikatoren für ihr tatsächliches redaktionelles Verhalten betrachten. Sie zeigen vielmehr Verhaltensdispositionen an, die das redaktionelle Verhalten im Rahmen anderer Faktoren beeinflussen. Sie vermitteln Kenntnisse über Einstellungen zu journalistischen Berufsnormen und über die Bereitschaft, diese Berufsnormen relativ unabhängig von anderen Zwängen freiwillig zu befolgen oder zu verletzen. Darüber hinaus weisen sie auf einige der Faktoren, die die Befolgung und Verletzung der Berufsnormen begünstigen bzw. behindern. Die Bereitschaft von Redakteuren des *ZDF*, entsprechend den geltenden journalistischen Berufsnormen zu handeln, wurde 1974 anhand von mehreren Fragen mit 22 Beispielfällen ermittelt. Sie betrafen die *Sorgfaltspflicht* und die *Verantwortlichkeit* für die Richtigkeit und Folgen von Meldungen. Die Testfragen und Beispielfälle wurden, soweit dies möglich war, in Anlehnung an tatsächliche Begebenheiten formuliert, die der Deutsche Presserat behandelt und in seinen Tätigkeitsberichten dokumentiert hat. Dadurch sollte eine möglichst große Wirklichkeitsnähe der Befragung gewahrt werden. Um die Antworten der befragten Journalisten verallgemeinern und als Ausdruck genereller Verhaltenstendenzen interpretieren zu können, wurden die tatsächlichen Begebenheiten in der Formulierung der Beispielfälle verfremdet.[40]

Entscheidung im Normenkonflikt

Die Bereitschaft der Redakteure, die journalistische Sorgfaltspflicht zu befolgen, wurde mithilfe folgender Frage erfasst: „Als Journalist steht man ja permanent unter Zeitdruck. Da lassen sich nicht immer alle Meldungen bis ins kleinste Detail recherchieren. In welchen der folgenden Beispielfälle würden Sie eine Nachricht, die Sie nicht mehr überprüfen können, sofort veröffentlichen?" Vorgegeben waren sechs Beispielfälle.[41] Die befragten Redakteure wurden für die Auswertung in zwei Kategorien unterteilt: 44 Angehörige der Abteilungen „Politik"[42] und 42 Angehörige der Abteilungen „Kultur".[43] Die Redakteure des *ZDF* in den Abteilungen „Politik" und „Kultur" besaßen eine erstaunlich große Bereitschaft, die journalistische Sorgfaltspflicht zu vernachlässigen und eine Meldung auch dann zu publizieren, wenn sie ihre Richtigkeit aus Zeitmangel nicht mehr überprüfen können. Die Verhaltensdispositionen der Redakteure unterschieden sich allerdings sowohl von redaktionellem Bereich zu redaktionellem Bereich als auch von Beispielfall zu Beispielfall. Nahezu jeder vierte Redakteur (24 Prozent) war im Durchschnitt der sechs Meldungen bereit, die journalistische Sorgfaltspflicht zu verletzen und die Informationen ungeprüft zu veröffentlichen. Diese Bereitschaft war bei den Angehörigen der Abteilungen „Politik" mit 31 Prozent nahezu doppelt so groß wie bei den Angehörigen der Abteilungen „Kultur" (17 Prozent). Noch größer waren die Unterschiede zwischen den

Reaktionen auf die einzelnen Beispielfälle. So wollten nur zwei bis acht Prozent der Redakteure einen Betrugsverdacht gegen einen Gymnasiallehrer, die Unterschlagung eines Bankkassierers und die Steuerhinterziehung eines Firmeninhabers ohne weitere Überprüfung sofort veröffentlichen. Dagegen wollten 29 Prozent eine Meldung über den Selbstmord eines berühmten Schauspielers, 33 Prozent eine Meldung über die Entdeckung eines Heilmittels gegen Krebs und 65 Prozent eine Meldung über den Parteiaustritt eines bekannten Politikers auch dann sofort veröffentlichen, wenn sie ihre Richtigkeit aus Zeitgründen nicht überprüfen konnten.

Alle Berichte, die die Redakteure des *ZDF* sofort publizieren wollten, besaßen eine gemeinsame Eigenschaft: Sie wären auf ein großes Interesse der Rezipienten getroffen. Bei allen anderen Meldungen wäre dies dagegen wahrscheinlich nicht der Fall gewesen. Die Berichte über den Parteiaustritt eines Politikers, die Entdeckung eines Heilmittels gegen Krebs und der Selbstmord eines berühmten Schauspielers besaßen daher im Unterschied zu den Berichten über die Steuerhinterziehung, die Unterschlagung und den Betrug hohe Aktualität.[44] In diesen Fällen waren die Redakteure bereit, die Sorgfaltspflicht zu vernachlässigen und die Berichte sofort zu publizieren, während sie sie in allen anderen Fällen nahezu einhellig zurückhalten würden. Die Bereitschaft der Redakteure, die sehr aktuellen Meldungen ungeprüft zu veröffentlichen, wird man deshalb als Folge eines Normenkonfliktes betrachten müssen: Journalisten sollen zum einen ihrer journalistischen Sorgfaltspflicht genügen und zum anderen aktuell berichten. Im Konflikt zwischen der Aktualität und der Sorgfaltspflicht entscheiden sich viele für die Aktualität und gegen die Sorgfaltspflicht. Dies erklärt auch die unterschiedlichen Verhaltensdispositionen der Redakteure in den Abteilungen „Politik" und in den Abteilungen „Kultur": Für erstere ist die Aktualität wichtiger ist als für letztere.

Man mag die Verhaltensdispositionen der Journalisten in einigen Fällen bedauern, in anderen Fällen dagegen begrüßen. Wichtiger als die moralischpolitische Beurteilung der sozialen Folgen der Verhaltensdispositionen der Journalisten ist jedoch im vorliegenden Zusammenhang die Bedeutung ihrer potenziellen Verhaltensweisen für die Beurteilung des Professionalisierungsgrades des Journalismus. Berufsnormen sind u. a. Mittel, den internen Wettbewerb zwischen den Angehörigen einer Profession einzuschränken, sie vor Laienkritik zu schützen und ungerechtfertigte Laienerwartungen abzuwehren. Ungerechtfertigte Laienerwartungen sind alle Erwartungen, die die Verletzung von Berufsnormen fordern. Die journalistische Berufsnorm der Aktualität der Berichterstattung führt jedoch zu den entgegengesetzten Konsequenzen. Sie fördert die Orientierung an Laienerwartungen. Die Journalisten berichten über jene Themen, die die Laien interessieren. Sie fördert den internen Wettbewerb. Die Journalisten wollen möglichst schneller als ihre Kollegen berichten. Und sie fördert die Laienkritik am Journalismus. Dies gilt besonders für Extremfälle der aktuellen Berichterstattung und Sensationsberichte. Die journalistische Berufsnorm der Aktualität der Berichterstattung unterscheidet sich damit generell von anderen journalistischen Berufsnormen und den Normen anderer Berufe. Dieser Sachverhalt besitzt zwei wichtige Konsequenzen.

Die meisten Journalisten dürften erstens die Aktualität der Berichterstattung als Voraussetzung für eine gute Berichterstattung betrachten. Im Konflikt zwischen der Verpflichtung zur aktuellen Berichterstattung und der Erfüllung anderer Berufsnormen entscheiden sie sich daher häufig für die Aktualität und gegen konkurrierende Berufsnormen. Die Aktualität ist aber eine Folge des vermuteten Interesses der Rezipienten. Sie sind im Verhältnis zu Journalisten Laien. Die Befolgung der journalistischen Berufsnormen hängt damit im Konfliktfall von Laieninteressen ab. Die Laieninteressen und nicht die journalistischen Berufsnormen steuern dann das Berufsverhalten der Journalisten. Der Journalismus als Beruf verfügt damit nur in sehr bedingtem Maße über eine professionelle Autonomie. Die meisten Journalisten dürften zweitens die Aktualität der Berichterstattung als Grundlage für eine unabhängige Berichterstattung halten. Die Journalisten stehen nach dieser Vorstellung als neutrale Vermittler zwischen Ereignissen und Rezipienten. Ihre Berichte spiegeln die vorgegebenen Ereignisse entsprechend dem Interesse der Rezipienten. Dadurch scheint der Einfluss Dritter auf die Berichterstattung der Journalisten weitgehend abgewehrt. Entgegen dieser Auffassung ist eine Vielzahl von Ereignissen, über die die Massenmedien berichten, nicht vorgegeben, sondern wird zum Zwecke der Berichterstattung in Szene gesetzt.[45] Die Initiatoren derartiger Ereignisse machen sich dabei die Orientierung der Journalisten an den Laienerwartungen zunutze. Sie setzen Ereignisse in Szene, die die Rezipienten erfahrungsgemäß interessieren und veranlassen so die Journalisten zur Berichterstattung. Das Verhalten der Journalisten wird dabei, gerade weil es sich an den Laienerwartungen orientiert, zum Spielball der Interessen von Dritten.

Verantwortung für die Richtigkeit der Beiträge

Die Bereitschaft der Redakteure des *ZDF* die *journalistische Verantwortung* für die Richtigkeit ihrer Beiträge zu übernehmen, wurde mit folgender Frage ermittelt: „Es kann vorkommen, dass ein Journalist, der nicht genügend recherchierte, unbeabsichtigt etwas Unwahres behauptet. Die einen sagen, er sollte zur Verantwortung gezogen werden, die anderen meinen, er sollte nicht belangt werden, da man im Normalfall nicht alles auf die Goldwaage legen könne. Hier sind einige fiktive Fälle. Bitte kreuzen Sie an, ob Ihrer Meinung nach der Journalist zur Verantwortung gezogen werden sollte oder ob er nicht zur Verantwortung gezogen werden sollte." Vorgegeben wurden vier Falschmeldungen.[46] Die meisten Redakteure hielten es für richtig, dass ein Journalist, der nicht genügend recherchiert und unbeabsichtigt etwas Unwahres behauptet, zur Verantwortung gezogen wird. Bei der Falschmeldung über den angeblich radikalen Lehrer meinten 86 Prozent, der Journalist sollte zur Verantwortung gezogen werden, bei der Falschmeldung über das unhygienische Feinschmeckerlokal waren es 84 Prozent, bei der Falschmeldung über die Bestechung bei der Vergabe von Sozialwohnungen waren es 83 Prozent und bei der Falschmeldung über die Gefangenenmisshandlungen waren es 74 Prozent. Die befragten Journalisten zeigten sich damit in hohem Maße bereit, die Verantwortung für die Richtigkeit ihrer Berichte zu übernehmen. Diese Bereitschaft entspricht den sehr nachdrücklichen Forderungen der journalistischen Berufsethik.

Verantwortung für die Folgen von Beiträgen

Zur Identifikation der ethischen Aspekte des journalistischen Handelns wurde einleitend die Frage gestellt: „Publikationen können unter Umständen zu Folgen führen, die der Journalist nicht beabsichtigte. Ist er eigentlich nach Ihrer Meinung für die unbeabsichtigten positiven oder negativen Folgen eines Beitrags moralisch verantwortlich, bzw. hat er sich verdient gemacht?" [47] Die konkreten Einstellungen wurden anhand von jeweils drei konkreten Fällen erfragt. Die Redakteure waren überwiegend der Meinung, ein Journalist habe sich moralisch verdient gemacht, wenn aufgrund seiner Berichterstattung Missstände beseitigt werden.[48] Angesichts von Verbesserungen der Zustände in einem Altenheim nach einem kritischen Beitrag vertraten 95 Prozent diese Meinung, von besseren Gesetzen zum Umweltschutz nach einem Bericht über Missstände waren es 93 Prozent und angesichts der wirtschaftlichen Entwicklung eines Touristenortes nach einem positiven Beitrag über die Gegend 70 Prozent. Die Redakteure waren damit weit überwiegend der Meinung, ein Journalist habe sich durch die positiven Folgen seiner Berichterstattung moralisch verdient gemacht.

Die moralische Beurteilung der positiven Folgen journalistischer Berichte kontrastierte in auffälliger Weise mit der moralischen Beurteilung der negativen Folgen journalistischer Berichte.[49] Während durchschnittlich 86 Prozent der befragten Redakteure des *ZDF* moralische Verdienste für die positiven Folgen journalistischer Berichte beanspruchten, waren nur durchschnittlich 25 Prozent bereit, eine moralische Verantwortung für die negativen Folgen journalistischer Berichte zu übernehmen. Bei einem Diebstahl in einem Museum nach einem

Bericht über Sicherheitsmängel waren es 27 Prozent, bei einer Häufung von Selbstmorden nach einem Bericht über einen ungewöhnlichen Selbstmord 25 Prozent und bei einer Nachfolgetat als Folge des Berichtes über eine Bombendrohung 23 Prozent. Dem Anspruch auf moralische Verdienste entsprach damit keine entsprechende Bereitschaft zur Übernahme moralischer Verantwortung. Da die Beispielfälle sehr unterschiedlich, die Antworten der befragten Redakteure jedoch ungewöhnlich einheitlich waren, dürfte es sich um eine von einzelnen Beispielfällen unabhängige Einstellung handeln.

Die geringe Bereitschaft der Redakteure, eine moralische Verantwortung für die unbeabsichtigten negativen Folgen journalistischer Berichte anzuerkennen kann *erstens* darauf zurückzuführen sein, dass die Redakteure Frage und Beispiele missverstanden und die dargestellten negativen Sachverhalte nicht als Folgen der erwähnten journalistischen Berichte erkannt haben. Diese Annahme erscheint aufgrund der eindeutigen Formulierungen unwahrscheinlich. Sie kann *zweitens* darauf zurückzuführen sein, dass die Redakteure zwar Frage und Beispiele richtig verstanden, die Kausalbeziehung zwischen den journalistischen Berichten und den Folgen aber nicht akzeptiert haben. Dies kann nicht ausgeschlossen werden, ist aber unwahrscheinlich, weil sie auf alle drei Fälle sehr ähnlich reagiert haben, obwohl die Kausalbeziehungen unterschiedlich plausibel sind. Im Falle des Museumsdiebstahls ist sie ziemlich klar, in den beiden anderen Fällen schwieriger nachzuweisen und damit auch eher zu leugnen. Sie kann *drittens* darauf zurückzuführen sein, dass die Redakteure journalistische Berichte generell nicht unter dem Aspekt ihrer Wirkung oder aber die Wirkung der journalistischen Berichte generell nicht unter moralischen Gesichtspunkten betrachten. Diese Annahmen werden durch die Antworten der Redakteure auf die Fragen nach ihrer Verantwortung für die Folgen falscher Berichte und nach ihren moralischen Verdiensten an den positiven Folgen journalistischer Berichte widerlegt. Sie kann *viertens* darauf zurückzuführen sein, dass die Redakteure zwar die unbeabsichtigten negativen Folgen ihrer Berichterstattung nicht von der Hand weisen, eine moralische Verantwortung für diese unbeabsichtigten negativen Folgen jedoch ablehnen. Diese Annahme wird durch externe Daten und theoretische Überlegungen gestützt.[50]

Die geringe Bereitschaft der Redakteure, eine moralische Verantwortung für die unbeabsichtigten negativen Folgen journalistischer Berichte anzuerkennen, bestätigt auf den ersten Blick das Negativstereotyp von der Verantwortungslosigkeit der Journalisten. Dem widerspricht jedoch ihre nahezu einhellige Bereitschaft, die Verantwortung für die Folgen falscher Berichte zu übernehmen. Zwischen beiden Verantwortungsbereitschaften besteht aber kaum eine Beziehung.[51] Die Journalisten können damit nicht generell als verantwortungslos betrachtet werden. Ihre Verantwortlichkeit beschränkt sich jedoch auf die Richtigkeit und erstreckt sich nicht auf die unbeabsichtigten negativen Folgen ihrer Berichte. Beide Verantwortungsbereiche sind im Selbstverständnis der Journalisten voneinander weitgehend unabhängig – wer Verantwortung für die Richtigkeit seiner Berichte trägt, muss keineswegs auch Verantwortung für ihre unbeabsichtigten negativen Folgen tragen und umgekehrt.

Die journalistischen Berufsnormen und die Einstellungen der befragten Redakteure zur Verantwortung für die unbeabsichtigten Folgen ihrer Berichte kann man als Indikatoren für Besonderheiten des Journalismus betrachten, die ihn von den Professionen im engeren Sinne unterscheiden. Sie sind Ausdruck der von Weber konstatierten, einer überwiegend gesinnungsethischen und wertrationalen Verhaltensorientierung. Ein eindrucksvolles Beispiel hierfür liefert der Essay „Verantwortung des Journalismus und Sprachverderbnis"[52] des Publizisten Johannes Gross. Er erblickt in dem „Verantwortungsjournalismus", wie er ihn abfällig nennt, keineswegs einen Journalismus, der sich selbst seiner Verantwortung für die beabsichtigten und unbeabsichtigten Folgen seines Handelns bewusst ist, und damit vom Einfluss Dritter unabhängig macht, sondern einen Journalismus, „der sich von den politischen und sozialen Gewalten Wohlverhaltenszeugnisse ausstellen lässt" und sich damit gerade dem Einfluss Dritter unterwirft. Die Verantwortlichkeit des Journalisten wird so in einer eindeutig negativen Weise charakterisiert. Gross spricht folgerichtig von einer „phrasenhaften Moralität". Die Möglichkeit einer Eigenverantwortung der Journalisten wird dagegen nicht einmal erwähnt. Gegen die „phrasenhafte Moralität des Verantwortungsjournalismus" verteidigt Gross die eigentliche „Moral des journalistischen Berufs ... seine Freiheit", und er ergänzt dieses Bekenntnis mit der Bemerkung: „Wie die Freiheit die Moral des Berufs ist, so ist die Liebe zur Wahrheit das Motiv seiner Wahl." Die „Ehre und ... Verantwortung" des Journalismus erblickt Gross gerade heute, inmitten von „wirklichen und potentiellen Gewalthabern", die die „Institutionen der öffentlichen Meinung besetzen" wollen, darin, dass er „nichts *will*". Die Verantwortlichkeit des Journalisten wird damit aus dem subjektiven Willen des Journalisten abgeleitet und zugleich auf diesen Willen, nichts zu wollen, beschränkt. Die unbeabsichtigten positiven und negativen Folgen der Berichte, die unabhängig von dem subjektiven Willen des Journalisten, nichts zu wollen, eintreten können, bleiben außerhalb seiner Verantwortlichkeit.

Gesinnungsethik und Wertrationalität gehören als Verhaltensmaxime von Journalisten zu den unverzichtbaren Grundpfeilern der Pressefreiheit. Indem sie die Journalisten zu einer interessenunabhängigen, allein an der sachlichen Richtigkeit orientierten Berichterstattung verpflichten, erschweren sie Eingriffe Dritter in die Arbeit von Journalisten und gewähren ihnen dadurch eine – allerdings nicht durch berufliche Kompetenz gesicherte – Handlungsfreiheit. Gesinnungsethik und Wertrationalität rechtfertigen jedoch, kombiniert mit der Verpflichtung zur Aktualität, in der Praxis nicht selten auch eine Berichterstattung als journalistische Notwendigkeit, die keine anderen Ziele verfolgt als den Nutzen von Journalisten und ihren Medien. Die Publikation von Informationen und die Artikulation von Kritik, die durch nichts anderes als persönliche Erfolgsüberlegungen motiviert ist, wird als Ergebnis einer geradezu zwanghaft erlebten Publikationspflicht dargestellt. Der Erfolgsspekulant erscheint als Opfer seiner Berufsethik. Gesinnungsethik und Wertrationalität führen damit unter Umständen zu genau den entgegengesetzten als den manifest behaupteten Folgen. An die Stelle der Interessenunabhängigkeit treten die verschleierten Interessen von Journalisten und ihren Medien. Das Pathos der Argumentation von Gross, seine kühne Identifikation von Freiheit und Moral, von Wahrheitsliebe und Berufsmotivation und von politischer Ziellosigkeit mit journalistischer Ehre, sowie die Annahme, es genüge, nichts zu wollen, um nichts zu bewirken bzw. um zumindest dafür nicht verantwortlich zu sein, kann angesichts der faktischen Wirkungs- und Missbrauchsmöglichkeiten der Massenmedien nicht darüber hinwegtäuschen, dass die Beschwörung liberaler Traditionen keine hinreichenden Maßstäbe für das journalistische Handeln und seine Beurteilung mehr liefert. In Gesellschaften, deren Mitglieder sich in wachsendem Maße an der Berichterstattung der Massenmedien orientieren, genügt es nicht mehr, dass Journalisten nichts wollen, um alles zu dürfen.

Zusammenfassung und Folgerungen

Ein bemerkenswerter Teil der Journalisten hat sich in den vergangenen Jahrzehnten zu einer Wissenselite entwickelt, die in sachlicher Hinsicht auf Augenhöhe mit den Eliten in Politik, Wirtschaft, Wissenschaft, Kultur usw. argumentiert. Dies zeigt sich u. a. daran, dass außerhalb des engeren Bereichs der Experten in den verschiedenen Bereichen – den Finanzpolitikern, den Verwaltungsjuristen, den Verfahrenstechnikern keine andere Personengruppe über so gute Detailkenntnisse verfügt wie die Redakteure der erstklassigen Zeitungen, Zeitschriften und Funkmedien.[53] Hinzu kommen je nach Sachthema Experten aus der Wissenschaft, der Industrie, der Verwaltung. Als Folge dieses Sachverhaltes findet heute die im engeren Sinn sachkundige Diskussion über komplexe Sachverhalte wie die Reform von Steuern, Renten, Energieversorgung, Umweltschutz in der Öffentlichkeit zwischen diesen Eliten statt, wobei die Journalisten aufgrund ihrer Möglichkeiten, die Initiative zu ergreifen, Schwerpunkte zu setzen und Diskussionen zu beenden, eine Schlüsselrolle spielen. An der herausragenden Position und der Sachkenntnis der angesprochenen Journalisten besteht deshalb kein

Zweifel. Eine andere Frage ist jedoch, ob der Journalismus insgesamt deshalb zu den Professionen gehört.

Professionelles Handeln besteht in der sachgerechten Anwendung systematisch erlernter Kenntnisse und Fertigkeiten zur Lösung bestimmter Probleme. Die sachgerechte Anwendung der Kenntnisse und Fertigkeiten schließt die Kalkulation der damit verbundenen Risiken ein. Professionelles Handeln ist daher wesentlich zweckrational und verantwortungsethisch. Verantwortungsethisches und zweckrationales Handeln setzt – neben der Bereitschaft, verantwortungsethisch und zweckrational zu handeln – die Fähigkeit voraus, zumindest in bestimmbaren Grenzen die Folgen des Handelns kalkulieren zu können. Die Angehörigen einer Profession können u. a. deshalb die Folgen ihres Handelns kalkulieren, weil sie die Anwendung ihrer beruflichen Kenntnisse und Fertigkeiten und die Kalkulation der Risiken in einer systematischen, theoretischen und praktischen Ausbildung erlernt haben und den Erfolg oder Misserfolg ihres Handelns in direktem Kontakt mit ihren Klienten erfahren. Die Berufsausübung dient dabei zugleich der Justierung der Berufsausbildung. Weil die Angehörigen einer Profession durch ihre Berufsnormen verpflichtet sind, verantwortungsethisch zu handeln, und weil sie aufgrund ihrer Ausbildung und Erfahrung besser als Berufslaien in der Lage sind, zweckrational zu handeln, besitzen sie Kompetenz und Autonomie. Kompetenz und Autonomie sind, unter diesem Gesichtspunkt betrachtet, institutionalisierte Konsequenzen hochentwickelter Zweckrationalität und Verantwortungsethik.

Die berufliche Kompetenz der Angehörigen einer Profession erstreckt sich vor allem auf die Beurteilung und die Anwendung von Mitteln. Die Ziele des beruflichen Handelns sind dagegen weitgehend vorgegeben. Für sie existiert keine berufliche Kompetenz. Mediziner z. B. sind für die Wahl und Anwendung einer Therapie kompetent, nicht jedoch für die Entscheidung über Leben und Tod – diese Entscheidung ist ein moralisches und kein medizinisches Problem. Für die Lösung des moralischen Problems kann zwar ein medizinischer Rat herangezogen werden. Die Entscheidung selbst bleibt jedoch außerhalb jeder, auch der medizinischen Kompetenz. Da die Ziele des beruflichen Handelns weitgehend vorgegeben sind, bestehen Konflikte in der Beurteilung der beruflichen Leistungen von Angehörigen einer Profession in der Regel nur um die sachgerechte Anwendung von Mitteln. Eine Ausnahme bilden Zeiten gravierender gesellschaftlicher Veränderungen. Andererseits lassen sich gravierende gesellschaftliche Veränderungen an Konflikten um die Ziele professionellen Handelns erkennen.

Journalisten erlernen die Anwendung ihrer beruflichen Kenntnisse und Fertigkeiten sowie die Kalkulation der Risiken in der Regel nicht in einer systematischen, theoretischen und praktischen Ausbildung. Die praktische Ausbildung ist nur wenig systematisiert, eine nennenswerte theoretische Ausbildung findet nicht statt. Die Journalisten hören daher in ihrer Berufsausbildung kaum etwas über die Bedingungen und Konsequenzen ihrer Tätigkeit. Auch während ihrer Berufsausübung erfahren sie nur wenig über die Folgen ihres Handelns. Im Unterschied zu den Angehörigen der Professionen arbeiten sie erstens nicht für persönliche Klienten, sondern für ein disperses Publikum. Im Unterschied u. a. zu den Angehörigen der Verwaltungsberufe besitzen sie zweitens keine direkte Verantwortlichkeit im Sinne Schumpeters mit der damit verbundenen Erfolgskontrolle. Die Berufsausübung kann daher gerade bei Journalisten wegen des Mangels an rückfließenden Informationen eine systematische Berufsausbildung weder justieren, noch gar ersetzen.

Weil Journalisten durch ihre Berufsethik von wenigen Ausnahmen abgesehen nicht dazu verpflichtet sind, verantwortungsethisch zu handeln, und weil sie aufgrund ihrer bisherigen Berufsausbildung und ihrer besonderen Berufspraxis nicht wesentlich besser als Berufslaien in der Lage sind, zweckrational zu handeln, d. h. die beabsichtigten und unbeabsichtigten Folgen ihrer Berichte zumindest in bestimmbaren Grenzen zu kalkulieren, fehlen ihnen entscheidende Elemente einer beruflichen Kompetenz. Sie besitzen daher auch nur in sehr begrenztem Umfang eine berufliche Autonomie. Der Mangel an beruflicher Kompetenz kann auch nicht durch eine berufliche Zuständigkeit für andere Sachverhalte ersetzt werden. Die generellen Ziele des Journalismus, die Erhaltung der demokratischen Grundordnung etwa, sind wie bei anderen Berufen vorgegeben. Für sie existiert keine berufliche Kompetenz. Die Berufstechniken des Journalismus wie Recherchieren, Schreiben und Redigieren sind zu unspezifisch, um eine berufliche Kompetenz zu begründen. Sie können auch ohne theoretische Ausbildung von begabten Berufslaien erlernt werden. Die Sachkenntnis von Journalisten auf anderen Gebieten, z. B. der Medizin oder Jurisprudenz, begründet im optimalen Fall immer nur eine Fachkompetenz der Journalisten als Mediziner oder Juristen, jedoch keine spezifisch journalistische Kompetenz. Sie besitzen keine Kompetenz, die nicht auch die Angehörigen der jeweiligen Professionen besäßen. Damit schaffen auch diese für Journalisten generell wünschenswerten Fachkenntnisse keine spezifisch journalistische Fachkompetenz.

Im Journalismus gibt es, soweit man heute sehen kann, nur eine Tätigkeit, für die kein anderer Beruf als der Journalismus zuständig ist und die aufgrund dieser Exklusivität und ihrer Komplexität in der Lage ist, eine spezifisch journalistische Kompetenz zu begründen: die Selektion und Präsentation von Informationen in den Massenmedien unter dem Gesichtspunkt ihrer Wirkung auf ein disperses Publikum. Der Begriff „Information" umfasst dabei alle Inhalte der Massenmedien, also sowohl Informationsbeiträge im engeren Sinne als auch Unterhaltungsbeiträge. Die Selektion und Präsentation von Informationen unter dem Aspekt ihrer Wirkung auf ein disperses Publikum ist eine zweckrationale Handlung. Sie bedeutet, dass Journalisten die positiven und negativen Folgen der Publikation von Informationen bzw. der Wahl bestimmter Darstellungsformen für die Publikation von Informationen rational gegeneinander abwägen. Die berufliche Kompetenz von Journalisten wird dabei gerade durch jene Verhaltensorientierungen und Verhaltensweisen geschaffen, die bisher außerhalb des Selbstverständnisses von Journalisten liegen.

Das Verhältnis von Medienwirkung, Medienverantwortung und Autonomie ist von einigen Autoren thematisiert worden. „Die dem Massenmedium obliegende Medienverantwortung umfasst" nach Wolfgang Hoffmann-Riem „auch eine sozialwissenschaftliche Analyse der Medienwirkung".[54] Das Ausmaß der Medienverantwortung müsse „von der Medienwirkung abhängig sein." Die Medienverantwortung sei danach umso größer, je größer die Medienwirkung ist. Die einzelnen Beiträge dürften jedoch nicht allein betrachtet werden. Vielmehr sei ihre Wirkung „in ihrer Einbettung in ein größeres Spektrum der Wirkungen ... zu sehen". Die Kumulation konsonanter Berichte müsste folglich als Einheit betrachtet, der Anteil einzelner Beiträge an ihrer Wirkung berücksichtigt werden. Friedrich Kübler vertritt in seiner „verfassungstheoretischen und rechtspolitischen Skizze zur Funktion professioneller und kollegialer Autonomie in Presse, Funk und Hochschule" die zentrale These, „dass die politische Legitimation publizistischer und akademischer Autonomie nicht zuletzt auf Mechanismen professioneller und zugleich kollegialer Verantwortung beruht".[55] Die professionelle und kollegiale Verantwortung sei die Grundlage der publizistischen (und akademischen) Autonomie. Die professionelle und kollegiale Verantwortung muss jedoch selbst wiederum, soll sie nicht nur eine rhetorische Forderung bleiben, eine sachliche Grundlage besitzen.

Professionelle Verantwortung beruht auf einem institutionell gesicherten und damit von individuellen Dispositionen und Fähigkeiten weitgehend unabhängigen, wesentlich verantwortungsethischen und zweckrationalen Handeln. Die institutionelle Sicherung des wesentlich verantwortungsethischen Handelns erfordert entsprechende Berufsnormen. Die journalistischen Berufsnormen bedürften, um eine professionelle Autonomie begründen zu können, dreier Ergänzungen bzw. Änderungen. Die Bestimmungen zur Verantwortung müssten die Journalisten stärker als bisher verpflichten, die Folgen ihres Handelns zu beachten und ihr Handeln auch danach auszurichten. Die Bestimmungen zum Persönlichkeitsschutz müssten so geändert werden, dass ihre Forderungen nicht wie bisher hinter den Forderungen der allgemeinen Gesetze zurückbleiben. Die Bestimmungen zur Aktualitätspflicht, die in eine journalistische Berufsethik explizit aufgenommen werden sollten, müssten so formuliert werden, dass die Verpflichtung zur Aktualität keine Generalklausel bleibt, die im Konfliktfall alle anderen journalistischen Berufsnormen außer Kraft setzt. Die journalistischen Berufsnormen würden jedoch auch dann nur den formellen Rahmen und nicht die inhaltlichen Voraussetzungen für eine journalistische Kompetenz und Autonomie liefern. Die Fähigkeit zur zweckrationalen Selektion und Präsentation von Informationen erfordert eine systematische theoretische und praktische Ausbildung von Journalisten. Viele Journalisten besitzen zwar heute bessere Kenntnisse von den Wirkungen der Massenmedien als man aufgrund ihrer Ausbildung erwarten kann. Sie dürften jedoch für ein zweckrationales Handeln kaum ausreichen. An die Stelle der mehr oder weniger zufällig erworbenen Kenntnisse der Journalisten von den Wirkungen der Massenmedien müßte, um eine echte berufliche Kompetenz zu schaffen, eine umfassende praktische und theoretische Ausbildung treten. Nur eine derartige Ausbildung könnte eine berufliche Kompetenz im engeren Sinn begründen.

Eine systematische theoretische und praktische Ausbildung kann jedoch ihrerseits nur dann stattfinden, wenn hinreichende Kenntnisse über die Wirkung der Massenmedien vorliegen. Diese Bedingung ist zweifellos zum gegenwärtigen Zeitpunkt nur in begrenztem Umfang erfüllt. Die augenscheinlichen Mängel der gegenwärtigen Wirkungsforschung bilden daher immer noch einen der entscheidenden Hinderungsgründe für ein weitgehend verantwortungsethisches und zweckrationales Handeln von Journalisten. Auf der anderen Seite sind die erwähnten Mängel der gegenwärtigen Wirkungsforschung nicht zuletzt eine Folge davon, dass die Bedeutung der Wirkungsforschung für die Journalistenausbildung bisher noch zu wenig erkannt wurde. Der wissenschaftliche Fortschritt und die praktische Verwendbarkeit wissenschaftlicher Erkenntnisse hängen auch hier – wie wohl in fast allen wissenschaftlichen Disziplinen – stark voneinander ab. Sie bedingen sich gegenseitig und können sich wahrscheinlich nur gemeinsam entwickeln. Die Ergänzung und Änderung der journalistischen Berufsnormen und die Verbesserung der journalistischen Ausbildung würden die Voraussetzungen für ein verantwortungsethisches und zweckrationales Handeln von Journalisten schaffen. Das verantwortungsethische und zweckrationale Handeln bestünde darin, dass Journalisten die beabsichtigten und unbeabsichtigten Wirkungen ihrer Berichte rational gegeneinander abwägen und ihre Berichterstattung danach ausrichten.

Das verantwortungsethische und zweckrationale Handeln von Journalisten könnte zur Grundlage einer spezifischen journalistischen Kompetenz und einer professionellen Autonomie von Journalisten werden. Die Kompetenz und Autonomie von Journalisten bestünde vor allem darin, dass sie gegen Laienkritik geschützt wären. Laien sind in diesem Zusammenhang alle Nicht-Journalisten wie z. B. Politiker, Kleriker, Verbandsvertreter oder Privatpersonen. Beispiele für Laienkritiken sind Angriffe auf journalistische Berichte wegen ihrer angeblich unmoralischen, verrohenden oder zersetzenden Wirkung. Die Kompetenz von Journalisten würde es ihnen ermöglichen, derartige, in der Regel wissenschaftlich nicht belegte, in vielen Fällen sogar widerlegte Unterstellungen als inkompetente Kritik zurückzuweisen. Die auf Verantwortungsethik und Zweckrationalität gegründete Kompetenz und Autonomie von Journalisten besitzt jedoch, wie die Kompetenz und Autonomie aller anderen Berufe, sachliche Grenzen.

Die Angehörigen der Professionen besitzen für den Gesamtbereich ihrer beruflichen Tätigkeiten eine professionelle Kompetenz, die auf der Fähigkeit und Bereitschaft zu verantwortungsethischem und zweckrationalem Handeln beruht und sie verfügen deshalb auch für den Gesamtbereich ihrer beruflichen Tätigkeit über eine professionelle Autonomie. Die Grenzen ihrer beruflichen Tätigkeit und die Grenzen ihrer Kompetenz fallen zusammen. Eine Überschreitung der professionellen Kompetenz ist bei den Professionen daher gleichbedeutend mit einer illegitimen Ausweitung des beruflichen Handlungsraumes und führt zu einem Verlust der professionellen Autonomie. Journalisten besitzen jedoch auch unter den genannten Bedingungen nicht für den Gesamtbereich ihrer beruflichen Tätigkeit eine professionelle Kompetenz und sie verfügen deshalb auch nicht für den Gesamtbereich ihrer beruflichen Tätigkeit über eine professionelle Autonomie. Die Grenzen ihrer beruflichen Tätigkeit und die Grenzen ihrer Kompetenz fallen auseinander. Sie sind daher im Rahmen ihres beruflichen Handelns zur Überschreitung ihrer professionellen Kompetenz gezwungen und fordern damit Laieneingriffe geradezu heraus.

Die Handlungsziele sind im Journalismus schon auf einer mittleren Abstraktionsebene unbestimmter als in anderen Berufen. Sie variieren u. a. von reaktionären bis zu revolutionären und von hedonistischen bis zu didaktischen Absichten. Die theoretischen Kenntnisse von den Handlungswirkungen sind darüber hinaus geringer als die entsprechenden Kenntnisse in den Professionen. Der Hinweis auf die angeblich negativen Folgen eines Berichtes kann daher die Unterdrückung von Informationen legitimieren, ohne dass hinreichend bekannt wäre, ob die behaupteten Folgen tatsächlich eintreten würden und ohne dass ein Konsens darüber möglich wäre, ob ihr Eintreten so negativ wäre, dass es den Verzicht auf die Veröffentlichung rechtfertigen würde. Die Verpflichtung von Journalisten zu einem *rein* verantwortungsethischen und zweckrationalen Handeln würde daher unter Umständen wie die Verpflichtung zu einem *rein* gesinnungsethischen und wertrationalen Handeln zu den genau entgegengesetzten als den beabsichtigten Folgen führen. Statt professioneller Autonomie entstünden selbstauferlegte und erzwungene Abhängigkeiten.

Die Ergebnisse können in vier Feststellungen zusammengefasst werden. Erstens: Der Journalismus gehört nach den vorliegenden theoretischen Überlegungen und empirischen Befunden nicht zu den Professionen. Die Gründe hierfür sind u. a. die Art der bisherigen Berufsausbildung und die Art des Berufszuganges. Zweitens: Journalismus kann auch bei einer Verbesserung der Berufsausbildung und einer Veränderung des Berufszugangs keine Profession im engeren Sinne des Wortes werden. Der Grund hierfür ist die Eigenart des beruflichen Handelns von Journalisten. Sie lässt eine umfassende Kompetenz nicht zu. Drittens: Journalismus sollte in einer liberalen Demokratie nicht zu einer Profession gemacht werden. Insofern ist es keineswegs bedauerlich, dass der Journalismus keine Profession im engeren Sinne des Wortes werden kann. Die Gründe hierfür sind einige Folgen der Professionalisierung von Berufen, wie z. B. die Abgrenzung von der beruflichen Umwelt und die zwischenberufliche Immobilität. Viertens: Der Journalismus könnte und sollte Elemente der Berufsnormen der Professionen, die Journalisten Elemente des Berufsverhaltens der Professionsangehörigen übernehmen. Die Gründe hierfür sind die bisherigen Missbrauchsmöglichkeiten der Journalisten und die bisherigen Eingriffsmöglichkeiten von Berufslaien. Die Übernahme von Elementen der Berufsnormen der Professionen und des Berufsverhaltens von Professionsangehörigen würden die Missbrauchs- und Eingriffsmöglichkeiten beschränken. Sie wären damit die Grundlage einer relativen beruflichen Autonomie.

---

[1] Vgl. Jürgen Wilke: Grundzüge der Medien- und Kommunikationsgeschichte. Köln 2008; derselbe (Hrsg.): Unter Druck gesetzt. Vier Kapitel deutscher Pressegeschichte. Köln 2002.
[2] Vgl. Oliver Boyd-Barrett: Journalism Recruitment and Training: Problems of Professionalization. In: Jeremy Tunstall (Hrsg.): Media Sociology. London 1970; Hans Mathias Kepplinger / Renate Köcher: Professionalism in the Media World? In: European Journal of Communication 5 (1990) S. 285-311; Wolfgang Donsbach: Journalismus als Wissensprofession. Technische und wirtschaftliche Einflüsse erfordern eine neue Definition journalistischer Kompetenz. In: Christina Holtz-Bacha / Gunter Reus / Lee B. Becker (Hrsg.): Wissenschaft mit Wirkung. Beiträge zur Journalismus- und Medienwirkungsforschung. Wiesbaden 2009, S. 191-204.
[3] Vgl. Dietrich Rüschemeyer: Ärzte und Anwälte. Bemerkungen zur Theorie der Professionen (1963). In: Thomas Luckmann / Walter M. Sprondel (Hrsg.): Berufssoziologie. Köln 1972, S. 168-181.
[4] Harold L. Wilensky: Jeder Beruf eine Profession? (1964). In: Thomas Luckmann / Walter M. Sprondel (Hrsg.) a .a .O., S. 205. Vgl. auch Hansjürgen Daheim. Der Beruf in der modernen Gesellschaft. Köln/Berlin 1970. Daheim unterscheidet zwischen Professionalisierung und Scheinprofessionalisierung. Scheinprofessionalisierung nennt er Professionalisierungsbestrebungen, die von der Aktivität eines Berufsverbandes getragen werden, ohne dass ein gesellschaftliches Bedürfnis danach vorliegt (S. 53 ff.). Daheim übernimmt weitgehend die Typisierung des Professionalisierungsprozesses von Wilensky.

[5] Vgl. Keith M. Macdonald: The Sociology of the Professions. London 1995. Siehe hierzu auch George Chenney / Karen Lee Ashcraft: Considering "The Professional" in Communication Studies: Implications for Theory and Research Within and Beyond the Boundaries of Organizational Communication. In: Communication Theory 17 (2007) S. 146-175.

[6] Vgl. Geoffrey Millerson: The Qualifying Associations: A Study in Professionalization. London 1964, S. 4; Ernest Greenwood: The Elements of Professionalization. In: Howard M. Vollmer / Donald L. Mills (Hrsg.): Professionalization. Englewood Cliffs 1966, S. 10.

[7] Vgl. Geoffrey Millerson: a. a. O., S. 4; Oliver Boyd-Barrett: a. a. O., S. 181.

[8] Vgl. Ilse Dygutsch-Lorenz: Professionalisierung, Mobilität und Sozialisation. Empirische Befunde über eine Rundfunkanstalt. In: Rundfunk und Fernsehen 20 (1972) S. 138-158, S. 394.

[9] Vgl. Geoffrey Millerson: a. a. O., S. 4.

[10] Vgl. Ilse Dygutsch-Lorenz: a. a. O., S. 394; Geoffrey Millerson: a. a. O., S. 4.

[11] Vgl. Ilse Dygutsch-Lorenz: a. a. O., S. 394; Geoffrey Millerson: a. a. O., S, 4; Oliver Boyd-Barrett, a. a. O., S. 181.

[12] Vgl. Friedrich Kübler: Kommunikation und Verantwortung. Konstanz 1973, S. 11; Hans A. Hesse: Berufe im Wandel. Stuttgart 1968, S. 35.

[13] M. Rainer Lepsius: Kritik als Beruf. Zur Soziologie der Intellektuellen. In: Kölner Zeitschrift für Soziologie und Sozialpsychologie 16 (1964) S. 75-91, hier S. 83 f.; Hans A. Hesse: a. a. O., 35; Friedrich Kübler: a. a. O., S. 31 ff.; Hansjürgen Daheim: a. a. O., S. 183 ff.

[14] Geoffrey Millerson: a. a. O., S. 4; Dietrich Rüschemeyer: a. a. O., S. 109; Hans Kairat: „Professions" oder „Freie Berufe"? Professionelles Handeln im sozialen Kontext. Berlin 1969, S. 20; Die Arbeit im Dienste allgemein anerkannter gesellschaftlicher Werte sollte von der subjektiven Vorstellung, eine gesellschaftlich wertvolle Tätigkeit auszuüben, unterschieden werden.

[15] William J. Goode: Professionen und die Gesellschaft. Die Struktur ihrer Beziehungen (1957). In: Thomas Luckmann / Walter M. Sprondel: a. a. O., S. 157 f.

[16] Vgl. zum Folgenden Wolfgang Donsbach: Journalismusforschung im internationalen Vergleich: Werden die professionellen Kulturen eingeebnet? In: Gabriele Melischek / Josef Seethaler / Jürgen Wilke (Hrsg.): Medien und Kommunikationsforschung im Vergleich. Grundlagen, Gegenstandsbereiche, Verfahrensweisen. Wiesbaden 2007, S. 271-289; derselbe: Journalists and their Professional Identities. In: Stuart Allen (Hrsg.): The Routledge Companion to News and Journalism. London 2009, S. 38-48.

[17] Vgl. zum Folgenden Michael Kunczik / Astrid Zipfel: Publizistik, Köln 2001, S. 129-240; Martin R. Schütz: Journalistische Tugenden. Leitplanken einer Standesethik. Reihe Studien zur Kommunikationswissenschaft. Wiesbaden 2003.

[18] Vgl. Wolfgang Donsbach / Mathias Rentsch / Anna-Maria Schielicke / Sandra Degen: Entzauberung eines Berufs. Was die Deutschen vom Journalismus erwarten und wie sie enttäuscht werden. Konstanz 2009.

[19] Vgl. Max Weber: Politik als Beruf. München/Leipzig 1925, S. 29-32 und S. 57-60; Joseph A. Schumpeter: Kapitalismus, Sozialismus und Demokratie. Bern 1950, S. 231-264.

[20] David J. LeRoy: Levels of Professionalism in a Sample of Television Newsmen. In: Journal of Broadcasting 17 (1972/1973) S. 51-62.

[21] Joseph A. Schumpeter: a. a. O., S. 237.

[22] Der Begriff „Kompetenz" wird in der kommunikationspolitischen Diskussion gewöhnlich zur Abgrenzung der Entscheidungsbefugnis von Verlegern, Chefredakteuren und Redakteuren verwandt. Die sachliche Zuständigkeit für die Entscheidung im Sinne einer auf speziellen Fachkenntnissen gegründeten Kompetenz wird dagegen ausgespart.

[23] Joseph A. Schumpeter: a. a. O., S. 237.

[24] Vgl. Wolfgang Hoffman-Riem: Innere Pressefreiheit als politische Aufgabe: Über die Bedingungen und Möglichkeiten arbeitsteiliger Aufgabenwahrnehmung in der Presse. Neuwied 1979

[25] Vgl. Thomas Kurtz / Michaela Pfadenhauer (Hrsg.): Soziologie der Kompetenz. Wiesbaden 2010
[26] M. Rainer Lepsius: a. a. O., S. 83.
[27] Vgl. Hans A. Hesse: a. a. O., S. 35.
[28] Vgl. M. Rainer Lepsius: a. a. O., S. 84.
[29] Ebd., S. 85.
[30] Ebd., S. 82 f.
[31] Ebd., S. 86.
[32] Martin Löffler: Das Standesrecht der Massenmedien in weltweiter Sicht. In: Archiv für Presserecht 19 (1971) Heft 1, S. 17. Siehe auch Verena Wiedermann: Freiwillige Selbstkontrolle der Presse. Eine länderübergreifende Untersuchung. Gütersloh 1992; Ingrid Hamm (Hrsg.): Verantwortung im freien Medienmarkt. Internationale Perspektiven zur Wahrung professioneller Standards. Gütersloh 1996; Ingrid Stapf: Medien-Selbstkontrolle. Ethik und Institutionalisierung. Konstanz 2006.
[33] Deutscher Presserat (Hrsg.): Publizistische Grundsätze (Pressekodex). Richtlinien für die publizistische Arbeit nach den Empfehlungen des Deutschen Presserats. Fassung vom 3. Dezember 2008. Bonn. Online abrufbar unter: http://www.presserat.info/uploads/media/Pressekodex_01.pdf.
[34] Vgl. Christina Holtz-Bacha: Mitspracherechte für Journalisten. Redaktionsstatuten in Presse und Rundfunk. Köln 1986.
[35] Leitlinien für die Programmgestaltung der *ARD* 2009/10. Online abrufbar unter: http://www.daserste.de/service/*ARD*-Leitlinien08-2.pdf [Stand: 10.12.2010].
[36] Richtlinien für die Sendungen des *„Zweiten Deutschen Fernsehens"* vom 11. Juli 1963 in der Fassung vom 19.03.2004. Mainz. Online abrufbar unter: http://www.unternehmen.zdf.de/fileadmin /files/Download_Dokumente/DD_Grundlagen/Sonstige_Vorschriften/5.1.1.1_-_Richtlinien_fuer_ die_Sendungen_PDF.pdf [Stand: 10.12.2010].
[37] Vgl. hierzu auch den Beitrag „Rationalität und Ethik im Journalismus". In diesem Band S. 179-205.
[38] Vgl. Elisabeth Noelle-Neumann: Die Schweigespirale (1980). München ⁶2001.
[39] Siehe zum Folgenden Hans Mathias Kepplinger: Medieneffekte. Wiesbaden 2010 und derselbe: Realitätskonstruktionen. Wiesbaden 2011.
[40] Von den damals 363 namentlich verzeichneten Mitarbeitern erhielten 121 Fragebögen. Von ihnen nahmen 108 (89 Prozent) an der Befragung teil. Alle Aussagen beruhen auf den Antworten von 96 festangestellten Redakteuren. Die freien Mitarbeiter wurden nicht in die Analyse einbezogen.
[41] Es handelt sich um folgende Fälle: „Ein bekannter Politiker soll aus seiner Partei ausgetreten sein"; „Ein anerkannter Wissenschaftler soll ein Heilmittel gegen Krebs gefunden haben"; „Ein berühmter Schauspieler soll Selbstmord begangen haben"; „Der Inhaber einer Firma soll jahrelang Steuern hinterzogen haben"; „Der Kassierer einer Bank soll hohe Geldsummen unterschlagen haben"; „Ein Lehrer eines Gymnasiums soll in einen Betrugsskandal verwickelt sein".
[42] Zur Kategorie „Politik" wurden alle Redakteure gezählt, die eine der folgenden Redaktionszugehörigkeiten angegeben hatten: Chefredaktion, Innenpolitik, Außenpolitik, *Heute*, Bilanz, Gesellschaftspolitik, Recht und Justiz, *Drehscheibe*, *ZDF-Magazin*, Sport.
[43] Zur Kategorie „Kultur" wurden alle Redakteure gezählt, die eine der folgenden Redaktionszugehörigkeiten angegeben hatten: Fernsehspiel und Film, Kleines Fernsehspiel, Filmredaktion, Theater und Musik, Dramaturgie und Lektorat, Werkstatt, Schauspiel, Serienspiel, Dokumentarspiele, Unterhaltung, Bildung und Erziehung, Kirche und Leben, Gesundheit und Natur, Mosaik, Direkt.
[44] Vgl. Klaus Merten: Aktualität und Publizität. Zur Kritik der Publizistikwissenschaft. In: Publizistik 18 (1973) S. 216-235.
[45] Vgl. Edward J. Epstein: News from Nowhere. New York 1973; Hans Mathias Kepplinger: Theorien der Nachrichtenauswahl als Theorien der Realität. In: derselbe: Realitätskonstruktionen. Wiesbaden 2011, S. 47-65.

[46] Es handelte sich um folgende Fälle: „Ein Journalist behauptet in einem Bericht über ein Gymnasium, dass ein Lehrer einer radikalen Partei nahe stünde. Hierauf wird der Lehrer vom Dienst suspendiert. Die Aussagen erweisen sich als falsch"; „Ein Journalist berichtet, dass in einem bekannten Feinschmeckerlokal unhygienische Zustände herrschen. Darauf wird das Lokal von den Gästen gemieden und muss geschlossen werden. Die Beschuldigungen erweisen sich jedoch später als unrichtig"; „Ein Journalist berichtet, dass im Liegenschaftsamt einer Stadt Berechtigungsscheine für Sozialwohnungen verkauft würden. Dies geschähe mit Wissen des Leiters des Wohnungsamtes. Der Bericht stellt sich als unwahr heraus"; „Ein Journalist behauptet in einem Beitrag, dass in einem Gefängnis Gefangene gefoltert worden seien. Dieser Vorwurf erweist sich als falsch".

[47] Vgl. zum Folgenden den Beitrag „Rationalität und Ethik im Journalismus". In diesem Band S. 179-205.

[48] Vorgelegt wurden folgende Fälle: „Ein Journalist berichtet über unzumutbare Zustände in einem Altersheim. Kranke könnten nicht hinreichend gepflegt werden, da nicht genügend Personal zur Verfügung stünde. Hierauf bewilligt die Stadt neue Zuschüsse für das Altersheim"; „Ein Journalist berichtet, dass an einem Ort giftiger Industriemüll ungesichert abgeladen wurde. Nachdem die zuständigen Stellen dadurch auf den Missstand hingewiesen wurden, werden die gesetzlichen Regelungen verschärft"; „Ein Journalist berichtet über einen landschaftlich sehr schön gelegen Ort. Hierauf verzeichnet das Fremdenverkehrsamt des Ortes einen Anstieg des Tourismus".

[49] Vorgelegt wurden folgende Fälle: „Ein Journalist berichtet über unzureichende Sicherheitsvorkehrungen eines Museums. Hierauf werden einige wertvolle Bilder aus dem Museum gestohlen"; „Ein Journalist berichtet über einen Selbstmörder, der sich mit E-605 vergiftet hat. Danach bringen sich einige Menschen, die den Bericht gelesen haben, auf die gleiche Weise um"; „Ein Journalist berichtet über eine anonyme Bombendrohung in einer Schule. Angeregt durch diesen Beitrag legt ein Mann in einer anderen Schule eine Bombe. Durch die Explosion werden mehrere Kinder verletzt".

[50] Vgl. hierzu auch den Beitrag „Rationalität und Ethik im Journalismus", a. a. O.

[51] Der Kontingenzkoeffizient beträgt + 0,2.

[52] Johannes Gross: Verantwortung des Journalismus und Sprachverderbnis. Zur Situation der öffentlichen Meinung. In: *Frankfurter Allgemeine Zeitung* 8. November 1975.

[53] Vgl. hierzu auch Wolfgang Donsbach: Journalismus als Wissensprofession, a. a. O.

[54] Wolfgang Hoffmann-Riem: Medienwirkung und Medienverantwortung. Methodisch und verfassungsrechtlich orientierte Überlegungen zum Lebach-Urteil des Bundesverfassungsgerichts. In: Wolfgang Hoffmann-Riem / Helmut Kohl / Friedrich Kübler / Kurt Lüscher: Medienwirkung und Medienverantwortung. Baden-Baden 1975, S. 32.

[55] Friedrich Kübler: Kommunikation und Verantwortung, a. a. O., S. 11.

Quellennachweise

Herausforderungen der Journalismusforschung
Zuerst veröffentlicht unter dem Titel „Problemdimensionen des Journalismus. Wechselwirkung von Theorie und Empirie. In: Martin Löffelholz (Hrsg.): Theorien des Journalismus. Wiesbaden: VS Verlag für Sozialwissenschaften 2004, S. 87-105.
– gekürzt und erheblich redigiert –

Rivalen um Macht und Moral
Zuerst veröffentlicht in: Hanna Kaspar, Harald Schoen, Siegfried Schumann, Jürgen R. Winkler (Hrsg.): Politik – Wissenschaft – Medien. Festschrift für Jürgen W. Falter zum 65. Geburtstag. Wiesbaden 2009, S. 307-321.
– erheblich redigiert –

Rollenkonflikte im Journalismus
Zuerst veröffentlicht unter dem Titel „Das fragmentierte Selbst. Rollenkonflikte im Journalismus – das Beispiel der Berliner Korrespondenten" in: Bernhard Pörsken / Wiebke Loosen / Armin Scholl (Hrsg.): Paradoxien des Journalismus. Festschrift für Siegfried Weischenberg. Wiesbaden 2008, S. 165-182 – mit Marcus Maurer.
– erheblich redigiert –

Der Nachrichtenwert der Nachrichtenfaktoren
Zuerst veröffentlicht in: Christina Holtz-Bacha / Helmut Scherer / Norbert Waldmann (Hrsg.): Wie die Menschen die Welt erschaffen und wie die Menschen darin leben, Opladen 1998, S. 19-38.
– redigiert –

Der prognostische Gehalt der Nachrichtenwerttheorie
Originalbeitrag auf der Grundlage des Beitrags von Hans Mathias Kepplinger / Simone Christine Ehmig: Predicting News Decisions. An Empirical Test of the Two-Component Theory of News Selection. In: The European Journal of Communication Research 31 (2006) S. 25-43 und Hans Mathias Kepplinger / Rowen Bastian: Die prognostische Gehalt der Nachrichtenwerttheorien. In: Publizistik (45) S. 462- 475.

Der Einfluss politischer Einstellungen auf die Nachrichtenauswahl
– Originalbeitrag auf der Grundlage eines etwa 1990 mit Hans-Bernd Brosius verfassten, unveröffentlichten Textes –

Entwicklung und Messung politischer Einstellungen von Journalisten
Zuerst veröffentlicht unter dem Titel „Der Einfluss politischer Einstellungen von Journalisten auf die Beurteilung aktueller Kontroversen" in: Medienpsychologie (9), Heft 4, 1997, S. 271-292 – mit Simone Christine Ehmig.
– erweitert und redigiert –

Instrumentelle Aktualisierung
– Originalbeitrag –

Erlaubte Übertreibungen im Journalismus
Zuerst veröffentlicht unter dem Titel „Erlaubte Übertreibungen" in: Ute Nawratil, Philomen Schönhagen, Heinz Starkulla jr. (Hrsg.): Medien und Mittler sozialer Kommunikation. Beiträge zu Theorie, Geschichte und Kritik von Journalismus und Publizistik. Leipzig 2002, S. 265-274 – mit Kerstin Knirsch.
– ergänzt und redigiert –

Rationalität und Ethik im Journalismus
Zuerst veröffentlicht unter dem Titel „Gesinnungs- und Verantwortungsethik im Journalismus. Sind Max Webers theoretische Annahmen empirisch haltbar? In Matthias Rath (Hrsg.): Medienethik und Medienwirkungsforschung, Opladen 2000, S. 11-44 – mit Kerstin Knirsch.
– ergänzt und redigiert –

Kollegenkritik in Journalismus und Wissenschaft
Zuerst veröffentlicht unter dem Titel „Kritik am Beruf. Zur Rolle der Kollegenkritik im Journalismus" in: Walter A. Mahle (Hrsg.): Journalisten in Deutschland. München 1993, S. 161-183.
– ergänzt und redigiert –

Professionalisierung des Journalismus?
Zuerst veröffentlicht unter dem Titel „Professionalisierung des Journalismus? Theoretische Probleme und empirische Befunde" in: Rundfunk und Fernsehen (24) 1976, S. 309-343 – mit Inge Vohl. Gekürzt abgedruckt unter dem Titel „Die Professionalisierung des Journalismus" in Katharina Gräfin von Schlieffen (Hrsg.): Professionalisierung und Mediation. München 2010, S. 43-50.
– Originalfassung erheblich gekürzt –

VS Forschung | VS Research
Neu im Programm Medien | Kommunikation

MIX
Papier aus verantwortungsvollen Quellen
Paper from responsible sources
FSC® C105338

FSC
www.fsc.org

If you have any concerns about our products,
you can contact us on
ProductSafety@springernature.com

In case Publisher is established outside the EU,
the EU authorized representative is:
Springer Nature Customer Service Center GmbH
Europaplatz 3, 69115 Heidelberg, Germany

Printed by Libri Plureos GmbH
in Hamburg, Germany